| 李顿调查团档案文献集 |

主编 张 生

"国史馆"藏档(一)

编者 陈海懿 常国栋 刘 齐

南京大学出版社

本书由

国家社会科学基金"抗日战争研究"专项工程
"国外有关中国抗日战争史料整理与研究之一：李顿调查团档案翻译与研究"(16KZD017)

教育部人文社会科学重点研究基地"南京大学中华民国史研究中心"
重大项目"战时中国社会"(19JJD770006)

南京大学人文基金

江苏省优势学科基金第三期

资助

编译委员会

主　编　张　生
副主编　郭昭昭　陈海懿　宋书强　屈胜飞　陈志刚

编译者　张　生　南京大学中华民国史研究中心教授
　　　　王希亮　黑龙江省社会科学院历史研究所研究员
　　　　郭昭昭　江苏科技大学马克思主义学院副教授
　　　　陈志刚　西南大学历史文化学院副教授
　　　　宋书强　中国药科大学马克思主义学院讲师
　　　　屈胜飞　浙江工业大学马克思主义学院讲师
　　　　陈海懿　南京大学历史学院助理研究员
　　　　万秋阳　南京晓庄学院外国语学院日语系讲师
　　　　殷昭鲁　鲁东大学马克思主义学院副教授
　　　　孙洪军　江苏科技大学马克思主义学院副教授
　　　　李英姿　江苏科技大学马克思主义学院副教授
　　　　颜桂珍　浙江工业大学马克思主义学院副教授
　　　　黄文凯　广西大学文学院副教授
　　　　翟意安　南京大学历史学院讲师
　　　　杨　骏　南京大学历史学院讲师
　　　　向　明　江苏科技大学马克思主义学院讲师
　　　　王小强　江苏科技大学马克思主义学院讲师
　　　　郭　欣　中国药科大学马克思主义学院讲师
　　　　赵飞飞　鲁东大学马克思主义学院讲师
　　　　孙绪芹　南京体育学院休闲体育系讲师
　　　　刘　齐　南京大学历史学院博士后
　　　　徐一鸣　南京大学历史学院博士研究生

常国栋　南京大学历史学院博士研究生

苏　凯　南京大学历史学院博士研究生

马　瑞　南京大学历史学院博士研究生

菅先锋　南京大学历史学院博士研究生

吴佳佳　南京大学历史学院博士研究生

张圣东　日本明治大学文学研究科博士研究生

张一闻　日本明治大学文学研究科博士研究生

叶　磊　中山大学历史学系博士研究生

史鑫鑫　南京大学历史学院硕士研究生

李剑星　南京大学历史学院硕士研究生

马海天　南京大学历史学院硕士研究生

张雅婷　南京大学历史学院硕士研究生

杨师琪　南京大学历史学院硕士研究生

潘　健　南京大学历史学院硕士研究生

唐　杨　南京师范大学马克思主义学院硕士研究生

郝宝平　江苏科技大学马克思主义学院硕士研究生

陈梦玲　江苏科技大学马克思主义学院硕士研究生

张　任　江南大学马克思主义学院硕士研究生

黎纹丹　西南大学外国语学院硕士研究生

朱心怡　西南大学外国语学院硕士研究生

杨　溢　西南大学外国语学院硕士研究生

孙学良　西南大学外国语学院硕士研究生

孙　莹　西南大学外国语学院硕士研究生

费　凡　浙江师范大学人文学院硕士研究生

竺丽妮　浙江师范大学外国语学院硕士研究生

戴瑶瑶　浙江师范大学外国语学院硕士研究生

杨　越　西安电子科技大学

曹文博　浙江工业大学外国语学院

余松琦　西南大学含宏学院

序　言

中国历史的奥秘,深藏于大兴安岭两侧的广袤原野。

明治维新以来,日本企图步老牌帝国主义后尘,争夺所谓"生存空间";俄国自彼得大帝新政,不断东进,寻找阳光地带和不冻港。日俄竞争于中国东北,流血漂杵;日本逐步占得上风,九一八事变发生,中国面临亡国灭种的新危机。

日本侵华之际,世界已进入全球化的新时代,民族国家成为国际社会的主体,以国际条约体系规范各国的行为,以政治和外交手段解决彼此的分歧,是国际社会付出重大代价以后得出的共识。而法西斯、军国主义国家如德、意、日,昧于世界大势,穷兵黩武,以求一逞。以故意制造的借口,发动侵华战争,霸占中国东北百余万平方公里土地、数千万人民,是日本昭显于世的侵略事实。

国际联盟(League of Nations)应中国方面之吁请,派出国联调查团处理此事。1932 年 1 月 21 日,国联调查团正式成立。调查团团长由英国人李顿爵士(The Rt. Hon. The Earl of Lytton)担任,故亦称李顿调查团(Lytton Commission)。除李顿外,美国代表为麦考益将军(Gen. McCoy),法国代表为亨利·克劳德将军(Gen. Claudel),德国代表为希尼博士(Dr. Schnee),意大利代表为马柯迪伯爵(H. E. Count Aldrovandi)。为显示在中日间不做左右袒,国联理事会还决定顾维钧作为顾问代表中国参加工作,吉田伊三郎代表日方。代表团秘书长为国联秘书处哈斯(Mr. Robert Haas)。代表团另有翻译、辅助人员。1932 年 9 月 4 日,代表团完成报告书,签署于中国北平。报告书确认:第一,九一八事变之责任,完全在于日本,而不在中国;第二,伪满洲国政权非由真正及自然之独立运动所产生;第三,申明东三省为中国领土。日本为此恼羞成怒,退出国联,自

1

绝于国际社会。

《李顿调查团档案文献集》就是反映李顿调查团组建、调查过程、调查结论、各方反应和影响的中、日等国相关资料的汇编,对于研究九一八事变和李顿调查团,具有重要的参考价值。

如何看待李顿调查团来东亚调查的来龙去脉?笔者认为应有三个维度的观照:

其一,在中国发现历史。

美国历史学家柯文提出的这一范式,相比"冲击—反应"模式,即从外部冲击观察中国历史的旧范式,自有其意义。近代以来,由条约体系加持的列强,对中国社会产生了巨大的影响。中国沿海通商口岸是中国最早接触西方世界的部分,在资本主义全球化的过程中得风气之先,所谓"西风东渐",对中国旧有典章制度的影响无远弗届。近代中国在西方裹挟下步履踉跄,蹒跚竭蹶,自为事实。但如果把中国近代历史仅仅看成西方列强冲击之结果,在理论、方法和事实上,均为重大缺陷。

主要从中国内部,探寻历史演进的机制和规律,是柯文提出的范式的意义所在。

事实上,九一八事变发生、国联调查团来华前后,中国社会内部对此作出了剧烈的反应。在瑞士日内瓦所藏国联巨量档案文献中,中国各界通过电报、快邮代电、信函等形式具名或匿名送达代表团的呈文引人注目,集中表达了国难当头之时中华民族谴责日本侵略、要求国际社会主持公道、收回东北主权、确保永久和平的诉求,对代表团、国联和整个国际社会形成了巨大影响,显示了近代中国社会演进的内在动力。

东北各界身受亡国之痛,电函尤多。基层民众虽文化程度不高,所怀民族国家大义却毫不含糊。东北某兵工厂机器匠张光明致信代表团称:"我是中华民国的公民,我不是'满洲国'人,我不拥护这国的伪组织。"高超尘说:"不少日子以前,'满洲国家'即已成立了,但那完全是日本人的主使,强迫我辽地居民承认。街上的行人,日人随便问'您是哪国人',你如说是'满洲人'便罢,如说是中国人,便行暴打以至死。"辽宁城西北大橡村国民小学校致函称:"逐出日本军,打到[倒]'满洲国',宁做战死鬼,不做亡国民。"陈子耕揭露说:"自事变

2

以后,日本恶势力已伸张入全东北,如每县的政事皆由日人权势下所掌握,复又收买警察、军人、政客等,以假托民意来欺骗世界人的耳目,硬说建设'满洲国'是中华人民的意思,强迫人民全出去游行,打着欢迎建设'新国家'的旗号……我誓死不忘我的中华祖国,敢说华人莫非至心不跳时、血停时,不然一定于[与]他们周旋。"小学生何子明来信说:"我小学生告诉您们'满洲国'成立我不赞成……有一天我在学校,日本人去了,教我们大家一齐说'大日本万岁',我们要不说他就杀我们,把我迫不得已的就说了。其中有一位七岁的小孩,他说'大中华万岁! 打倒小日本!'日本人听了就立刻把那个小同学杀了,真叫我想起来就愁啊。"

经济地位和文化水平较高者,则向代表团分析日本侵占中国东北的深远危害。哈尔滨商民代表函称:"虽然,满洲吞并,恐不惟中国之不利。即各国之经济,亦将受其影响。世界二次大战,迫于眉睫矣。"中国国民党青年团哈尔滨市支部分析说:"查日本军阀向有一贯之对外积极侵略政策,吾人细玩以前田中义一之满蒙大陆政策,及最近本庄繁等上日本天皇之奏折,可以看出其对外一贯之积极侵略政策,即第一步占领满蒙,第二步并吞中国,第三步征服世界是也。……以今日之日本蕞尔岛国,世界各国尚且畏之如虎,而况并有三省之后版图增大数倍,恐不数年后,即将向世界各国进攻,有孰敢撄其锋镝乎? ……勿徒视为亚洲人之事,无关痛痒,失国联之威信,而贻噬脐之后悔也。"

不惟东北民众,民族危亡激起了全中国人的爱国心。清华大学自治会1932年4月12日用英文致函代表团指出:中国面临巨大的困难,好似1806年的德国和1871年的法国,但就像"青年意大利"党人一样,青年人对国家的重建充满信心。日本的侵略,不仅危害了中国,也对世界和平形成严重威胁,青年人愿意为国家流尽"最后一滴血"。而国联也面临着建立以来最大的危机,对九一八事变的处理,将考验它处理全球问题的能力。公平和正义能否实现,将影响到人类的命运。他们向代表团严正提出"五点要求":1. 日本从中国撤军;2. 上海问题与东北问题一起解决;3. 不承认日本侵略和用武力改变的现状;4. 任何解决不得损害中国的领土和主权完整;5. 日本必须对此事件的后果负责。南京海外华侨协会1932年3月16日致电代表团:日本进兵东三省和淞沪地区,"违反了国联盟约和《凯洛格—白里安公约》,扰乱了远东地区和世界的和平。

同时,日本一直在做虚假的宣传,竭力蒙蔽整个世界。我们诚挚地请求你们到现场来,亲眼看看日军对中国人民的生命财产进行怎样的恣意破坏。希望你们按照国际法及司法原则,对其进行制裁。如果你们不能完成这一使命,那么世界上将无任何公平正义可言。在这种情况下,为了民族的生存,我们将采取一切手段自卫,决不会向武力屈服。"

除了档案,中国当时的杂志、报纸,大量地报道了九一八事变和国联调查团相关情况,其关切的细致程度,说明了各界的高度投入。那些浸透着时人忧虑、带着鲜明时代特色的文字表明:九一八事变的发生,对当时的中国社会是一场精神洗礼,每个人都从东北沦陷中感受到切肤之痛。这种舆论和思想的汇合,极大地改变了此后中国社会各界的主要诉求,抗日图存成为压倒性的任务,每一种政治力量都必须对此作出回应。

其二,在世界发现中国历史。

以中国为本位,探讨中国历史的内生力量,是题中应有之义。但全球化以来,中国历史已经成为世界历史的一部分。仅仅依靠中国方面的资料,不利于我们以更加广阔的视野看待中国历史和"九一八"的历史。

事实上,奔赴世界各地"动手动脚找东西",已经成为中国学者深化中国近现代史,特别是抗战史研究的不二法门。比如,在中日历史问题中占据核心地位的南京大屠杀问题。除中国各地档案馆、图书馆外,中国学者深入美、德、英、日、俄、法、西、意、丹等国相关机构,系统全面地整理了加害者日方、受害者中方和第三方档案文献,发现了大量珍贵文献、图像资料,出版《南京大屠杀史料集》72卷。不仅证明了日军进行大屠杀的残酷性、蓄意性和计划性,也证明南京大屠杀早在发生之时,就引起了各国政府和社会舆论的关注;南京和东京两场审判,进行了繁复的质证,确保了程序和判决的正义;日方细致的粉饰,在中国人民和全世界正义人士的揭露下真相毕露。全球性的资料,不仅深化了历史研究,也为文学、社会学、心理学、新闻传播学、艺术学等跨学科方法进入相关研究提供基础;不仅摧毁了右翼的各种谬论,也迫使日本政府不敢公然否认南京大屠杀的发生和战争犯罪性质。

国际抗战资料,展现了中国抗战史的丰富侧面。如美国驻中国各地使领馆的报告,具体生动地记录了战时中国各区域的社会、政治、军事等各方面情形,对战时国共关系亦有颇有见地的分析;俄、美、日等国档案馆的细菌战资料,揭示了战时日本违反国际法研制细菌武器的规模和使用情况,记录了中国各地民众遭遇的重大伤亡和中国军民在当时条件下的应对,以及暗示了战后美国掩饰"死亡工厂"实情的目的;英美等国档案所反映的重庆大轰炸和日军对中国大中小城市的普遍的无差别轰炸,不仅记录了日本战争犯罪的普遍性,也彰显了战时中国全国军民同仇敌忾、不畏强暴的英勇气概。哈佛大学所藏费吴生档案、得克萨斯州州立大学奥斯汀分校所藏辛德贝格档案、曼彻斯特档案馆所藏田伯烈档案等则从个人角度凸显了中国抗战在"第三方"眼中的图景。

对于李顿调查团的研究,自莫能外。比如,除了前述中国各界给国联的呈文,最近在日内瓦"国联和联合国档案馆"中发现:调查团在日本与日本政要的谈话记录,在中国各地特别是在北平和九一八事变直接相关人士如张学良、王以哲、荣臻等人的谈话记录,调查团在东北实地调查、询问日军高层的记录,中共在"九一八"前后的活动,中国各界的陈情书,日本官方和东北伪组织人员、汉奸的表态,世界各国、各界的反应等。特别是张学良等人反复向代表团说明的九一八事变前夕东北军高层力避冲突的态度,王以哲,荣臻在"九一八"当晚与张学良的联系,北大营遭受日军进攻以后东北军的反应等情况,对于厘清九一八事变真相,有着不可取代的意义。

我们通过初步努力发现,李顿调查团成立前后,中方向国联提交了论证东北主权属于中国的篇幅巨大的系统性说帖,顾维钧、孟治、徐道邻等还用英文、德文进行著述。日方相应地提交了由日本旅美"学者"起草的说帖,其主攻点是中国的抗日运动、东北在张氏父子治下的惨淡、东北的"匪患",避而不谈柳条沟事件的蓄意性。日方资料表明,即使在九一八事变发生数月后,其关于"九一八"当晚情形的说辞仍然漏洞百出、逻辑混乱,在李顿询问时不能自圆其说。而欧美学者则向国联提供了第三方意见,如 *The Verdict of the League: China and Japan in Manchuria*(《国联的裁决:中日在满洲》),哈佛大学法学院教授曼利·哈德森(Manley O. Hudson)著;*Manchuria: Cradle of Conflict*(《满洲:冲突的策源地》),欧文·拉铁摩尔(Owen Lattimore)著;*The Manchuria Arena: An Australian View of the Far Eastern Conflict*(《满洲竞技场:远东冲突的澳洲视角》),卡特拉克(F.M. Cutlack)著;*The Tinder Box of Asia*(《亚洲的火药桶》),乔治·索科尔斯基(George E. Sokolsky,中文名索克斯)著;*The World's Danger Zone*(《世界的危险地带》),舍伍德·艾迪(Sherwood Eddy)著;等等,为国联理解中国东北问题提供了有益的视角。另外,收藏在美国斯坦福大学胡佛研究所的蒋介石日记等也反映了当时国民政府高层的态度和举措。

这次出版的资料中,收集了中国台湾地区的"国史馆"藏档,日本外务省藏档,国联和联合国档案馆 S 系列藏档等多卷档案。丰沛的资料说明,即使是李顿调查团这样过去在大学教材中只是以一两段话提出的问题,其实仍有海量的各种海外文献可资研究。

可以说,世界各地抗日档案和各种资料,不仅补充了中国方面的抗日资料,也弥补了"在中国发现历史"范式的不足,体现了历史唯物主义对历史研究全面性、客观性的要求,自然地延伸推导出"在世界发现中国历史"的新命题。把"中国的"和"世界的"结合起来,才能更深广、入微地揭示抗日战争史的内涵。

其三,在中国发现世界历史。

中国历史,是世界历史的重要组成部分;中国抗战,构成了第二次世界大战的东亚主战场。离开中国历史谈世界历史注定是不周全的。只有充分发掘中国历史的世界意义,世界史才能获得真正的全球史意义。

过往的抗战史国际化,说明了中国抗战的世界意义。研究发现,东北抗联资料不仅呈现了十四年抗战的艰苦过程,也说明了战时东北亚复杂的国际关系。日方资料中的"华北治安战""清乡作战"资料,从反面反映了八路军、新四军的顽强,其牵制大量日军的事实,从另一面说明中共敌后游击战所发挥的中流砥柱作用。1937 年 12 月 12 日在南京江面制造"巴纳号事件"的日军航空兵官兵,后来是制造"珍珠港事件"的主力之一,说明了中国抗战与太平洋战争的联系。参与制造九一八事变、华北事变和南京大屠杀的许多日军部队,后来在太平洋战场上被美澳等盟国军队消灭,说明了太平洋战场和中国战场的相互支持。中国军队在滇缅战场的作战和在越南等地的受降,中国对朝鲜、马来亚、越南等地游击战和抗日斗争的介入和帮助,说明了中国抗战对东亚、东南亚解放的意义和价值。对大后方英美军人、"工合"人士、新闻界和其他各界人士的研究,彰显了抗日统一战线的多重维度,等等。这对我们的研究富有启发性意义。

李顿调查团的相关资料表明,九一八事变及其后续发展,具有深刻的世界史含义。

麦金德1902年在英国皇家地理学会发表文章,提出"世界岛"的概念。麦金德认为,地球由两部分构成:由欧洲、亚洲、非洲组成的世界岛,是世界上面积最大、人口最多、最富饶的陆地组合。在"世界岛"的中央,是自伏尔加河到长江,自喜马拉雅山脉到北极的心脏地带,在世界史的发展中具有重要意义。其实,就世界近现代史而言,中国东北具有极其重要的地缘战略意义,堪称"世界之砧"——美国、俄罗斯、日本等这些当今世界的顶级力量,无不在中国东北及其周边地区倾注心力,影响世界大局。

今天看来,李顿调查团的组建,是国际社会运用国际规约积极调解大国冲突、维护当时既存的凡尔赛—华盛顿体系的一次尝试。参与各国均为当时世界强国,即为明证。

英国作为列强中在华条约利益最丰的国家,积极投入国联调查团的建立。张伯伦、麦克米伦等知名政治家均极愿加入代表团,甚至跟外交部官员暗通款曲,询问排名情况。李顿在中日间多地奔波,主导调查和报告书的起草,正是这一背景的反映。

美国作为国联非成员国,积极介入调查团,说明了美国对远东局势的关切,其态度和不承认日本用武力改变当时中国领土主权现状的"史汀生主义"是一致的。日美之间的紧张关系,一直延续到珍珠港事变发生。在日美最终谈判中,中国的领土和主权,仍然是美方的先决条件。可以说,九一八事变,从大历史的角度看,是改变日本和美国国运的大事。

苏联在国联未能采取强力措施制止日本侵略后,默认了伪满洲国的存在,后甚至通过对日条约加以承认,其对日本的忍让和妥协,延续到它对日本宣战。但日本关东军主力在苏联牵制下不敢贸然南下,影响了中国抗日战争的形态。

日本侵占中国东北,却始终得不到中国和国际主流社会的承认,乃不断扩大侵略,不仅影响了对苏备战,也使得其在"重庆政权之所以不投降,是因为有英美支持"的判断下，不断南进，最终自取灭亡。2015 年 8 月 14 日，日本首相安倍晋三在战后 70 年讲话中承认："日本迷失了世界大局。满洲事变以及退出国际联盟——日本逐渐变成国际社会经过巨大灾难而建立起来的新的国际秩序的挑战者，前进的方向有错误，而走上了战争的道路。其结果，70 年前，日本战败了。"从这个意义上说，九一八事变—李顿调查—退出国联，成为日本近代史的转折点。

亚马孙雨林的蝴蝶振动翅膀，可能在西太平洋引发一场风暴。发生在沈阳一个小地方的九一八事变，成为今天国际秩序的肇因。其故焉在？马克思和恩格斯在《德意志意识形态》中指出：在历史演进的过程中，人的"普遍交往"逐步发展起来，"狭隘地域性的个人为世界历史性的、真正普遍的个人所代替"。近代以来中国人民的历史，与世界历史共构而存续。

回望李顿调查团的历史，我仿佛感受到了太平洋洋底的咆哮呼啸前来，如同雷鸣。

是为序。

张　生

2019 年 10 月

出版凡例

一、本文献集所选资料，原文中的人名、地名、别字、错字及不规范用字等，为尊重历史和文献原貌，均原文照录。因此而影响读者判断、引用之处，除个别需说明情况以脚注"译者按"或"编者按"形式标出外，别字、错字在其后以"〔 〕"注明正字；增补的字，以"【 】"标明之；因原文献漫漶不清而缺字处，用"□"标识。

二、凡采用民国纪年或日本天皇年号纪年者等，为尊重历史和文献原貌，均原文照录。台湾地区的文献中涉及政治人物头衔和机构名称者，按有关规定处理，在页下一并说明。

三、所选资料均在起始处说明来源，或在文后标注其详细来源信息。

四、外文文献译文中，日本人名从西文文献译出者，保留其西文拼法，以便核对；其余外国人名，均在某专题或文件中第一次出现时标其西文拼法。不同时期形成的中文文献中涉及的外国人名、地名翻译差异较大，为尊重历史和文献原貌，一般不作改动。

五、所选文献经过前人编辑而加脚注注释者，以"原编辑者注"保留在页下。

六、所选资料中原有污蔑中国人民、美化日本侵略之词，或基于立场表达其看法之处，为尊重历史和文献原貌，不改动原文，或在页下特别说明，请读者加以鉴别。

本册说明

　　本册收录的资料均来自中国台湾"国史馆",分别藏于"外交部"全宗和蒋中正"总统"文物全宗,主要是"外交部"全宗中"搜集日本违法行为资料提交国联调查团"(一)至(六)共六卷档案及蒋中正"总统"文物全宗中有关李顿调查团的资料。

　　第一部分是"搜集日本违法行为资料提交国联调查团"系列档案,共有六卷内容,编排遵照原始档案全宗的顺序,分述如下:

　　(一)从1932年2月14日至1932年3月31日,自国民政府搜集汇编九一八事变资料以接待国联调查团到沪一事,到抄寄《"清共剿共"概要》等致北平档案保管处以伺机转交国联调查团为止。主要内容包括:东北事变损失之调查;一·二八事变之损失调查;对日人恶意宣传之驳斥;英译日本侵害中国情形说帖,如侵害中国路权、非法驻军、强迫东省民众"拥护"伪满洲国;另有顾维钧与李顿在上海晤谈情形和国民政府提交国联关于解决中共问题的说帖。这些函电反映出国民政府对日本侵华行径的认知程度和宣传工作的进行情况。

　　(二)从1932年4月1日至1932年5月28日,自国民政府英译天津事变说帖,到国民外交协会呈送国民政府关于日本侵略东北证据为止。主要内容包括:中朝商务报告;鲜人暴动后的华侨动向;张学良与李顿在北平会谈情形,涉及鲜人待遇、万宝山案、中村案、九一八事变实情、义勇军性质等问题;马占山致国联调查团电;东三省中日电信交涉悬案经过;中日之间有关东北地区的条约与合同,如《中日电约》《中日满洲陆线办法合同》《对黑龙江省官银号复业资金借款合同》;国民政府搜集汇编各类日本侵华说帖,以备提交国联调查团之用,如日本苛待华侨、本庄繁等上奏日本天皇。

　　(三)从1932年5月25日至1932年6月30日,自翻译朝鲜新闻五月二十五日晚报,到北平代表处更正鲜案华侨损失伤亡数据为止。主要内容包括:

国联调查团赴鲜行程;朝鲜排华报告书,如抵制华货、攘夺利权、关员苛虐、苛税、虐待残害华侨等情形;顾维钧随国联调查团抵达东三省后给国民政府之报告与建议;为反击日方污蔑,国民政府拟编制国内建设各项说帖等。

(四)从 1932 年 6 月 30 日至 1932 年 7 月 16 日,自国民政府军事委员会函请外交部草拟提交调查团节略,到外交部寄送英译光绪三十一年中日全权大臣会议东三省事宜节录为止。主要内容包括:日本提交国联调查团之中国共产党说帖;日本向调查团控诉对华不满之点;中国驻朝总领事在朝鲜饭店会见李顿爵士谈话概要;中国驻朝总领事对京城日报记者谈话及其他有关消息译件;铁道部呈送的东三省铁路之中日条约及借款合同说略等。从中可以见得日本对华侵略各种荒谬言论,李顿调查团在朝鲜之情形以及中日之间关于东北地区路权纠纷的概要情形。

(五)从 1932 年 7 月 18 日至 1932 年 8 月 9 日,自外交部更正郑州日领馆译名,到上海市政府呈送上海抗日会之组织及其经过概况为止。主要内容包括:上海抗日会之组织及其经过概况;日人在华制造贩运麻醉毒品案件各省汇总表及情形;国联调查团成员杨格博士与中国驻朝鲜总领事谈话概要;杨格博士与龙井记者团之问答等。从中可以概见日本对华贩运毒品之情况,以及李顿调查团在朝鲜等地的洽谈情形。

(六)从 1932 年 7 月 12 日至 1933 年 1 月 28 日,自中国驻台北总领事呈报外交部日本排华行径,到北宁铁路管理局呈送致国联调查团英文报告书为止。主要内容包括:日本出台各项排华举措,如《非劳动者中国人处理条例》《关于清国劳动者办理手续费及实费之件》《关于处理华人办法》《管理华人办法》等;顾维钧与麦考益、李顿等人谈东三省问题概要;日舰炮击南京事件详细节略;国民政府汇编之各项日本侵华说帖清单等。

第二部分是蒋中正"总统"文物全宗中关于李顿调查团的档案,涉及《一般资料》《沈阳事变》《事略稿本》《革命文献》等多个卷宗,时间范围从 1932 年直至 1941 年。主要内容包括:李顿调查团来华前后,在南京、北京等地与国民政府高层官员的往来与晤谈情况;张学良、顾维钧、汪精卫、沈鸿烈、蒋作宾、吴铁城等人与蒋介石之间就有关九一八事变的讨论交流,如中国代表进入东北问题、《解决东案办法大纲》、日本对李顿报告之反驳与因应、外交委员会对李顿报告书之意见、国联调查团报告及各方意见、英下议院辩论远东问题摘要、国联行政院中国技术合作委员会对中国建设之认知与看法等。

目　录

二、搜集日本违法行为资料提交国联调查团(二) ………… 59

一、搜集日本违法行为资料
提交国联调查团(一)^①

1. 外交部致钱参事阶平电(1932 年 3 月 17 日)

去文亚字第 1426 号

　　阶平参事仁兄勋鉴:国联大会三月十一日决议案,及三月四日决议四点,业于十六日航空寄上,计邀察阅。今日又接颜代表来电,将三月十一日通过决议案时修正之处,续行报告,用再补寄。即请转呈顾代表。查该项决议案因电费关系,省去字句,尚无全文,故迄未付印,但大体意义不致有差。现复电颜代表,催其将上述两决议全文从速寄部,俟寄到后再行奉达。顺颂勋祺。

弟徐谟拜启

　　资料来源:《搜集日本违法行为资料提交国联调查团(一)》,台湾"国史馆"藏"外交部"全宗,第4—5页。

2. 外交部致洛阳外交部靳秘书、北平档案处
王处长电(1932 年 3 月 18 日)

去电第 28291、28292 号

　　洛阳外交部靳秘书、北平档案处王处长览:密。日方宣传外部民十七年三月颁布管理日人入境居留及护照办法五条,究竟有无此项法令,抑另有对于外

---

^①　编者按:《搜集日本违法行为资料提交国联调查团(一)》一卷藏台湾"国史馆"之"外交部"全宗,入藏登录号为020000001371A。每条电文的资料来源标示原档案中的页码,不再标注入藏登录号,且每条电文标题由文献集编委会根据电文内容拟定,特此说明。

人之此类普通办法,仰速详查。如有,即迳电上海静安寺路沧州饭店中国代表处,并电复外交部南京办事处。巧①。

资料来源:《搜集日本违法行为资料提交国联调查团(一)》,台湾"国史馆"藏"外交部"全宗,第 6 页。

3. 上海钱泰致外交部电(1932 年 3 月 18 日)

来电第 32106 号

发电:1932 年 3 月 18 日 14 时 10 分

收电:1932 年 3 月 18 日 14 时 30 分

外交部徐次长叔谟兄鉴:密。国联二月十六日十二国通告日本照会英文,乞航快邮寄沪。弟泰。

资料来源:《搜集日本违法行为资料提交国联调查团(一)》,台湾"国史馆"藏"外交部"全宗,第 7 页。

4. 外交部致上海钱参事电(1932 年 3 月 18 日)

去文亚字第 1466 号

阶平兄勋鉴:密。巧电悉。颜代表报告,国联二月十六日十二国通告日本照会英文原电,兹抄录一份,迳同二月十六日剪报一份一并由航快寄上,请察收。弟谟。

附件。②

资料来源:《搜集日本违法行为资料提交国联调查团(一)》,台湾"国史馆"藏"外交部"全宗,第 8 页。

---

① 编者按:档案原文中多次出现韵目代日的电报纪日方法,请读者加以辨别。

② 编者按:无附件内容。

5. 外交部致上海顾代表电(1932 年 3 月 18 日)

去电第 28303 号

上海顾代表勋鉴:密。篠电奉悉。本部无特别说帖提交调查团,所有材料均已陆续寄上尊处,每种说帖制就后,请送本部一份。外交部。外七十。

资料来源:《搜集日本违法行为资料提交国联调查团(一)》,台湾"国史馆"藏"外交部"全宗,第 9 页。

6. 上海钱泰致外交部电(1932 年 3 月 19 日)

来电第 32128 号

发电:1932 年 3 月 19 日 14 时 30 分

收电:1932 年 3 月 19 日 14 时 58 分

外交部徐次长叔谟兄鉴:密。删电悉。东省事变始末记,遵由本处编纂。如材料不敷,当再电尊处补充。弟泰。效(十八日)。

资料来源:《搜集日本违法行为资料提交国联调查团(一)》,台湾"国史馆"藏"外交部"全宗,第 11 页。

7. 上海国联调查团中国代表处致外交部电
(1932 年 3 月 11 日)

来电第 31861 号

发电:1932 年 3 月 11 日 16 时 25 分

收电:1932 年 3 月 11 日 17 时 15 分

南京外交部徐次长勋鉴:密。朝鲜暴动案,请派该管司员用英文编节略寄沪。中国代表处。真(十一日)。

批示:林椿贤君寄来万宝山案内有此案。先查明该□点是否充足,如不充足,则由国际司用英文另编,请楼科长一阅。

资料来源:《搜集日本违法行为资料提交国联调查团(一)》,台湾"国史馆"藏"外交部"全宗,第 12 页。

8. 外交部致国联调查团中国代表处电
(1932年3月18日)

去文亚字第1481号

上海国联调查团中国代表办事处勋鉴:兹寄上本庄繁等奏章一份,即请察收。此项文件应否译成英文,非正式提交国联调查团参考之处,希酌核办理。原件用毕,仍请寄还本部亚洲司为荷。外交部。皓。印。

资料来源:《搜集日本违法行为资料提交国联调查团(一)》,台湾"国史馆"藏"外交部"全宗,第13页。

9. 东北外交研究委员会致外交部公函
(1932年3月18日)

收文和字第908号

迳启者:查本会调查东北事变损失,凡各机关将损失调查表填就送会者,均经照抄送部在案。兹据东北交通委员会等六机关送到损失调查表六份,相应照抄六份函送大部,即希查照收复为荷。此致

外交部

外附:东北交通委员一份,九张;炮兵独立六旅一份,卅五张;骑兵独立三旅一份,廿七张;河北省民政厅一份,乙张;北平绥靖公署卫队部一份,九十七张;河北教育厅乙份,乙张。①

中华民国廿一年三月十四日

资料来源:《搜集日本违法行为资料提交国联调查团(一)》,台湾"国史馆"藏"外交部"全宗,第15页。

---

① 编者按:无附件内容。

10. 外交部致上海国联调查团中国代表处电
（1932 年 3 月 20 日）

去电第 28331 号

上海西摩路一五七号国联调查团中国代表处勋鉴：密。本部所有旧案均已运洛，最近新案又均送贵处。欲编文件，材料甚感缺乏。请将预备提交调查团说帖稿件，每种多打一份。因事极机密，随时以航空快邮迳寄本司为荷。外交部亚洲司。

资料来源：《搜集日本违法行为资料提交国联调查团（一）》，台湾"国史馆"藏"外交部"全宗，第 16 页。

11. 外交部致上海中国代表处电（1932 年 3 月 19 日）

去文亚字第 1488 号

上海西摩路一百五十七号国联调查委员会中国代表处勋鉴：兹由航空快邮寄上关于国立同济、劳动两大学及私立村志学院被毁情形及中央大学商、医两学院损失情形之行政院训令两件，及商务印书馆呈报该公司损失清单乙件。请用毕寄还本部亚洲司为荷。外交部。号。印。

资料来源：《搜集日本违法行为资料提交国联调查团（一）》，台湾"国史馆"藏"外交部"全宗，第 17 页。

12. 顾维钧致外交部电（1932 年 3 月 20 日）

来电第 32160 号

发电：1932 年 3 月 20 日 23 时 45 分

收电：1932 年 3 月 20 日 22 时 5 分

南京外交部罗部长钧任兄勋鉴：密。凡弟与调查团谈话报部电文，拟请伤录概要，随时电告颜代表为祷。弟顾维钧叩。号（二十日）。六十三。

资料来源：《搜集日本违法行为资料提交国联调查团（一）》，台湾"国史馆"藏"外交部"全宗，第 18 页。

13. 顾维钧致外交部电(1932年3月16日)

收文平字第818号

南京外交部鉴:齐电敬悉。并内转来东北外交研究会函送贵部中日共荣问题、中日铁道问题、日本之恶意宣传三说帖,日本侵略东北航权事实节略、通信大队损失调查表十二份,辽宁教育厅等十七处损失调查表二十六份,及傀儡政府名单一份,一一照收。特此电复,即希查照为荷。钧。铣。印。

中华民国二十一年三月十六日

资料来源:《搜集日本违法行为资料提交国联调查团(一)》,台湾"国史馆"藏"外交部"全宗,第19—20页。

14. 顾维钧致外交部电(1932年3月16日)

收文平字第815号

南京外交部鉴:灰电敬悉。内附来之长春日警藉口①保护万宝山韩农,擅入内地之违法悬案,并译文各一份,业已收到。特此电复,即希查照为荷。钧。铣。印。

中华民国二十一年三月十六日

资料来源:《搜集日本违法行为资料提交国联调查团(一)》,台湾"国史馆"藏"外交部"全宗,第21—22页。

15. 顾维钧致外交部电(1932年3月16日)

收文平字第816号

南京外交部鉴:接来第一二五五代电,内附东北外交研究委员会寄送贵部"艾迪博士关于九一八事变真相电告欧美各国"原稿二件,并日本非法驻军概况表五份,一一收到。特此电复,即希查照为荷。钧。铣。印。

中华民国二十一年三月十六日

---

① 编者按:原文如此,即"借口"。后同。

资料来源:《搜集日本违法行为资料提交国联调查团（一）》,台湾"国史馆"藏"外交部"全宗,第23—24页。

16. 顾维钧致外交部电(1932年3月16日)

收文平字第820号

南京外交部鉴:齐电敬悉。并转来淞沪警备司令部函送贵部之第六十师伤兵李芳辉受日方达姆弹伤之照片五张,业已收到。特此电复,即希查照为荷。钧。铣。印。

中华民国二十一年三月十六日

资料来源:《搜集日本违法行为资料提交国联调查团（一）》,台湾"国史馆"藏"外交部"全宗,第25—26页。

17. 顾维钧致外交部电(1932年3月16日)

收文平字第814号

南京外交部鉴:蒸电敬悉。并内附来收到楼科长修改之万宝山英文说帖及本月九日寄来之原稿,均已收到。特此电复,即希查照为荷。钧。铣。印。

中华民国二十一年三月十六日

资料来源:《搜集日本违法行为资料提交国联调查团（一）》,台湾"国史馆"藏"外交部"全宗,第27—28页。

18. 顾维钧致外交部电(1932年3月16日)

收文平字第819号

南京外交部鉴:蒸电敬悉。内转来东北外交研究委员会函寄贵部拟供国联调查团之材料,一一照收,留备参考。特此电复,即希查照为荷。钧。铣。印。

（1）日本在东北对于我国财务行政权破坏之实例

（2）东三省地理概要与内地之关系

（3）节录二十年十月十五日英文导报

（4）英译日本侵害我国电权

（5）英译非法驻军

（6）英译非法驻警

（7）英译侵害司法

（8）英译侵害教育

（9）英译一切暴行

（10）英译九一八事变

中华民国二十一年三月十六日

资料来源：《搜集日本违法行为资料提交国联调查团（一）》，台湾"国史馆"藏"外交部"全宗，第 29—31 页。

19. 外交部致国联调查团中国代表处电
（1932 年 3 月 21 日）

去文亚字第 1495 号

国联调查团中国代表处勋鉴：兹由快邮寄上东北交通委员会等六机关损失调查表六份，又，行政院关于上海私立上海法学院及慎记纱厂等损失情形之训令两件，希察收。用毕，仍请寄还本部亚洲司为荷。外交部。马。印。

附损失调查表六份、行政院训令两件。[①]

资料来源：《搜集日本违法行为资料提交国联调查团（一）》，台湾"国史馆"藏"外交部"全宗，第 32 页。

20. 北平市政府致外交部电（1932 年 3 月 21 日）

来电第 32187 号

发电：1932 年 3 月 21 日 17 时 40 分

收电：1932 年 3 月 21 日 22 时 58 分

急。南京外交部勋鉴：密。国联调查团行将来平，本市已筹备招待，拟请将关于东北案件之宣传材料以及各项印刷品等赐寄数十份，俾便一致。仍祈

---

① 编者按：无附件内容。

电示为荷。北平市政府叩。马（廿一日）。印。

批示：所有宣传材料，统由顾代表交处编译提交调查团，以期统一，贵处似不必再提。惟如必需资料，可就地向东北外交研究会借阅。

资料来源：《搜集日本违法行为资料提交国联调查团（一）》，台湾"国史馆"藏"外交部"全宗，第 33 页。

21. 铁道部致南京办事处电（日期不详）

第 150 号

外交部罗部长勋鉴：据北宁路局呈称，据山海关电信段长电称，关站通沟帮子及皇姑屯之本路第四、第五两电报线，于本月六日，突被驻站日本守备队截断，另用胶皮线与该守备队及宪兵队接通，以便传达关外电话、电报。经与严重交涉，据称，该两线已归奉山路管辖，接线事，经得该路许可，似无须再征求贵段同意。并据称，此项线路接通，系关东军部意旨，本所不能过问，请迳向关东军部交涉各等语。请核示，等情到局。除分呈北平绥靖公署、东北交通委员会并敕转行外，理合备文，呈请鉴核等情。除电呈行政院外，相应电请查照，设法交涉为荷。铁道部长顾孟余叩。皓。印。

资料来源：《搜集日本违法行为资料提交国联调查团（一）》，台湾"国史馆"藏"外交部"全宗，第 35 页。

22. 外交部致国联调查团中国代表处电
（1932 年 3 月 21 日）

去文第 1503 号

国联调查团中国代表处勋鉴：准铁道部代电称，据北宁路局呈报，关站通沟帮子及皇姑屯之第四、第五两电报线，被驻站日兵截断等因。用特抄录原代电，送请查照，并提交调查团为荷。外交部。马。印。

资料来源：《搜集日本违法行为资料提交国联调查团（一）》，台湾"国史馆"藏"外交部"全宗，第 36 页。

23. 上海中国代表处致外交部电(1932 年 3 月 21 日)

来电第 32173 号

发电:1932 年 3 月 21 日 15 时 15 分

收电:1932 年 3 月 21 日 16 时 15 分

外交部沈司长勋鉴:密。日本违法悬案之一部,其中各案尚待补充。请着原经手编辑司员,先将曾经引用之案卷,开单调汇部中,由处派员回部补充。中国代表处。箇(廿一日)。

资料来源:《搜集日本违法行为资料提交国联调查团(一)》,台湾"国史馆"藏"外交部"全宗,第 37 页。

24. 外交部致北平市政府电(1932 年 3 月 21 日)

去电第 28366 号

北平市政府鉴:马电悉。所有宣传材料,统由上海顾代表处编译提交调查团,以期统一,贵处似不必再提。惟如必需资料,可就近向东北外交研究会借阅。外交部。养。

资料来源:《搜集日本违法行为资料提交国联调查团(一)》,台湾"国史馆"藏"外交部"全宗,第 38 页。

25. 外交部致国联调查团中国代表处电
(1932 年 3 月 22 日)

去文亚字第 1543 号

国联调查团中国代表处勋鉴:准东北外交研究委员会函送东北矿务局提交调查团之说帖一件到部。兹由航邮寄上,希察收。应用毕,仍请寄还本部亚洲司为荷。外交部。梗。印。

附说帖一件。①

---

① 编者按:无附件内容。

资料来源:《搜集日本违法行为资料提交国联调查团(一)》,台湾"国史馆"藏"外交部"全宗,第 39 页。

26. 外交部致国联调查团中国代表处电
(1932 年 3 月 22 日)

去文亚字第 1535 号

国联调查团中国代表处勋鉴:准东北外交研究委员会函送该会徐委员淑希所拟,关于"二十一条"效力问题之英文说帖一件到部。兹特抄录一份,由航邮寄上,即希查收为荷。外交部。梗。印。

资料来源:《搜集日本违法行为资料提交国联调查团(一)》,台湾"国史馆"藏"外交部"全宗,第 40 页。

27. 外交部致北平档案处王处长电(1932 年 3 月 23 日)

北平档案处长鉴:巧日部电令查之件,已否电沪,希速电复外交部。亚洲司。梗。

资料来源:《搜集日本违法行为资料提交国联调查团(一)》,台湾"国史馆"藏"外交部"全宗,第 41 页。

28. 外交部致国联调查团中国代表处电
(1932 年 3 月 24 日)

去文亚字第 1546 号

国联调查团中国代表处勋鉴:兹由快邮寄上日军侵占东北期间北宁铁路被害纪要五册,又日本阻害葫芦岛工程情形函抄件一份。希察收为荷。外交部。敬。印。

附纪要五册,抄函一件。①

资料来源:《搜集日本违法行为资料提交国联调查团(一)》,台湾"国史馆"藏"外交部"全宗,第 42 页。

---

① 编者按:无附件内容。

29. 上海顾维钧致外交部电(1932年3月24日)

来电第 32286 号

发电:1932 年 3 月 24 日 18 时 00 分

收电:1932 年 3 月 24 日 18 时 17 分

南京外交部罗部长钧任兄勋鉴:密。请分函军政部、实业部将"剿共"情形及改善农民待遇、改良农村办法,速备节略见示。弟维钧。敬(廿四日)。八一。印。

资料来源:《搜集日本违法行为资料提交国联调查团(一)》,台湾"国史馆"藏"外交部"全宗,第 43 页。

30. 国联调查团中国代表处致外交部电
(1932年3月24日)

来电第 32286 号

发电:1932 年 3 月 24 日 19 时 00 分

收电:1932 年 3 月 24 日 21 时 40 分

南京外交部:密。廿二日,日外相在国会演说词,有"新国政府"果能如其宣言,尊重现行条约及外人权利、利益,并遵守门户开放原则,余确知为"新国"利益。又谓,该政府送致公文,日政府已非正式收受等语。又,同日,英外相在国会言词,有如谓幅员广大如中国者,而无分裂之事,则为无常□,此省或彼省因而宣布独立,固常见于中国历史者。应由部辩正。希察核。代表处。敬(廿四)。八三。

批注:部长已交情报司。

资料来源:《搜集日本违法行为资料提交国联调查团(一)》,台湾"国史馆"藏"外交部"全宗,第 44 页。

31. 上海顾维钧致外交部电(1932年3月24日)

来电第 32281 号

发电:1932 年 3 月 24 日 16 时 00 分

收电:1932 年 3 月 24 日 16 时 45 分

南京外交部罗部长钧任兄勋鉴:密。弟连日与调查团各委晤谈,探知日本方面向该团诋毁我国约有五端:(一)国家无健全组织;(二)生命财产不安全;(三)不遵守条约;(四)抗日运动及抵制日货;(五)共产党徒横行国内。而各委所关心者,除五端外,尚有解决东省问题之具体意见。近日该团接见各界领袖所询各点,亦不能外是。将来到京谒晤政府当局及接见各界领袖时,必再详细询问。拟乞兄预先接洽,早筹答案。如国家组织如何益使健全,人民生命财产之安全如何切实担保,遵守条约有何决心,"剿共"治匪有何治平办法,以及对于抗日运动定何态度,抵制日货如何使勿逾越法律范围。种种问题,似宜先事绸缪,而当局答复尤须一致,使勿两歧。至于吾方所希望于该团,似亦应早定方针。除前经电请察核外,再电详陈。卓见如何,统祈裁夺。弟维钧叩。敬(廿四日)。七八。

资料来源:《搜集日本违法行为资料提交国联调查团(一)》,台湾"国史馆"藏"外交部"全宗,第 45—46 页。

32. 外交部致洛阳外交部靳秘书电(1932年3月11日)

去电第 28138 号

洛阳外交部靳秘书览:密。中日修约案(在三号木箱、七号藤箱内)应即编拟简明说帖,连同十五年十月二十日,十六年十一月十日,十七年七月十九日、七月卅一日、八月十四日、十八年四月廿六日、四月廿七日中日来往照会及英译本暨其他有关文件,并交涉撤退驻华日警案(在六号藤箱内)、东北政务委员会来咨本部十九年五月致日使照会与日使复文,及所有本案中日来往文件,一并火速抄齐,迳寄上海静安寺路沧州饭店顾代表少川处,并电复外交部南京办事处。

资料来源:《搜集日本违法行为资料提交国联调查团(一)》,台湾"国史馆"藏"外交部"全宗,第 47 页。

33. 上海谭绍华致外交部电(1932年3月11日)

来电第 32281 号

发电:1932 年 3 月 11 日 0 时 05 分

收电:1932 年 3 月 11 日 8 时 55 分

南京外交部沈司长鉴:密。函悉。附电已转顾代表,请即派员草中日修约经瞭简明说帖。并抄寄十五年十月廿日,十六年十一月十日,十七年七月十九日、同年同月世(卅一日)、同年八月十四日,十八年四月廿六日、同年同月廿七日中日来往照会及英译本暨其他有关文件。绍华。灰(十日)。

资料来源:《搜集日本违法行为资料提交国联调查团(一)》,台湾"国史馆"藏"外交部"全宗,第 48 页。

34. 外交部致上海谭委员电(1932年3月11日)

去电第 28139 号

上海谭委员鉴:密。灰、真两电悉。所需各件已电洛阳靳秘书火速照办,迳寄顾代表处。再,十七年以后中日修约来往照会,已寄阶平兄,请就近索阅。觐鼎。

资料来源:《搜集日本违法行为资料提交国联调查团(一)》,台湾"国史馆"藏"外交部"全宗,第 49 页。

35. 上海国联调查团中国代表处致外交部电
(1932年3月11日)

来电第 31858 号

发电:1932 年 3 月 11 日 14 时 15 分

收电:1932 年 3 月 11 日 14 时 50 分

南京外交部沈司长鉴:密。济案,请派员用英文速拟简明节略,连同解决换文抄件,一并寄沪。中国代表处。真(十一日)。

批注：该卷如未送洛，希速办。

资料来源：《搜集日本违法行为资料提交国联调查团（一）》，台湾"国史馆"藏"外交部"全宗，第51页。

36. 外交部致国联调查团中国代表处顾少川先生电
（1932年3月11日）

去文亚字第1289号

上海顾少川先生勋鉴：顷据东北外交研究委员会函寄东北边防军司令长官公署参谋长荣臻及驻沈阳北大营第七旅旅长王以哲等报告各一份到部。兹特检同该项报告，送请察收见复。并祈参考后，仍饬将原件寄还本部亚洲司为荷。外交部。真。印。

附报告二册。①

资料来源：《搜集日本违法行为资料提交国联调查团（一）》，台湾"国史馆"藏"外交部"全宗，第52页。

37. 外交部致国联调查团中国代表处电
（1932年3月11日）

去文亚字第1291号

上海静安寺路沧州饭店国联调查团中国代表处勋鉴：密。真电悉。本日适收到林椿贤君所拟之万宝山案及朝鲜暴动案节略一件，兹由航邮寄上，即请察收。其中关于万宝山事件，可与九日寄沪之程经远节略互为参照。至朝鲜暴动案，仍在查阅案卷，如有可资补充之材料，当续用英文编寄。徐谟叩。

资料来源：《搜集日本违法行为资料提交国联调查团（一）》，台湾"国史馆"藏"外交部"全宗，第53页。

---

① 编者按：无附件内容。

38. 外交部致国联调查团中国代表处电
（1932 年 3 月 12 日）

去电第 28170 号

上海静安寺路沧州饭店国联调查团中国代表处鉴：密。接北平张主任电，据山海关何旅长电称，满洲伪国成立，奉山火车亦悬伪新五色旗，来关锦、义、兴、绥各县，强迫各乡长具结，驻在日军乃地方自动请保护人民者。关于伪国，日方亦诿之自动，均为应付国联之计。此间日守备队惑于谣言，戒备加严等语。特电奉达，备为提交调查团之材料。外交部。外四八。

资料来源：《搜集日本违法行为资料提交国联调查团（一）》，台湾"国史馆"藏"外交部"全宗，第 54 页。

39. 上海中国代表处致外交部电（1932 年 3 月 12 日）

南京外交部沈司长鉴：密。烦咨请交通部，迅将中日间关于邮电各种已公布、未公布之合同协定，抄送过部，转沪中国代表处。文。

（原件存日人攫夺东省邮政案）

资料来源：《搜集日本违法行为资料提交国联调查团（一）》，台湾"国史馆"藏"外交部"全宗，第 55 页。

40. 外交部致国联调查团中国代表处（1932 年 3 月 12 日）

上海中国代表处勋鉴：密。真电悉。济案中英文节略拟就，连同解决换文一并寄上。觐鼎。元。印。

资料来源：《搜集日本违法行为资料提交国联调查团（一）》，台湾"国史馆"藏"外交部"全宗，第 56 页。

41. 外交部致交通部电（1932 年 3 月 13 日）

交通部南京办事处勋鉴：密。接国联调查团中国代表处电称，请转咨交通部,迅将中日间关于邮电各种已公布、未公布之合同协定,抄录一份寄沪等因。用特电达,即希查照,迅予饬抄后,用航空快邮,迳寄上海静安寺路沧州馆店①代表处,并见复为荷。外交部。元。印。

资料来源:《搜集日本违法行为资料提交国联调查团(一)》,台湾"国史馆"藏"外交部"全宗,第 57 页。

42. 国联调查团中国代表处致外交部电(1932 年 3 月 11 日)

第 1 号快邮代电

南京外交部罗部长赐鉴:佳代电敬悉。汉口、天津两案暨昨寄汕头等处案,均经照收。泗、泰叩。真。

资料来源:《搜集日本违法行为资料提交国联调查团(一)》,台湾"国史馆"藏"外交部"全宗,第 58 页。

43. 铁道部致外交部公函(1932 年 3 月 13 日)

参字第 48 号

迳启者:前准第五〇七号函,请将关于东三省铁路各款文件,从速抄送,以便编译等由。经于三月一日,函送合同三册及东三省铁路图九十张在案。兹抄录有关东三省铁路文件及图表,并本部办理情形,另开清单二纸,一并送请查收见复。再,有联运文件及续有搜集补充文件,自当迅为续送。合并声明。此致
外交部

计:抄送文件目录清单二件。

附件一、二、三、四、五、六、七、八、十一、十二、十三、十四各十份,九、十各一份。

满蒙五路表失后日本之经济势力图三十份。②

东三省铁路借款表三十份。

---

① 编者按:即沧州饭店。

② 编者按:原文如此,照录。

部长:汪兆铭

铁道部南京办事处主任:曾仲鸣

副主任:陈耀祖

中华民国二十一年三月十三日

附件:

东三省与日本有关系之铁路事件一切合同换文等目录清单

洮昂事件

奉天省长公署为建筑洮昂铁路咨请交通部追认文(民国十四年五月)

洮昂铁路合同换文(民国十三年六月)

以上二件见附件一

定立顾问为关于残余材料借款利息请查照承认函(民国十七年十月)(附表)

购煤合同(民国十六年四月至九月)

购煤合同(民国十六年十月至十七年三月)

余料煤价短期借款合同换文(民国十七年十一月)

奉天省长提借洮昂工款金票二百万元勘电(民国十四年九月)

洮昂局解送金票二百万元呈文(民国十四年五月)

奉天省长指令

洮昂局为提请金票二百万元尚未归还请示办法呈文(民国十七年六月)

洮昂局为车辆垫款及省提之款拟与满铁分别订立借款合同呈文(民国十七年六月)

奉天省长准将车辆垫款改做长期借款,其省提之款如何偿还,仰财政厅核复之指令(民国十七年八月)

洮昂局请将借省二款分期拨还为改建铁桥及防水用款请示呈文(民国十七年十一月)

奉天省长仍仰财政厅核议具复再行示遵指令(民国十七年十二月)

满铁会社为函知借款总额金数函(民国十八年三月)(附单及说明)

大数顾问函(民国十七年六月)

(以上十四件均见附件二)

吉长事件

吉长铁路更换八十磅钢轨经过情形节略

八十磅钢轨问题经过

(以上二件见附件三)

东北铁路事务协商委员会复议吉长更换钢轨案(民国廿年五月)(见附件四)

吉敦事件

交通部呈临时执政为陈明遵向南满会社声明吉敦合同不能成立各缘由(民国十五年一月)

交通部呈临时执政陈明查悉吉敦承造合同内容情形拟设法取销或暂缓执行各缘由(民国十五年一月)

交通部函南满会社声明吉敦合同不能成立由(民国十五年一月)

(以上三件见附件五,按南满复函不能承认云)

东三省与日人有关系之铁路情形节略及债务情形等文件目录清单

东北四路负担南满债款节略(附件六)

吉林省政府查复日人在吉边筑路近况文(附件七)

木村锐市所提四款及东北交通委员会签呈附历年承认日本路权单(附件八)

中日铁路问题(东北交通委员会函送前来)(附件九)

木村铁道交涉停顿之真相(东北交通委员会函送前来)(附件十)

四洮、洮昂、吉长、吉敦四路合同之分析(东北铁路事务协商委员会预备会议事综)(附件十一)

平行线问题(附件十二)

附南满津浦租用机车合同(民国廿年)(附件十三)

附本部办理情形(附件十四)

资料来源:《搜集日本违法行为资料提交国联调查团(一)》,台湾"国史馆"藏"外交部"全宗,第59—63页。

44. 中国国民党中央执行委员会致外交部函
（1932 年 3 月 13 日）

沦新司长吾兄：

敝会拟编印《东北事件述要》与《上海事件述要》两种小册，译成英文，赠送国联调查团作为参考。现《东北事件述要》小册已脱稿，印与外交有关内容及措辞是否妥当，均须与贵部有接洽之必要。兹将原稿送上，敬祈吾兄赐予指正为荷。此请

勋安

弟□□上

三月十三日

附《东北事件述要》文稿一束。①

资料来源：《搜集日本违法行为资料提交国联调查团（一）》，台湾"国史馆"藏"外交部"全宗，第 64 页。

45. 钱泰致外交部电（1932 年 3 月 10 日）

沦新仁兄司长台鉴：接展三月九日代电壹件。内附中日修约经过来往文件六件，均已照收。特此奉复，并颂公安。弟钱泰谨启。三月十日。

资料来源：《搜集日本违法行为资料提交国联调查团（一）》，台湾"国史馆"藏"外交部"全宗，第 66 页。

46. 东北外交研究委员会致外交部公函
（1932 年 3 月 10 日）

收文统字第 750 号

迳启者。案查本会收到各处损失调查表，业经先后抄送在案。兹收到东北政务委员会等十三处损失调查表四十四份。相应照抄四十四份，函送大部。

---

①　编者按：无附件内容。

即希查收见复为荷。此致

外交部

计附①:测量局九份十八张,东北军工厂一份五张,沈阳市政公所一份一张,边业银行一份一张,辽宁各县新民小学及同泽中学四份四张,独立第七旅二十四份七十九张,铁甲本队一份一张,辽宁财政厅一份一张,第十二旅一份一张,交通委员会一份四张。

委员长:张学良

主任干事:王卓然

中华民国二十一年三月十日

资料来源:《搜集日本违法行为资料提交国联调查团(一)》,台湾"国史馆"藏"外交部"全宗,第67—69页。

47. 外交部致国联调查团中国代表处电
(1932年3月14日)

去文亚字第1351号

国联调查团中国代表处勋鉴:兹由航邮寄上日本侵略满蒙计画②书一册。请译英,交调查团。又,东报译文三件,希密收参阅为荷。外交部。删。印。

资料来源:《搜集日本违法行为资料提交国联调查团(一)》,台湾"国史馆"藏"外交部"全宗,第70页。

48. 外交部致上海顾少川先生电(1932年3月14日)

去文亚字第1352号

上海顾代表勋鉴:兹将铁道部所抄送东省铁路文件及图表一宗,用快邮寄上,以资参考。希查阅完毕,仍予寄还为荷。外交部。删。印。

附抄送文件目录清单二件。③ (抄件另邮)

---

① 编者按:无附件具体内容。

② 编者按:同"计划"。后同。

③ 编者按:无附件内容。

资料来源:《搜集日本违法行为资料提交国联调查团(一)》,台湾"国史馆"藏"外交部"全宗,第 71 页。

49. 外交部致上海顾少川先生电(日期不详)

去电第 28206 号

上海顾代表少川兄勋鉴:顷汪院长面交日本侵略满蒙计画书一册,嘱转请吾兄交译洋文。除将该书飞邮寄奉外,特先电达。弟干。寒。外五五。

资料来源:《搜集日本违法行为资料提交国联调查团(一)》,台湾"国史馆"藏"外交部"全宗,第 72 页。

50. 外交部致国联调查团中国代表处电
(1932 年 3 月 14 日)

去文亚字第 1354 号

上海静安寺路沧州饭店国联调查团中国代表处勋鉴:林椿贤君所拟之万宝山案及朝鲜暴动案节略一件,已于三月十二日航空快邮寄发,谅早收到。兹将该节略中之损害数目等酌加修改,特将此修正本,抄寄尊处以备参考。外交部。

资料来源:《搜集日本违法行为资料提交国联调查团(一)》,台湾"国史馆"藏"外交部"全宗,第 73 页。

51. 东北外交研究委员会致外交部公函
(1932 年 3 月 14 日)

收文统字第 746 号

迳启者:案查本会收到各处损失调查表,业经先后照抄送部在案。兹收到东北政务委员会损失调查表八份,相应照抄八份,函请查收见复为荷。此致
外交部

计附:东北政务委员会损失调查表八份。①

----

① 编者按:无附件内容。

委员长:张学良

主任干事:王卓然

中华民国二十一年三月

资料来源:《搜集日本违法行为资料提交国联调查团(一)》,台湾"国史馆"藏"外交部"全宗,第74—75页。

52. 上海钱泰致外交部电(1932年3月15日)

来电第31975号

发电:1932年3月15日11时15分

收电:1932年3月15日12时15分

南京外交部徐次长叔谟兄勋鉴:密。请派该管司员速编《九一八迄现在止东省事变经过始末记》。可勿涉及东省以外事件,应参考我方报告国联各电,以免两歧。编就,速航邮寄沪。弟泰。寒。印。

资料来源:《搜集日本违法行为资料提交国联调查团(一)》,台湾"国史馆"藏"外交部"全宗,第76页。

53. 交通部致外交部电(1932年3月15日)

外交部勋鉴:密。亚字第一三一二号元代电敬悉。嘱件已照办,特复。交通部长陈铭枢。删。印。

中华民国二十一年三月十五日发

资料来源:《搜集日本违法行为资料提交国联调查团(一)》,台湾"国史馆"藏"外交部"全宗,第77页。

54. 外交部致上海钱参事电(1932年3月15日)

去电第28235号

上海钱参事阶平兄勋鉴:密。寒电悉。《始末记》自属必要,惟东省事变之重要文卷及我方报告国联各电,均经先后抄送尊处。日前东北送部之九一八事变经过情形报告统字二八七二号,因恐误时机,收到后,即转送贵处,部中并未抄存。是贵处现有之材料较全,编纂亦当较易。如因事繁无暇编纂,自可由部办理。但事变起因详于上项报告,部中缺乏材料,恐无从编入矣。如何,盼复。弟谟。删。

资料来源:《搜集日本违法行为资料提交国联调查团(一)》,台湾"国史馆"藏"外交部"全宗,第 78 页。

55. 外交部致国联调查团中国代表办事处电
(1932 年 3 月 15 日)

去文亚字第 1397 号

国联调查团中国代表处勋鉴:准东北外交研究委员会函,送东北政务委员会损失调查表五十二份到部。兹由航邮寄上,希察收。用毕,仍请寄还本部亚洲司为荷。外交部。铣。印。

附表五十二份。[①]

资料来源:《搜集日本违法行为资料提交国联调查团(一)》,台湾"国史馆"藏"外交部"全宗,第 79 页。

56. 外交部致上海钱阶平电(1932 年 3 月 16 日)

上海沧州饭店国联调查团中国代表处阶平兄勋鉴:密。国联大会三月十一日议决案英法全份,及三月四日英文决议四点,已于今日付航邮。弟谟。铣。

资料来源:《搜集日本违法行为资料提交国联调查团(一)》,台湾"国史馆"藏"外交部"全宗,第 80 页。

57. 上海钱泰致外交部电(1932 年 3 月 16 日)

来电第 32017 号

发电:1932 年 3 月 16 日 7 时 40 分

---

① 编者按:无附件内容。

收电:1932 年 3 月 16 日 9 时 35 分

外交部徐次长叔谟兄勋鉴:密。本处需用最近国联议决案英法全份,盼速航邮寄沪。泰。删(十五日)。

资料来源:《搜集日本违法行为资料提交国联调查团(一)》,台湾"国史馆"藏"外交部"全宗,第 81 页。

58. 外交部致东北外交研究委员会电(1932 年 3 月 15 日)

去文亚字第 1415 号

迳启者:关于赵欣伯历史,业经译送《中国评论报》及上海《密勒报》登载,兹将该项译稿两份附上。如平津等处外报尚未登载,请在调查团到平时送登。俾该团到时,能阅及为荷。此致。

资料来源:《搜集日本违法行为资料提交国联调查团(一)》,台湾"国史馆"藏"外交部"全宗,第 82 页。

59. 上海顾维钧致外交部电(1932 年 3 月 17 日)

来电第 32074 号

发电:1932 年 3 月 17 日 18 时 35 分

收电:1932 年 3 月 17 日 19 时 00 分

南京外交部罗部长钧任兄勋鉴:密。尊处应行速交国联调查团文件,统请速由敝处转交,以免分歧。即乞察核。弟维钧叩。篠(十七日)。五三。

资料来源:《搜集日本违法行为资料提交国联调查团(一)》,台湾"国史馆"藏"外交部"全宗,第 85 页。

60. 上海金问泗致外交部电(1932 年 2 月 14 日)

来电第 30829 号

发电:1932 年 2 月 14 日 14 时 00 分

收电:1932 年 2 月 14 日 14 时 57 分

外交部徐次长叔谟兄鉴:密。国联委员会不久来华,诸事亟待准备。少公嘱电达数事:(一)东案文件兄处想有全档,请饬录副装订成册,分类标题,以备参考。(二)东案发生,在位、在野诸公,及中、西文报纸发表意见甚多,请饬尽量搜集编册备用。(三)一九零五年密件,兄谓曾见签字正本,请再饬查示复。(四)代表团诸事请兄筹划襄助,并乞转恳阶平兄襄助。(五)请铸九兄将接收委员会预算案译详示。弟泗叩。鉴(十四日)。

批示:已由徐次长电复,惟(一)(二)两项应由编译委员会办理。(一)项先将重要案件抄录(抄写人可陈明次长,由各处转行借调)。

资料来源:《搜集日本违法行为资料提交国联调查团(一)》,台湾"国史馆"藏"外交部"全宗,第 86 页。

61. 上海顾维钧致外交部电(1932 年 3 月 17 日)

来电第 32053 号

发电:1932 年 3 月 16 日 16 时 20 分

收电:1932 年 3 月 17 日 0 时 35 分

南京外交部罗部长钧任兄并转汪院长钧鉴:密。国联调查团昨晚抵沪,本日下午,弟与李顿爵士晤谈。兹撮要报告如下:

(一)上海问题,李认为,停止战争及撤退日军必须办到。虽调查团职务在调查满洲情形,但若上海方面两军相持,随时可以接触,则该团自未便北上。因此,该团对于沪案愿意援助解决,但未知如何援助方法。弟答以:辽、沪两案须并案办理,上海方面固须停止敌对行为,满洲方面亦有此必要。况沪案因辽案发生,自难分离。李谓:两案性质究属不同,并案办理,恐有困难。经讨论后,弟提议:第一步,解决沪案军事部分;第二步,解决辽案军事部分;第三步,将上海安全问题及辽案其他问题同时解决。李对此三步办法意见大致赞同,但云该团无权办理沪案,仅可向国联报告。国联如有嘱托,自当遵办。

(二)李云:该团来华,一为调查报告,二为努力调解,使双方公开谈判解决。现在日方经疏通后,愿诚意磋商。但如中国内部继续四分五裂,政局时常摇动,则虽订妥善办法,仍不能实行。故希望中国设法有巩固之政府,此曾请转达贵国政府当局,将来到宁时,拟征求意见。国联对华亦极愿为种种物质上之援助。如款项,如专门人材,如警察人材等。中国方面倘有需要,均可随时商议供给,不须报酬。

(三)弟云:调查团来华,中国极所欢迎,自当随时向该团提出对于各问题之说帖,并为该团介绍接见政府及各界领袖,藉以明了中国方面之宗旨及志愿。且有必要时,亦可介绍公私团体,使向该团正式陈述意见云云。

余候续陈。弟维钧叩。删(十五日)。四九。印。

资料来源:《搜集日本违法行为资料提交国联调查团(一)》,台湾"国史馆"藏"外交部"全宗,第87—89页。

62. 外交部致东北外交研究委员会转林委员椿贤电
(1932年3月5日)

东北外交研究委员会译送林委员椿贤鉴:中村案修正稿已收到。万宝山案业由程经远兄拟就,现请编译。天津事变,其材料除由本部迳寄外,尚祈先向北平张主任处及天津市政府设法搜集。沈觐鼎。

资料来源:《搜集日本违法行为资料提交国联调查团(一)》,台湾"国史馆"藏"外交部"全宗,第90页。

63. 上海谭绍华致外交部电(1932年3月6日)

来电第31689号

发电:1932年3月6日17时45分

收电:1932年3月6日18时40分

南京外交部沈司长鉴:密。请即饬司搜集关于津、青、福、宁等处开衅资料寄沪,其他材料亦请从速搜罗。华。鱼。

资料来源:《搜集日本违法行为资料提交国联调查团(一)》,台湾"国史馆"藏"外交部"全宗,第91页。

64. 上海钱泰、金问泗致外交部电(1932年3月6日)

来电第31691号

发电:1932年3月6日17时45分

收电:1932年3月6日20时25分

南京外交部徐次长叔谟兄勋鉴：密。微(五日)电悉。九一八以后，日人迭在天津、青岛、汉口、南京、镇江、福州、厦门、广州、汕头等处藉端寻衅。此间调查各该案事实感觉困难，非散漫难稽，即报载难信。拟饬司将各该案事实分别作成简明英文节略，一一叙明日期，从速付航空邮寄，以备调查团到沪后，撰具说帖之用。弟泰、泗同叩。鱼。印。

资料来源：《搜集日本违法行为资料提交国联调查团(一)》，台湾"国史馆"藏"外交部"全宗，第 92 页。

65. 外交部致东北外交研究委员会电(1932 年 3 月 7 日)

去电第 28054 号

东北外交研究会勋鉴：承寄各件，均已收到。嗣后，所有贵会说帖及参考资料，请迳寄上海静安寺路沧州饭店国联调查团中国代表办事处，以期敏捷。并请同时另抄一份寄部，以便接洽。外交部。

资料来源：《搜集日本违法行为资料提交国联调查团(一)》，台湾"国史馆"藏"外交部"全宗，第 93 页。

66. 上海谭绍华致外交部电(1932 年 3 月 7 日)

来电第 31717 号

发电：1932 年 3 月 7 日 16 时 50 分

收电：1932 年 3 月 7 日 17 时 15 分

外交部沈司长鉴：密。中村案说帖想已拟就，请即寄来，并电程经远，即将万宝山案说帖寄沪。华叩。阳(七日)。

批示：两案似已寄沪，如未寄，即办。

资料来源：《搜集日本违法行为资料提交国联调查团(一)》，台湾"国史馆"藏"外交部"全宗，第 94 页。

67. 外交部致上海谭绍华电(1932 年 3 月 7 日)

去电第 28057 号

上海办事处转谭委员绍华兄鉴:密。中村案已托徐委员养秋带沪,万宝山案后日可航空邮寄沪。弟。七日。

资料来源:《搜集日本违法行为资料提交国联调查团(一)》,台湾"国史馆"藏"外交部"全宗,第 95 页。

68. 外交部致上海钱阶平、金纯儒电(1932 年 3 月 7 日)

去电第 28058 号

上海霞飞路兴业里一号,阶平、纯儒两兄勋鉴:密。明日先航邮汕头、南京、镇江、青岛、苏州、杭州、福州等案,余续寄。弟谟。

资料来源:《搜集日本违法行为资料提交国联调查团(一)》,台湾"国史馆"藏"外交部"全宗,第 96 页。

69. 上海钱泰致外交部电(1932 年 3 月 7 日)

来电第 31716 号

发电:1932 年 3 月 7 日 16 时 45 分

收电:1932 年 3 月 7 日 17 时 15 分

南京外交部沈司长沦新兄鉴:密。请将国府中日修约经过,并来往公文日期,航空快邮见示。泰。阳(七日)。

批示:检寄。

资料来源:《搜集日本违法行为资料提交国联调查团(一)》,台湾"国史馆"藏"外交部"全宗,第 98 页。

70. 外交部致上海顾少川先生电(1932年3月8日)

去文亚字第 1129 号

上海顾少川先生勋鉴:前接到淞沪警备司令部送来第六十师伤兵李芳辉受日方达姆弹伤之照片。特附送五张,请参考应用为荷。外交部。(八日)齐。印。

附送照片五张。①

资料来源:《搜集日本违法行为资料提交国联调查团(一)》,台湾"国史馆"藏"外交部"全宗,第 99 页。

71. 外交部致上海顾少川先生电(1932年3月8日)

去文亚字第 1200 号

上海顾少川先生勋鉴:密。程委员经远所拟万宝山案英文节要,顷由航空快邮寄上,请烦察收为荷。外交部。齐。印。

附万宝山案英文节要。②

资料来源:《搜集日本违法行为资料提交国联调查团(一)》,台湾"国史馆"藏"外交部"全宗,第 100 页。

72. 外交部致东北外交研究委员会电(1932年3月8日)

去文亚字第 1190 号

东北外交研究委员会勋鉴:密。贵会第九十五号公函备悉。除由国联调查团中国代表办事处拟复外,兹将本部所有研究材料附奉,以供参考。此后,如有接洽及意见,请迳寄该办事处为荷。外交部。齐。印。

附:

(一)会议录撮要五份;(二)同第一号英译本五份;(三)东北外交研究委员会来文五份;(四)新法铁路文件五份;(五)一月十五日东京朝日新闻五

---

① 编者按:无附件内容。

② 编者按:无附件内容。

份;(六) 一月十五日英文日本报五份;(七) 外交部未发表新开稿五份;(八)美国杨博士论文五份;(九) 平行线条款英译比较表五份。[①]

(附件另邮寄)

资料来源:《搜集日本违法行为资料提交国联调查团(一)》,台湾"国史馆"藏"外交部"全宗,第101页。

73. 东北外交研究委员会致外交部公函(1932年3月8日)

收文和字第804号

迳启者:查东北事变以来,汉奸等利用时机,媚敌卖国,擅称民意,组织政府,丧心病狂,莫此为甚。本会深恐外人不能详查,对该汉奸等认识不清,判断有误,特将渠魁逆首赵欣伯之历史,开成节略,介绍中外。俾举世知其品格卑污,行为恶劣,交涉前途,庶有小补。除一方向中外报纸发表外,相应检同赵欣伯历史一份,函请查照审检。可否译成英文,供给调查团参考之处,尚希卓裁,并盼复示。此致

外交部

计附赵欣伯历史乙份。

委员长:张学良

主任干事:王卓然

中华民国廿一年三月四日

附件:

赵欣伯之历史

东北外交研究委员会

赵欣伯,旗籍,原姓刘。少时家贫,在北平司法部街某理发店充学徒。因美丰资,改演新剧,名刘笑痴。时司法界名人余荣昌之夫人有一了[丫]头,貌尚可人,赵遂垂涎,拐之逃大连。在大连遂为日本警察署充侦探,因性灵敏,颇得日人欢心。赵亦多方献媚,日人以其毫无国家观念,认为高等汉奸资料。民国七年,由日本政府出资,送之赴东京留学,并使之侦探中国留日学生之行动。因当时日本侵略中国正在猛烈进行中,中国留日学生,有种种运动故也。赵到

---

① 编者按:无附件内容。

东京后,即自称京兆同乡会代表,参加留日学生之一切会议。因之,留日学生之一举一动,皆为日本警察所知。后留日学生探悉赵某系日本侦探,即拒绝其出席各种会议。自此以后,赵为日本侦探,已为全体留日学生所知,遂为人所不齿。赵亦处之泰然,毫不为耻,并在明治大学挂名,以为将来地步。时赵之同学中,有蜀人姚作宾者,对赵有完全支配之权,遂在稠人广众之中,加以侮辱,赵亦不敢反抗。据识其内幕者云:姚为蜀中富豪,前曾在北平观赵演剧,充其老斗,为之费金不少。赵之历史,姚氏完全知悉,故赵未敢开罪姚氏也。(姚曾任胶湾商埠督办公署交涉课长,现仍居青岛。)赵居日本数年,待机而动。至民国十五年春,明治大学校长横田秀雄(曾任大理院院长),在教授会议提议拟给赵法学博士之学位时,各教授皆表示反对,谓若给赵学位,则曾毕业之全体学生,皆应给学位。横田乃解说,日本有利用赵之必要,故给赵学位,使其活动力增大。各教授始无异言。故说者谓赵并非法学博士,实"政治博士",因有政治作用也。外间传言谓赵妻被庆应大学医学院割死,故给博士以资补偿,犹未识真相之谈也。赵得博士后,由参谋本部部员松井石根(现任国联裁军会议日本代表)为之介绍于张作霖,张氏知其来意,只予以顾问名义,敷衍日人面子,其实一切不顾不问。赵以未得张氏重用,转衔恨之,故为日人帮忙益力,日人亦多给金钱,资其挥霍,故赵之居供饮食如王者。凡识赵者,亦无人不知其为公开之日本侦探也。民国十六年,赵欣伯应日人召,赴东京作卖国活动事,为留日学生所悉,集众欲驱逐之。赵氏机警,行踪无定,学生苦觅不得。某日侦知赵在某理发馆,遂蜂拥而至,将赵由理发馆拖至街前,饱以耳光,日警赶至援救,始得逃去。是年赵氏归沈,办法学研究会,勾结日本法学浪人,在各地活跃。民廿年,因中村事件,赵氏乘机东渡,伪称为张学良代表。更向张氏电索日金五千元,伪称为联络费。张氏照汇,不三日,赵骗金而返。此次东北事变,赵事前亦曾参预逆谋,日人为酬勋计,遂升以沈阳市长及高等法院院长,而赵氏犹以为未足也。

资料来源:《搜集日本违法行为资料提交国联调查团(一)》,台湾"国史馆"藏"外交部"全宗,第102—111页。

74. 外交部致上海顾少川先生电（1932 年 3 月 8 日）

去文亚字第 1210 号

上海顾少川先生勋鉴：接准东北外交研究委员会函送中日共存共荣问题、中日铁道问题、日本之恶意宣传三说帖，日本侵略东北航权事实节略、通信大队损失调查表十二份，辽宁教育厅等十七处损失调查表廿六份，傀儡政府名单一份到部。相应将上开各件现行送交尊处，以备参考。希于查阅完毕后，仍予寄还为荷。外交部。印。

附七件（附件另邮）。①

资料来源：《搜集日本违法行为资料提交国联调查团（一）》，台湾"国史馆"藏"外交部"全宗，第 112 页。

75. 外交部致上海钱阶平先生电（1932 年 3 月 9 日）

洲字第 708 号

阶平兄鉴：密。阳电敬悉。中日修约经过来往公文，计六件。业经抄就，航空寄上，请察收密存，并见复为荷。鼎。佳。印。

附六件。②

资料来源：《搜集日本违法行为资料提交国联调查团（一）》，台湾"国史馆"藏"外交部"全宗，第 113 页。

76. 外交部致上海钱阶平、金纯儒先生电
（1932 年 3 月 9 日）

去文亚字第 1228 号

上海霞飞路兴业里一号，钱阶平、金纯儒两兄勋鉴：密。昨寄汕头等案，计达。兹由航邮续寄汉口、天津两案，请查收见复为荷。弟。

---

① 编者按：无附件内容。
② 编者按：无附件内容。

附二件。①

资料来源:《搜集日本违法行为资料提交国联调查团(一)》,台湾"国史馆"藏"外交部"全宗,第114页。

77. 北平东北外交研究委员会致外交部电
(1932年3月9日)

来电第31881号

发电:1932年3月9日21时00分

收电:1932年3月10日6时20分

南京外交部罗部长勋鉴:密。阳(七日)电悉。所嘱嗣后关于本会各项材料迳寄上海,自当照办。惟另抄送部一节,时间匆促,赶办不及,可否由部自沪抄存。日前抄寄上各件,拟请大部抄送上海本会,不另抄寄。东北外交研究委员会。佳(九日)酉。

批示:并电沪谓,可照办。所有东北外交研会寄来材料,为敏捷起见,均先寄沪备考。希编译后,仍将原件送还亚洲司。

资料来源:《搜集日本违法行为资料提交国联调查团(一)》,台湾"国史馆"藏"外交部"全宗,第115页。

78. 外交部致上海顾少川先生电(1932年3月9日)

去文亚字第1255号

上海顾少川先生勋鉴:兹检寄上东北外交研究委员会送来艾迪博士关于九一八事变真相电告欧美各国原稿二份、日本非法驻军概况表五份。即请查收见复为荷。外交部。蒸。印。

资料来源:《搜集日本违法行为资料提交国联调查团(一)》,台湾"国史馆"藏"外交部"全宗,第116页。

---

① 编者按:无附件内容。

79. 外交部致东北外交研究委员会电(1932 年 3 月 11 日)

去文亚字第 1259 号

迳复者:接准交字第一八六号来函并附件备悉。已将赵欣伯历史送中外各报发表。惟正式提供调查团参考一节,似不相宜。应请贵会将该件在北方中外报纸披露,俟该团到平时,将此项英文剪报交其参阅,较为妥善。相应函复,查照办理为荷。此致。

资料来源:《搜集日本违法行为资料提交国联调查团(一)》,台湾"国史馆"藏"外交部"全宗,第 117 页。

80. 外交部致北平东北外交研究委员会电
(1932 年 3 月 10 日)

来电第 28122 号

北平东北外交研究委员会勋鉴:佳电奉悉。所称各节当照办,并与上海接洽矣。特复。外交部。

资料来源:《搜集日本违法行为资料提交国联调查团(一)》,台湾"国史馆"藏"外交部"全宗,第 118 页。

81. 外交部致上海顾少川先生电(1932 年 3 月 10 日)

来电第 28123 号

上海顾少川先生勋鉴:密。所有东北外交研究会寄来材料为敏捷起见,均先寄沪备考。请饬编译后,仍将原件送还亚洲司为荷。外交部。蒸。外四二。

资料来源:《搜集日本违法行为资料提交国联调查团(一)》,台湾"国史馆"藏"外交部"全宗,第 119 页。

82. 外交部致上海顾少川先生电(1932年3月10日)

去文亚字第1238号

上海顾少川先生勋鉴:兹寄上长春日警藉口保护万宝山朝农擅入内地案(在日本违法悬案之一部三五页),并译文各一份。请与九日寄上之万宝山案,撮要合并参考。外交部。灰。印。

资料来源:《搜集日本违法行为资料提交国联调查团(一)》,台湾"国史馆"藏"外交部"全宗,第120页。

83. 东北外交研究委员会致外交部公函
(1932年3月10日)

交字第210号

迳启者:案查九一八事变,纯系日本自发计画侵略行为,反污我军破坏铁道,致起冲突。颠倒是非,莫此为甚。查事变时,东北边防军司令长官公署参谋长荣臻及驻沈阳北大营之第七旅旅长王以哲,均在沈阳,身当其冲,报告事变情形至详,且确绝无诡词捏报情事。相应将该员等报告,各照抄一份,函请查照赐收,用备调查团参考,并希见复为荷。此致
外交部
附报告两份。①

委员长:张学良
主任干事:王卓然

资料来源:《搜集日本违法行为资料提交国联调查团(一)》,台湾"国史馆"藏"外交部"全宗,第121页。

---

① 编者按:无附件内容。

84. 外交部致上海顾少川先生电(1932 年 3 月 11 日)

去文亚字第 1256 号

上海顾少川先生勋鉴:顷据东北外交研究委员会函寄,供给国联调查团材料到部。兹即检同该项材料附上,送请查收见复,并祈参考以后,仍将原件寄回为荷。外交部。蒸。

附:①

(1) 日本在东北对于我国财务、行政权破坏之实例

(2) 东三省地理概要与内地之关系

(3) 节录二十年十月十五日英文导报

(4) 英译日本侵害我国电权

(5) 英译非法驻军

(6) 英译非法驻警

(7) 英译侵害司法

(8) 英译侵害教育

(9) 英译一切暴力

(10) 英译九一八事变

资料来源:《搜集日本违法行为资料提交国联调查团(一)》,台湾"国史馆"藏"外交部"全宗,第 122—123 页。

85. 外交部致上海顾少川先生电(1932 年 3 月 11 日)

去文亚字第 1253 号

上海顾少川先生勋鉴:万宝山案英文说帖,业于本月九日快邮寄上。兹再将楼科长所修改者奉寄,以资参考。外交部。蒸。印。

资料来源:《搜集日本违法行为资料提交国联调查团(一)》,台湾"国史馆"藏"外交部"全宗,第 124 页。

---

①　编者按:无附件具体内容。

86. 上海谭绍华致外交部电(1932 年 3 月 11 日)

来电第 31857 号

发电:1932 年 3 月 11 日 14 时 15 分

收电:1932 年 3 月 11 日 14 时 50 分

外交部沈司长鉴:密。为交涉撤退驻华日领馆警察,东北政务委员会之咨文,本部十九年五月卅日致日使之照会及日使复文,请饬一并速抄寄。绍华。真(十一日)。

资料来源:《搜集日本违法行为资料提交国联调查团(一)》,台湾"国史馆"藏"外交部"全宗,第 126 页。

87. 国际联合会全权代表办事处致外交部电
(1932 年 1 月 26 日)

外交部钧鉴:关于调查团委员会一月二十一日在日来弗①开会情形,第一百九十号电计达。此次调查委员会于出发前,国际联合会秘书厅备有参考书籍多种,日本代表团亦曾供给九册。泽除因处内并无有关此案书籍,日埠书店亦无相当书籍出售,只能捐送刁敏谦博士所编之 *Two Year Nationalist China* 及 Dr. Thomas Millard 所著之 *The End of Extraterritoriality* 二书各十册外,拟请钧座于该委员会抵京时,面行酌送有关中日书籍若干种,俾便该委员会编著报告时,有所借镜。兹随电附奉秘书厅印发参考书名单,及就记忆所及,我方可送书籍名单各一纸,并祈察收为祷。处长胡世泽叩。一月二十六日。

资料来源:《搜集日本违法行为资料提交国联调查团(一)》,台湾"国史馆"藏"外交部"全宗,第 128 页。

---

① 编者按:即日内瓦。

88. 外交部致谭绍华电(1932 年 3 月 16 日)

去电第 29892 号

电上海外交部驻沪办事处:密。译送萨坡赛路三〇六号谭绍华览。钱顾问未允担任撰拟之说帖,希陈明顾前部长①。如认为必要,即请宝道顾问担任。顾前部长处是否单拟致送国联调查团说帖,项目为何,准备至何程度,与编译委员会、东北外交研究委会工作如何分配而免重复之处,仰就近商订。留沪无必要时,即回。又东北外交研究委员会勘电称,拟分担单拟说帖工作,并请示部撰说帖题目,希迳覆,并盼早日回邮。外交部。东。印。

资料来源:《搜集日本违法行为资料提交国联调查团(一)》,台湾"国史馆"藏"外交部"全宗,第 141 页。

89. 东京江华本致外交部电(1932 年 3 月 1 日)

来电第 31497 号

发电:1932 年 3 月 1 日 1 时 39 分

收电:1932 年 3 月 2 日 2 时 20 分

南京外交部部、次长钧鉴:二十九日电敬悉。遵即照会日政府,闻调查团昨午后,历访外相、总理、陆海相后,向新闻记者谈话,谓:调查团代表国际联盟,仅对国际联盟负责。按照十二月十日决议案,调查团权限范围广泛,在其调查报告范围内,一任调查团之决定。现拟先与中日政府接洽,就中日政府所提示之资料,予以友谊助力,现尚不能有详细之计划。惟调查团不仅为调查事实机关,其主要目的在使中日两国得发见永久协定之基础,对中日两国提供国际联盟之援助,俾中日两国均感此种援助之有效。调查团所代表之国际联盟,在保持远东和平。调查团将根据既往经验,尽其助力所期望与两国所予之报酬,惟在得两国之信赖,改善两国间之关系而已。该调查团并表示,抵沪后将赴宁与我政府接洽云云。华本叩。一日。

资料来源:《搜集日本违法行为资料提交国联调查团(一)》,台湾"国史馆"藏"外交部"全宗,第 143—144 页。

---

① 编者按:即顾维钧。

90. 北平东北外交研究委员会致外交部电
（1932 年 3 月 4 日）

来电第 31615 号

发电：1932 年 3 月 4 日 19 时 40 分

收电：1932 年 3 月 5 日 1 时 5 分

南京外交部罗部长勋鉴：密。本会现拟编东北事变以来公文汇编，将我国官方所有对内、对外，凡可以证明沈阳、长春、锦县、天津、青岛、上海等处事变责任及经过之文电，悉列入，以供调查团参考。此项题目，大部如未预备，本会拟即着手编辑。至乞尽量抄示关系材料，由航空迳寄，以期迅速。如何之处，祈电示。东北外交研究委员会。支（四日）。

批示：速送转编译会核发，转沪译。

资料来源：《搜集日本违法行为资料提交国联调查团（一）》，台湾"国史馆"藏"外交部"全宗，第 145 页。

91. 外交部致谭绍华电（1932 年 3 月 5 日）

去电第 27987 号

上海办事处译送谭委员绍华览：据东北外交研究委员会支电称：本会现拟编东北事变以来公文汇编，将我国官方所有对内、对外，凡可证明沈阳、长春、锦县、天津、青岛、上海等处事变责任及经过之文电悉数列入，以供调查团参考。此项题目大部，如未预备，本会拟即着手编辑，至乞尽量抄示关系材料等语。查编译上海事变，已电由沪市政府办理，请与接洽。至于其他各件，除津变另电林委员椿贤编译外，希就徐委员养秋携带来申之亚洲司重要案卷副本，从速就地编译，并迳复东北外交研究委员会，仍电达本部为要。外交部。

资料来源：《搜集日本违法行为资料提交国联调查团（一）》，台湾"国史馆"藏"外交部"全宗，第 146 页。

92. 外交部致金纯儒电(1932 年 3 月 5 日)

去电第 27986 号

上海外交部驻沪办事处与霞飞路兴业里一号转金纯儒兄鉴:密。前电嘱抄东案档案,刻已抄齐。最重要者,计二十九册。明日托徐委员养秋带沪。弟谟。微。

资料来源:《搜集日本违法行为资料提交国联调查团(一)》,台湾"国史馆"藏"外交部"全宗,第 147 页。

93. 太仓县城厢被日本飞机损害状况表(日期不详)

地点	被炸姓名或商店牌号	日期	死亡人姓名、数目	房屋物件被炸状况	损害代价	备考
青云顶	住宅王慧言	三月二日,上午十时		西厢房二间及书箱等件,全部损坏。其余房屋亦均损坏。	屋价一千余元,什物等件一千余元。	
青云顶	住宅赵静如等	三月二日,上午十时		炸毁二间,损坏五间。	约一千五百元。	
八洞桥	住宅张才郎	三月二日,上午十时		草屋二间、瓦屋三间以及物件全部炸毁。	屋价约五百余元,物价三百余元。	
八洞桥	住宅周锦荣	三月二日,上午十时		瓦屋二坏计六间,侧厢四间以及什物全部炸毁	屋价约四千余元,物价二千余元。	
梓潼街内	住宅顾小妹	三月二日,下午二时		平房三间。	屋价约五六百元,物价三四百元。	
梓潼街内	住宅陆元	三月二日,下午二时		前坏平房一间。	约五六百元。	

(续表)

地点	被炸姓名或商店牌号	日期	死亡人姓名、数目	房屋物件被炸状况	损害代价	备考
梓潼街内	住宅王里臣	三月二日，下午二时		平房四间。	屋价约一千元，物价三百余元。	
梓潼街内	住宅马炳卿	三月二日，下午二时		前坏平房四间。	屋价约一千元，物价三百余元。	
梓潼街内	住宅朱老太	三月二日，下午二时		前坏平房一间。	约五六百元。	
梓潼街内	文昌庙	三月二日，下午二时	炸死学生十余人	大殿全毁，前后坏，被炸损伤。	约一万余元。	
梓潼街内	城厢保卫团	三月二日，下午二时	炸死团丁宋金生一人。	围墙一座，披屋二间均被炸毁，其余房屋亦损坏。	约二千余元。	
致和桥河沿	住宅谢老太	三月二日，下午二时		平房三间以及物件全毁。	屋价约七八百元，物价约二三百元。	
致和桥河沿	住宅沈文伯	三月二日，下午二时		平房三间及什物等件全毁。	屋价约五六百元，物价约二三百元。	
大桥东首	住宅顾秉成	三月二日，下午二时		上下楼房六间及墙壁均被炸毁。	房屋价五六千元，物价千余元。	
大桥东首	西益芳茶食店盛丹山	三月二日，下午二时		东首上下房屋均被炸毁。	房屋二百余元，物件三百余元。	
大桥东首	王大昌洋货店	三月二日，下午二时		门面炸坏，物件损坏。	房屋价百余元，物件千余元。	

(续表)

地点	被炸姓名或商店牌号	日期	死亡人姓名、数目	房屋物件被炸状况	损害代价	备考
大桥东首	协丰祥烟纸陈念芷	三月二日,下午二时		西边楼房两间,物件甚多。	楼房价二千余元,物价千余元。	
大桥塊	童丰泰酒店	三月二日,下午二时		楼屋计三间及物件,均被炸毁。	屋价二千余元,物价约六百余元。	
大桥塊	日界楼茶馆王子云	三月二日,下午二时		前坏瓦楼平房两间及生财器具被炸毁。	屋价八百余元,物价百余元。	
大桥两卫前湾	正和祥南货店刘韵求	三月二日,下午二时		后坏上下房屋三间。	屋价二千余元,物价二千余元。	
大桥两卫前湾	朱凤轩麦店秦理阳	三月二日,下午二时	秦沈氏亲戚、郑李氏二名。	瓦楼平房上下四间。	房价二千余元,物价二千余元。	
大桥河南	住宅胡膜士	三月二日,下午二时		平房瓦屋二间均炸毁。	五百余元。	
大桥河南	住宅王孟荃	三月二日,下午二时		瓦屋小楼一间,震坏。	二百余元。	
大桥河南	住宅胡竹汀	三月二日,下午二时		前坏瓦平房一间半炸毁。	二百余元。	
大桥河南	住宅王安伯	三月二日,下午二时		后坏平瓦屋六间全行炸毁。	约一千余元。	
北巷弄	住宅金姓	三月二日,下午二时	唐马氏一人	前后三幢共十间及物件全炸毁。	房价四千余元,物价二千元。	
北巷弄	住宅陆达史	三月二日,下午二时		平房两间物件尽行炸毁。	屋价五百余元,物价百余元。	

(续表)

地点	被炸姓名或商店牌号	日期	死亡人姓名、数目	房屋物件被炸状况	损害代价	备考
北巷弄	糖果店沈虎金	三月二日,下午二时	沈关氏、沈阿兴二人	楼房一幢计二间,物件尽行炸毁。	屋价五百余元,物价约二百余元。	
北巷弄	住宅王仲缘	三月二日,下午二时		门面瓦屋四间,以及什物尽毁。	屋价一千五百余元,物价五百元。	
南码头东街	住宅包希贤	三月二日,下午三时	包后杰一人	前坏平房四间,及余屋炸坏。	屋价一千五百元,物价三百元。	
南码头东街	住宅包子旋	三月二日,下午三时		前坏平房三间,及余屋炸坏。	屋价约一千二百元,物价二百元。	在包姓门前炸死何永全之妻及杨小等二人。
南码头东街	住宅何月亭	三月二日,下午三时		瓦平房二间。	屋价值百元,物价约百元。	

说明:

查本县城厢内外于三月二日上午十时,迄下午五时。日飞机或三四架或八九架,翱翔空中,任意开放机关枪,向下扫射,到处抛掷炸弹。致本城大桥、青云顶、梓檬弄、北巷弄及南码头等处民房、商店、庙宇都被炸毁,间有人民被炸身死。按是项调查,或据被害者自述,或询知被害邻佑,经本府调查员实地勘察记载,理合登明。

资料来源:《搜集日本违法行为资料提交国联调查团(一)》,台湾"国史馆"藏"外交部"全宗,第148—149页。

94. 外交部致上海顾代表电(1932年3月24日)

来电第8423号

上海顾代表少川兄勋鉴:敬日七八电奉悉。所提五端,极应注意,正与关系当局接洽,以期答复一致。至解决东省问题之具体意见及我方之希望,亦正逐日在行政院会议讨论,一切统俟面谈。弟文干叩。外八二。

资料来源:《搜集日本违法行为资料提交国联调查团(一)》,台湾"国史馆"藏"外交部"全宗,第 153 页。

95. 外交部致内政部、军政部南京办事处代电
(1932 年 3 月 24 日)

去文亚字第 1578 号

内政部南京办事处、军政部勋鉴:顷接顾代表自上海来电称:请函贵部,将"剿共"情形,速备节略见示等语。亟应电请将该项节略,从速拟就,克日送交本部转致为荷。外交部。有。印。

资料来源:《搜集日本违法行为资料提交国联调查团(一)》,台湾"国史馆"藏"外交部"全宗,第 154 页。

96. 外交部致实业部南京办事处电(1932 年 3 月 24 日)

去文亚字第 1579 号

实业部南京办事处勋鉴:接顾代表自上海来电称:请函贵部,将改善农民待遇、改良农村办法,速备节略见示等语。亟应电请将该项节略,从速拟就,克日送交本部转至为荷。外交部。有。印。

资料来源:《搜集日本违法行为资料提交国联调查团(一)》,台湾"国史馆"藏"外交部"全宗,第 155 页。

97. 国联调查委员会中国代表处致外交部电
(1932 年 3 月 22 日)

南京外交部勋鉴:电悉。所送东北政务委员会损失调查表五十二份,业已收到。除用毕寄还外,合先奉覆参与国联调查团委员会中国代表处。马。

资料来源:《搜集日本违法行为资料提交国联调查团(一)》,台湾"国史馆"藏"外交部"全宗,第 158 页。

98. 国联调查委员会中国代表处致外交部电
(1932 年 3 月 20 日)

收文统字第 636 号

事由:南京外交部勋鉴:真代电敬悉。荣参谋长、王旅长报告业经收到。

南京外交部勋鉴:真代电敬悉。荣参谋长、王旅长报告业经收到。除用毕寄还外,特覆参与国联调查委员会中国代表处。哿。

资料来源:《搜集日本违法行为资料提交国联调查团(一)》,台湾"国史馆"藏"外交部"全宗,第 159—160 页。

99. 国联调查委员会中国代表处致外交部电
(1932 年 3 月 22 日)

宙字第 61 号快邮代电

部、次长钧鉴:巧电奉悉。遵查民十七年,外交、内务两部呈请检查外侨国籍,应先发给居留执照,并会订发给外侨居留执照暂行章程十二条。同年五月十日,奉大元帅令开:准如所拟办理,即由内务部通行遵照等因。并在政府公报公布上项情形。除已先行电达上海静安寺路沧州饭店中国代表办事处并抄寄原文外,合将原件抄录,随文送呈,伏乞查收为叩。

王承传

资料来源:《搜集日本违法行为资料提交国联调查团(一)》,台湾"国史馆"藏"外交部"全宗,第 162 页。

100. 北平抄送发给外侨居留执照暂行章程
(1932 年 3 月 24 日)

呈为检查外侨国籍,应先发给居留执照,谨将会订章程,拟请通行办理恭呈,仰祈鉴核事。

窃查苏俄党徒,时有混充他国侨民,密传过激主义,自应严为辨别,设法防范,以遏乱萌。因向驻京使团商准协助,复本使团协助之。另以检查外侨国籍为入手办法。除日本原有中日彼此废除护照之特别规定不计外,各国驻京公使允饬之。各该国旅华侨民于京津旅行时,将身份凭证随身备带,以凭查验。旋经外交部、内务部迭次会商,议由京师警察厅遴派警员及谙读习外国文言礼俗人员,先从京津路线实施检查,并会具议案,提经国务会议议决,责成外交、内务两部转饬办理,并由内务部饬行警厅,并照□存案。既于现有条约拘束之各国侨民,检查其身份凭证,则此外受我法权管辖之各国侨民,尤须先定办法,相辅进行,俾奸宄无可遁形,而检查益为周密。爰迳参酌中外情势,会同拟定发给外侨居留执照暂行章程共十二条。另缮清折,随文呈送。如蒙核准,即由内务部通行办理。所有检查外侨国籍,会订发给外侨居留执照暂行章程各缘由,理合会同呈请钧鉴,核示施行。再,此呈系由外交部主稿,会同内务部办理。合并呈明,谨呈大元帅。

计送发给外侨居留执照暂行章程清折一扣。

外交、内务总长

附件:

发给外侨居留执照暂行章程

第一条

凡外国人民在中国境内向准外侨居留地方,无论久居或暂居等,均须请领居留执照。但条约别有规定及另有相互办法者不适用之。

第二条

凡本章程规定领照之外国人民,于入境时,须经边界军警查验所携护照,系经中国驻外使领馆签证者,即将该照加盖验讫戳记,准其入境。仍依护照内所载路线所赴目的地,不得中途无故逗留。到达目的地后,限廿四点钟内,向该地警察厅请领居留执照。但或因交通阻碍或因换车候船,或因偶生疾痛而致暂留中途,其时间在廿四点钟以上者,须报明该地警察官署登记,仍于相当时间,按照前项规定前赴目的地点。

第三条

凡领照之外国人民到达目的地后,应按照前条规定,依式填写声请书连同所携入境护照,并本人最近同样相片两纸,及本章程规定应缴照费税费,一并呈由该地警察厅,核发居留执照。自领到执照,须将该照随身备带,以凭查验。

第四条

所发居留执照,由内务部核定式样颁发。京师、省会、通商口岸各警察厅依式造照,盖印核发。此项居留执照,有效时期以六个月为限。期满换给新照,仍以六个月为限。

第五条

凡领照之外国人民,其妻非中国籍者,其子女年在十六岁以上者,须单独另领居留执照。其未满十六岁之子女,无庸领照,得注于其母照内。

无母者,得注于其父照内。倘父母俱无,系由保护人携带者,得注于其保护人照内。

第六条

凡本章程规定领照之外国人民,如由甲国前往乙国,而路经中国境内逗留在二十四点钟以上者,须报明该地警察官署登记。

第七条

凡在中国境内向准外侨居留地方,业经领有甲地所发居留执照之外国人民转往乙地,无论侨居或旅居,其离开甲地与到达乙地之日期及事由,均须分向各该地之警察厅报明登记。倘居留乙地满一个月以上者,应向该地警察厅请领新照,缴回旧照。

第八条

凡本章程规定领照之外国人民,如在本章程公布以前,先住于中国境内向准外侨居留之地方者,限一个月内,向该地警察厅,按照本章程第三条之规定,请领居留执照。其应呈验之护照,仍以曾经中国驻外使领馆签证者为有效。倘无护照又无确切保证者,限令出境。

第九条

签给居留执照,每照征收照费国币三元、印花税国币一元。但对于无国籍难民,得呈经核定,酌予减免。

第十条

应行领照之外国人民,倘经查有不遵章程领照,或逾期不换领新照者。即科以国币三百元以下之罚金,或处以三个月以下之苦工,仍须遵章,分别领换执照。如有中途逗留,不遵章登记者,科以国币十元以下罚金,仍须将确实事由报明登记。

第十一条

各警察厅所发执照应将领照人之姓名、国籍、事由及其离境、入境日期,按月造册,分报外交、内务两部备案。

第十二条

本章程自公布日施行。

资料来源:《搜集日本违法行为资料提交国联调查团(一)》,台湾"国史馆"藏"外交部"全宗,第162—168页。

101. 国联调查委员会中国代表处致外交部公函
(1932年3月27日)

迳启者:准贵部皓代电,寄到本庄繁等奏章简报一纸。又准号代电,寄到关于国立同济、劳动两大学及私立持志学院被毁情形暨中央大学商、医两学院损失情形之行政院训令两件,及商务印书馆呈报该公司损失清单一件。均经照收。除俟用毕后,再行寄还外,相应先行函达查照。此致

外交部

资料来源:《搜集日本违法行为资料提交国联调查团(一)》,台湾"国史馆"藏"外交部"全宗,第170页。

102. 外交部致国联调查团中国代表处电
(1932年3月26日)

去文亚字第1921号

国联调查团中国代表处勋鉴:兹由快邮寄上行政院关于私立中国公学损失情形之训令一件,又江苏省政府关于宝山县及太仓县被害状况之代电各一件,驻朝鲜总领事馆关于上年九月十八日日本雇佣华工拆毁铁道以作强占东北之口实呈一件,驻新义州领事关于日本强迫安东各商店、住户悬挂伪新国旗呈一件。希察收。用毕,仍请寄还本部亚洲司为荷。外交部南京办事处。宥。印。

资料来源:《搜集日本违法行为资料提交国联调查团(一)》,台湾"国史馆"藏"外交部"全宗,第171页。

103. 外交部致上海中国代表处谭委员电
（1932 年 3 月 26 日）

去电第 28455 号

上海西摩路一五七号中国代表处谭委员绍华兄鉴:闻尊处一部将移平,确否。编译事,目前是否继续在沪工作。此间所得参考材料,是否仍寄沪。请电复。弟鼎。廿六日。

资料来源:《搜集日本违法行为资料提交国联调查团(一)》,台湾"国史馆"藏"外交部"全宗,第 172 页。

104. 驻日本公使馆致外交部电（1932 年 3 月 26 日）

收文平字第 919 号

呈为密呈事。窃奉二月二十四日钧部电开:准中国国民党秘书处函,为横滨直属支部电请派熟悉内情、精通英语等员,赴日向国际联合会调查团详述一切,免日方颠倒事实,请核办,希即就近设法派人等因。遵即密商留学生、监督酌派学生中,留心东省事件及娴习英文者数人,分别担任起草意见书及英译事宜。惟以时间迫促,未能全部移译,仅将意见书中一部分译成英文。以中华留日各大学学生联合会及中华侨日商工协会代表名义,由本介绍,于三月七日往谒国际联合会调查委员团,将英译意见书面交。并声明其余部分随后邮寄。该各代表与各调查委员约谈一小时。各委员详询各代表意见,而对于东籍学生所询尤详(代表中,学生一人,系吉林省籍)。此遵照钧电办理此事之大概情形也。

兹据该学生等密称:现值学校学年实验,未译部分,实属无暇移译,拟请另觅妥人办理,以免贻误等情。并将面交调查各委员团意见书英译部分,及汉文意见书,全部呈送前来。本详核该生等所称各节,尚属实情。理合检同原意见书,及面交调查团之英译部分,随文赍呈,伏乞鉴核转译。以中华留日各大学学生联合会,及中华侨日商工协会代表名义,交由我方参与委员,转送国联调查团查收。是否有当,合并呈明,酌核办理,批示祗遵。谨呈外交部。

署驻日代办江华本谨呈

中华民国二十一年三月十九日

资料来源:《搜集日本违法行为资料提交国联调查团(一)》,台湾"国史馆"藏"外交部"全宗,第 173—174 页。

105. 铁道部致外交部电(1932 年 3 月 26 日)

第 64 号

外交部勋鉴:密。现据北宁铁路管理局局长高纪毅漾密电称:据报本日晨开往山海关一〇一次车,至秦皇岛站时,乘该次车之日本军官二十余人,全体下车。在洋旗外测绘地图后,驰往海边。闻该军官等,仍拟乘本日第七次车赴关等语。谨电陈鉴察等情。除分电外,相应电达查照。铁道部部长顾孟余。有。印。

资料来源:《搜集日本违法行为资料提交国联调查团(一)》,台湾"国史馆"藏"外交部"全宗,第 175 页。

106. 外交部致国联调查团中国代表处电
(1932 年 3 月 28 日)

去文亚字第 1620 号

国联调查团中国代表处勋鉴:准铁道部南京办事处代电称:日本军官二十余人,在秦皇岛站测绘地图等语。兹特抄录原电由邮寄上。希查收参考为荷。外交部南京办事处。宥。印。

资料来源:《搜集日本违法行为资料提交国联调查团(一)》,台湾"国史馆"藏"外交部"全宗,第 176 页。

107. 外交部致教育部南京办事处电(1932 年 3 月 28 日)

去文亚字第 1623 号

为咨行事。顷接贵部所拟对日交涉关于教育之事项一件,颇益资参考。可否请从速译成英文,提交国联调查团。如不及翻译,则请由航空快邮,陆续迳寄上海西摩路一五七号中国代表处,以便编译提交该团。相应咨请查照办理,并希见复为荷。此咨。

资料来源:《搜集日本违法行为资料提交国联调查团(一)》,台湾"国史馆"藏"外交部"全宗,第 177 页。

108. 北平王卓然致外交部电(1932 年 3 月 27 日)

来电第 32403 号

发电:1932 年 3 月 27 日 2 时 00 分

收电:1932 年 3 月 27 日 6 时 42 分

南京外交部罗部长勋鉴:密。天津事变说帖,林椿贤代为撰好。限于时间,可否①在此用河北省府或天津市府名义刊布,请速指示。又,日人报纸大吹其三肉弹之神勇。本会提议,南京亦可开一追悼阵亡将士大会②,使调查团认识吾民族精神不死。王卓然叩。感(廿七日)。丑。印。

资料来源:《搜集日本违法行为资料提交国联调查团(一)》,台湾"国史馆"藏"外交部"全宗,第 178 页。

109. 外交部致国联调查团中国代表处电
(1932 年 3 月 28 日)

去文亚字第 1647 号

上海西摩路一五七号中国代表处勋鉴:密。兹准教育部送来对日交涉关于教育之事项,除咨请教育部译英迳寄,并陆续搜集材料译送外,特先将此项中文寄上。外交部南京办事处。俭。印。

资料来源:《搜集日本违法行为资料提交国联调查团(一)》,台湾"国史馆"藏"外交部"全宗,第 180 页。

---

① 编者按:原文批示"可"。
② 编者按:原文批示"似已有此议,希查"。

110. 外交部致北平外交研究委员会电
(1932 年 3 月 27 日)

去电第 28493 号

北平外交研究委员会王副委员长电:感日电悉。天津事变说帖,希即用天津市府名义,就近刊布。篇幅大小,可照大号打字纸。具体如何,已电驻沪代表处迳与贵会接洽,藉资一致。外交部。

资料来源:《搜集日本违法行为资料提交国联调查团(一)》,台湾"国史馆"藏"外交部"全宗,第 181 页。

111. 外交部致上海办事处电(1932 年 3 月 27 日)

去电第 28495 号

上海办事处转代表处鉴:密。据东北外交研究委员会王副委员长卓然电称:天津事变说帖,顷经林椿贤拟好;限于时间,可否在此用河北省府或天津市府名义刊布等语。已嘱准用天津市府名义,按大号打字纸篇幅刊布矣。具体如何,希迳电该会接洽,藉资一致。外交部。

资料来源:《搜集日本违法行为资料提交国联调查团(一)》,台湾"国史馆"藏"外交部"全宗,第 182 页。

112. 教育部致外交部电(1932 年 3 月 29 日)

咨密字第 229 号

顷准贵部亚字第一六二三号咨开:准咨请将所拟《对日交涉关于教育之事项》一文,从速译成英文,提交国联调查团。如不及编译,则请由航空快邮,陆续迳寄上海中国代表处,以便编译提交该团。请查照办理见复等由。查国联调查团,现已到京,时间迫促,除将原文迳送在京中国代表处编译,提交该团外,相应咨复查照。此咨

外交部南京办事处

部长:朱家骅

中华民国二十一年三月廿八日

资料来源：《搜集日本违法行为资料提交国联调查团（一）》，台湾"国史馆"藏"外交部"全宗，第183—185页。

113. 内政部致外交部电（1932年3月28日）

外交部南京办事处勋鉴：有代电诵悉。关于年来"剿共"事宜，向多由军政部办理。故其经过情形，知较详确。现经会商结果，除关于军方面情形，即以军政部所拟《"清共剿共"节略》为准。关于政治及经济方面情形，即由本部拟具《"剿共"清乡节略》一件，一并送上参考，即请查照转致为荷。附送《"清共剿共"概要》《"剿共"清乡节略》各一份。内政部。宥。印。

中华民国二十一年三月廿八日发

附件：

"剿共"清乡节略

查我国历年"剿共"清乡经过情形大概如左。

在政治方面

一、"剿共"及"防匪"情形。我国自十六年全国一致清共后，虽有少数漏网共党，有时乘机窃发，一肆其残暴行为。卒经中央派遣大队痛剿，迄未得逞外，尤恐有缓不济急之事件发生。国府为正本清源计，特于十八年，颁发国军"剿匪"暂行条例，以清大股盗匪及共党。复由本部于同年，拟定清乡条例，以清乡必自清查户口入手，又拟具"清查户口暂行办法"及清查户口册式并门牌式。又因实施清查如无严禁窝藏容隐之法，则清查必归无效，更拟订"邻右连坐办法"及"邻右连坐切结"。均经呈准，咨行各省市成立清乡总局，切实办理。尤恐共党加入社会各种团体，企图窃夺政权，复由本部拟订"县保卫团法"，实行编练地方保卫团，以协助清乡之进行，其各省清剿情形，不时得有报告到部，此为剿共防匪情形。

在经济方面

一、整理农村及解决农民生活问题情形。我国自制定"剿匪"清乡及"县保卫团法"各种条例颁布后，对于各省区，均早有详密之善后计划。除规定在限期筹设各种工厂，安插游民，并实行移垦外，对于去年共党盘据东固、龙岗、宁都、兴国各"匪巢"肃清后，当即组织农村复兴委员会整理乡村秩序，设立农村银行及合作社，以解决农民生活问题。筹设赈济委员会，救济贫民。种种应行设备事宜，均因地制宜，逐渐组设，以期民众安居乐业，不至铤而走险。此为整理农村及农民生活问题情形。

在自卫方面

一、制定人民自卫办法情形。自日人无理侵入上海等处，我国家为自卫计，不能不出于抵抗一途。除沿海各省应一致团结御侮外，其内地各省仍依中央规定各种法令，严剿共党及肃清盗匪，务期将苟延残喘之共党及盗匪根本肃清。绝不因外侮而变更初衷，使共党稍有活动之余地，此为最近制定人民自卫办法情形。

"清共剿共"概要

军政部拟
二十一年三月二十三日

查我国历年对于共产党经过情形大致如左。

一、"清共"情形。自国民革命军奠定长江各省，建都南京后，鉴于共产主义之荒谬残暴，以阴谋欺骗窃夺政权，企图"赤化"中国，以推行其"赤化"全世界之政策，故政府于民国十六年五月，毅然骤下决心，实行清党。密令全国一致清共，封闭共党机关，对于该党党员取最严厉之处置。惟因胁从者，在所不免。复订极严密之共党自首条例，予以自新之路。俾彻底消散该党势力，此为最初清共情形。

二、"剿共"情形。自"清共"以后，国内反动尚未肃清，致漏网共党得以乘机活动。十六年冬，广州共党一度爆发，其残酷行为，彰明昭著，政府乃实行剿办。广州平定后，又复蔓延各省。十九年七月，"共匪"乘虚攻陷长沙，烧杀极惨。政府乃立令武汉行营主任何应钦主持剿办，并檄调鄂军队前往协剿，长沙旋即收复。其后"共匪"窜入江西，势益猖獗。十九年冬，复令军政部长何应钦坐镇南昌，组织行营，统一江西"剿共"军队指挥事宜。二十年六月，蒋主席亲自赴赣督师，并以何应钦、陈铭枢为讨"赤军"左、右翼总司令，因之军事日有进展。所有东固、龙岗、宁都、兴国各"匪巢"均先后捣破，此为积极剿共情形。

三、"共匪"延喘及最近痛剿情形。江西"共匪"自政府派遣大军痛剿后，"赤化"地区已渐次收复，"共匪"之精锐亦渐次损失。所余零星残部，均为国军围困于穷山深谷中，已如釜底游鱼，行将收一举歼灭之效。讵意我正肃清残共之时,日人竟无端出兵,侵占东省。继又袭我上海,致使剿共军队不得不兼顾自卫。遂致"剿共"计划受其顿挫,至为叹惜。惟政府对于进剿目的,始终并未松懈。最近檄调粤军转入赣闽边境,会同围剿。惟粤军集中,途程较远。而我驻赣十八军长陈诚已统率所部,将赣南"赤匪"主力完全扑灭。至豫鄂边境零星散"匪",亦正肃清中,此为"共匪"苟延残喘而最近痛剿之情形也。我政府洞知共党悬"赤化"全世界之标的,早具肃清计划。绝不因此外侮而变更决心,必于最近之将来,彻底而廓清之,以完成其未竟之功也。

资料来源:《搜集日本违法行为资料提交国联调查团(一)》,台湾"国史馆"藏"外交部"全宗,第186—191页。

114. 军政部致外交部电(1932年3月26日)

外交部勋鉴:有电敬悉。相应抄同《"清共剿共"概要》,复请查照为荷。军政部南京办事处有务印。

附抄《"清共剿共"概要》一份。

附件:

《清共剿共》概要

查我国历年对于共产党清剿经过情形大致如左。

一、"清共"情形。自国民革命军克复长江各省,奠都南京后,鉴于共产主义荒谬残暴,阳行欺骗手段,阴怀窃夺政权,企图"赤化"中国,以扩及"赤化"全世界政策。敝政府于民国十六年五月,毅然骤下决心,以迅雷不及掩耳手段,密令全国一致清共,封闭共党机关,对于该党党员取最严厉之处置。惟其中不无胁从者,复订极严密之共党自首条例,予以自新之路。俾灭杀该党势力,此为最初清共之情形。

二、"剿共"情形。查清共以后,因反动份子未能完全肃清,致仍得以乘机活动。故十六年冬,广州共党曾一度爆发其残酷行为,笔难尽述,幸未几扑灭。讵料此扑彼兴,十九年七月,"共匪"又乘虚攻陷长沙,烧杀抢掠,无所不用其极。政府乃立令武汉行营主任何应钦主持剿办,并檄调鄂军前往协剿,长沙旋即收复。无如此剿彼窜,又蔓延江西各地,势益猖獗。十九年冬,复令军政部长何应钦坐镇南昌,组织行营,统一江西剿共军队指挥事宜。二十年六月,蒋主席又亲自赴赣督师,并以何应钦、陈铭枢为讨赤军左、右翼总司令,因之军事日有进展,所有东固、龙岗、宁都、兴国各"匪巢"均先后捣破。此为积极剿共之情形。

三、"共匪"延喘及最近痛剿情形。江西"共匪"自政府派遣大军痛剿后,"赤化"地区已渐次收复,"共匪"之精锐亦渐次伤失。所余零星残部,均为国军围困于穷山深谷中。已如釜底游鱼,行将收一举歼灭之效。讵意我正肃清残共之时,日人竟无端出兵,侵占东省。继又袭攻我上海,致使剿共军队不得不兼顾自卫。遂致剿共计划受其顿挫,至为叹惜。惟政府对于进剿方针,始终并未松懈。最近檄调粤军转入赣闽边境,会同围剿。惟粤军集中,途程较远。而我驻赣十八军长陈诚已统率所部,将赣南"赤匪"主力完全扑灭。至豫鄂边境零星散匪,亦正在肃清中,此为"共匪"苟延残喘而最近痛剿之情形也。我政府洞知共党悬"赤化"全世界之标的,早具肃清计划,绝不因外侮而变更决心,必于最近之将来,彻底而廓清之,以完成其未竟之功也。

资料来源:《搜集日本违法行为资料提交国联调查团(一)》,台湾"国史馆"藏"外交部"全宗,第192—195页。

115. 外交部致南京国联调查团中国代表处电
(1932 年 3 月 31 日)

去文亚字第 1687 号

国联调查团中国代表处勋鉴:准军政部暨内政部抄送《"清共剿共"概要》及《"剿共"清乡节略》各一件到部。除抄寄北平本部档案保管处,留交贵处议案组外,兹特抄回原件,送请查照。外交部南京办事处。世。印。

资料来源:《搜集日本违法行为资料提交国联调查团(一)》,台湾"国史馆"藏"外交部"全宗,第196页。

116. 外交部致北平档案保管处电(1932 年 3 月 31 日)

去文亚字第 1686 号

北平外交部档案保管处览:兹抄寄军政部《"清共剿共"概要》及内政部《"剿共"清乡节略》各一件。仰即查收。俟国联调查团中国代表处议案组到平时,即为转交为要。外交部。世。印。

资料来源:《搜集日本违法行为资料提交国联调查团(一)》,台湾"国史馆"藏"外交部"全宗,第 197 页。

117. 外交部致东北外交研究委员会电(1932 年 3 月 31 日)

去电第 28545 号

北平东北外交研究委员会勋鉴:密。国联调查团中国代表处议案组移北平工作,贵会材料除继续寄本部外,能否就近送本部保管处留转该组,盼电复。外交部亚洲司。

资料来源:《搜集日本违法行为资料提交国联调查团(一)》,台湾"国史馆"藏"外交部"全宗,第 198 页。

二、搜集日本违法行为资料提交国联调查团(二)^①

1. 顾维钧致罗文干电(1932 年 4 月 1 日)

钧任我兄部长勋鉴:迳启者:关于剿共根本办法及改善农民待遇,改良农村计划各节,前由敬八一电请分函军政部、实业部速备节略见示在案,计邀察照。连日讨论一切,需要至亟,请速示知。

又,历来中日间政府及地方所与订结之条约、协定、契约,贵部印有专册。即请检寄若干部,稍多为妙,俾资应用。统希鉴核见复,至纫公谊,顺颂台祺。弟顾维钧敬启。四月一日。

资料来源:《搜集日本违法行为资料提交国联调查团(二)》,台湾"国史馆"藏"外交部"全宗,第 6 页。

2. 外交部致北平外交研究委员会王副委员长电
(1932 年 4 月 1 日)

去文第 1719 号

北平外交研究委员会王副委员长鉴:密。东电计达。兹再将参与国际联合会调查委员会中国代表处,送来关于天津事变说帖,英文标题形式电达。希

---

① 编者按:《搜集日本违法行为资料提交国联调查团(二)》一卷藏台湾"国史馆"之"外交部"全宗,入藏登录号为 020000001372A。每条电文的资料来源标示原档案中的页码,不再标注入藏登录号,且每条电文标题由文献集编委会根据电文内容制作而成,特此说明。

查照排印。外交部。东。印。

资料来源:《搜集日本违法行为资料提交国联调查团(二)》,台湾"国史馆"藏"外交部"全宗,第 8 页。

3. 国际联合会调查委员会中国代表处致外交部函
(1932 年 4 月 1 日)

收文急字第 55 号

事由:关于天津事变说帖标题业已拟就事。

迳启者:关于天津事变说帖事,前准俭电,嘱拟标题。兹已拟就,另纸录送察阅。以本处无英文密电,仍请贵部于核定后,电致东北外交研究委员会为荷。此致

外交部

中华民国二十一年三月三十一日

资料来源:《搜集日本违法行为资料提交国联调查团(二)》,台湾"国史馆"藏"外交部"全宗,第 9—10 页。

4. 外交部致顾少川先生函(1932 年 4 月 1 日)

少川吾兄勋鉴:顷奉本日大函,诵悉壹是。关于"剿共"办法暨改良农村计划各节,近准军政部及内政部送到《"清共剿共"概要》及《"剿共"清乡节略》,各一件,已于昨日抄送贵处。并另抄一份,寄由北平保管处转交贵处议案组,谅可次第达到。至中日间政府及地方所订结之条约等,仅前外交部曾编印一次。始于一八七一年,止于一九二二年。以后仅有中日协定一种,故未另印。该协定印件,随函附上。此外,东北外交研究委员会印行之中日条约汇纂,似亦可供参考。谅已迳寄贵处矣。耑此布复,顺颂勋绥。

弟罗文干敬启

计附中日协定印本一份。①

资料来源:《搜集日本违法行为资料提交国联调查团(二)》,台湾"国史馆"

---

① 编者按:无附件内容。

藏"外交部"全宗,第 11—12 页。

5. 大通王广圻致外交部电(1932 年 4 月 2 日)

来电第 32574 号

发电:1932 年 4 月 2 日 17 时 00 分

收电:1932 年 4 月 2 日 19 时 40 分

十万万急。

南京外交部转钱阶平兄勋鉴:密。隆和轮准三日晨八时抵九江,约午后二时启碇。请将法文说帖,并预大号信封信纸,速派妥员乘飞机送至九江船上。如来不及,令迳赴汉口。(电码不明)

再,英文说帖,尚须三份,法文须两份。弟广圻。冬(二日)。

资料来源:《搜集日本违法行为资料提交国联调查团(二)》,台湾"国史馆"藏"外交部"全宗,第 13 页。

6. 安庆顾维钧致外交部电(1932 年 4 月 2 日)

来电第 32583 号

发电:1932 年 4 月 2 日 23 时 40 分

收电:1932 年 4 月 3 日 9 时 35 分

南京外交部罗部长钧任兄勋鉴:密。关于南满铁路驻兵问题,一九零五年十二月十七日会议录,所载颇详。请将该号会议录交摄影办妥后,派人于七日,送浦口车上为荷。弟顾维钧。冬(二日)。

资料来源:《搜集日本违法行为资料提交国联调查团(二)》,台湾"国史馆"藏"外交部"全宗,第 14 页。

7. 实业部致外交部电(1932 年 4 月 5 日)

收文和字第 1075 号

事由:密。

外交部南京办事处勋鉴:有代电悉。改善农民待遇及改良农村办法,业经本部拟就。并为迅速起见,迳行抄送顾代表察收矣。复请查照。实业部。支。印。

中华民国二十一年四月

资料来源:《搜集日本违法行为资料提交国联调查团(二)》,台湾"国史馆"藏"外交部"全宗,第16—17页。

8. 汉口顾代表致外交部电(1932年4月5日)

来电第32633号

发电:1932年4月5日18时30分

收电:1932年4月5日23时00分

南京外交部钧任兄勋鉴:中日两国关于满洲一切条约、协定及各种铁路合同,请饬分别编一详表寄至北京,以备参考。前在宁与调查团所谈接收东省后,关于该地方行政制度、保安队问题以及保侨与维持治安等改良办法,祈向政府提议,先定一具体草案见示,以资遵循,而充讨论之根据。弟钧。微(五日)。

资料来源:《搜集日本违法行为资料提交国联调查团(二)》,台湾"国史馆"藏"外交部"全宗,第18页。

9. 九江顾维钧致外交部电(1932年4月6日)

来电第32648号

发电:1932年4月6日12时15分

收电:1932年4月6日15时16分

南京外交部罗部长钧任兄勋鉴:密。前印中日会议、东三省事宜影片,尚须一份。明日下午二时,抵浦口。四时,开车北上。请将该影片饬人送车,并盼徐次长到车一谈,兼可代表吾兄向调查团送行。弟维钧。鱼(六日)。

资料来源:《搜集日本违法行为资料提交国联调查团(二)》,台湾"国史馆"藏"外交部"全宗,第19页。

10. 驻朝鲜总领事馆报告(1932 年 4 月 6 日)

鲜字第 9 号

事由:

军事门:日人化装商人侦察吴淞炮台

财政门:朝鲜总督府发行公债困难

商务门:商务报告(二十一年十二月份);朝鲜蚕茧之地位及茧价

侨务门:朝鲜京城中国人生活状态;华侨回国人数统计(民国二十年鲜人暴动后)

商务报告　魏锡赓

查上年十一月份止,我国输入朝鲜货物数量及价格表业经呈报在案(见二十一年二月,鲜字第四号旬报)。兹将十二月止,对鲜输入列表,并附以说明如左:

中华民国二十年十二月份止,我国输入朝鲜货物数量及价格表

名称	数量	价格(单位:金元)
麦子	25 793 斤	3 357
米及谷	21 336 百斤	100 301
大麦及裸麦	7 349 百斤	16 236
小麦	809 百斤	3 271
燕麦	4 493 百斤	8 896
小米	2 683 905 百斤	7 931 104
稞	7 856 百斤	19 821
高粱	104 081 百斤	205.639
玉蜀黍	92 095 百斤	165 381
荞麦	63 968 百斤	259 188
黍	117 053 百斤	367 240
黄豆	958 875 百斤	2 428 810
红豆	297 389 百斤	757 336

名称	数量	价格(单位:金元)
绿豆	52 361 百斤	233 018
花生	12 058 百斤	99 667
其他豆类	105 582 百斤	259 806
麦粉	145 712 斤	9 502
芝麻	90 529 百斤	779 917
棉子(连子[籽]棉花)	1 784 百斤	3 679
红枣	1 133 318 斤	78 107
胡桃	94 173 斤	51 826
蕃桃(大桃)	4 279 017 斤	497 048
盐(天日盐)	2 653 058 百斤	1 278 523
鸡蛋	122 710 斤	25 643
烟草	—	—
皮毛	45 570 斤	60 269
马尾毛	6 598 斤	8 017
花生油	157 829 斤	33 785
豆油	287 683 斤	38 581
牛脂	9 090 斤	1 260
甘草	258 369 斤	56 268
人参(党参)	13 685 斤	26 514
沥青	50 000 百斤	30 000
实棉(除子[籽]棉花)	14 025 百斤	348 074
棉线	566 456 斤	224 806
野蚕生线	2 314 600 斤	7 151 887
野蚕纺织丝	134 309 斤	107 117
野蚕丝屑	78 261 斤	27 954
竹布及宽布	46 866 方码	6 600
中国夏布	10 553 275 斤	2 353 368
丝织物	3 676 斤	2 781

（续表）

名称	数量	价格（单位：金元）
麻袋	60 769 枚	6 318
中国纸	230 478 斤	27 844
煤炭	391 254 吨	4 319 897
焦炭	3 086 吨	64 594
玻璃	4 019 161 方尺	234 029
铁矿	55 304 百斤	20 203
生铁	5 550 607 斤	116 562
黄铜及青铜	6 276 斤	996
原木	1 839 996 立方尺	791 959
木材	1 097 642 立方尺	716 434
木板	1 339 883 立方尺	1 062 124
铁道枕木	113 926 立方尺	64 179
其他木材	—	23 668
席子	—	92 214
豆饼	1 399 215 百斤	2 846 243
菜籽饼	—	—
蚕蛹	28 289 百斤	78 354
由邮局输入小包（除布帛类）	—	217 568
其他物品	—	1 452 584
由朝鲜输入中国后复出口运至朝鲜之物品		1 312 689
合计		39 509 056

查上年我国对鲜输入，截至十一月底止，计得日金三千六百三十四万三千六百零一元。是十二月份一个月中，我国产品输入朝鲜者，其价额为日金三百十五万五千四百五十五元。就中以小米为大宗，占九十五万余元。次为石炭，占四十八万余元。复次为野蚕生丝，占三十五万余元。复次为黄豆，占二十四万余元。复次为天日盐，占十五万余元。复次木材，合计占十二万余元。复次为棉花，占九万余元。复次芝麻，占八万余元。复次为红豆，占六万余元。绿豆，占四万余元。

此外,如高粱、黍、大桃、玻璃以及红枣、毛皮、纺织丝等等,各占万余元乃至三万余元不等。其余如邮便小包及再输入品暨其他诸品,合计亦达三十万元以上。此十二月份输入之大概情形也。就数字观之,该月份之输入额,似较十一月份增加百余万元,顾属于华商所直接经营者,棉花、芝麻、大桃、红枣及天日盐(帆船盐)暨其他零星输入而已。无怪乎侨商之言曰:上年鲜内华商受鲜案、辽案诸影响,直无商务之可言。凡业贸易商者,尤其业棉布商者,殆无一家不受亏折,尚不如业菜馆、理发、洋服者。虽亦备受时局影响,究尚能糊口也云云。即此,亦可以想见鲜内侨商商况之萧索及其处境之痛苦矣。

东亚日报二月二十六日　金佑行译

因公债发行困难,新规事业致受影响,将满洲救济费编入一般预算案,总督府预算之障碍,两三日以内,将决定明年度总督府预算云。明年度预算之最重要新规事业,预算总额大约五千万元。其主要之事业,兹记之如左:

北朝鲜开拓费,一百五十二万元。铁道建设促进费,五百万元。盐田扩张费,一百六十六万元。铁道建设改良费,一百五十万元。私设铁道买收费,二千五百万元。思想警察扩张费,五十万元。在满朝鲜人救济费,二百万元。除思想警察扩张费五十万元外,对于各种事业全部之财源,为发行公债,曾经计划实行。因中日事变之军事公债发行,总督府公债发行,颇生障碍,不能实行预定事务,故不得不将各种事业缩少。因此,变更事业之预定计划,又决定将不可废之。在满同胞救济事业费二百万元,由追加预算案拨出,转为编入于预算本案实行。又为支换数目起见,将预算本案之土木费六百七十万元内一部,编入追加预算案。不可不实行之事业费,将编入于预算本案。故思想警察费五十万元,亦将编入于预算本案云。

物价反腾及朝鲜农家蚕茧之地位及茧价

(新东亚杂志三月号)

在日本蚕茧系在米谷生产额之次,即第二位主要农产物,其数量及价额颇为巨大。观其统计表,其产额达一千万石(日本容量名为日本斗之十倍,合我国 1.803 907 公石,即 1.742 1 石),其价额自三亿元乃至六亿五千万元。

日本之蚕茧产额及价额		
年次	产茧额(单位:贯)	价额(单位:千元)
昭和三年(民国十七年)	93 849 066	551 679
四年(十八年)	102 026 400	655 000
五年(十九年)	106 463 464	304 212

依概算惯例,以十贯作一石,则日本之产茧额,至昭和三年计九百四十万石,至昭和四年计一千二十万石,至昭和五年,计一千六十万石。昭和四年产茧额仅得一千二十万石,比较昭和五年,少去四十万石,然其价额达六亿五千五百万元之多。由此观之,昭和五年之茧价,比较昭和四年暴落一半以上。茧价如此暴落,日本农家之收入,至于减少三亿五千万元以上。故茧价腾落,实与日本农家有莫大之影响。在朝鲜茧价之腾落与农家尚无极大关系,此即因其产茧额不多之故。今列其统计表如下:

年次	产茧额	价额
昭和二年(民国十六年)	355 192(石)	14 607 848(元)
三年(十七年)	386 113(石)	16 019 272(元)
四年(十八年)	484 802(石)	22 538 278(元)

昭和四年产茧额至四十八万四千石,其价额有二千二百五十万元之多,一石平均价格计四十六元四十九钱,亦依概算惯例,以十贯(一贯即一百两)作一石,一贯即一斗,一斗之价额,即为四元六十四钱九厘。至产茧增加倾向,日本在于停顿状态。日本之产茧额,大约为一千万石,而朝鲜在于每年增加状态,朝鲜之产茧额,大约五十万石。然则日本之产茧额比朝鲜有二十倍之多,当茧价或见暴落之时,朝鲜之被损失较诸日本为二十分之一,茧价或腾贵之时,朝鲜之得利,亦较日本为二十分之一,但不能谓其损失不多。现在适无朝鲜统计表,然昭和五年日本当茧价暴落之时,自上年六亿五千五百万元,减少至于三亿四百万元,则朝鲜亦应自昭和四年之价额二千二百万元,减少至于一千万元。因昭和五年之行市暴落,朝鲜农家之损失大约为一千二百万元,未知此统计表从何方面调查。

依昭和五年农产物价额暴落,朝鲜损失"米"九千九百九十五万九千元(比昭和四年大约损失一亿元),"茧"一千一百六十七万二千元(大约一千二百万元)。依同年农产物之物价低减,朝鲜农家之损害总额大约为叁亿二千七百万元云。同年日本农家之总损失,则达十二亿五千万元云。以农家之损失总额与茧价损失相比,则日本之蚕业地位与朝鲜之蚕业地位大有差异。

	昭和五年损害总额(千元)	昭和五年茧价损失(千元)	百分比
日本	1 250 000	350 000	28%
朝鲜	327 000	12 000	3.6%

即日本之茧价损失,至总损失额之两成八分。朝鲜之茧价损失额,仅至总损失额之三分六厘。

结论:左右茧价者,即丝价。其丝价因于输出外国之关系,有金再禁之影响及外国汇票行市低落,故丝价亦暴腾(因二月二日上海事件危险,其丝价暂时反为低落)。金再禁以前,每百斤,行市计五百七十九元,现在至于六百八十四元,此实有一百零五元之腾贵,即较金再荣以前行市腾一成八分。期[其]间外国汇票行市低落,大约三成。若照金再禁以前五百七十九元行市,照比例将为反腾,亦能涨至八百二十八元。然至今依照比例,尚未涨至一半,其理由有三:

一、滞货太多,依每日报告在日本之存滞货,共计二十万捆,即已运到美国成为存货者亦不少。

二、日本所产生丝之八成,输往外国中八成中之九成为输往美国,美国之商况越来越不好。

三、因上海事件扩大,恐各国或对日本封锁经济。

然而,对于此点亦有不少原因如下:

一、昨年日本产茧之额,比前年减少八分八厘。

二、昨年中国亦是蚕茧凶年金再禁一大原因。

三、今后生丝之行市,依美国之商况如何,及上海事件解决如何,将可决定,现在亦难推测。又不可不考虑肥料及养蚕家伙之价格。彼方茧价每一贯(六斤四两重)腾贵大约一元,亦不能即谓农家有利。欲知今后茧价如何,必须常查原因如何,又须注意横滨清算市场之丝价行市。

在动乱上海建立武功

我陆战队之活动

化为杂货商人侦探吴淞炮台

科学画报　第十八卷第四号(昭和七年四月　民国二十一年四月)

发行所:东京市神田锦町一、十九番地新光社

海军少佐　石丸藤太　季达译

按本篇共分为五段,寄稿者为日本海军少佐石丸藤太。其第一段"长江(日军舰)警备之苦心",第二段"中国中部方面(日军舰)之警备",第三段"无纪律中国军之暴状"等都从略。兹将其第四、五两段照译如左:

陆战队之编成与军器

然则陆战队究属何如,其编成与军器等又何若? 兹述其梗概如下:

陆战队分普通与特别两种。前者应时势之必要,由军舰单独或联合出一部分乘员与军器而编成之。此项编成,大略与陆军相似。后者例如动乱无常,对于陆战队屡屡必要。如中国咄嗟之间,即能出动者,则将军舰以外之海军团等预先编成陆战队,使之为半永久的驻屯。在事件突发前,驻屯于上海者,即属此类。陆战队中有水兵,有机关兵,以及其他工作兵与主计部员。彼等分别担当步兵、炮兵、工兵、辎重兵等之任务。至其军器:(一) 装甲汽车;(二) 装置机关枪之机器脚踏车;(三) 重轻机关枪;(四) 野炮;(五) 步兵枪;(六) 自动手枪;(七) 小枪等。其他防御用者,如铁甲及防毒器等,亦有供给。关于斯项,此处并不能自由详说。但如就机关枪观之,有二联、三联、四联之别。其口径从来为六至八米厘,至于今日,则进而为十二、二十五、三十七米厘。其射程自最初之二千米突起,而今已为五千数百米突。其发射之弹丸中,在普通小枪弹之外,为易于射击之故,如曳烟弹,曳跟弹,使敌起火之烧夷弹,以及能贯通相当防御物之彻甲弹等都有。

假扮商人侦探吴淞炮台

因上海事件而观夫有名之吴淞炮台,扼据黄浦江口。凡向上海往来之舰船,不论厌恶与应诺,均不得不在炮台下通过。因斯项理由,余思他日或有攻略占领之必要,亦未可知,故决计侦探其内部。用种种夤缘方法,向炮台司令官,请求暂予会见。但无论何时,在种种口实之下,而未成就。余最后之手段即假扮为杂货商人,随从同行之日本人商人进入炮台之内。此日本商人与特务曹长沈某交情颇好,于是余利用之,有在炮台内开店之计划。该项计划幸告成功,在炮台之入口处,将烟草一袋,交守卫一握,即不难入内。我等因沈某之指示,得在营内之一屋开店也。服种种服装之中国兵士相率朝[谑]弄而来,彼等将污手玩弄手巾,将衬衫表里屡次观看,但无一人购买。其原因为月给三个月未曾得到,此系沈某所言者也。其中士官亦来,该士官等,于购物时观其虚

心平气之颜色,则彼等在炮台内之何处,似可理会。然勿惊恐。该项士官等,所购买者,仅为烟草一袋而来,此不能不使余吃惊者也。同行之商人,嗫嚅向余言曰:"何故在中国军队中,不能售买物品,如物品不被盗窃,则将污手翻弄,殊属困难,然而如今日之亏本买卖,已为意外"云。

余乘机向沈某请求参观炮台内部,彼极从容而允诺之,引导我等二人,先往装置最大炮位之处。即曰:"此为最新式之炮,如果轰落一发,则通过彼处之军舰无论如何,得被击沉,此间共有○①门,都可称为大者。"彼以为,此等大炮在日本军舰方面,似全不知之者。余问沈某,此种大炮时时举行实弹射击之演习否?则沈某奋激答曰"射击演习未举行者,将一年,但无论如何能开放,即命中"云。其次,彼引导吾等参观兵房,兵士正在赌博。虽属如此,而彼固自画自赞其规律之极为严正。至炮台内之赌博与外来商人之开店等等,彼似未曾加以思索也。

最后到达如地窖之前,沈某为之说明,彼处为火药库,同行之商人闻之颦蹙其颜面而言曰:"危险。"沈某又奋激答曰:"因无钱故无火药,已将其他物品置入"云。此次上海事件发生,余见到吴淞炮台,炮击我军舰之号外时,以为日本军舰或受相当损害,亦未可知。然其后在海军公报方面,知我军舰毫无损伤云。如假定外国军舰强欲通过东京湾口,而入于横滨,岂能毫无损害?而无事入港者,谁得信之?故吴淞炮台之情状,今昔恐尚相同,如沈某所说明者,余之判断果无误乎?

朝鲜京城中国人生活状态
《朝鲜及满洲杂志》三月号

因万宝山事件,致惹起朝鲜人与中国人之冲突事件。又因中村大尉之被杀,北大营之爆破,南满铁道与其他不祥事件之屡屡发生,致中日关系决裂,世界间遂发生巨大之波动。但中国人之于国家行动,素持不干涉态度,如国际关系之如何,该项火种为何国所下,等等。凡属庶民阶级似无关心之处,其果由于中国民众与统治者之关系而然欤?彼等于数千百年之间,业已屡经易立,屡经革命。凡强有力者,出而宰割一世,不得不成为中国之统治者……美其名曰受天命而立者。其间如我国(日本)能有上下相亲之态度,自不能发生。非特如此,官界尤腐败堕落,苛敛民财,诛求无厌以肥私腹之举,层出不穷。职是之

---

① 编者按:原文以符号"○"表缺略,非数字"零"。

故,庶民深恐诛求之害,于是相率而走官吏一途,借虎威以自保卫,并汲汲于如何之防其毒也。

凡国家思想与爱国思想都由彼等之心中逐出,仅知为其身设法,为其子孙打算之原因,其主要者或即在此。然而自冲突事件发生以来,居住于朝鲜之中国人数颇见减少。至京城附近,尚留相当之数。据当局所调查,至本年二月十日止,京城中国人计有三千三百二十二人(内男二八六〇人,女四六二人),仁川中国人计有九百零一人(内男六三六人,女二六五人)云。凡来朝鲜之中国人间,所谓季节劳动者甚多。自正月末起,开始渐渐而来,及雪解冰消至。凡百事业进行之初,则全体先后至矣。至十一月顷,其归国者又多。在旧正月之前,此等季节劳动者,都赋归欤。

目前正为如候鸟之彼等,俱已归里之后,为事变之故,对于将来,殊为忧虑。如在冲突事件发生前,能安心经商者,既停止其营业。能安心工作者,既停止其劳动。故其业已回国者之数似多。彼等被称为自有生以来,即为经济的国民,亦偶然发生斯项障碍也。

然而彼辈中国人果在何种方面劳动乎? 则就来鲜之中国人观之,亦各种阶级多有。就京城论,或以为所居者为首屈一指之商人,然如以上所述之季节的劳动者,亦颇众多。如棉丝布商及杂货商中,拥有巨大资本而又营业范围广大者,约得十人,其他小商人开设中华酒菜馆及中华理发店,以下则为中国馒头烧饼铺,其数亦不少。凡彼等大商人之交易买卖,均以确实见称。因历时数十年之久,并无有所谓一次错误,故已博得极深之信用。然彼等中国人之资本力量究以何种程度为目的,则在无论何项交易之际,似均不能明了也。大概彼等所组织者,如一种之匿名组合,只令其代表者,开设店肆,立于第一线,以活动焉,除此以外,中国商人在京城内又组织组合,以互相援助与合作。职是之故,中国商人常互为保证人,努力提高其信用。当其他商店营业兴盛时,不问其闻知者为谁,即将其内情传述。如欲问某店业经零落之状,则往往诿为一概不知云。若有经商失败者则组合人员尽力为之周旋,在外国人所不知不觉之间,务使买卖仍得照常经营,此即所谓援助之美风也。职是之故,凡与交易者,都不知其信用程度之何如,而与发生往来之关系。惟至今日在营业不能维持之商店,往往发生不信行为,与其平素适成为反比例者,中国商人间,亦似不少。在中鲜人冲突事件突发之后,闻有若干商店,因以倒闭云。

在劳动者间,以从事于土木建筑等业者为最多,其次为栽培蔬菜之劳动者。都会人民所消费之蔬菜类,即谓为尽由彼等之手所种植而成者,亦无不可。其他如木工、泥水匠人、石工以及瓦工、理发、洗濯等人,亦占相当之数。彼等如能按照规律给以工资,即遇阴雨之日,亦愿工作,故人多乐于雇用焉。

中国人具有自治之习惯。在本国之中,因政府力量微薄,不能充分维持治安,于是马贼土匪甚见横行。有时即兵队亦施掠夺行为,与马贼土匪并无二致。故各乡村除自行守望相助外,别无方法。此种习惯,随处施行,一往他乡,则招聚同乡者,而为自治的集合。如入他国,则凡中国人都称为同志。在朝鲜京城中,昔有如民团之商务会,而作成自治的团体也。今试言彼等平素之饮食,果属何项,则知其保守的倾向甚强,无论前往何处,中国人大都不愿变更其习惯,其中如大商人及有相当资本力量者,亦未尝无以娱乐度日者,但勤勉与质朴,实为彼等第二之天性,对于生活费之十分节约,更不待言,如一般劳动者往往将其收入之半,以充生活之资,其余一半即储蓄之。譬如每日收入计有一角者,则五分为饮食之需,其余五分必须储蓄,此为彼等所自行唱[倡]导者。此虽为一种譬喻,然彼等如何能甘于素食之点,亦不能不承认也。劳动者平常购倒[到]面粉而团捏之,作成中国式馒头,自行蒸煮,以作为常食。其副食品并无别物,或为板酱或为酱油……将类似之品,合之成菜,以供辅助,而彼等亦甘之焉。即如酒菜馆间,其粗食亦无变更。然彼等所得工资究属何如?中国人劳动者一日之工资因职业而异,木工计日金一元八角,泥水匠,石工瓦工稍高,约二元,小工七角,农菜劳动者最为低廉,计六角。

以上云云,不过就其大概而言,尚有因事务之繁简与季节之不同,不免有多少之高低。至取其工资之一半以为生活之资者,计最高者一人得三十元,最低者一人得九元云。

中国人之宗教,以道教为多,道教系出于老子、庄子,为人所共知,再配以阴阳五行,成为中国第一种神怪不可思议之说。不但如此,其所祀之神都为给予充满财宝之欲之神。彼等以关帝为万能之神,而一方面奉之为财神。如玄坛神,一名五路神,为专门之财神。至于观音神,亦奉为能增加财富之神,并为慈悲之神。有谓在正月如不举行迎神之礼,则神于其年,不以幸福授之也。就百分言,祀神都于正月者,似皆希冀多积金钱之关系。即此点论中国人之彻底之经济观念,亦得推知云。

按该杂志记者所谓中鲜人发生冲突一点,决不可信。查二十年七月初旬鲜人群起暴动,惨杀吾国侨胞,并未闻我侨胞有与抵抗者,何况冲突。又万宝山事件之发生,由朝鲜人藉日本警察之力,毁损我国人民田亩,强开河渠使然。至中村大尉之被杀及北大营炸坏南满铁道之说,更为荒唐。又谓我国侨民并无国家思想及爱国思想亦属诬罔之谈。夫事实胜于雄辩,如我国侨民无国家思想以及爱国思想者,则每年数千百万元捐款汇往国内之美绩,又何从而来。此固为该记者或已知悉而未能详者也。三月二十一日附识。

华侨回国人数概观

民国二十年七月　鲜人暴动后

截至二十年底,共计五万二千七百二十名

尚余三万八千七百四十六名

民国十九年十月一日(日本昭和五年十月一日)朝鲜总督府举行国势调查后,至二十年一月一日(昭和六年一月一日)发表。其中关于各道华侨人口数,共计九万一千四百六十六名(计男子七万七千八百七十五名,女一万三千五百九十一名)。此项旅鲜华侨人口总数,业由本馆于民国二十年一月二十三日朝字第二号旬报呈报。又前述华侨人口概数,亦曾载入朝鲜总督府昭和六年二月调查月报第二卷第二号。嗣据调查月报第二卷第十号(昭和六年十月出版)所载,旅鲜华侨人口总数,共计六万七千七百九十四名(其中男子计五万五千九百七十三名,女子计一万一千八百二十一名)。以此数与一月及二月所发表者相较,则旅鲜华侨人口,业已减少二万三千六百七十二名(此系七月鲜人暴动后华侨回国人数共计)。及十二月,华侨人口尚余三万八千七百四十六名,则其回国之数,又计二万九千零四十八名。故以二十年一月及二月朝鲜总督府所发表之华侨总人口数,计九万一千四百六十六名,为可靠之数。凡因七月间鲜人暴动惨案后,华侨之相率回国者,其数共计五万二千七百二十名,则惨案影响之巨大,可以知矣。兹另列数字如左,以便览观。

二十年一二月发表数		二十年十月发表数		回国数第一次统计
91 466	—	67 794	=	23 672

二十年一二月发表数		二十年十二月在鲜表		暴动惨案后华侨回国人数
91 466	—	38 746	=	52 720

二十年一二月发表数		第一次回国数共计		回国数第二次共计		在鲜华侨数
91 466	—	23 672	—	29 048	=	38 746

鲜人暴动后华侨死伤失踪人数统计如下。

一、死亡部分

死亡地点	死亡人数
平壤	133
新义州	2
元山	5
仁川	2
总计	142

二、重伤部分

受伤地点	受伤(男)	受伤(女)	共计
平壤	62	12	74
镇南浦	1		1
京城	6		6
仁川	2		2
元山	3		3
江原道长箭	16		16
通行郡	1		1
沙川津里	1		1
南崖里	2		2
沛川	2		2
咸境南道安边郡	1		1
新义州	2		2
云川郡大岩洞	1		1
龙川郡南市	2		2
云山北镇桥洞	2		2
昌城郡大榆洞	2		2
釜山	2		2
总计	108	12	120

三、失踪部分

失踪地点	失踪人数
平壤	72
元山	19
总计	91

四、轻伤部分

轻伤地点	轻伤（男）	轻伤（女）	轻伤（男孩）	轻伤（女孩）	共计
京城	123	17			140
仁川	20				20
平壤	168	34	7	6	215
镇南浦	18				18
新义州	33				33
总计	362	51	7	6	426

（二十一年四月四日统计）

中华民国二十一年四月六日

资料来源：《搜集日本违法行为资料提交国联调查团（二）》，台湾"国史馆"藏"外交部"全宗，第20—39页。

11. 外交部致国联调查团中国代表办事处电
（1932年4月7日）

去文亚字第1853号

事由：检送浙省府报告事。

国联调查团中国代表办事处鉴：兹检送浙江省政府致国联调查团公函一件，并日飞机、兵舰侵扰浙省报告书中、西文各一份，希察收应用。外交部。虞。印。

资料来源：《搜集日本违法行为资料提交国联调查团（二）》，台湾"国史馆"藏"外交部"全宗，第40页。

12. 外交部致国联调查团中国代表处电（1932 年 4 月 7 日）

去文亚字第 1841 号

事由:寄东省损失调查表。

国联调查团中国代表处勋鉴:兹寄上驳覆日人对于东三省官报号反宣传说帖一份,黑龙江省各机关损失调查表十份十三张,又北宁路局由上年九月十八日起至十一月底损失调查表抄件一份,统希察收。除抄件外,所有原件两件用毕,仍请寄还本部亚洲司为荷。外交部南京办事处。虞。印。

附件三件暨原件一件。①

资料来源:《搜集日本违法行为资料提交国联调查团(二)》,台湾"国史馆"藏"外交部"全宗,第 41 页。

13. 外交部致北平档案保管处王处长电（1932 年 4 月 7 日）

去电第 28786 号

事由:密。

北平档案处王处长览:光绪三十一年中日会议,东三省事宜正约、附约,各签印正本,仰即检齐。俟顾代表到平,即面呈,以便提请国际联合会调查委员会阅看。闻日方曾将所谓中日密约十六条签印正本之照片,提请调查委员会阅看。究竟该项正约、附约及会议节录以外,是年中日有无签订日本所谓密约,应速详查明确,面陈顾代表并电复。外交部。

资料来源:《搜集日本违法行为资料提交国联调查团(二)》,台湾"国史馆"藏"外交部"全宗,第 43 页。

---

① 编者按:无附件及原件内容。

14. 外交部致北平档案保管处转国联调查团
中国代表处电(1932年4月7日)

去文亚字第1865号

事由:函寄损失调查表。

北平档案保管处转国联调查团中国代表处勋鉴:准东北外交研究委员会,函送东北陆军暂编步兵第一旅损失调查表一份到部。兹特抄录寄上,即希察收为荷。外交部南京办事处。齐。印。

附调查表一份,计三纸。①

资料来源:《搜集日本违法行为资料提交国联调查团(二)》,台湾"国史馆"藏"外交部"全宗,第43页。

15. 北平谭绍华致外交部电(1932年4月8日)

来电第32702号

发电:1932年4月8日16时20分

收电:1932年4月8日21时55分

南京外交部

徐次长钧鉴:密。请即饬将施公使寄回之关于不侵犯条约书籍寄平。绍华叩。齐(八日)。

资料来源:《搜集日本违法行为资料提交国联调查团(二)》,台湾"国史馆"藏"外交部"全宗,第44页。

16. 外交部致北平档案保管处顾代表电(1932年4月9日)

去文亚字第1891号

事由:检送矿业公会等团体致国联调查团电报。

北平档案保管处转顾代表勋鉴:兹有湖南矿业公会、湖南邵阳县党部等各

---

① 编者按:无调查表内容。

团体,及南洋葡属帝文①中华总商会救国后援会,致国联调查团电三件。业经本部译成英文一并寄上,希即转致为荷。外交部。佳。印。

附电三件。②

资料来源:《搜集日本违法行为资料提交国联调查团(二)》,台湾"国史馆"藏"外交部"全宗,第45页。

17. 外交部致北平档案保管处转顾代表电
(1932年4月9日)

去文亚字第1867号

北平档案保管处转顾代表勋鉴:随电寄上旅韩侨胞被难记一本。希察收备考。外交部南京办事处。灰。印。

资料来源:《搜集日本违法行为资料提交国联调查团(二)》,台湾"国史馆"藏"外交部"全宗,第46页。

18. 外交部致北平档案保管处转顾代表电
(1932年4月7日)

去文亚字第1901号

北平档案保管处转顾代表勋鉴:关于中央大学商学院损失事,号代电计达。兹又准行政院秘书处来函,抄送原呈一件及原附损失表一份到部。兹特抄录原附呈表各一件,电达贵处查照,请并案办理为荷。外交部。佳。印。

资料来源:《搜集日本违法行为资料提交国联调查团(二)》,台湾"国史馆"藏"外交部"全宗,第47页。

---

① 编者按:今作"帝汶"。
② 编者按:无附件内容。

19. 北平罗家伦致外交部电(1932 年 4 月 11 日)

来电第 32751 号

发电:1932 年 4 月 11 日 13 时 25 分

收电:1932 年 4 月 11 日 18 时 23 分

南京外交部罗部长钧任兄勋鉴:密。抵平后,与汉卿主任密谈三次。转达中央与调查团谈话大意,面交叔谟兄与弟先拟之注意大纲十六项,彼颇接受,允措词力事一致,祈求补充,务免分歧。谈话时请徐淑希、陈立廷翻译,甚妥。弟等不出席,汉卿愿外交部提出之说帖,彼先看,免有出入。如何,请酌行。弟家伦。

资料来源:《搜集日本违法行为资料提交国联调查团(二)》,台湾"国史馆"藏"外交部"全宗,第 48 页。

20. 北平钱泰致外交部电(1932 年 4 月 12 日)

来电第 32795 号

发电:1932 年 4 月 12 日 17 时 50 分

收电:1932 年 4 月 12 日 23 时 59 分

南京外交部沈沧新、徐养秋兄钧鉴:中日悬案说帖待用甚急,希速送平。弟泰。文(十二日)。

资料来源:《搜集日本违法行为资料提交国联调查团(二)》,台湾"国史馆"藏"外交部"全宗,第 49 页。

21. 北平顾代表致外交部电(1932 年 4 月 11 日)

来电第 32766 号

发电:1932 年 4 月 11 日 17 时 00 分

收电:1932 年 4 月 12 日 6 时 20 分

南京外交部罗部长钧任兄勋鉴:密。昨日下午三时半,调查团开会,各委员秘书、法律顾问及中日代表均列席。李顿提出讨论并行线问题。首由日方提出照片,与我方第十一号会议录所载相同。李顿首问日代表,是否认为有效。吉田答:是。弟谓:在决定效力问题以前,应先问日方宣称有密约十六条,是否即系此会议录。吉田初支吾其辞,继称会议录外别无密约。嗣论效力问题。吉田谓:经两国全权签字,自应有效。弟谓:会议录性质,仅为解释条约中未明了之意义。本件既未载入条约,当然无条约之效力。嗣李顿询法律顾问关于会议录性质之意见,法律顾问谓:以会议录而言,并无条约约束力。吉田争辩良久,以时间太晚,决定由双方将会议录译成外国文,再行讨论。请将照片全副寄平,并将会议录饬译英文为荷。特闻。弟维钧。真(十一日)。平三。

资料来源:《搜集日本违法行为资料提交国联调查团(二)》,台湾"国史馆"藏"外交部"全宗,第 54 页。

22. 北平顾代表致外交部电(1932 年 4 月 11 日)

来电第 32765 号

发电:1932 年 4 月 11 日 19 时 15 分

收电:1932 年 4 月 12 日 6 时 20 分

南京外交部罗部长钧任兄勋鉴:密。真十一日、平三电计达。请将会议录照片及二十二日会议录英文先行从速寄下为盼。弟维钧。真(十一日)。平四。

资料来源:《搜集日本违法行为资料提交国联调查团(二)》,台湾"国史馆"藏"外交部"全宗,第 55 页。

23. 外交部致北平档案保管处转顾代表电
(1932 年 4 月 12 日)

去电第 28825 号

事由:密。

北平外交部档案保管处转顾代表少川兄勋鉴:密。真平三、四两电均悉。会议录照片三包,本日快邮寄上二十二本全部送李顿。十本系补足上次示兄之缺少部份。二十二日会议录英文,今晚另电奉达。至其余会议录译英一节,因本部通晓英文人员出差者甚多,不敷分配,仍请尊处翻译较为便捷。弟文干。

资料来源:《搜集日本违法行为资料提交国联调查团(二)》,台湾"国史馆"藏"外交部"全宗,第 56 页。

24. 外交部致北平档案保管处转顾代表电
(1932 年 4 月 10 日)

去文亚字第 1947 号

事由:密。

国联调查团中国代表处勋鉴:兹寄上上海商务印书馆为更正前呈损失清册内东方图书馆损失项下错误函抄一件,希察收为荷。外交部南京办事处。文。印。

资料来源:《搜集日本违法行为资料提交国联调查团(二)》,台湾"国史馆"藏"外交部"全宗,第 57 页。

25. 北平顾维钧致外交部电(1932 年 4 月 14 日)

来电第 32827 号

发电:1932 年 4 月 14 日 2 时 25 分

收电:1932 年 4 月 14 日 9 时 20 分

南京外交部

罗部长勋鉴:密。文十二、平八电计达。下午四时调查团与张主任等续议。李顿先问在满日军驻扎地点。次问:

(一)鲜人待遇问题;

(二)万宝山案;

(三)中村案;

(四)九一八以前曾否料定日本将有军事动作,决定如何应付;

(五)对于悬案当时曾否设法解决。

张主任答:鲜人因二重国籍关系,日本藉口保护,动辄滋事。万案、中村案另送说帖。九一八前曾料计日军意在寻衅,故与中央代表商定后,密令所辖军队,如日军挑衅不与反抗。至一切悬案,曾派汤尔和以个人代表名义赴日考察日本态度,以备建议中央。嗣将日人占据东省之预定计划各项证据检出说明,调查团颇为动容。特闻。弟维钧。元(十三日)。平十。

资料来源:《搜集日本违法行为资料提交国联调查团(二)》,台湾"国史馆"藏"外交部"全宗,第58页。

26. 外交部致北平档案保管处转王劫孚电
(1932年4月14日)

去文亚字第 2004 号

事由:抄寄东省韩侨归化纠纷有关文件。

劫孚公使吾兄勋鉴:接奉文电,祗悉壹是。东省韩侨归化纠纷问题,其案卷大抵存在各该地该管官厅。此间自十七年以来,即有一二件新案亦无关重要。兹就北平档案保管处调来旧卷中,择要检抄两件,航邮寄上,以供参考。专此奉复,顺颂勋绥。弟徐谟谨启。

资料来源:《搜集日本违法行为资料提交国联调查团(二)》,台湾"国史馆"藏"外交部"全宗,第59页。

27. 北平顾维钧致外交部电(1932年4月10日)

电第 32849 号

发电:1932年4月15日3时20分

收电:1932年4月15日8时15分

南京外交部罗部长并转陈汪院长、蒋委员长勋鉴:今日下午调查团与张主任续议。李顿问:

(一)九一八沈阳关内及东省他处所驻之东北军队数各若干;

(二)当日东北守锦州及撤退情形;

(三)日方谓占据锦州以前及现时所有义勇军及其他非正式军队直接间接均受张主任之协助,确否;

(四)张主任与现时尚在抵抗日军之正式军队关系如何;

(五)张主任对于尚在参预"满洲国"、乘机要挟旧时官吏,持何态度。

以上各问,均经张主任分别答复,并云所有在东省各军现仍有代表驻京接洽。其对马占山最近对日宣布脱离关系情形诘问,尤为详细。明日尚拟开会一次。特闻。弟维钧。盐(十四日)。平十四号。

资料来源:《搜集日本违法行为资料提交国联调查团(二)》,台湾"国史馆"藏"外交部"全宗,第 60 页。

28. 洛阳靳志致外交部电(1932 年 4 月 14 日)

来电第 32838 号

发电:1932 年 4 月 14 日 18 时 00 分

收电:1932 年 4 月 14 日 22 时 45 分

外交部南京办事处部、次长钧鉴:密。文十二电计达。总务司箱一件,会计科箱六件,趁黄科长回京之便,于十五晨带运起程,乞饬科届时到浦口接收。靳志叩。寒(十四)。

资料来源:《搜集日本违法行为资料提交国联调查团(二)》,台湾"国史馆"藏"外交部"全宗,第 61 页。

29. 北平钱泰致外交部电(1932 年 4 月 14 日)

来电第 32842 号

发电:1932 年 4 月 14 日 21 时 35 分

收电:1932 年 4 月 15 日 6 时 40 分

南京外交部徐次长叔谟兄鉴:密。养秋兄北上时,请其将鲜案汪公使中文报告书,携平备查为祷。弟泰。寒(十四日)。

资料来源:《搜集日本违法行为资料提交国联调查团(二)》,台湾"国史馆"藏"外交部"全宗,第 63 页。

30. 北平钱泰致外交部电(1932 年 4 月 25 日)

来电第 33076 号

发电:1932 年 4 月 25 日 15 时 00 分

收电:1932 年 4 月 25 日 18 时 40 分

南京外交部徐次长叔谟兄鉴:密。现因撰拟说帖,请嘱将民国以来日本私运军火各案,摘要电处,以资参考为祷。弟泰。有(二十五日)。

资料来源:《搜集日本违法行为资料提交国联调查团(二)》,台湾"国史馆"藏"外交部"全宗,第 64 页。

31. 北平王广圻致外交部电(1932 年 4 月 13 日)

来电第 32805 号

发电:1932 年 4 月 13 日 3 时 05 分

收电:1932 年 4 月 13 日 9 时 20 分

南京外交部徐次长叔谟兄鉴:密。东省韩侨归化我国者,日本方面每以该国国籍法韩侨不能适用为词,发生纠纷。关于此项案件拟请饬检最要者一二件,撮要电示,俾资参考。圻。文(十二日)。

资料来源:《搜集日本违法行为资料提交国联调查团(二)》,台湾"国史馆"藏"外交部"全宗,第 65 页。

32. 外交部致北平档案保管处转中国代表处电
(1932 年 4 月 20 日)

去文亚字第 2109 号

国联调查团中国代表处勋鉴:兹寄上中央党部统计处编制东北及淞沪两地事变损失初步统计一份。希察收为荷。外交部南京办事处。哿。印。

附件。

资料来源:《搜集日本违法行为资料提交国联调查团(二)》,台湾"国史馆"藏"外交部"全宗,第 75 页。

33. 北平档案保管处致外交部电(1932 年 4 月 20 日)

收文平字第 1126 号

部、次长钧鉴:关于光绪三十一年,三省善后事宜正、附约事,经于真日电陈在案。该约原本呈顾代表阅看后,当拍照十二份,以备参考。理合陈明备案。王承传。巧。印。

中华民国二十一年四月十八日

资料来源:《搜集日本违法行为资料提交国联调查团(二)》,台湾"国史馆"藏"外交部"全宗,第76—77页。

34. 钱泰致徐谟函(1932年4月12日)

叔谟我兄台鉴:阅报章,欣悉调任政次,无任忻贺。兹有恳者,现因查案,须查阅二月二十二日,我国颜代表向国联所提节略。拟请饬寄一份,无胜盼祷。再,关于东北事项,嗣后与日内瓦往来重要文电,如能随时赐示,以资接洽,尤为感荷。专此奉恳,即请台安。

弟钱泰上言

四月十二日

资料来源:《搜集日本违法行为资料提交国联调查团(二)》,台湾"国史馆"藏"外交部"全宗,第78页。

35. 王广圻致徐谟函(1932年4月19日)

叔谟仁兄次长阁下:接奉四月十四日大函,祗悉壹是。承抄寄东省韩侨归化纠纷问题旧卷,业经照收。专复,祗颂勋绥。

弟王广圻谨启

四月十九日

资料来源:《搜集日本违法行为资料提交国联调查团(二)》,台湾"国史馆"藏"外交部"全宗,第79页。

36. 行政院致外交部函(1932年4月21日)

笺函第994号

敬启者:查本院第二十一次会议,关于国府交办马占山电陈谨拟通告国联调查团一电,恳请译转一案,经决议,外交部相应抄同原件,函达查照。此致
外交部

计抄同原函一件,马占山原电一件。①

行政院秘书长褚民谊启

资料来源:《搜集日本违法行为资料提交国联调查团(二)》,台湾"国史馆"藏"外交部"全宗,第 81 页。

37. 外交部致北平档案保管处转国联调查团中国代表处电(1932 年 4 月 23 日)

去文亚字第 2175 号

北平外交部档案保管处转国联调查团中国代表处公鉴:黑龙江马主席,文日致国联调查团电,想已译转。希将译文抄寄一份为荷。外交部。

资料来源:《搜集日本违法行为资料提交国联调查团(二)》,台湾"国史馆"藏"外交部"全宗,第 83 页。

38. 外交部致张学良电(1932 年 4 月 25 日)

去电第 28977 号

北平张主任汉卿兄勋鉴:密。闻调查团在平曾询及十七年五月十七日交通部所签文件。该件请即饬抄一份,寄部备查。弟文干叩。有(廿五日)。

资料来源:《搜集日本违法行为资料提交国联调查团(二)》,台湾"国史馆"藏"外交部"全宗,第 84 页。

39. 外交部致北平档案保管处转钱阶平先生电(1932 年 4 月 26 日)

去电第 28988 号

北平钱参事阶平兄鉴:有电悉。日人私运军火,国民政府成立以来本部计有三案。其中日轮东豫丸私运军火及日警强提安东关查获军火两案,经编入日本违法提案内,已由养秋兄补充带平。此外,尚有日轮武陵丸一案,查系二

---

① 编者按:无附件内容。

十年二月十三日晚,据首都卫戍司令部报告,该日轮将于翌日,由吴淞开赴长江上游,载有军火大小十四箱,箱面标"虾米""海参"字样,由上海民国路某海味行交运重庆某海味行收等语。

本部除函请财政部关务署,密饬镇江、金陵两关严查扣留外,复于十五日午十二时,该日轮经过下关时,派员会同卫戍司令部人员暨南京日使馆人员登轮检查。结果查获军火十四箱,内装手提机关枪三十一枚、零件一包,由卫戍司令部没收。至此种事件发生,在国府成立以前者,卷宗均存北平档案处。希就近调阅为荷。弟谟。宥。

资料来源:《搜集日本违法行为资料提交国联调查团(二)》,台湾"国史馆"藏"外交部"全宗,第 86 页。

40. 国际调查委员会中国代表处致外交部函
(1932 年 4 月 27 日)

收文平字第 1167 号。

事由:函复收到中央党部统计处编制东北及淞沪两地事变损失初步统计一份由。

迳启者:顷准大部寄到,中央党部统计处编制东北及淞沪两地事变损失初步统计一份,业经照收。相应函复,即希查照。此致
外交部

中华民国二十一年四月二十三日

资料来源:《搜集日本违法行为资料提交国联调查团(二)》,台湾"国史馆"藏"外交部"全宗,第 87 页。

41. 北平中国代表处致外交部电(1932 年 4 月 27 日)

来电第 33116 号

收电:1932 年 4 月 27 日 12 时 45 分

发电:1932 年 4 月 27 日 15 时 13 分

南京外交部鉴:密。请将一九二七年十二月十六日,日使芳泽请北京政府拒绝鲜人入境案,饬钞一份寄平为荷。中国代表处。感(廿七)。印。

资料来源:《搜集日本违法行为资料提交国联调查团(二)》,台湾"国史馆"藏"外交部"全宗,第88页。

42. 罗文干致顾维钧电(1932年4月27日)

去电第28994号。

密。

少川兄勋鉴:有行五电悉。顷商汪院长等,兄对李顿声明一节甚是。如彼以个人名义发电,吾方固不能阻止。但如其形式迹近承认伪国,吾方当向国联抗议。昨日新闻电传李顿私电已经发表,未知确否。至询问溥、谢一节,我方固不反对调查团询问居住东省之任何公民。但所询之人既系中国之叛逆,其陈述显不能作为有效之证言,殊无询问之必要。但如调查团必欲询问,我方亦无法阻止。该团任何宣言,我方恐难同意。只得由我政府或由兄处亦发表一宣言,说明对于此举之态度。姑俟见调查团宣言稿后,再行定夺。文干。感。外九十六。

资料来源:《搜集日本违法行为资料提交国联调查团(二)》,台湾"国史馆"藏"外交部"全宗,第89页。

43. 北平中国代表处致外交部电(1932年4月27日)

来电第33124号

发电:1932年4月27日20时20分

收电:1932年4月28日1时0分

南京外交部。密。译转教育部朱部长勋鉴:日方刊行之《排外记事》一书,内载所谓我国排外教科书不下二十余种。除《国耻读本》、前贵部所拟说帖曾声明并未经政府审定外,其余各教科书是否均已审定有案?再,贵部说帖称新主义国语教科书内,并无《辽东半岛两个渔人》一篇。惟日书所引其他各篇,是否均见我国教科书中?统希饬属查明电复为荷。中国代表处。感(二十七)。

资料来源:《搜集日本违法行为资料提交国联调查团(二)》,台湾"国史馆"藏"外交部"全宗,第90页。

44. 外交部致北平外交部保管档案处转参与国联调查团中国代表处钱主任函(1932 年 4 月 28 日)

亚字第 2245 号

阶平我兄台鉴:顷读大札,承贺为感。藉沈兴居笃祜,至慰远怀。二月二十二日,我国颜代表向国联所提节略,兹遵嘱随函奉上一份。至关于东北事项,嗣后与日内瓦往来重要文电,业经转饬随时转寄。特专奉复,顺颂台祺。

弟徐谟拜启

资料来源:《搜集日本违法行为资料提交国联调查团(二)》,台湾"国史馆"藏"外交部"全宗,第 91 页。

45. 外交部致北平档案保管处转中国代表处电(1932 年 4 月 28 日)

去电第 29021 号

中国代表处鉴:感电悉。拒绝鲜人入境,本部查无此案,疑系鲜人入籍之误。但遍查入籍卷内亦无一九二七年十二月十六日芳泽来件。希迳向档案处详查为荷。外交部。俭。

资料来源:《搜集日本违法行为资料提交国联调查团(二)》,台湾"国史馆"藏"外交部"全宗,第 92 页。

46. 北平张学良致外交部电(1932 年 4 月 28 日)

来电第 33131 号

发电:1932 年 4 月 28 日 0 时 50 分

收电:1932 年 4 月 28 日 6 时 25 分

南京外交部罗部长钧任兄勋鉴:有(二十五)电奉悉。"密。十七年五月十七日交通部所签文件,此间前曾存有底稿一份。嗣因事变,业经遗失。惟忆交通部曾存有此项案卷,请迳向交通部查询,或可觅得也。"秀峰即日启程南下,特并复闻。弟张学良。俭(二十八)子。秘。

资料来源:《搜集日本违法行为资料提交国联调查团(二)》,台湾"国史馆"藏"外交部"全宗,第93页。

47. 外交部致交通部南京办事处咨文(1932年4月29日)

亚字第2281号

为密咨事。国联调查团在北平曾询及,十七年五月十七日,交通部所签文件。此项文件,据北平张绥靖主任电称:前曾存有底稿一份,嗣因事变,业经遗失等语。相应咨请查照,饬抄一份送部为荷。此咨。

资料来源:《搜集日本违法行为资料提交国联调查团(二)》,台湾"国史馆"藏"外交部"全宗,第94页。

48. 北平钱泰致外交部电(1932年4月30日)

来电第33210号

发电:1932年4月30日18时52分

收电:1932年4月30日22时05分

南京外交部徐次长叔谟兄鉴:密。民拾二国会,否认"廿一条"条约决议案全文,请饬抄一份,航快寄平。弟泰。卅。

资料来源:《搜集日本违法行为资料提交国联调查团(二)》,台湾"国史馆"藏"外交部"全宗,第95页。

49. 北平张学良致外交部电(1932年4月30日)

来电第33185号

发电:1932年4月29日19时45分

收电:1932年4月30日1时08分

限即刻到。南京罗部长钧任兄勋鉴:密。顷据少川兄嘱转一电文曰:"南京罗部长转呈汪院长、蒋委员长勋鉴:感(廿七)行十电计达。此间俄国要人,据称:'满洲国'更换黑河领事,事属确实,乃系边界问题,并无政治作用,请我勿怀疑。并云:近日,日方以自身为九国条约所束缚,不能承认'满洲新国',竭力耸动俄国首先承认,但俄国不为所动。自去年十一月以来,海参崴至赤塔一带军事准备现已告竣。自上海华军之抵抗能力显著,日军之弱点暴露以来,俄国不复如前者之过虑矣。现在俄国仍不愿与日破裂,但如日军来犯边境,则决心抵抗,任何牺牲非所顾惜。至解决东省问题,如采用国际协调办法,俄国亦愿参加合作,但中俄邦交未复,颇属遗憾云云。昨有西人自海参崴沿中东路,经哈尔滨来沈,据称一路考察情形。悉俄国在西比利亚陆、空二军均已准备齐全,海军方面现正赶运德国式潜水艇五十只到崴,秘密装置备用。北满华军抗日形势日见严重,日本拟增两师团北上,期以三个月肃清障碍。但华军背后,东路俄人为之援助,双方奋斗,将来是否不至引起日俄冲突,颇难断定云。此间调查团各委员,对北满情形均十分悬念。特闻。弟顾维钧叩。感(廿七)行十一"等语,特电转达。弟张学良。艳(廿九)。秘。

资料来源:《搜集日本违法行为资料提交国联调查团(二)》,台湾"国史馆"藏"外交部"全宗,第96、97页。

50. 参与国际联合会调查委员会中国代表办事处致外交部亚洲司函(1932年4月29日)

洲字3198号

迳启者:本月二十五日,接贵司照钞行政院九七二号令文一件,并暨南大学损失报告表一份,业经奉悉。相应函达,即希查照。此致
外交部亚洲司

参与国际联合会调查委员会中国代表办事处启
四月二十九日

资料来源:《搜集日本违法行为资料提交国联调查团(二)》,台湾"国史馆"藏"外交部"全宗,第98页。

51. 交通部总务司致外交部亚洲司函(1932年5与2日)

洲字3194号

迳启者:兹因要公,派敝司科员尚义,前来贵司相商。祈赐接洽为荷。此致
外交部亚洲司

交通部总务司启五月二日

资料来源:《搜集日本违法行为资料提交国联调查团(二)》,台湾“国史馆”藏“外交部”全宗,第 99 页。

52. 外交部致北平档案保管处转钱阶平电
(1932 年 5 月 2 日)

亚字第 2323 号

北平档案保管处转钱阶平兄鉴:密。卅电悉。兹将该项决议案暨提议案,全文抄送,即希查收。弟谟。

附抄决议案等件。①

资料来源:《搜集日本违法行为资料提交国联调查团(二)》,台湾“国史馆”藏“外交部”全宗,第 100 页。

53. 交通部咨外交部文(1932 年 5 月 4 日)

洲字第 3234 号

为咨复事。案准贵部亚字第二二八一号密咨开:调查团在平曾询及十七年五月十七日交通部所签文件。此项文件据北平张绥靖主任电称,前曾存有底稿一份,嗣因事变,业经遗失等语。相应咨请查照,饬钞一份送部等因。当以来咨,未叙明案由。经派本部科员尚义,前到贵部询问,据回称,系长贵铁路事件等语。查本部前接管旧交通部卷宗,尚有一部分存北平保管处。其运京各卷,凡关于铁路事项者,均经移交铁道部接收,本部现未存有此项文件。除电北平保管处详查,俟得复后再行咨达外,事关路政,应请贵部并咨铁道部查钞。相应咨复,即希查照为荷。此咨

外交部

交通部长:陈铭枢

资料来源:《搜集日本违法行为资料提交国联调查团(二)》,台湾“国史馆”藏“外交部”全宗,第 101—102 页。

---

① 编者按:无附件内容。

54. 交通部咨外交部文(1932 年 5 月 14 日)

洲字第 3387 号

为密咨事。案查前准贵部亚字第二二八一号密咨,嘱钞送十七年五月十七日,交通部所签文件一案。当经咨复,并电饬本部北平保管处查复在案。兹据该处呈复称:遵查本处并无此项文件,及保管员安涛尚能记忆,拟开具节略,呈报各节当于五日电呈在案。伏查旧交通部所签长赉铁路事件之时,安保管员适充监印职务,曾亲见各件钤印,后即为当局携去,并未归档。其文件内大略情形,该员尚能记忆,兹谨开具节略一扣,呈请君阅等语。并复呈节略一扣到部。相应照抄原呈节略,兹送贵部,即希查收为荷。此咨
外交部
　　附抄节略一件。

交通部:陈铭枢

谨将中华民国十七年五月十三日,旧北京交通部所签长赉等铁路事件文件,安涛是时适在住班监印职内。曾亲见钤印,从旁觇察,目睹心记,勉为记忆,开具节略。是否有当,呈祈部长、次长训诲。

计开:

(一) 中华民国十七年五月十三日(是日为星期①),午后九时,余由暂行代理次长职务,航政司司长赵镇君在总次长办公室中钤印。《长大铁路借款契约》同式两本,不知由何处打字机打成,皮面中间即此名称。其契约中见有"长春至大赉"之字样,当时心记为"六百二十二万"之谱。其契约所载条件,正文计有数页。而其所附之文件,即系来往凭函,每件一页,并见有一来函,附一复函共计有数十页,一律装订在内。其签字者衔名为"交通部代理次长赵镇"九个字,系墨笔书写者。又其日期为中华民国十七年五月十三日,均经钤盖交通部印信暨交通部次长官章。其契约正文及附件、凭函之首页、末页联带骑缝中间,加盖有交通次长官章。

(一) 同时钤印《敦老铁路借款契约》同式两本,亦不知由何处打字机打成,皮面中间亦即此称。其契约正文之后,各附带其附属之凭函,其契约中曾

---

① 编者按:"星期",意为"星期日"。

发见有"敦化至老头沟"之字样。当时心记为"一千一百三十一万"之谱,其余目睹情形与前相同。

(一)①同时钤印《老图铁路借款契约》同式两本,亦不知由何处打字机打成,皮面中间亦即此称。其契约正文之后,亦各附带其附属之凭函。其契约中并亦发见有"老头沟至图们江"之字样,当时心记为"一千二百二十万"之谱。余见前。

安涛谨呈

资料来源:《搜集日本违法行为资料提交国联调查团(二)》,台湾"国史馆"藏"外交部"全宗,第103—106页。

55. 交通部咨外交部文(1932年5月6日)

收文洲字第3266号

为咨行事。准贵部密咨开:准参与国联调查团中国代表处电称:关于日本破坏东省关税、盐务、邮政、电信各事项,请分别转请财政、交通两部,拟具说帖寄平,以便向调查团提出等语。除咨财政部外,相应咨达,即希查照。饬拟迳寄北平外交部档案保管处转该代表处查收,并钞送一份过部为荷,等因,到部。兹经拟具关于日本破坏东三省邮政说帖、东三省中日电信交涉悬案节略各一份,并检附电约合同三份。除迳寄北平转交外,相应检附一份,咨送贵部查照为荷。此咨

外交部

    附件

交通部长:陈铭枢
中华民国二十一年五月六日

    附件:

东三省中日电信交涉悬案节略

溯自西历一九〇四年,日俄两国在我东三省发生战事后,日本在军队所至各处,将我国电报局所及线路占据,并擅设军用电报、电话等线,以为通信之用。翌年,日俄停战后,我国为维护主权起见,即向日方要求将所占我国电报

---

①   编者按:原文如此,采用当时连续用"一"分条列项的方式。后同。

局所及线路交还,并将擅设之报话各线,一律撤除。但日方对我此项要求,一再迁延,不允照办。嗣经多方交涉,乃于一九〇八年十月十二日,与我国订立《中日电约》八款(附件一),并将所占我国电局及线路全部交还。此为日本在东三省与我国最初发生电信关系,订立电约之情形也。所有该约内重要各点,列举如左:

(一)日本在南满铁路境外设立之电报线,由中国出价日金五万元售与中国。其电话线,则由中日再行商订办法。惟在未订办法前,非经中国政府同意,日本允不再加扩充,亦不用以传递电报,争夺中国电报营业。

(二)日本承允,若非先经中国允许,于租借地外及铁路境外中国各处,不安设水线、建造陆线并电话线以及各种无线电报。惟以后他国若有举办,当援利益均沾之条办理。

(三)在满洲附近日本铁路境内之商埠,计安东、牛庄、辽阳、奉天、铁岭、长春六处,中国政府允借给日本自各该商埠通至铁路境内之电线一条或两条。并在以上六处中国电报局内,借给日本报房各一所,以十五年为期。

(四)中日两国在关东省(即辽东半岛)某处安设水线一条,通至烟台,该水线自烟台起至离烟台七英里半之一段,归中国安设管理。关东一端之水线,归日本安设管理。惟中国烟台一端之水线,每日应接通烟台日本邮局若干时,以便该局与日本电报系所直辖各地通报。

(五)所有在满洲日本电线所发之电报,日本政府允每年付给中国政府主权费,日金三千元。中日双方嗣又依据前项《中日电约》,于一九〇八年十一月七日订立《中日满洲陆线办法合同》及《烟台关东水线办法合同》各一件(附件二、三),规定递电手续及电报价目等办法。

自上项电约及合同签订后,日本历年在铁路境外擅设电报、电话线路,并设立局所及无线电台,侵占中国电信主权。经迭次交涉,均归无效。兹将日方违约最关重要之事实,列举于后:

(一)按《中日电约》第一款,内有日本承允,若非先经中国允许,于租借地外及铁路境外中国各处不安设水线、建造陆线并电话线以及各种无线电报等语。查日本历年在中国境内延吉龙井村、珲春头道沟等处,未经中国同意,擅自设立电报、电话线及电信局,与朝鲜日局通信、通话。其在龙井村设立之日局,竟称为日本会宁支局,尤属荒谬。又在秦皇岛、满洲里、公主岭、龙井村、辽阳、珲春、北平、天津、长春等处设立无线电台通报。非特侵害中国主权,且争夺中国电信营业。

（二）按《中日电约》第二款，内有满洲铁路境外日本电话线，日本愿与中国妥订办法。未订以前，日本允若非先经中国政府允许，当不再扩充，亦不用为传递电报，争夺中国电报生意等语。但日本在南满铁路境外奉天、长春等处，未经中国许可，擅自设立电话线，虽经多方交涉，不允撤去。

（三）按《中日电约》第四款，内规定在沈阳等六处中国电报局内，借给日本房屋各一所，作为日本报房之用。是日本报房必须在中国电局之内，已无疑义。查日方违约于一九一一年十一月间，将沈阳日本报房迁出中国电报局，在沈阳小西湖自行设立电报收报所，收发电报。

一九二三年春，前北京交通部以日本历年违反《中日电约》及合同等，且所接安东等六处电线及报房，截至一九二三年十月十一日期满，特行通知日本，届时即行将该项借线及报房收回。旋因日方要求继续借用该项电线及报房，并允修改烟台、关东水线及南满接线等合同。我国乃委派代表与日本代表于一九二四年三月六日，在前北京交通部开始会议。当时日方要求该项电线及报房之借用期间延长三十年，惟我方只允许延长至一九三○年年底为止，并以下列各条为交换条件：

（一）中国拟在大连及南满铁路区域内，设立电线及电报局所，传递电报。

理由：查大连及南满铁路境内之居民，中国人民实居多数。日本既欲续借铁路境外之电线以利便日本人民，则中国拟在大连及铁路境内设立局所，亦为便利中国人民起见，此乃平等互惠之办法。

（二）烟台大连水线，在烟台一端之收发电报事宜，应完全归中国电报局办理。

理由：烟台日本电信局之设立，原为便利日本官商发寄日本及满洲之日本文字电报，现在中国已养成收发日文电报人员，可以自行收发日文电报。故烟台日本电信局已无设立之必要。

（三）南满日局自相往来及与日本各处互相来往之电报，一律按照所订报价以三分之一贴给电局，作为主权费。所有往来电报报底及账目，彼此均可派员查阅。

理由：查南满铁路日局自相往来及与日本各处互相往来之电报，为数甚多。若按前订《中日电约》第七款之规定，每年仅给中国主权费三千元，平均每月只二百余元，为数殊属太微。亟应援照东省铁路，照例按字贴费，以示公允。

（四）南满日局自相往来电报，纯由日局电线传递者，其报价应与中国国内电报价目一律，以免竞争。

理由：查南满日局自相往来电报之报价，比较中国电局所定报价为低廉，以是中国电局之营业被夺甚巨。将来双方报价，自应一律，以免竞争。现在各外国电报公司，在中国境内收发电报，向照中国报价收费，即同在满洲境内之东省铁路各车站收发电报，亦照中国国内报价收费。南满日局事同一律，未便独异。

日方对于以上四条件，答称关系过巨，须向日本政府请示。嗣后经续议数次，因日方毫无诚意，遂致会议停顿。此前北京交通部与日本交涉之情形也。

自前北京交通部与日方会议停顿后，所有南满铁路借线及报房，日方一再延宕，迄未交还中国。迨民国十九年五月间，本部以此案久悬未决，且日方在中国延吉龙井村等处，擅设报话电线及电信局所，并在长春等处设立无线电台，侵害我国电信主权殊巨。乃咨请外交部照会日本公使，邀请日本递信省派员来部商议解决办法。十九年九月十七日，双方开始会议，本部乃向日方提出下列两提案。

甲　东三省中日电信问题解决办法

一、沈阳、安东、牛庄、辽阳、铁岭、长春等六处，中国借与日本之电线及报房，均应一律交还中国。

理由：查此项借线及报房期限，按照《中日电约》内规定，业于一九二三年十月十一日期满，自应交还中国，以符原约。

二、日本向中国借用之沈阳至新民长途电话线，应即交还中国。

理由：查该电话线借用期限已满，自应交还中国。

三、日本在南满铁路境外，如沈阳、长春等处未经中国许可，擅自设立之电话线，应即撤销。

理由：见上开违约事实第二节。

四、日本在延吉龙井村、珲春头道沟等中韩边界地方擅设之电报电话线及电信局等，应一律撤销。

理由：见上开违约事实第一节。

五、中国得在大连、旅顺及南满铁路沿线境内，建设电报电话等线，并设电局及无限电台传递电信。

理由：见前交通部提案第一条。

六、南满铁路沿线,吾国未设电报电话局地方之各车站,所收国内外电信,无论发往已设或未设中国电局地方,其价目应与中国所定者相同。如系发往已设电局地方或国外者,应由车站将所收电信递交附近中国电局传递。其在中国已设电报局地方之各车站报房,一律不准收发商电。

理由:见前交通部提案第四条。

七、南满铁路电线传递之电报,其收发地点均未设有中国电局者,路局应按照所收之费,至少以三分之一贴给中国作为主权费。

理由:见前交通部提案第三条。

乙 烟台大连水线解决办法

一、烟大水线在烟台之一端完全归中国运用,烟台日本电信局即行撤销。

理由:见前交通部提案第二条。

二、该水线经转电报之水线费另行加收。

理由:查按照旧合同规定,该水线经转之电报,由中国电报局贴给日局水线费。国内电报华文□语每字四分,华文密码或洋文每字八分,国际电报每字六分。因此,中国电局每年损失报费甚巨。查大东、大北电报公司水线,经转用内电报均另加水线费,并非由中国贴付。该水线经转电报之水线费,自应同样加收,以归一律。

三、重订报务合同

理由:查《烟台关东水线办法合同》,自订立后业已十余年,其中条文已多不适于用,自应重订以利通信。

日方对于以上两提案,始则以须请示政府为辞,继则延宕不肯切实商议,遂致会议仍无结果。此本部与日方交涉经过及现在正在解决之情形也。

中日电约

本约签押之员系奉中日两政府委派,将关东省至烟台水线暨日本在满洲陆线事宜,彼此通融,和平议商。兹将议允各款,条列于下:

第一款

中日两国当于关东省某处安设水线一条通至烟台,该水线自离烟台七英里半之北,归日本安设管理,七英里之南,归中国政府安设管理。该水线于离烟台七英里半之北,彼此相接。关东一头,全归日本办理。烟台一头,全归中国办理。惟该水线每日当直接至烟台日本邮政局若干时,以应日本特别之需,其时刻当足敷所用,由彼此议定。

烟台日本邮局可由该水线收发烟台本境与日本电局来往之日本官电,及烟台本境之日本商电。惟此项商电须用日文书写此项电报,日本当付给中国本线费若干,其数目当由彼此议定。其烟台中国电局至日本邮局连接之线,当由中国建造管理。其余中国各处来往电报,日本允竭力阻止,不使在烟台接转。并承允,若非先经中国允许,于租借地外及铁路境外中国各处,不安设水线、建造陆线并电话线及各种无线电报。惟以后他国若有举办,当视利益均沾之条办理。至由关东烟台水线传递之报,其本线费及过线费价,当特定合同遵行。

第二款

日本在满洲铁路境外之电线,应由中国付给日本日洋五万元,当立即全行交与中国。其满洲铁路境外日本电话线,日本愿与中国妥订办法。未订以前,日本允若非先经中国政府允许,当不再扩充,亦不用为传递电报,争夺中国电报生意。

第三款

在满洲附近日本铁路境之商埠,计安东、牛庄、辽阳、奉天、铁岭、长春六处。中国政府允自各该商埠通至铁路境内,借给电线一条、两条,全归日本使用,以十五年为期。此项电线至铁路界为止,由中国巡管妥善。

第四款

本约第三款所指之借线,应由日本所用之日本报生,在中国电局内收发电报,其所需合宜之报房及办公之处由中国备给,每年共租金墨西哥洋七百元,由日本付给,惟报生之寓处不在其内。

第五款

本约第三款所指之借线,只可用为传递与日本电局往来之报。

第六款

在本约第三款内所指之商埠,日本报房当设立于中国电局之内,其投送日本电报之信差当不着特别号衣。

第七款

所有在满洲日本电线所发之报,日本允每年付给中国政府洋三千元,以作贴回之费。

第八款

本约当由中日两政府核定,俟烟台关东水线暨日本在满洲电线详细合同订妥后,即当施行。

本约用英文订于东京,共计两份,彼此签押,以昭信守。

西历一千九百八年十月十二日

大清国电政局襄办　周万鹏　押

大日本国外务省次官　石井菊次郎　押

大日本国政务局长　仓知铁吉　押

中日满洲陆线办法合同

中日两国,今按照一千九百八年十月十二号两国所订电约,议定南满洲陆线续增办法合同,庶彼此便于传递电报。所有各款,开列于后:

第一款

甲　中国应将安东、牛庄、辽阳、奉天、铁岭、长春六处电局,与各该处铁路境内之日本电局接通,以便中日电局彼此可以传递往来电报。

乙　日本电局在满洲办理电信,应由日本付给中国贴回之费。

丙　除日本铁路境外,凡有寄中国各处电信及中国过去各处电信,由寄报人指明,由中国线路传递。而交与铁路境内日本电局传递者,以及改道之日本电信,应由该日本电局收接,交与相接最近之中国电局转递。除每字墨洋五分外,其转递电价,应全数由日本收入中国之帐。

丁　凡有寄往中国各处及中国过去各处电信,由寄报人指明,由烟台关东水线传递,而交与中国电局者,应由该中国电局收接,交与相接最近之日本电局转递。此项电报,中国应按照《烟台关东水线办法合同》第八款所定价目,收入日本之帐。

戊　凡满洲中国电局收接寄与满洲日本电局之报,或由他处转至满洲中国电局,寄与满洲日本电局之报,应交与相接最近之日本电局。此项电报每字墨洋五分,由中国收入日本之帐。

第二款

日本承允不减跌报价,或用他法与中国争夺生意。其全由日本电线传递之报,不在此例。

第三款

凡交与满洲相接中国电局之报,日本应按照中国所定报价收取。此项电报除每字墨洋五分外,日本应全数收入中国之帐。其中国报价表,应由中国送交日本。

第四款

所有由相接之线传递之报，除本合同载明外，应按照现行《万国电报通例章程》而行。

第五款

所有满洲中日电局彼此传递之新闻电报，其价目应由中日两国随后议定。

第六款

彼此来往传递之报，应于交接之局登入账册，每日核对。彼此账目应于每月底结算，其应找之款于结账后一个月交付。应付日本者，在东京交付。应付中国者，在上海交付。年历月份以西历计算，其中日两电局来往函件，俱用英文。

第七款

结算账目，以墨洋为准。至应付别电局之款，其银洋价目彼此应于每季之前一个月，按照以上三个月上海银行汇兑之价，扯算核定。

如有不及一季，其银洋价目，应按照以上三个月上海银行汇兑之价，扯算核定。

注：不及一季，假如十月十六至十二月底，则其银洋价目应按照七月十六至十月十五三个月之价，扯算核定。

第八款

满洲及烟台中日电局彼此所用执事人员，或三个月内曾经雇用之人，若未经彼此特准，此则不得雇用。

第九款

凡日本所造南满铁路界外电线，应于本合同施行之时，全数交与中国。一俟交割完竣，由中国在东京交付日本日洋五万元。

以上所云交割电线，应由中日两国特派委员办理。

第十款

《中日电约》第四款所载之局房，应由各该段内两国委员会商定。

第十一款

本合同应立即呈请中日两政府核准，于互换之日起施行。以后或更改或作废，应由彼此商准。本合同签押之员系由中日两政府委派，为此将本合同签押，以昭信守。

西历一千九百八年十一月七号

中历光绪三十四年十月十四日

用英文订于东京，共立二分

周万鹏　押

石井菊次郎　押

仓知铁吉　押

烟台关东水线办法合同

中日两国今按照一千九百八年十月十二号，两国所订电约，议定烟台关东水线续增办法合同，庶可彼此便于传递电报。所有各款，开列于后：

第一款

中日两国于本合同施行后，按照情形当从速于山东之烟台至辽东半岛租借地内之关东省某处，备设水线一条。或将旧水线修理，或放新水线皆可。按照以上所指之电约第一款办法而行。

第二款

中日两国当将该水线随时保护完善，如遇损断，当迅速修理。如该水线损断在离烟台七英里半相接之处，则修费由中日两国各摊认一半。

第三款

所有该水线应用之水线房上岸连接之线及局中应用各件，由中日两国于两岸各自备置，日后应用经费亦各自认给。

第四款

该水线所用电报机，若非别经议定，应用莫尔斯机或忽斯登机。

第五款

烟台日本电局置备各件及局用经费，应归日本认给。

第六款

早间六点钟至晚间十一点钟之间，每三点钟应由烟台中国电局，将该处日本电局与水线接通一点钟。自晚间十一点钟后至早间六点钟，如中国电局无须应用，亦将该水线与日本电局接通。彼此议允，中日两电局于该水线收发电信，须互相照顾，和衷共事，庶彼此来往电信不致延搁。

第七款

中日两国当按照情形，从速将辽东半岛租借地外至近之中国电局，与最便之日本电局接通。该日本电局须与日本水线局直接者，此项相接之线，中日两国于各自境内自行建造管理,为传递租借地北之中国电局来往电信之用。

第八款

甲 中日电局来往之报,由该水线传递,其每字价目议定如下:

(一)日本 关东本境报价,每字墨洋一角半。关东过线报价,每字墨洋一角。

(二)中国 烟台本境报价,每字墨洋四分。

乙 关东以外日本陆线报价,每字墨洋五分。

中国四码电报日本报价,每字墨洋八分。

凡与中国以外来往电报日本报价,每字墨洋一角。

凡由该水线传递之报,日本应按照中国所定报价收取。此项电报除以上所云之日本报价外,日本应全数收入中国之帐。惟此项电报无论如何,其总数报价不能贵于中国他路传递之价。其中国所定报价表,应由中国送交日本。

第九款

烟台关东水线,若非别经议定,不能用于传递中国以外来往之日本电报。只可传递烟台本境日本官电,及烟台本境日文电报。

第十款

按照以上所云电约第一款,烟台日本电局收发之电信,日本应将全数报价十成之一,收入中国之帐。此项中国应得报费,应于每月账单结算。

第十一款

该水线来往传递之报,应于交结之局,每日由电核对。

彼此账目,应于每月底结算。其应找之款,于结账后一个月交付。应付日本者,在东京交付。应付中国者,在上海交付。

年历月份以西历计算,其中日两电局彼此来往函件,俱用英文。

第十二款

结算账目,以墨洋为准。

至应付别电局之款,其银洋价目,彼此应于每季之前一个月,按照以上三个月上海银行汇兑之价,扯算核定。

如有不及一季,其银洋价目,应按照以上三个月上海银行汇兑之价,扯算核定。

注:不及一季,假如十月十六至十二月底,则其银洋价目,应按照七月十六至十月十五三个月之价,扯算核定。

第十三款

该水线传递之新闻电报,其价目应由中日两国随后议定。

第十四款

该水线传递之报除本合同载明外,应按照现行《万国电报通例章程》而行。

第十五款

本合同应呈请中日两政府核准,于互换之日起施行。以后或更改或作废,应由彼此商准。

本合同签押之员系由中日两政府委派,为此将本合同签押,以昭信守。

西历一千九百八年十一月七号

用英文订于东京,共立二分

周万鹏 押

石井菊次郎 押

仓知铁吉 押

资料来源:《搜集日本违法行为资料提交国联调查团(二)》,台湾"国史馆"藏"外交部"全宗,第107—123页。

56. 抄马占山致国联调查团原电(日期不详)

洛阳国民政府、北平张绥靖主任钧鉴:兹拟通告国联调查团一电。谨恳译转。查自满州人民与我汉族混合三百年来,居处满洲,相安无事。政治、文化、习俗、语言、宗教,莫不相同。故一九一零年之政治革命,虽将清政府推倒,改制共和,而汉人与满人之间不特无丝毫仇恨之表现,抑且满人与汉人名辞上之分别,亦随之而消灭于无形。此固世界人士略明中国情势者,所共见共闻,当非占山一人之私见也。故所谓满人与满洲者,已成为历史上之名辞,绝无引用于今日之价值。而日人必欲据为奇货,窃用此字典上之陈腐名辞,以分裂我民族,割据吾土地。不图于二十世纪之文明世界,尚有蔑视国际正义,惨无人道之行为,诚为破坏东亚和平之导火线也。

国际盟约第十条,有联合会会员担任尊重并保持所有联合会各会员之领土完全之规定。又,一九二二年华盛顿九国条约,有保证中国领土、行政之完整及东三省门户开放与机会均等各规定,此皆不便于日本并吞东三省之企图。乃假借民族自决之名义,以绑匪手段,强劫逊帝溥仪,自天津挟赴旅顺。又威迫利诱原有东三省官吏,以演成其一幕滑稽剧。溥仪甫于途中屡次以药自杀,均为监视之日人所发觉而阻止,求死不得。是其所处之境遇,亦云苦矣。

占山奉国民政府命令,充任黑龙江省政府主席兼任东北边防军驻江副司令官。凡黑龙江之省防,占山责无旁贷。乃自客岁九一八事起,日军先后占领辽、吉两省,复蓄意图黑。以修复嫩江桥为名,偷袭吾军,占山当即身列前线,力图自卫,互相以炮火周旋者,计阅二周,卒以器窳弹尽,退守海伦。而日本军司令部屡次遣人来谓:辽、吉两省军政当局,现已议定组织两省新政权办法。俟新政权成立,日本即当退兵,绝无干涉内政之意。今为黑龙江一省为梗,致陷全部于阢陧不安,请以三省治安为重,即日回省。当将黑龙江政权交还至省后,日军即时撤退等语。同时,并有辽、吉两省伪长官,由日本授意派人来言,谓新政权确系独立性质。因即允予回省,藉以察看情形,再行定夺。讵进省后,日人以堂堂国家,罔顾信义,顿食前言。不但一兵未撤,转欲利用三省一致为名,成立一伪国家,以为实行侵吞之梯阶。于是,政务委员也、黑龙江省长也、陆军总长也,伪命稠叠而至。占山得藉此窥暴日之肺腑,伪国之真相,以供献于吾维持世界和平,主张国际公道唯一机关之贵会,是为不幸中之大幸也。兹将一月以来占山实地经历之日记,摘要披露于贵调查团之前,以资参考,幸察览焉。

二月十六日,勉徇日人要求,乘飞机赴辽会议。二月十七日,晤本庄繁。据称,日军已占东三省大部,仅黑龙江及吉林之一小部分绝难抵抗,请与日人合作。是晚,在赵欣伯宅开会,凡占山所提取消伪国家产生之方案,竟被日方板垣严词拒绝。是日会议无结果而散。二月十八日托病乘车返海伦,旋据赵仲仁报告,十九日,日军司令部令张景惠成立"新国家"①。筹备委员会又迫命张景惠、赵仲仁率同辽、吉、黑三省由日人贿买之伪代表十二人,同赴大连,敦请溥仪充伪执政。并授意溥仪三次推辞,代表三次敦请,始完使命。

三月八日,日人复再三邀赴长春,占山拟托故推诿,又恐转生猜疑,不得已赴长春迎接溥仪。九日,溥仪就伪执政职。一切仪节均由日人主持,傀儡登场,此之谓也。最可恨者是日本庄繁来长监视溥仪就职。预令溥仪必顺恭,往车站迎迓,经一再恳请,稍留体面。始勉允由伪国务总理郑孝胥代表,趋见本庄,实以统鉴自居。其所谓共存共荣者,完全欺骗之伎俩也。

---

① 编者按:此"新国家"指伪满洲国。后同。

三月十日,日方由驹井、板垣持日军部命令,开伪国务会议。同时并发表满洲伪国政府设总务厅长,由日人充任,掌管各部一切实权。凡不经该伪厅长签字盖章,一切政令不得执行。

三月十一日,大佐参谋板垣,伪总务厅长驹井,在伪国务会议席上声称:日政府原拟在新政府及各伪省府官员中参加半数,现经极力减少,仅在长春新政府加入日人百数十名。又称日人住居东三省者,即属"新国家"国籍,凡一切公权均与满人一律享受。至是否脱离日本国籍,自有权衡,他人不得过问。当议定辽、吉两省应由日人充任之,总务厅及警务厅厅长,掌管各该省一切实权。凡不经其签字盖章,一切政令不得施行。并议定黑龙江省暂缓,三月再行派定。

三月十六日,本庄繁来齐齐哈尔,并视察大兴地方,途次谈话,日本全国已具决心,无论任何牺牲,绝不放弃东三省。无论何人有反对新政府者,当由日本军队负完全扫灭责任。如有任何第三国出而干涉,已下与之宣战最后之决心。关于一切政令,自可按步进行。惟须经过驻在地之日本军部及特务机关许可,方能执行。又伪国务院议决:

(1)凡东北之土地已经出放者,若地主为官吏或军阀,则全数没收。若民户亩数较多者,则以官价收买其半数。其未经出放者,悉数收归伪国所有,以备日政府移民之用。

(2)呼海铁路为黑龙江省粮运之枢纽。日人与张景惠订约,以十分之一代价,三百万元,强迫抵押。订期五十年,实不异于永久占领。恐占山不承认,商补签字,经电复严词拒绝,近又向伪国交通部强迫进行矣。

(3)筹设伪国家满洲银行,仿朝鲜银行之办法以为操纵金融、吸我脂膏之企图。

(4)摧残我学校,侵犯我文化。凡学校,除驻兵外,将我原有部定各级启发爱国之教科书悉加删改,参以亲日意旨,以尽其消灭我民族之能事。又驻哈特务机关长土肥原及铃本旅团长曾声称:日本既得东三省,一俟军费充足,即将凭之以为作战之策源地;始能北侵苏联,东抗美国,渐及其他各国。

以上为占山所亲历事实之经过情形。现辽、吉二省各县均派有日人两名,办理特务事宜。凡事不经其许可,不能执行。所有东三省各报馆,电报、电话均由日人背后主持,而报纸除顺从日本意旨外,实无真正之舆论。现因贵调查团行将东来,日人对于智识阶级分子均予警告。凡有不利于日本之言论者,即予以断然之处置。凡有反对日本之人,均被日人在黑夜间闯入家中逮捕杀戮。并警告其家人,如将消息泄露,即同样对待。阎廷瑞、张奎恩等悉遭毒手。即所谓东三省庆贺伪国成立之民意,均系日人伪造。现又收买无赖奸民,宣传其德政。

以上为占山调查所得之事实。兹闻贵调查团业已莅临吾国,占山为救国计,遂决然冒最大之危险设计,自日军严密监视下之齐齐哈尔,潜来黑河,执行黑龙江省政府职权,一切政务,秉承中央,照常进行。用将满洲伪国组织之实情颠末,献于特奉使命来华之贵调查团及世界欲明此事真相人士之前。兹取以十二万分之诚意,立誓宣告曰:吾东三省,实无一人甘愿脱离本国,自外生存者。即今从事于伪政府之官吏,均被日军严重之监视,已失却其自由。务请贵调查团对于此层特别注意,加以实际之调查,以作诚实之报告,则世界人类和平之前途方得保障,贵调查团之有功全世界人道,亦得永垂不朽焉。

再,占山尤有言者。客岁秋间,吾华侨在朝鲜被杀死者数百人,财产损失数百万。吾国政府何尝藉口于保侨,遣一兵一将入朝鲜。近年以来,日侨在吾国境内并未发生若何危险,而该国政府竟藉口保护侨民生命财产,悍然出兵侵占我东省,攻击我淞沪。两相比较,世界主持公道者,自有公论。且日本侨民遍于五洲各国,倘该国政府有时亦藉口保护侨民利益,派兵遣将侵略其侨民所在地,则实为世界和平危焉。尚祈贵调查团三思之。除迳电日内瓦敝国颜代表外,特此通告,顺颂公祺。黑龙江省政府主席马占山。

文。发自黑河。

资料来源:《搜集日本违法行为资料提交国联调查团(二)》,台湾"国史馆"藏"外交部"全宗,第124—128页。

57. 浙江省政府致外交部公函(1932年3月29日)

公字第 2929 号

迳启者:案照国际联盟调查团美、法、德各委员,于本月二十六日由沪来杭。当经本政府将日本迭次遣派飞机、兵舰侵扰浙省领空、海空情形,汇案作成报告,函达国联调查团在案。现在调查团业于二十七日,启程赴京。除已另案电达外,相应照录原函及报告书中西文各二份,函达贵部查照。此项函书可否各录一份,转寄日内瓦颜代表之处,并悉察夺见复为荷。

此致

外交部

计送致国联调查团公函又报告书中西文各二份。①

浙江省政府主席:鲁涤平

中华民国二十一年三月二十九日

资料来源:《搜集日本违法行为资料提交国联调查团(二)》,台湾"国史馆"藏"外交部"全宗,第 129、130 页。

58. 抄致国联调查团函(日期不详)

迳启者:查自九一八东三省事件发生,本省政府对于保护外侨,仍秉承国民政府命令,慎重办理,并未丝毫发生事故。迨至上海事变突作,本省地方□□淞沪,鉴于事态严重,益更注意保侨。嗣日本驻杭领事及各地日籍商民自动离浙,均经地方政府妥为护送,安全出境。现除永嘉地方留有守栈日人一名外,余无其他日侨居留。乃自本年一月三十日起,日方迭派军舰驻泊浙省各海口,并有武装战队自由登陆。又后迭派飞机至本省内地各处投掷重弹,炸毁本国驻杭飞机及机场,弹伤航空队长,因而致毙。又后以机枪击伤无辜市民、农妇。查浙省境内并无丝毫事故,亦无日侨居留。似此一再侵扰加暴,本政府诚不识日方系何居心,而出此蔑视公理、违悖人道之所为也。除由本政府呈报国民政府暨请外交部提出严重抗议,并声明保留赔偿损失外,兹幸贵委员来华调查,所【负】使命至为伟大计,必以公平之观察为正确之报告。用将日本迭次无故侵略浙省内地情形,开列事实汇案函送达。即希查照为荷。此致国际联盟调查团。

计函送报告书一件,日机掷弹地面民居受损暨枪伤民妇李方氏情形照片三张。

附件:

报告书

一月三十日夜,有日本军舰多艘开抵定海岑山。次晨,有队兵数十人分班登陆,旋又返舰。

---

① 编者按:无附件内容。

二月十八日,据报告:江苏崇明县所属之嵊山泗礁□华一带,泊有日舰十余艘,并有飞机母舰驻泊。嵊山无线电台亦已被毁。该舰陆战队并登陆调查户口人数。

二月二十六日,晨六时四十分,日本飞机十五架,飞至杭州市筧桥停机场投掷重量炸弹三十余,炸毁我国飞机四架,机场亦毁。当时我国少数飞机为自卫计,起而应战,被日机包围攻击,压迫降落。队长石邦藩、分队长赵甫明均被日机开枪击伤。赵甫明经西医诊治,于三月十八日因伤重殒命,石邦藩尚在□医医治中。并炸毁民房数间,器物亦遭焚毁。十时三十分,日机三架后来侦察。下午三时许,日机十二架又至筧桥机场,投掷炸弹约七八枚。同日,并有日本军舰三艘,停泊海盐洋面。另一艘及航空母舰一艘驶抵敢浦海面。同日,又有日舰数艘,驶至定海县属黄龙岛,并有飞机数支飞翔空际。

二月二十九日下午一时半,日机三架飞至海宁百家埠掷弹三枚,图炸该处汽车站。三时,又飞至筧桥机场一带投掷重弹并开机枪,机场平面颇受损害,并有农民为枪弹所伤。同日,乍浦海面发现日舰三艘。

三月四日九时,普陀洋面发现日机二架。

三月五日,普陀海面发现日舰一艘,飞机二架。同日,日机一架飞至嘉兴侦察。

三月六日,定海沈家门到日舰六艘,飞机为舰一艘。同日,普陀洋面发现日舰二艘。

三月八日上午十一时许,日机一架至杭侦察,并开机枪数响。

三月十日□刻,日机一架过嘉兴飞杭,嗣因天雨折回。

三月十一日下午二时半,日机一架,至杭市侦察,并开机枪弹伤幼孩一名。

三月十四日下午三时四十分,日机一架飞抵嘉兴,盘旋一周,向东南方飞去。

三月十六日十时零五分,日机一架飞抵杭州,盘旋约十余分钟,而向东北方飞去。

三月十八日下午二时零七分,日机一架到杭,在西湖南面及市区空际,盘旋约十余分钟,向东北方飞去。

三月二十日上午十一时二十五分,日机一架飞至杭市侦察,经城站时,连放机枪数发。复在筧桥地方,开枪弹伤农妇一人。

三月二十一日上午,日机一架到杭,在城区空际盘旋一周,并放枪示威。

三月二十四日上午十时十分,日机一架至杭侦察。

三月二十五日上午十时二十分,日机一架至杭侦察。

资料来源:《搜集日本违法行为资料提交国联调查团(二)》,台湾"国史馆"藏"外交部"全宗,第131—133页。

59. 北平顾维钧致外交部电(1932年4月13日)

来电第32806号

发电:1932年4月13日3时15分

收电:1932年4月13日10时50分

南京外交部。今日下午,调查团与张主任等会议。二时,李顿谓:日本指摘中国东省当局不能维持治安,盗匪充斥,又课税不当,币制紊乱,小民受累。问:(一)实情如何;(二)日本干涉东省内政,有何确证;(三)张大元帅遇害,其于中日在东省之关系影响若何;(四)何以中日间悬案若此之多;(五)十三年五月,缔结吉敦延长线及长大铁路合同之情形;(六)木村与高局长商议铁路各案,为何毫无结果。经张主任分别解释说明,其对第五问各该合同不能承认。详情容将会议录邮寄,特先电闻。再,明日定四时续议。弟维钧。文(十二日)。平。

资料来源:《搜集日本违法行为资料提交国联调查团(二)》,台湾"国史馆"藏"外交部"全宗,第134页。

60. 北平顾维钧致外交部电(1932年4月17日)

来电第32889号

发电:1932年4月17日1时25分

收电:1932年4月17日10时2分

南京外交部罗部长并转陈汪院长、蒋委员长勋鉴:昨日下午,调查团与张主任续议。李顿须再问各点,业已完竣。张主任乃提出数点声明如下:(一)从前所谓独立,均因不愿加入内战,除政治外,一切如海关、盐税、邮政、司法、护照等均照旧;(二)即使政治有不良之处,应更调或惩罚官吏,不能借词反抗侵占土地;(三)我国尊重门户开放政策,日本反是;(四)日本有伪造公文之可能。特闻。弟维钧。铣(十六日)。平(十八号)。

资料来源：《搜集日本违法行为资料提交国联调查团（二）》，台湾"国史馆"藏"外交部"全宗，第135页。

61. 北平顾维钧致外交部电（1932年4月15日）

来电第32861号

发电：1932年4月15日16时30分

收电：1932年4月15日21时30分

南京外交部罗部长钧任兄鉴：密。本日下午三时半，约同调查团李顿委员长暨各委员，并邀同日本吉田代表，阅看一九零五年中日条约原本。当将正约、附约及约内签名、盖印，交各人逐一验看。至记录，则仅有画押。吉田辩称：照日本习惯，画押与签名盖印有同等效力。嗣经力辩，吉田辞穷支吾。调查团并嘱中日两方各将正约第二条译出，即日本政府允诺，对于中俄两国所订租借地及造路原约实力遵行，及嗣后遇事随时与中政府妥商厘定一条，意在考核日本是否遵照原约办理。特电奉闻。弟维钧。删（十五）。平（十六）。

资料来源：《搜集日本违法行为资料提交国联调查团（二）》，台湾"国史馆"藏"外交部"全宗，第136页。

62. 外交部致铁道部南京办事处电（1932年5月7日）

去文亚字第2459号

为密咨事。前以国联调查团在平，曾询及十七年五月十七日，交通部所签长赉铁路文件。当经本部咨请交通部抄送去后，兹准复称：本部前接管旧交通部卷宗，尚有一部分存北平保管处。其运京各卷，凡关于铁路事项者，均经移交铁道部接收，本部现未存有此项文件。除电北平保管处详查外，事关路政，应请并咨铁道部查抄等因。查此项文件现亟待用，既准交通部咨复移交贵部卷宗内究竟有无此项文件，相应咨请查照。如有此件，请迅即饬抄一份送贵部为荷。此咨。

资料来源：《搜集日本违法行为资料提交国联调查团（二）》，台湾"国史馆"藏"外交部"全宗，第149页。

63. 外交部致北平张主任、顾代表电（1932 年 5 月 9 日）

去电第 29277 号

北平张绥靖主任:密。转顾代表勋鉴:刘荣棣被害事。据福建省政府复称:刘□惠既非日商,亦无商店。原业布行□□,近任反日会职员,迄反日会停止活动后,充布栈经理,仍兼营□□。此次被害原因不外恋奸仇杀、纠葛挟嫌或因充反日会职员被人衔恨三点。已由当地法院系依法严密侦查真相等语,希将上情酌转李顿为荷。外交部。

资料来源:《搜集日本违法行为资料提交国联调查团(二)》,台湾"国史馆"藏"外交部"全宗,第 150 页。

64. 钱泰致外交部电（1932 年 5 月 9 日）

南京外交部沈司长沦新兄鉴:本月六日贵司来电,并附送四月三十日国联通过决议案及调查团初步报告抄件,均已领悉。查贵部刊行关于东省问题国联所通过之决议案,仅至一九三一年十二月十日为止。所有该日期以后,至此次本年四月三十日决议案以前,中间国联关于东案、沪案之议决案,请即抄赐一份,快邮寄平,以资参考。无任感荷。弟泰。

资料来源:《搜集日本违法行为资料提交国联调查团(二)》,台湾"国史馆"藏"外交部"全宗,第 151 页。

65. 北平钱泰致外交部电（1932 年 5 月 12 日）

来电第 33548 号

发电:1932 年 5 月 12 日 19 时 20 分

收电:1932 年 5 月 12 日 21 时 00 分

南京外交部徐次长叔谟兄鉴:密。请嘱将现在日军在东省占领地点,绘成详图寄平,以便附入提交调查团说帖,为感。弟泰。文。

资料来源:《搜集日本违法行为资料提交国联调查团(二)》,台湾"国史馆"藏"外交部"全宗,第 152 页。

66. 外交部致北平档案保管处转国联调查团中国代表处电
(1932 年 5 月 14 日)

　　北平国联调查团中国代表处钱参事阶平兄鉴:青代电敬悉。兹寄上 1931 年 12 月 10 日以后,至本年 4 月 30 日以前,国联关于东案、沪案之决议案印本,四册。希察收为荷。弟。

　　资料来源:《搜集日本违法行为资料提交国联调查团(二)》,台湾"国史馆"藏"外交部"全宗,第 153 页。

67. 国际联合会调查委员会中国代表处致外交部公函
(1932 年 5 月 13 日)

　　平字第 291 号

　　迳复者:准贵部上月养代电开:黑龙江马主席文日致国联调查团电,想已译转。希将译文抄寄一份等因。准此,查马主席致调查团之电,除文电外,尚有 4 月 17 日一电,亦经本处译送该团在案。兹特照抄一份,一并函送贵部,即希查收可也。此致

外交部

　　附件:

照抄黑省马主席来电(4 月 17 日自黑河发,18 日到平)

　　张绥靖主任钧鉴:请转国联调查团李顿委员长及各委员勋鉴:文电计邀澄察,电文简略,词意未详,兹再为贵团陈之。查日人侵占东北,自知强暴侵凌不容于二十世纪之文明国际,强词夺理,以朦世人。观其一再宣言,不曰出兵保护侨民,则曰中国无遏制苏俄"赤化"之能力,不得不出为防止,以遏世界之乱萌。而按之实际,日侨之在我中国者,各地方官对于保护侨民不遗余力,从民众心理,以日种种之横暴无理,仇视至深时,有抵货举动,实以官厅随时遏止,防其稍逾范围。因之,未闻杀一日侨。即去年九一八辽宁事实,国联开始,对于非战斗日人,亦仍保护如常。可见中国向以正义人道为重,不怀报复主义,能忍人所不能忍。此种事实,国联远在日内瓦或未能详悉,而英美各国派遣使馆参赞,及驻哈领团实际调查使节所至而及满洲里等处,当有秉公之报告。

反观日人,对我华民如济南惨案及万宝山朝鲜等案,杀戮我无辜华民,动辄数以千计。去年辽宁之屠杀与夫本年上海江湾闸北等处之杀及平民,种种惨无人道之举,当为国际间所共见共闻。至对于"赤化",我中国政府向取积极防止之宗旨。东北地邻苏联,尤以黑龙江省边界在在接壤,以防范之密,对于"赤化"书籍印刷品等检查甚严,不任流入。通商一节,亦复考虑至今,仍取封锁政策。占山治军沿边多年,对于"赤化"既严厉禁止,即沿边人民亦以"赤化"为可畏,莫不避之若蛇蝎。即如嫩江桥战役,日方宣传我军得苏联之协助,其实全军中不但无苏联军官参加,即白俄人亦无一加入者。苏联方面亦觉自顾不暇,极力避免与我方携手之嫌疑。可见日人所宣传,纯系欺骗世人之谈。而防止"赤化",我国具有真实之把握,不劳日人越俎代谋。此次占山窥破日人阴谋,为救国计,统率军队急来黑河作正义之抵抗。日人又复宣传谓与某国有关,蔑视我民族直敢敌抵抗者。有出而抵抗,则谓必有外力。以堂堂大国,竟出此无赖宣传,以朦蔽①世人,侵扰和平,不知中国近年以来,民众之世界观念、国家思想,迥非三十年前拳匪扰乱时可比。凡列国人士,苟稍明中国情势者,当能详悉日人饰词狡辩,无非借以为侵略之工具,不攻自破。国联为维持世界和平唯一之仲裁机关,贵团负重大之使命来华调查,无非欲详悉内容真相。尚望以最真确之观察为最公正之报告,使野心国家不得逞其狡展,则不仅中日问题可得解决,世界永久和平亦实利赖之。余将日人强迫而来予以签字之各项契约合同,分列如左,并请察鉴。黑龙江省政府主席马占山。

对黑龙江省官银号复业资金借款合同

黑龙江省政府与南满洲铁道株式会社,兹关于黑龙江省官银号复业资金借款订立合同。如左:

第一条　会社与借省政府日金三百万元,以为官银号复业资金。

第二条　借款期限为五十年。

第三条　借款利率定为年利七分五厘,即每一百元一年为七元五十钱利息,本合同签字之日起,由呼海铁路收入项下,每半年交付一次。对于不能按期交付之利息,不付利息。但该延滞利息,以交付该年年度利息之余款,尽先交付。

第四条　借款元本按另定偿还表,由呼海铁路收入项下,按年摊还一次。

---

①　编者按:同"蒙蔽"。后同。

但未满期限以前,不得全部还清。

第五条　现在及将来属于呼海铁路一切动产、不动产及一切收入,为本借款本利之担保。前项担保不得为本合同以外债务之担保。

第六条　省政府将呼海铁路一切经营,委托会社。

第七条　本合同于签字时发生效力。

第八条　本合同缮写中日文各二份,省政府及会社各存一份为证。关于本合同之解释如有疑义时,据日文决定之。

中华民国二十一年

昭和七年

黑龙江省政府省长:马占山

南满铁道株式会社总裁:内田康哉

呼海铁路经营合同

黑龙江省政府与南满洲铁道株式会社,依据黑龙江省官银号复业资金借款合同之规定,缔结经营呼海铁路合同,如左:

第一条　省政府将经营呼海铁路一切事宜,委托会社。

第二条　省政府应派局长一名,担任本铁路监督之任务。

第三条　会社应派代表一名,担任经营本铁路之一切事务。

第四条　局长及会社代表之薪俸,由省政府与会社协定之。

第五条　局长随员之薪俸以及其任免黜陟,由局长决定之。但所需之该经费额数,由局长与会社代表协定之。

第六条　本铁路之总收入倘不敷该年度之营业支款时,由会社无偿补填之。但对于因事变及其他不可抗力之特别支出,届时协定之。

第七条　本铁路之利益金以其一百分之五(此处似落字或错误)往马占业贵。除保存既成设备以外之新设备及改良等费用,一百分之三十分配省政府,一百分之二十分配会社。各项利益金,即指总收入内之利息,至支出当该年度之利息,至该年度延滞利息及当该年度应付之本金之余款而云。第一项所定之省政府收得金,不满黑龙江省官银号复业资金借款合同,至债款总额之一千分至六时,该社填付省政府,其差额至一千分之六为止。

第八条　本铁路须连接齐克铁路,及将来以哈尔滨为起点,或为终点而新设之铁路,将得该两路合并经营之。

第九条 建设本铁路接续线及其支线或延长线时,应由会社选派总工程师一名担任其建设事务,所需要之资金,由会社借与之。

第十条 所定之事业费不敷时,可由会社借与之。前二项之借款,作为另外借款,其利息按黑龙江省官银发复业资金借款合同之借款利率,同一办理。

第十一条 关于本合同成立时,呼海铁路既有之债权、债务,另协议办理之。本合同于黑龙江省官银号复业资金借款合同成立之时,发生其效力。

第十二条 本合同缮写中日文各二份,省政府及会社各存一份为证。关于本合同之解释如有疑义时,据日文决定之。

中华民国二十一年

昭和七年

黑龙江省政府省长:马占山

南满洲铁道株式会社总裁:内田康哉

中日合办航空运输营业契约

马占山为甲,林义秀为乙。甲乙之间关于以飞行机运输旅客及货物缔结以下之营业契约:

一 本航空运输营业,依中日商民之合资,办理之。

二 由支那方面,关于本航空营业,须供给凡必要之一切设备及航空机。

三 关于本航空事业之经营方法,以甲乙两者之合议决定之,至于事业务实行则由乙担任之。

四 因本航空营业所生之损益,由甲乙两者,折半分担之。

五 本契约之存续期间,自大同元年三月一日起算,先定为五年,至期满时,经过甲乙两方面之协议,得继续增定之。

六 本契约以中日两国文记载之,各保存一部。本契约于双方署名盖章后,即作试验飞行。

大同元年三月一日立

马占山

林义秀

航空运输营业契约说明书

一 中日合办航空运输营业契约第二项所规定之须供给凡必要之一切设

备及航空机者,其意系指由甲方供给飞行场。

二 营业所生之损益,虽认由两者分半云云,但一切损害由乙方负担,不使甲方负担。

三 航空路途开始哈尔滨,经过齐齐哈尔,至满洲里线路,哈尔滨及满洲里即设飞行场,再相机在齐齐哈尔经嫩江至(查此页少五字)黑河线,及哈尔滨经海伦至黑河线建设之。现在先于嫩江、黑河及海伦设飞行场。

右说明书交换 大同元年三月一日 马占山 林义秀 江顾总第一号

昭和七年三月一日,省政府顾问村田懿麻下加吕字,盖村田章

黑龙江省长马占山阁下拜启者:今后当于政务执行之时,必须实行左记各事项,并盼加以注意,应记事项,事前必须得顾问之承认:

一 关于重要法令规则之制度改废事项。

二 关于重要政务事项。

三 关于用人事项。

四 关于预算决算事项。

五 关于预算以外支出事项。

六 对于他省及外国交涉事项。

七 关于各厅间权限事务分掌之疑义事项。

八 其他重要事项。

急速应作事项。关于财政厅者:

一 由奉天因借款所得资金之使用预定明细表,须即提出。

二 民国廿年度实行预算之编成,须即预算之编成,须即为之。

资料来源:《搜集日本违法行为资料提交国联调查团(二)》,台湾"国史馆"藏"外交部"全宗,第155—182页。

68. 北平代表处致外交部电(1932年5月18日)

发电:1932年5月18日18时40分

收电:1932年5月18日22时00分

南京外交部鉴:密。查日方所称五十三悬案,内如三十七、三十八各案,多涉及西原借款。查贵部所拟答复草案中,略谓:各该借款,北京旧政府曾核定

归入整理案内,送交旧财政整理会合办。国民政府成立,特设整理内外债委员会,对于各项外债赓续整理。此项借款自应由该委员会汇案审办等语。是否照此提出,乞电示遵。又查贵部所编日方悬案事实真相内,关于日方理由,未知当日编译时系根据何种文件,请将原件寄示为荷。代表处。巧（十八）。

资料来源:《搜集日本违法行为资料提交国联调查团（二）》,台湾"国史馆"藏"外交部"全宗,第 183 页。

69. 外交部致北平档案保管处转国联调查团
中国代表办事处电（1932 年 5 月 21 日）

去文卅字第 1189 号

北平档案保管处转国联调查团中国代表办事处公鉴:兹抄送浙江金华县执行委员会及江西德安县党务整理委员会代电各一件。希查收为荷。外交部亚洲司。

附抄原代电二件。①

资料来源:《搜集日本违法行为资料提交国联调查团（二）》,台湾"国史馆"藏"外交部"全宗,第 184 页。

70. 外交部致北平档案保管处转中国代表处电
（1932 年 5 月 22 日）

去文亚字第 2779 号

迳密启者:巧日来电备悉。本部所编日方所谓悬案之事实与真相,系以上海英文晚报及法文日报所载,驻沪日领馆发表之五十三悬案为根据。当时因恐日方此项宣传淆乱国际观听,有逐案驳斥之必要。故将该报译汉分送主管各机关,征询意见,并参考东北研究委员会所拟申辩书,拟具答案。其三十七、三十八之答案,完全根据财政部之意见。该部以该两案均系西原借款之一,明言否认则无以对外,若予承认则有背国民党对外政策（立法院通过中日协定时曾提及此项政策）,不得已于答案内声明,仍俟财政整理委员会汇案审核,似于

---

① 编者按:无附件内容。

答辩中仍留回旋余地。查此项借款,当国府财政部与日使磋商中日关税问题之际,是否绝无何种谅解,本部未能定。财政整理委员会曾于中日协定签订后,来部索阅此类借款旧档。惟现在中日间之情形,与前不同。此类问题将来如何解决,殊难逆料。究竟旧财政部有无审定归入整理案内,乞就近详询前财政整理会秘书长周诒春先生后,即由贵处斟酌编辑为荷。兹特检同英文上海晚报剪报一份,随函奉达,即希查照。此复。

资料来源:《搜集日本违法行为资料提交国联调查团(二)》,台湾"国史馆"藏"外交部"全宗,第185—186页。

71. 北平代表处致外交部电(1932年5月21日)

来电第33775号

发电:1932年5月21日21时55分

收电:1932年5月22日01时00分

南京外交部亚洲司沈司长鉴:密。请派员速制万宝山租田位置面积详细地图,即日寄平为荷。代表处。马(二十一)。印。

资料来源:《搜集日本违法行为资料提交国联调查团(二)》,台湾"国史馆"藏"外交部"全宗,第187页。

72. 北平代表处致外交部电(1932年5月21日)

来电第33774号

发电:1932年5月21日21时50分

收电:1932年5月22日01时00分

南京外交部鉴:密。关于万宝山案,六月十一日长春市政府与日领双方代表报告,计十条左右,请即日检卷抄寄为荷。代表处。马(二十一)。印。

资料来源:《搜集日本违法行为资料提交国联调查团(二)》,台湾"国史馆"藏"外交部"全宗,第188页。

73. 外交部致北平档案保管处转中国代表处电
(1932 年 5 月 23 日)

去文亚字第 2798 号

北平外交部档案保管处转代表处公鉴:马电奉悉。兹寄上万宝山地图一纸,即请查收。外交部亚洲司。

资料来源:《搜集日本违法行为资料提交国联调查团(二)》,台湾"国史馆"藏"外交部"全宗,第 189 页。

74. 外交部致北平代表处电(1932 年 5 月 24 日)

去文亚字第 2819 号

北平档案保管处转代表处鉴:马电悉。兹将万宝山案长春市政府与日领双方代表报告抄寄,即希查收。外交部南京办事处。

资料来源:《搜集日本违法行为资料提交国联调查团(二)》,台湾"国史馆"藏"外交部"全宗,第 190 页。

75. 北平张学良致外交部电(1932 年 5 月 24 日)

来电第 33830 号

发电:1932 年 5 月 24 日 0 时 30 分

收电:1932 年 5 月 24 日 7 时 25 分

急。

南京罗部长钧任兄勋鉴:密。并请转汪院长、蒋委员长赐鉴:少川来电如下:十二日致调查团节略,大致谓:丁超、李杜所部,其众均为中国正式军队。自与关内交通遮阻以来,仍继续抵抗日本与所谓"满洲国"之联军,以尽守土之责。数月来所得经验,足供调查团之参考。又,马占山亦有意见陈述,特申前请,速与接洽会面。中国代表因行动不能自由,无从接洽,请该团分别迳自设法会见,俾得悉日军侵略北满之真相去后,今晨该团开会讨论,弟出席。弟首称自抵沈以来,因日方之威吓逮捕,致华方证人畏不敢出。华代表因被监视不能自由行动,无从协助该团搜集华方材料。现该团所得者,均系日方供给。故对于调查团所得材料之真伪,特充分声明保留将来评论之权。李顿谓:承示华方证人,均经设法以图见面。但恐惧万分,不敢出见,殊无可如何。唯竭力之所及,已得若干华方材料。并谓:此均因日方不愿披露真相,故加以威吓禁阻。但丁、李、马辈绝无顾忌,如调查团前往彼等派员往见,彼必接待。旋讨论具体接洽办法,因通信及旅行困难,该团拟俟与地方当事者接洽后,决定行止。再,关于日军侵略江省始末,亦开具节略致调查团矣。顾维钧叩。梗(二十三日)。秘。

资料来源:《搜集日本违法行为资料提交国联调查团(二)》,台湾"国史馆"藏"外交部"全宗,第191—192页。

76. 北平张学良致外交部电(1932年5月24日)

来电第33831号

发电:1932年5月24日1时40分

收电:1932年5月24日8时00分

急。

南京外交部罗部长钧任兄勋鉴:密。并请转汪院长、蒋委员长赐鉴:少川来电如下:丁超、李杜所部,现有四万余人,在吉省东部、北部抵抗日军,声势颇大,某国亦在背后消极援助。进攻哈尔滨数次,日军以其出没无常,颇难应付,即由吉林新编之新吉军调往前方,亦不堪作战,甚或投戈丁、李部下。故日方决调重兵应付,期于三个月内肃清北满之华军,俾收统一东省之效。现除已补充之广赖及四师团外,又调沪上撤退之第十四师团来北满者,已有千余人抵哈。此地日军云集,沿江水陆并进,拟俟调查团离哈后,即大举先攻丁、李,希图肃清江省。如此计成功,则日本于东省地位将益巩固矣。丁、李等孤军无援,饷弹不继。苦战数月,殊堪钦悯。本日调查团开会,弟提议为便利调查团起见,由调查团设法停止北满战事,使中日军各守现驻地点。因日军自沪调来,进攻北满华军,违反决议案、非战公约不得使局势再加严重须规定云。各委员亦认为是,但借口不便干涉军事行动,未能照允。弟意,此事原非调查团职权所能及。然彼既拒绝,拟可自由向国联设法如下:(一)关于日军继续在北满与华军作战,并将沪上撤退之军队调往加入一节,提出抗议,并要求停止军事行动。因此系违反十二月十日理事会决议案及白氏宣言三、二段。日方虽有声明,吾方亦有三、五条保留可据。(二)根据白氏宣言第四节,要求列强派遣代表到哈尔滨沿松花江一带,视查日军行动,报告国联。再,提出以上要求时,请作为我方政府自动,勿言据弟处报告,以免此间发生纠葛。现沪事既告段落,我国对东北事必益加注意,以期补救万一。愚见所及,敬祈亮察。顾维钧叩。咸(三十六)。谨转张学良叩。梗(二十三)。秘。印。

资料来源:《搜集日本违法行为资料提交国联调查团(二)》,台湾"国史馆"藏"外交部"全宗,第193—195页。

77. 北平顾维钧致外交部电(1932年5月26日)

来电第33889号

发电:1932年5月26日14时10分

收电:1932年5月26日18时03分

南京外交部罗部长勋鉴:日本向调查团所提说帖及要人陈述,均注重吾国排日各点。弟意,除解释外,吾当将日本苛待华侨详情搜集材料,以资反驳。请速电饬驻日鲜使领各馆,将日当局与人民抵制华货、虐待华侨、取缔行动与通信自由、威迫回国人数等事,速编报告书,密交部转示,以便撰拟说帖,送调查团为盼。弟维钧。有(二十五日)。行三十六号。

资料来源:《搜集日本违法行为资料提交国联调查团(二)》,台湾"国史馆"藏"外交部"全宗,第199页。

78. 北平代表处致外交部电(1932年5月26日)

来电第33894号

发电:1932年5月26日20时38分

收电:1932年5月26日23时30分

南京外交部鉴:密。调查团不日返平。前请贵部代查文件及代绘图说帖,从速设法交由平浦通车寄平,以资应用为荷。代表处。宥(二十六日)。印。

资料来源:《搜集日本违法行为资料提交国联调查团(二)》,台湾"国史馆"藏"外交部"全宗,第200页。

79. 外交部致台北林总领事、东京江代办、朝鲜卢总领事电
(1932 年 5 月 27 日)

去电第 29464 - 6 号

准顾代表电称：日本向调查团所提说帖及要人陈述，均注重吾国排日各点。除解释外，请速将日当局与人民抵制华货，虐待华侨，取缔行动与通信自由，威迫回国人数等事查示，以便撰拟说帖，送调查团等因。查此事极关紧要，本部未得有统系之报告，仰赶即搜集材料，编具报告书，于七日内送部为要。外交部。二十七日。

资料来源：《搜集日本违法行为资料提交国联调查团(二)》，台湾"国史馆"藏"外交部"全宗，第 201 页。

80. 外交部致北平档案保管处转国联调查团
中国代表办事处电(1932 年 5 月 28 日)

去文亚字第 2899 号

北平档案保管处转国联调查团中国代表办事处公鉴：准行政院秘书处函送国民外交协会刘芙若等，呈国民政府关于日本侵略东北之证据呈文一件。并密奏绢巾及吉林同志原函，各一件到部。除本庄繁密奏已于三月十九日寄上不再送外，兹将该原呈并绢巾、吉林同志原函，共三件①，寄供参考。外交部。

附件：

照抄本庄繁等上日皇电文

东京天皇陛下御前听：臣等于六日，在奉天满铁社成立政务维持会，已皆遵旨就职。臣等，仰瞻天颜，皇恩似海，必效犬马之力，以报我帝国与我皇帝陛下也。今议决：

（一）拟以支那东特行政长官张景惠为"四省自维会长"，兼"保安厅总司令"。盖该长官，在满洲极负声望，且毫无学问，人既颟顸，又无大志远谋，手下

---

①　编者按：原文缺此文件函件。

尽阿谀之辈,毫无人才之可言。故臣等为帝国一贯政策速达目的计,必使此等人物为国利用也。奉天仍以袁金铠、于冲汉、金梁、赵欣伯等组织。此数子者,俱为臣等恩威并用收服。况于冲汉又有巨款,存我银行,更无异志矣。吉林令熙洽继任,并秘令熙联络张作相,以期收为帝国心腹,进一步统一全满洲,使一贯政策速达也。

(二)黑龙江。臣等本拟以和平手腕,召回马占山。奈马坚拒再四,无法夺其志,暂时任张景惠主之可也。特区以"赤露"关系,形势上无占领之可能。但特区久已顺我矣。现在唯一之目的,即妥协热河之汤玉麟。盖汤为满洲失意军阀,久有叛张之心。现如能为帝国服从,则满洲一贯政策,不难于最短期间,促其实现也。次者为驱逐马占山及满洲一切反帝国"匪军"。此问题为最重要,亦为最难解决者。如以兵力压迫,则此"匪军"策划奇异,战争勇猛,加以地势详知,耐苦耐寒,以区区之关东军,为数不逾十万名,征灭实大难事。但如以大刀阔斧之政策,又恐惹起国联及"赤露"、米力坚之强烈干涉也。强思再四,无有良法,伏乞陛下圣裁,教谕臣等。

(三)即政体问题也。在满洲未统一以前,似难谈及。但臣等微观,以为溥仪废帝及清室旧族,早已失满洲人民众望。即旗蒙等人,亦均多数不赞成复辟。更兼目下突建帝国,不啻时代潮流均属落伍。即支那民众,亦将反对。尤其国联方面,更予藉口干涉我也。此政体关系重大,伏乞陛下圣裁,教谕臣等。

(四)即应付国联及米、露诸国之干涉我也。自事变以来,各国武官,迭次来地调查,结果均大不利于帝国者。但以情面关系,不便拒绝。现帝国对于国联,固不足虑,但对米力坚之态度,大堪注目。日前,米兵伤帝国验车军人二名,直欲向我挑衅也。但臣等均行以镇定对也,伏乞陛下速解决之。

(五)即应付支那政府及各内地抗日运动也。臣等窃以支那政府,久已成为呼唤不灵、残缺不完之政体。蒋介石虽甚聪明,但对国家思想,仍不健全。所谓北上收复失地,无非无臭宣传,毫无作用也。张学良醇酒妇人,更不足道。顾维钧、施肇基,只白手号式之外交,更属巧妇难为无米炊,不足惧矣。总之,对于支那政府,实不足虑。臣等放言之,对支那领土,可于三月内完全占领也。次即南北双方之反日运动,京沪较烈。表面观之,不可略之,但实际支那之五分钟热血,久所公许。如帝国利用本国(即中国)无知军阀,威迫消灭之,更以重利诱惑之,不难制止也。

(六)即满洲铁道问题也。伏以满洲铁道除北宁外,均大半为帝国占领。

吉会、吉敦、吉长，又均贯连。长大路现已着手，帝国之铁道政策，似进行顺利且迅速矣。军事问题，朝发夕至，自且不足顾及矣。现臣等已决组织铁路株式会社，专门研究。唯北宁系支英债权关系，良易引起反感。伏乞陛下筹思良策，以期消灭于无形也。

（七）即财政问题也。臣等伏以东北盐税等款，均有外债关系。帝国摄之，深为不利。故对此问题，已电请度支部作详细筹议，并乞陛下加以筹思之作所祷也。

（八）即增兵问题也。伏以币原外相，以毫无思虑之外交，冒然应付国联撤兵，实大属重大谬误，碍阻应事行动，极属重大。臣等以增兵满洲，必贻矛盾之讥良。应筹以良法，伏乞解决之。

以上八项问题，均为臣等会议议决，奏请解决者，伏乞我天皇陛下，运用圣聪，示以良策。帝国幸甚，臣等幸甚。谨祝陛下御健康。

臣塚本一、内田伯、本庄繁、江口雄寺、白川原泰郎、土肥原贤二、林故〔权〕助、清水八百一、大桥忠一、长野次郎、多门佐小幡太郎、林义秀、二宫次郎、中村太郎、小川次郎等谨奏。印。

十月七日下午八时拜发
哈尔滨民众抗日救国会翻印

资料来源：《搜集日本违法行为资料提交国联调查团（二）》，台湾"国史馆"藏"外交部"全宗，第 198 页、第 202 页。

三、搜集日本违法行为资料
提交国联调查团(三)[①]

1. 外交部致北平档案保管处转钱阶平先生电
(1932年6月1日)

去电洲字1241号

阶平我兄大鉴：接奉上月文电,祗悉种切。日军在东省占领地点,已饬绘就地图,兹特随函奉上。惟该图系根据张主任报告所制成者,自锦州陷落,关内外失其联络之后,此项报告到部甚少。其中遗漏不详之处,势所难免。仍请兄就近与东北外交研究委员会接洽,设法补充,以期正确,是所至荷。专此奉复,顺颂勋祺。

弟徐谟

资料来源：《搜集日本违法行为资料提交国联调查团(三)》,台湾"国史馆"藏"外交部"全宗,第4页。

2. 教育部致外交部函(1932年5月30日)

迳启者：本部为谋纠正日方对吾国教育故作反宣传起见,曾编有《对日交涉关于教育之事项》一文,业于三月间,函送贵部在案。

---

① 编者按：《搜集日本违法行为资料提交国联调查团(三)》一卷藏台湾"国史馆"之"外交部"全宗,入藏登录号为020000001373A。每条电文的资料来源标示原档案中的页码,不再标注入藏登录号,且每条电文标题由文献集编委会根据电文内容制作而成,特此说明。

兹编有再续、三续两辑,用特检奉各一份,敬希察照,藉供参考为荷。此致
外交部

附对日交涉关于教育之事项再续、三续各一份。①

资料来源:《搜集日本违法行为资料提交国联调查团(三)》,台湾"国史馆"藏"外交部"全宗,第 5 页。

3. 铁道部致外交部函(1932 年 6 月 1 日)

收文和字第 1647 号

为咨送事。查东三省各铁路与日本债款关系,均有合同以为依据。兹为防止日本以片面宣传朦蔽世界观听,由本部将东三省各铁路合同译成英文,以备国联调查团之参考。相应将该项译件已经脱稿者计十七件,咨请贵部查收。即烦重行审核,迅予见复,实纫公谊。此致
外交部

附清单一份。

部长:顾孟余

清单如下:

(1) 收买新奉暨自造吉长铁路条款

(2) 新奉吉长路借款续约

(3) 新奉路借款细目合同

(4) 吉长路借款合同

(5) 吉长路借款细目合同

(6) 吉敦路承造合同(附来往函十二件)

(7) 吉敦路承造合同增加工程费日金六百万元凭函(附复函)

(8) 承办建造洮昂路合同

(9) 洮昂路建造计划书

(10) 洮昂路建造费用预算书

(11) 承办建造洮昂路关于建造费凭函附复函

(12) 承办建造洮昂路关于选派顾问凭函及复函

---

① 编者按:无附件内容。

（13）洮昂路代办机车垫款条件凭函附复函

（14）洮昂煤价余料短期借款合同

（15）南满洲铁道株式会社承办洮昂铁路合同附属细则

（16）南满洲铁道株式会社承办洮昂铁路建造费付款办法

（17）南满洲株式会社承办洮昂建设工程规则

资料来源：《搜集日本违法行为资料提交国联调查团（三）》，台湾"国史馆"藏"外交部"全宗，第6—7页。

4. 教育部致外交部稿（1932 年 6 月 2 日）

亚字第 2989 号

迳复者：准函送对日交涉关于教育之事项再续、三续各一份到部。除转寄国联调查团中国代表处外，相应函请将该项文件再行检送一份，以备参考，至纫公谊。此致。

资料来源：《搜集日本违法行为资料提交国联调查团（三）》，台湾"国史馆"藏"外交部"全宗，第8页。

5. 外交部致北平档案保管处转国联调查团中国代表处电（1932 年 6 月 2 日）

亚字第 2988 号

国联调查团中国代表处公鉴：教育部所编《对日交涉关于教育之事项》一文，业于三月间邮寄在案。兹复准该部函送该项文件之再续、三续各一份到部。用特附邮寄上，即希查收。外交部南京办事处。

资料来源：《搜集日本违法行为资料提交国联调查团（三）》，台湾"国史馆"藏"外交部"全宗，第9页。

6. 铁道部致外交部函（1932 年 6 月 2 日）

参字第 130 号

迳启者：本部为编译有关东三省铁路之中日条约合同，备送国联调查团参阅，拟将有关文件依案编列。查南满铁路、安奉铁路，系根据光绪三十一年十一月二十六日之中日会议东三省事宜条约。该条约系依据日俄之《朴资茅斯条约》而来。又，关于南满、安奉两路之展期至九十九年，系依据民国四年五月二十五日，中日所订之关于南满及东内蒙条约。本部为期编订系统明晰起见，应请贵部饬检中日会议东三省事宜条约之正约及附约，南满、东内蒙条约英文译本，凡三件。并乞查检日俄《朴资茅斯条约》之英文译本，各赐一份，以凭办理，至纫公谊。日期迫促，立候示复为荷。此致

外交部

部长：顾孟余

资料来源：《搜集日本违法行为资料提交国联调查团（三）》，台湾"国史馆"藏"外交部"全宗，第10—11页。

7. 国际联合会调查委员会中国代表处致外交部公函（1932年6月3日）

平字第300号

迳启者：准贵部敬日快邮代电，抄寄万宝山案。长春市政筹备处派员会同日领馆员调察报告一件。又，准梗日代电，寄万宝山地图一张，均经照收。相应函复，即希查照为荷。此致

外交部

顾维钧

资料来源：《搜集日本违法行为资料提交国联调查团（三）》，台湾"国史馆"藏"外交部"全宗，第12页。

8. 北平金问泗、钱泰致外交部电（1932年6月2日）

来电第34040号

发电：1932年6月2日2时20分

收电：1932年6月2日22时30分

南京外交部徐次长叔谟兄鉴：密。关于我方收回东北后，该地方治理制度、宪兵、警察、税务等办法及中央与地方之关系等事，四月廿六日函计达。闻

调查团对于此事,认为与收回东北有密切关系,甚为注意。前李顿在宁与汪院长谈话时,业已询及。当时我方并允一俟该项计划草成,当即提供该团参考。现该团不久回平,请转陈部长,由贵部会同主管机关拟定方案,以资应付,至纫公谊。弟泗、泰。冬(二日)。印。

资料来源:《搜集日本违法行为资料提交国联调查团(三)》,台湾"国史馆"藏"外交部"全宗,第14页。

9. 外交部致北平档案保管处电(1932年6月3日)

去电第29551号

北平档案保管处览:"二十一条"之红皮校正英文译本,仰即检十本,快邮寄部。外交部。

资料来源:《搜集日本违法行为资料提交国联调查团(三)》,台湾"国史馆"藏"外交部"全宗,第15页。

10. 北平顾代表致外交部电(1932年6月2日)

来电第34038号

发电:1932年6月2日19时20分

收电:1932年6月2日20时55分

南京外交部罗部长:日来,日报盛传英蓝使日前来连,系与李顿接洽满洲委治案。对于蓝,李颇加评议。今晨调查团发表声明书,否定该项谣传。特闻。弟维钧。冬(二日)。行三十九。

资料来源:《搜集日本违法行为资料提交国联调查团(三)》,台湾"国史馆"藏"外交部"全宗,第16页。

11. 外交部致铁道部电(1932年6月3日)

亚字第3049号

迳复者:准贵部参字第一三〇号密函,以编译有关东三省铁路之中日条约合同,备送国联调查团参阅,请检送有关各文件,以凭办理等因。查民国四年五月间，所定关于南满及东蒙条约之英文译本，现存本部北平档案保管处。除已电饬检寄，俟寄到再送外，相应先行检同"二十一条"中文抄本，中日会议东三省事宜条约之正约、附约，及日俄《朴资茅斯条约》之英文译本，随函送上，即希查收可也。此致。

资料来源：《搜集日本违法行为资料提交国联调查团（三）》，台湾"国史馆"藏"外交部"全宗，第 17 页。

12. 驻朝鲜总领事馆致外交部电（1932 年 6 月 2 日）

收文平字第 1603 号

部长、次长钧鉴：报载联盟调查员决定来鲜等情，业于本月十三、十四等日，先后呈报在案。兹复据当地报纸载称：联盟调查团决定六月中旬来鲜，朝鲜总督府已于二十四日接有官电，现正着手准备欢待该团等语。查本馆前奉四月二日，钧部第一七二九号代电开：三十一日电悉。国联调查团不到朝鲜，惟本部已将韩人暴动案及万宝山案缮具说帖，送交该团等因。如果该团来鲜，自可无需再送说帖。惟应否于该团行抵汉城时前往拜会，抑应商约陪赴平壤，及需否酌予款谦[宴]或纯取旁观态度，俟该团有所接洽，再行往拜之处，附呈译件，敬乞鉴核，指示机宜，密电示遵。春芳叩。二十五日。

资料来源：《搜集日本违法行为资料提交国联调查团（三）》，台湾"国史馆"藏"外交部"全宗，第 18—19 页。

13. 译朝鲜新闻五月二十五日晚报（二十四晚发行）（1931 年 5 月 25 日）

调查团决定六月中旬来鲜

国际联盟调查员李顿卿一团，目下虽尚逗留奉天。一两日即行赴平，结束中华民国之关系，然后再赴奉天调查。奉天以南之南满各地，预定约需二星期，于六月中旬通过朝鲜前往日本。兹事总督府已于二十四日接有官电，刻正着手准备欢待该团云。

资料来源：《搜集日本违法行为资料提交国联调查团（三）》，台湾"国史馆"藏"外交部"全宗，第 20 页。

14. 北平代表处致外交部电（1932 年 6 月 4 日）

来电第 34081 号

来电：1932 年 6 月 4 日 18 时

收电：1932 年 6 月 4 日 22 时 10 分

南京外交部鉴：密。顾代表电开：内田告调查团一九零五条约及会议节录外，尚有详细议事录由双方各自记载，保存关于并行线问题，查阅议事录，可知底蕴云，谕速查明确否等因。究竟有无此项详细议事录，即祈查明电示为荷。代表处。支（四日）。

资料来源：《搜集日本违法行为资料提交国联调查团（三）》，台湾"国史馆"藏"外交部"全宗，第 21 页。

15. 外交部致北平档案保管处转中国代表处电
（1932 年 6 月 5 日）

去电第 29571 号

北平档案保管处转中国代表处鉴：支电悉。一九零五条约及会议节录外，我方并无详细议事录。为慎重计，希就近再向档案保管处详查。惟据内田称：此项文件系由双方各自记载保存，自可任意假造。日方纵有此件，在法律上对我亦无效力也。外交部。微。

资料来源：《搜集日本违法行为资料提交国联调查团（三）》，台湾"国史馆"藏"外交部"全宗，第 22 页。

16. 国际联合会调查委员会中国代表处致外交部
公函（1932 年 6 月 6 日）

平字第 304 号

迳启者：准贵部俭日快邮代电，检送国民外交协会刘芙若等呈国民政府文一件，附原呈绢巾一件、吉林某某原函一件，均经照收，备作参考资料。相应函复，即希查照为荷。此致

外交部

顾维钧

资料来源：《搜集日本违法行为资料提交国联调查团（三）》，台湾"国史馆"藏"外交部"全宗，第23—25页。

17. 教育部致外交部公函（1932年6月6日）

密字第241号

迳启者：准贵部亚字第二九八九号公函密开：准函送《对日交涉关于教育之事项》再续、三续两辑到部。除转寄外，请将该项文件再检一份，以备参考等由。准将前项刊物再行函送各一份，即请查收。此致
外交部

附《对日交涉关于教育之事项》初稿及再续、三续各一份。①

部长：朱家骅

资料来源：《搜集日本违法行为资料提交国联调查团（三）》，台湾"国史馆"藏"外交部"全宗，第26页。

18. 外交部致驻朝鲜总领事卢春芳指令（1932年6月6日）

去文亚字第3071号

指令：

令驻朝鲜总领事卢春芳。

代电一件，为国联调查团来鲜，乞鉴核指示机宜，密电示遵由。

有代电暨译件均悉。国联调查团是否赴鲜，本部尚未接有报告。将来如果到鲜，俟总领事自可前往拜晤，面述鲜案详情。至应否商约陪赴平壤或酌予款谦[宴]之处，应斟酌其时情形，电部请示。鲜案及万宝山案说帖已函嘱该团中国代表处迳寄该馆，藉资接洽。此令。

资料来源：《搜集日本违法行为资料提交国联调查团（三）》，台湾"国史馆"藏"外交部"全宗，第27页。

———————

①　编者按：无附件内容。

19. 外交部致北平档案保管处转国联调查团
中国代表处电(1932年6月6日)

亚字第3072号

国联调查团中国代表处鉴:据驻朝鲜总领事馆五月二十五日代电称:据当地报载:国联调查团决定六月中旬来鲜。总督府已于二十四日接有官电,现正着手准备欢待等语。该项消息是否确实,希向该团探明见复。再,鲜案及万宝山案说帖,希各检一份,迳寄该总领事馆,俾资接洽为荷。外交部南京办事处。印。

资料来源:《搜集日本违法行为资料提交国联调查团(三)》,台湾"国史馆"藏"外交部"全宗,第28页。

20. 北平顾代表致外交部电(1932年6月7日)

来电第34135号

发电:1932年6月7日12时40分

收电:1932年6月7日16时9分

南京外交部罗部长:密。关于条陈俄事。漾(二十三日)电及东事外交方针东(一日)电在沈,由北平请宋部长转送,未知到否?请速电复为盼。弟顾维钧。七日。燕五号。

批示:询电报科。

资料来源:《搜集日本违法行为资料提交国联调查团(三)》,台湾"国史馆"藏"外交部"全宗,第29页。

21. 北平顾代表致外交部电(1932年6月7日)

来电第34149号

发电:1932年6月7日20时40分

收电:1932年6月8日0时30分

南京外交部罗部长并请转呈汪院长、蒋委员长勋鉴:关于东北失地收回后施政计划,前自沪、汉、平迭电,请政府早日商定示知。前次国联调查团到京,李顿爵士亦曾向汪院长询及此点。如民政之设施、宪兵之派遣、租税之征收,种种问题,千头万绪。而中央与东北地方间相互关系,以及地方自治宜至若何种程度各点,尤为全案关键所系。该团调查竣事,正在研究解决办法。对于东省将来之施政办法尤为注意。各委员曾一再询弟政府之意旨,不久当正式与我商议。谅此事早在政府当局芨筹密划之中。拟请早日赐示,俾于见询之时,有所依据答复,是所至幸。弟顾维钧。七日。燕八号。

资料来源:《搜集日本违法行为资料提交国联调查团(三)》,台湾"国史馆"藏"外交部"全宗,第 30 页。

22. 罗文干致顾维钧电(1932 年 6 月 8 日)

去电第 29610 号

北平顾少川兄勋鉴:密。七日八号电奉悉。东北失地收回后施政计划,可分政治、经济二部。前者系属内政、军政、财政各部主管,后者关系铁道、交通、实业各部所属事项。弟已迭请汪院长指定有关系机关会同本部筹拟方案。昨经院议决定,迅由各部慎密进行,俟拟有方案大概仍须经中央政治会议审核也。弟罗文干。外一〇七号。

资料来源:《搜集日本违法行为资料提交国联调查团(三)》,台湾"国史馆"藏"外交部"全宗,第 31 页。

23. 外交部致北平档案保管处转代表办事处电
(1932 年 6 月 9 日)

亚字第 3127 号

北平档案保管处转代表办事处鉴:前准顾代表有日三六号电,请编日方抵制华货、虐待华侨各项报告书。当经本部分电驻日使馆、驻鲜总领馆遵办。兹先据日使馆呈复,并附日本关系法令到部。特钞送查照。外交部。

资料来源:《搜集日本违法行为资料提交国联调查团(三)》,台湾"国史馆"藏"外交部"全宗,第 32 页。

24. 北平顾代表致外交部电(1932年6月8日)

来电第 34165 号

发电:1932 年 6 月 8 日 17 时 0 分

收电:1932 年 6 月 8 日 20 时 30 分

南京外交部罗部长钧任兄勋鉴,并请转陈、汪院长、蒋委员长:密。调查团每为不利于我之种种宣传,诬我内政纷乱、缺乏统治能力、我不成国。此种论调,实为故意毁诋我。为辩护计,亟应将国民政府成立以来种种建设成绩,胪列事实,供给调查团,以证我国实有统治能力。至所称成绩,宜重事实。例如京、沪、平、粤各处市政设施与年来中央整顿财政办法,以及卫生、教育、交通、铁路、航空、工业及其他设施等均是。至于纸片上之计划,尚未见诸实行者,一概无须提及,以免徒遭指摘。此外,尚有共党捣乱情形及"剿共"计划。调查团因日方曾有说帖提出,对此大加注意。除"剿共"一事,先由弟处拟送说帖外,关于建设成绩,拟请商承汪院长饬令各主管机关,从速妥拟说帖,以便转送调查团。该团不久即当着手编制报告,务乞从速商办为祷。弟顾维钧。庚(八日)。燕八号。叩。

批示:呈文行政院。

资料来源:《搜集日本违法行为资料提交国联调查团(三)》,台湾"国史馆"藏"外交部"全宗,第 33—34 页。

25. 外交部致行政院电(1932年6月9日)

去文亚字第 3147 号

为密呈事。接顾代表八日电称:日方对调查团每为不利于我之种种宣传,诬我内政纷乱,缺乏统治能力,我不成国。此种论调,实为故意毁诋我。为辩护计,亟应将国民政府成立以来种种建设成绩,胪列事实,供给调查团,以证我国实有统治能力。至所称成绩,宜重事实。例如:京、沪、平、粤各处市政设施与年来中央整顿财政办法以及卫生、教育、交通、铁路、航空、工业及其他设施等均是。至于纸片上之计划尚未见诸实行者,一概无须提及,以免徒遭指摘。此外,尚有共党捣乱情形及"剿共"计划。调查团因日方曾有说帖提出,对此大加注意。除"剿共"一事,先由本处拟送说帖外,关于建设成绩,拟请商承行政院饬令各主管机关,从速妥拟说帖,以便转送调查团。该团不久即当着手编制报告,务乞从速商办等语。查日方诋毁我国,影响国际听闻。顾代表电呈各节,诚属切要之图。现为期迫促,拟请钧院迅令各主管机关,将各种关于建设之成绩,从速拟具说帖,以便转交调查团,藉资抵制。是否有当,理合备文呈请鉴核施行。谨呈。

资料来源:《搜集日本违法行为资料提交国联调查团(三)》,台湾"国史馆"藏"外交部"全宗,第35—36页。

26. 驻朝鲜总领事馆呈外交部函(1932年6月4日)

洲字第3630号

为呈送事。窃奉上月二十七日钧电开:除原文有案免叙外,尾开:仰赶即搜集材料,编具报告书,于七日内送部为要等因。奉此,当即遵照,将日当局与人民抵制华货、虐待华侨、威迫回国人数、取缔行动通信自由暨没收书籍报纸等材料,分别编具报告书。除本日先行电呈外,理合检同该项报告书,备文呈请钧长鉴核。谨呈外交部长、次长。

附件:报告书二份,每份各三十二页。

驻朝鲜总领事:卢春芳

排华报告书(共三十二页,连底面)

(以征税之法抵制华货并仿照我国各种绸缎式样制造织品夺去市场)

我国货品之运销于朝鲜者,以绸缎、丝织品及麻织品为最多。其中绸缎及丝织品每年销售之数约计一千万元上下,麻织品计每年七八百万元。及民国九年,日本将关税增加,该项货品即大受打击,未及五年,即民国十三年,日本海关又将税率提高,对于丝织货品,照从价征值百抽百之税。复由日商仿照我国各种绸缎式样,赶制人造丝制品,向朝鲜倾销。其价值极廉,鲜人亦嗜之。于是我国丝织品,即绝无输入。至麻织货品税率,亦于民国十三年依次递加。该业侨商,莫不苦之。其所以尚能支持者,因日本及朝鲜一时并无足以代用之货品。故自民国十五年至十八年间,每年输入数之价格,均在五百万元以上。

惟近年来,日方竭力提倡种麻织麻事业,以及奖励色衣。故十九年之输入数价格,仅得四百十六万元九千三百三十二元。及二十年七月初,鲜人暴动惨案突发,计其输入数之价格,仅得二百三十五万三千三百六十八元,真所谓一落千丈矣。至于山货等类税率,自增加之后,其中关于估价之值百抽百者,辄以货品到着时之市面上价格为估价之标准,寓抵制于苛税之中,其计可谓至毒。至来鲜侨民,初经海关之际,或带[戴]新帽,或穿新鞋,往往迫令纳税,否则处罚没收。如妇女带有金银装饰物品者亦然,此非虐待而何?兹将朝鲜京城、仁川、镇南浦等商会所述海关税率过苛、国货难于输入之情事录如次。

(苛税绸缎、丝织品、麻织品等货品及关员之虐待情事)

民国十九年三月十三日,京城中华商会函,其附件略称:查我国输入朝鲜货品,向以丝麻制品及干枣、柿饼、苇席、甲纸、糖果、粉丝等物为大宗。丝制品、麻制品,每年运销各不下七八百万元。干枣、柿饼、甲纸、苇席各种,每年运销亦不下四五百万元。自民国九年,日关增加税率,我国货品大受打击。民国十三年,日关增加奢侈品税率,强将华货列入,我国丝制品即断绝输入,麻制品亦大见减少。其余干枣、柿饼、苇席、甲纸等货,亦减销十分之五六。且不特税率苛,其估价征税更苛。关员估价,全照卖价,不依成本,且任意提高,甚且估价比原价加倍有余。如干枣、柿饼等类,既值百抽百,而估价复行加倍。斯值百竟抽二百之多,其苛莫甚。兹将日关苛税列表,并附列关员苛虐各端于后。

日本海关苛税华货表

货品	类别	旧税率	民国九年后增加税率	民国十三年后增加税率(即现税率)	说明
丝制品		7.5%	每百斤税百二十元	估价值百抽百	此品原为销鲜大宗,每年得七八百万元之数,自改值百抽百税率,此货已全无输入。
麻布	十丝以内者	同	每百斤税十元	每百斤税十二元	此货(麻布)为运销朝鲜之主要物品,其中销售数量以二十丝以内者为最多。三十丝以内者次之,其余又次之。统计每年运销,得七百余万元。惟因苛税增加,致销数日减。

（续表）

货品	类别	旧税率	民国九年后增加税率	民国十三年后增加税率（即现税率）	说明
同	二十丝以内者	同	每百斤税十八元	每百斤税二十二元	其尤苛者，该关原定规则：凡漂白者，按税率加征八元。今关员视我本色麻布稍白者，即指为漂白，致所来麻布，几全部加征八元。与之交涉，置若不闻。
同	三十丝以内者	同	每百斤税三十二元	每百斤税四十元	故二十丝以内者，原纳税二十二元，其实为三十元。三十丝以内者，应纳税四十元，实则纳四十八元。苛而又苛，其抵制情形，显然可见。
同	五十丝以内者	同	每百斤税四十四元	每百斤税六十元	
同	六十丝以内者	同	每百斤税五十六元	每百斤税八十元	
干枣		5%	每百斤税六元九角	同	干枣原价大洋五元上下，加使费二元，共合成本大洋七元，折合日金五元之数，而海关估价十元。
柿饼		5%	估价值百抽百	同	柿饼原价大洋三元，加使费一元五角，共计成本大洋四元五角，折合日金三元二角，而海关估价七元，税率八元，值百抽百，估价又增一倍有余，斯关税值百抽二百之多。此种货品，本为运销大宗，以前销数均在百余万斤。自加税值百抽百，每年销售尚不及半数。
糖果类		8%	每百斤税一元六角	同	前估价二十元，现估价三十五元至五十五元。此货亦为运销大宗，因加增税率，估价后增，售销大减。前估价每百斤十五元，百分之五税率，纳税四角五分，现税率增加四元余。
花生油		5%		每百斤税四元五角	前估价每百斤十五元，百分之五税率，纳税四角五分，现税率增加四元余。
苇席		7.5%		估价税百分之三十	此货输入亦为大宗。
甲纸		7.5%		估价税百分之三十	

(续表)

货品	类别	旧税率	民国九年后增加税率	民国十三年后增加税率（即现税率）	说明
铁器类	同			每百斤税三十五元至四十五元	
瓷器	同			估价值百抽百	
干果	同			估价值百抽百	
笤帚	同			估价税百分之三十五	此货粗品输入最为大宗。
干菜类	同			估价税百分之三十	
药材	5%			估价百分之二十	
线香	7.5%			估价值百抽百	
毛笔	同			同	
墨	同			估价税百分之二十五	
账本	同			每百元税十九元七角	前每百斤估价四元,按税率税金三元,现每百斤税十九元七角,增税十六元余。
水果	同			估价值百抽百	
铜器	同			每百斤税一百二十七元	此品原为输入大宗。自增税后,输入寥寥。
古月	5%			每百斤税七元三角	前估四十五元,税百分之五,计金二元二角五分,现每百斤七元三角,增税五元。

（续表）

货品	类别	旧税率	民国九年后增加税率	民国十三年后增加税率（即现税率）	说明
芝麻油		7.5%		估价税百分之二十	
烧酒		3.5%	每百斤税二十四元二角	估价值百抽百	此品亦为销售大宗。自改值百抽百税率,每百斤本价金十八元,现税金五十六元。
糯米酒		同			每罐四十多斤,本价金五元八角,现税金每百斤六十五元,现销路亦断。
麦粉		8%	每百斤税一元八角五分	每百元税二元九角	
核桃		5%	每百斤税五元六角	估价值百抽百	每百斤本价洋八元,现税金每百斤十八元五角。

关员苛虐各端列举于左:

一、客人携带物品,当时不得上税,必须置于关内,翌日始能上税领取,往往致物品遗失。该关全不负责,向其质问即辱骂。

一、客人随身所服着之物,恒迫令上税。与之抗议,即遭掌击。

一、客人所带物品,因税太重,欲捎回时,该关恒不允许。

一、客人装衣之条箱稍较新者,即将衣服倾出,将箱留于关内,翌日上税,使客人衣服,无法收拾。

一、初次来鲜,客人不知关税情形,言语又不能通,恒辱骂掌击。

一、对于我国妇女,任意搜检身体,情殊难堪。

民国十九年八月十八日,仁川华商商会函略称:查我国丝织各种绸缎运销朝鲜最久,向为鲜人所喜用。在前 7.5 税之时,销售最旺,每年约近千万元之数。至民国九年,日本海关增加税率,按照每百斤征税五百二十元,销售数量,遂大减削。然每年销额,尚有六七百万元。民国十三年,日本施行其抵制之策,增加奢侈品税率,按估价值百抽百,遂至我丝织品完全断绝输入,而日本所制人造丝货品,即大行推销。此次与日本政府改定条约,对于我国货品,其奢侈品税率,虽减轻十分之三,而我丝织品仍不能销售尺寸。至少限度,亦须要求日本海关税率恢复每百斤征税五百二十元之数,庶我丝织品尚可输入,然亦不敢希望如前之销量云云。按估价值百抽百,事实上不啻值百抽百又四五十。故虽经协定减征百分之三十,实则仍不亚于从价值百抽百之率也。

民国十九年十月十七日,驻镇南浦副领事馆,据情转送镇南浦中华商会调查表,照录如左:

入口税率(丝织绸缎)

品名	以前税率	现在税率
线绉	每百斤日金五百二十元	估价值百抽百
准地字线缎	同	同
实地字线缎	同	同
摹本缎	同	同
芝地花缎	同	同
实素缎	同	同
机头摹本缎	同	同
机头线绉	同	同

又据镇南浦副领事馆呈报,关于现在税额一点,略称:估价值百抽百,每百元征税七十元。但未满百元者,以值百抽百征税。

按:京城及镇南浦中华商会所开绸缎、丝制品税率,系民国十九年五月中日协定货物进口税率实施以前之日本海关税率,及中日协定货物进口税率,于五月十四日奉国民政府指令批准,关于前述之绸缎、丝制品及麻织品(夏布)三类,输入于朝鲜海关所课之税率,应各少百分之三十。据仁川海关长于昭和五年(民国十九年)八月二十三日回答之件所载:(一) 绸缎(纯丝货品)税率,照从价为 100%,协定从价为 70%。丝织品税率,参照第九类输入税表。支那麻布税率,依品质而异,其税率参照第二九九号输入税表云云。大致对于协定税率,亦已施行。惟日本税率所称从价,系根据到者价格为标准。换言之,即以当地市面上之价格为标准。如此则仍可操纵,而得任意提高估价矣。自协定税率告成后,我国绸缎及丝织品等仍不能输入与朝鲜者,其原因盖在于此。而仁川中华商会有此次与日本改定条约,对于我国货品,其奢侈品税率,虽减轻十分之三,而我丝织品仍不能销售尺寸等语,确系事实,此亦足注意者也。

苛税山货以达抵制之目的

民国二十年二月四日,京城中华商会函略称,顷据山货庄代表东和昌声称:敝同业等,向由青岛贩运山货,来鲜销售。自被日本海关滥征百分重税以来,其销量已减十分之八。营业萧条,痛苦莫诉。近者,金贵银贱,更受莫大影响。如柿饼,百斤成本大洋四元者,竟征金票六元之税。如大枣,百斤成本大洋六元者,竟征金票七元之税。似此滥征无度,不止值百抽百。而金票一元,超过大洋二元。以此比较,则其税率竟超过二百分以外。若不设法救济,非惟敝同业生计顿绝,即国货运于外洋者,亦将断一销场。恳请转函总领事馆,向朝鲜总督府税务课要求减轻税率,以恤商艰而维国货等语。并附成本税率比较单,抄录如左。计开:

大枣	青岛产地	百斤价大洋六元	仁川海关征税每百斤金票七元。
大椒	青岛产地	百斤价大洋九元	仁川海关估价金票十二元,征税二十成,计金票二元四角。
山楂干	青岛产地	百斤价大洋七元	仁川海关估价金票十三元,征税二十成,计金票二元六角。

以上比较,金票一元超过大洋二元,则其税率实有滥征二百分以上者。

以上情事,曾令驻仁川办事处切实查复去后,三月二十七日,该处呈附略称:查运仁山货,海关按当地售价抽税,实行已久,税章如此,不易变更,事系实在等语。嗣于四月一日,再令该处与税关当局接洽酌减去后,至六月九日,据复略称:业经再商田中税官长,请予估价时酌为低减,以恤商艰。当据该长略称:山货估价系根据到者价格为标准,以资公允,所请酌减,未便照办等语云云。

抵制华盐及攘夺盐商权利情事

朝鲜全境,每年食盐之消费量,约计五亿四百万斤,其中不足之数,计二亿万斤,大都自吾国山东石岛、俚岛等输入。就其价格计,每年得二百数十万元。侨商既可因之而营业,国内金融界以及产盐区域,亦得以之而活动,故殊足重视。然日政府以为朝鲜境内因食盐一项,其流出之金钱尚巨,于是设法开设盐田,以期自给。然其产量不多,仍不能不仰给于我国之输入品,乃更进而行专卖之制,以便操纵其价格,并保护其生产品,免除外货之排挤。该项政策,侨商本已甚苦。然而尤有甚者,即日韩商人,恃其资本较厚,能力较雄,地位较优,将我侨商足以直接售卖之权利设法攘夺。且从而操纵把持,多方渔利,使我侨商不能立足。如仁川我国盐商所受之痛苦,即其一例。故就盐制运销朝鲜论,恐不出数年,终将被日鲜政府、人民,上下交征其利,而致一蹶不振也。兹录仁川盐业侨之呼吁文如后。

民国十九年一月三日,驻仁川领事馆函略称,据仁川中华商会函略称,据本埠原盐组合商元和栈、同和栈、兴顺和、复成栈、德聚昌、天合栈各执事面称:

我国原盐运销朝鲜已二十余年,商等以之为主要营业,代理国内所来盐船,并自购帆船来往运销。兹闻朝鲜总督府拟于本年将盐业归专卖局一手售卖,似此则必至为所把持。该局无论给价若干,自不得不惟命是听。将来我国原盐来此,亏损成本,势必断绝输入。商等非特失业,且因受损失而有破产之虞。因商等代理各盐船,其装盐资本,均系借用商等之项。该船运盐到此,藉以陆续偿还,一旦不能运盐来鲜,此项借款即无把握,追讨甚难,此受损失者一。至商等自购之船,原系专运原盐。原盐不能来鲜,即无所营业,只得减价出售,此受损失者二。又,卖与鲜人之盐,欠款极多。若照常交易,尚可陆续偿还。今归专卖局售盐,该等失业,此项欠款,全归泡影,此受损失者三等情。请代恳转函总领事馆,向总督府设法交涉,以维侨商。

又据该原盐组合商各执事,到馆面称:

闻日方对于朝鲜全境,原盐专卖一案,内定当年四月一日起试行。商等所受重大损失,将无法挽救,务恳转函总领事馆,向总督府面商缓期数年,再予实行等情。查原盐为我国入口大宗,若归日方专卖,我侨商既蒙重大损失,且于吾国商务前途,颇受影响。现当日方尚未通过阁议之前,自应急筹维持补救之策等语。以上情事,于一月十五日向总督府外事课提出交涉后,旋于二十七日得外事课复函略称:关于外国盐之输移入管理,务使盐业者现营业间不受影响云云。

民国二十年三月三日，驻仁川办事处呈略称：案据仁川原盐共议组合同和栈等呈称：为营业被夺，恳请设法维持事。上年朝鲜总督府颁发外盐营理命令，所有外盐输入数量，须经专卖局许可，并由该局定价收买，不准自由批售，于四月一日施行。商等事前曾恳中华商会，转请总领事馆向总督府提出交涉。旋奉面谕，据专卖局声称：外盐虽归管理，华商仍可运输，绝不至使一般华商失其营业。商等自思对于山东东海岸之盐，原为直输入商。此次专卖局输入许可，按理当尽先给予商等，以便直接收买。不料日韩各贩卖盐商，结城、三井、三荣、松永、崔炳熙等，从中将输入许可，阴行攘夺。商等运鲜之盐，必须由该商等转卖于专卖局，从中扣用，不劳而获利益，商等反成间接。既受专卖局之限制，复加该商等格外之剥削，仍无存立之余地。又于上年四月恳请黄前领事设法交涉，要求给予商等许可，直接向专卖局售卖。嗣奉谕知，该专卖局含混答复以日韩各商经买，虽少有扣用，绝不能任意把持，渔利过甚云云。然该商把持权利，日甚一日，扣用增加无已。始则按每担定价，扣经用金数厘，继则增至一分，嗣后定价每落一分，该等经用反加一分。现在每担经用，已增至日金四分，日韩各贩卖盐商，对于专卖局买进卖出，得有双方利益，而我之输入盐商，反受层层剥削。此等不平等待遇，显然有意抵制，殊不公允。且历次专卖局许可输入数量及所定价格，商等均莫明真相。惟该商等之命是听，其中有无出入，无从详悉。即如此次，该商通知由一月一日起至四月一日之期间，专卖局准许输入一千万斤。该商按照此数，已与商等订定，以我帆船运输。乃近查日商三井等在山东东海岸蚓江地方，赁长山丸汽船，自运原盐一千余吨来鲜，则此次专卖局许可输入，不仅一千万斤之数，昭然若揭。似此情形，倘不设法维持，商等非完全失业不止。且日韩各盐商，既有专卖局予以经卖之利益，大足维持其营业，自无须再令剥削商等，致使无法维持等语。

虐待华侨及威迫回国人数

我国农工界人民，来鲜之后，向系自由居住。虽明治四十三年（前清宣统二年）八月，朝鲜统监府令"依据条约关于并无居住自由之外国人之件"，有"依据条约，并无居住自由之外国人，而从事劳动者，若非得到地方长官之特许，则不得在从前居留地以外居住，并不得行业务"等语，但未见实施。近数年来，则不然。如营饮食业、农业、工业等侨民，均有警察迫令，向当地警署请领居住许可,及往请领,又多数不予许可,限期迫令移出,否则逮捕、罚金或处以拘役。往往有居住鲜内至三四年之久者,忽被驱逐,屡经交涉后,虽稍缓和,然终难制止。民国二十年上半载,关于上述情事,几每月有之,至六月中,经我驻日公使馆向日本外务省协商,请其转饬在鲜官所嗣后对于华侨勿再有压迫、拘捕、驱逐情事,该省已允转行办理。但不及一旬,即七月初,鲜人惨杀华侨大暴动突发,其详情虽不必于此重述,而该项暴动情事由主张公道之鲜人以及美国观之,则谓为有唆使、有组织,藉端肇此奇祸。故素以优良见称之警察亦都袖手漠视,不愿力于镇压。故在七月初暴动期前,所有被日警威迫回国之华侨,约一百七十名。能免遭杀戮之惨者,可谓不幸中之大幸。及暴动发生,我侨民之被惨杀者计一四二名,重伤者计一二〇名,轻伤者四四二六名,失踪者九一名,其他因案回国人数,共计有五万二千七百二十名之多,则我侨民除受日鲜人直接威迫、虐待、惨杀者外,其所受间接之威压回国者,亦甚多也。更就日本警察论,对于我国侨民之不能亲切善待,如非有人指使,绝不敢为。自暴动后,迄于今日,将及一年,其间鲜人仍有仇我侨民,施行其残暴行为者。如明川郡华商源发盛所受损失。如全州华侨姜云秋被鲜人戕害。虽由我驻鲜领馆,叠催警署速办,然均无相当结果。至如日人以华侨行动失检,通知警署,则即往办理,惟恐或后。相形之下,则其待遇吾侨民之政策,亦已显然。凡日警虐待、威迫华侨情事,在民国十九年、二十年间为更甚更多,此尤可注意。兹将旅鲜农工被日警威迫情事,鲜人、美人对于惨案批评,以及日鲜警察等之歧视我侨民事件,录之如左:

威迫侨农提出居住证明及诊断书

民国二十年三月三十日,驻镇南浦副领事馆代电略称,顷镇南浦华商商会函称:顷该处警察署,严令一般侨农及其家族提出居住证明愿,并健康诊断书,限期急迫,不容稍缓等情。按:此项事类,为从来所无,且居住证明愿中,有期间一年字样。此例一开,习惯上自由居住之权,无形销灭。将来准否居住,其权全操于彼,以致人心惶惶,疑惧万分。朝鲜当局对于侨胞农工限制之方策,早已不遗余力。观此项举动难免为驱逐侨胞之准备手段,恳转请领馆设法交涉,以杜后患而安侨情等语。查该侨农所称确系事实,合检同愿书等式样各一纸(如另纸所开者)转呈等情。嗣经该馆再三向平安南道警察部交涉,至四月二十四日,由该部高等主任,到镇馆声称,业于十八日通饬各驻在所,勿再令中华农侨提出许可，并嘱该项书类需要时，当令再行饬办。又谓：已经提出之许可书类，存署搁置不办。对于期间一点，俟得确定训示，再行正式回答。暂做悬案，维持原状云云。兹附愿书、诊断书二样如左：

居住证明愿

国籍　中华民国山东省荣城县俚岛
住所　平安南道龙冈郡大代面麻沙里五九七番地
　　　杨承庆　明治二十年七月二十一日生
　　　妻张氏　明治二十三年十月二十八日生
　　　子女等
一、居住地　　　住所同上
一、居住之目的　野果栽培
一、居住之期间　满一年
按照右之居住致候间御证明相成度别纸医师诊断书相添（此段奉愿候也）
　　　　　昭和六年　月　日　　　　　　　　右愿人：杨承庆
　　　　　　　　　　　　　　　　　平安南道知事殿

健康诊断书

姓名　杨承庆　明治二十年七月二十一日生
右者花柳病、肺结核、癫病、沙眼、精神病其他传染性疾患等无之者，诊断候也。

　　　　　　　　　　　　昭和六年三月二十九日
　　　　　　　　　　　　镇南浦外□洞里三〇一，二
　　　　　　　　　　　　平和医院
　　　　　　　　　　　　医师：赵熙泽（印）

　　民国二十年六月二日，京城中华商会函略称：据江原道铁原郡义和东代表高学淑请称为江原道铁原郡中华劳工事。今春吾国劳工到此求生活者，为当地官署注目。受该警役暴刑暨驱逐，暗受抵制，实不忍闻。久居此地开果园之工人，警役压迫尤甚。近因客崴，由官署所领之许可证有过期者，不但不给续发，并且打而重罚，轻则罚金十元，重者三五十元，概无定限。多数工人困迫此处，无资行动。日本官署尚不容缓，力逼驱逐他往。请贵会转请领事馆严重交涉,以解民众痛苦等语。

按:经查江原道铁原郡中华农工被迫事件,计农民约六十名,除一部有许可者外,请领许可概不给发。即已得许可者,因满期再行请领亦不续发。此项农侨无辜多被警察殴打、驱逐、拘禁、罚款,不堪痛苦。又,工人约数十名,间有由日鲜人招至该地者,警署不予许可,驱逐他往,刻不容缓。工人困迫之情,不堪言状。又因无资不能行动,急待救济。

威迫华侨回国并虐待重罚

民国二十年六月六日,京城中华商会函,略称:据开城南岭面华侨石工隋学亭请称为开城日官署驱逐中国劳工代表请求事。今春吾国工人到者,照旧向官署申请核准,因无他疑,乃此后无几日,官署忽将各工人呼催到案,警官发表自今天四月二十八日起,□国工人一律不许在此存居,须立即离开此地,不得违误。吾人当向警官询问原因。该警对吾工人表示,鲜人多有在满洲一带工作农业者,屡遭你国官吏压迫极其,故朝鲜亦必不容□国工人存居云云。嗣阅一二日,警官对待,更加紧迫,即云吾人违抗前命之罪,按各传到官署,定为罚款若干元,否则拘留,定限二十天。被罚者各名如下:

一、石工牛凤阁、鞠宝田、牛书善、牛福恢、牛西山五人,罚金一百元。

一、石工王同宝共伙三人,罚金三十元。

一、石工王元田共伙二人,罚金四十元。

一、邹本盛因无钱,被其拘留二十天。

一、石工隋新义、王书吉、王书仁三人,罚金三十元外,有[又]手料金四角。

以上共计被罚二百元零四角,此皆确实证据。被罚者以为罚后必能存居,然照旧不许存住。尚有菜园农工,原系七家,人数共计三十多名,其被罚及被压迫回国者,二十多名,每家只许留人一名,内有一家七名,如数逼走,耕种各种菜类,完全撇弃回国,菜蔬概被鲜人分用。以上请转请领馆立即交涉等语。敝会经查属实云云。

民国二十年五月十六日,驻仁川办事处呈略称:近警署藉查居住许可为由,对于农工侨民,凡无居住许可者,即行驱逐,日有数起,因之每日来处请求保护者甚夥。曾屡向日警署交涉,均以依法无劳动居住许可者,不能居住工作为词,迄无结果。窃查朝鲜警察法令,虽有支那居住劳动许可取扱之件之规定(大正十三年,七保密第六十号),但仁川为旧居留地,亦不在取缔之例(同法居留地之解释，大正五年，十保收第六八八〇号）。为此，呈请迅予交涉云云。

以上曾经分别交涉。当晤朝鲜总督府外事课长时，询以是否拒用华工，希明答以凭考量，而免华工失业，流落异国。据答：除官营工事目的为救助鲜人外，尚无何等规定。并经该课长商请警务局通知各道警署，审慎办理云云。但经月余，鲜人暴动即见发生，恐各道警署将谓其造因之不慎，及结果之不良，均足以贻人口舌也。

仁川警署训话意在驱逐、取缔华侨

民国二十年六月三日，驻仁川办事处呈略称：自警署驱逐侨民以来，近仍无端取缔如故。昨日午后六时，警署特派保安主任平下，在五里浦招集我国侨农训话，兹录其要点如下：

一、中国农人到朝鲜，除旧居留地外，一律须居住许可，方得居住。

二、请求许可，而不能许可居住者，一律不准居住。

三、已领居住许可之人，如有不正当行为，中途即可取消居住。

四、曾经警署因居住许可问题，而处罚者，须即日出境。

五、在多□面方面，以中国农夫太多，警署方针，不使再行增加人数云云。

仁川警署拘罚华侨

民国二十年六月六日，中国国民党驻鲜直属支部函略称：据仁川第六分部呈略称，迩来调查仁川农工侨民，凡居留地以外，如无居留许可者，概行驱逐出境。查自五月十日，陆续由日方警署将毕俊荣、李庆□、姜芸凤、刘业江、邹本义、林钧忠、王忠礼、李进明、赵侍增、刁光堂等十人拘去，先处以廿元罚金。因农工穷困无力付偿，即被监禁警署，现已阅十余天。经屡请办事处向日本官所交涉，尚无相当结果。合据情呈请转函总领馆严重交涉等语。

鸟致院警署驱逐华侨（共一名）

驻鲜支部油印稿件略载，忠清南道鸟致院消息：民国二十年五月十日，有由京城本町领许可之华工王某与日本人同来此地，到泉回堂作工。七八日后，被日警所见，先对其日本工头声言："无此地警署许可，不得在此工作。"连续二次，催促出境。日本工头未对伊说明事情，忽于三十一日被扣至警署，责以不依警署之命令，擅自留止，须认罚金。侨工王某无力认罚，不得已潜逃出境，不知去向。

开城警署驱逐华侨（共五十六名）

又，开城消息：该地华工七十余人，系从事农业、木工或石工。二十年五月二十三日，当地警署派警察向华工刘崇里、刘学伦、于树贵、王鸿芝、周砚池、李世忠等五十六人，索取许证查验。华工刘崇里等以事前既未通知须领许可证方准居留，今遽索取，从何而得，乃联名要求当地警署，领取许可证，彼竟置之不理，并一日三次强迫回国。若迟迟不行，则处以罚金，或加罪拘捕。现刘崇里等五十六人，因许可既已绝望，归国又路费不资，进退狼狈，窘困异常云云。

按：以上华侨农工等被威迫、虐待并驱逐回国情事，经电呈驻日公使馆，嗣奉六月二十三日电开：十六日电悉。已据所请各节，向外务省切商，请其转饬在鲜官厅，嗣后对于华侨，勿再有压迫、拘捕、驱逐情事。该省已允转行办理，特复等因云云。

按：未及十日，鲜人惨杀华侨之大暴动即发，其时朝鲜当局且不肯立施有效镇压方法，则"该省已允转行办理"之语，亦不过一种搪塞之计耳。

鲜人证明惨案系受唆使而成

民国二十年七月二十四日，吉林延边四县地方自治促进会珲春分会，函送救济金五十元并附慰问文一份。其辞略录如下：

朝鲜华侨均鉴：

迳启者：华韩同胞，畛域不分，休戚与共，唇齿相连。近有无知份子，因万宝山案，被人唆使，迫我华侨死伤濒危，生命财产，抛弃一空。见者痛心，闻之酸鼻。兹由珲春韩胞远慰被害华侨起见，募款日金五十元。（中略）……聊表同情，尚希查收（下略）……

十二月九日，延边在韩华侨慰问团，函送救济日金二百三十元，其函略录如下：

查与万宝山事件同起的韩国惨杀华侨案，全延边韩民认为此举决非韩国人民的本愿，实系黑手的操纵者。此炮制捏造方法，麻醉韩国内部反动分子，出此不轨行动。被挑者的愚昧可怜，被害者的痛苦激愤，又该怎样了。我们在延边的韩民，无国□境的寒苦，得到生活上的安慰，实在是两民族间融和的结果。敢信在韩华侨受此次惨暴，不能认为华韩的感情破裂吧。我延边韩民对此次内部民众的行为,竟失掉了希望。只有筹全延边韩民所有的良心,拿出来慰问在韩华侨们的痛苦惊扰。谨集薄资日金二百三十元,叩恳代收,按照实地情形,酌于分给,以示微忱云云。

又,该团给在韩华侨被害群众的慰问信,系铅印传单,其词略录如下:

亲爱的在韩华侨们:

炮制捏造的万宝山事件,与韩国惨变之暴风雨的恶煽动,使中韩兄弟们肠欲断,魂欲飞。在惊恐积久之下,如汤火的沸腾,乃向不轨的方向爆发了。然而韩族之美名下,累累起来的排华惨变,种种的名目下,几百兄弟被杀;许多的口实下,数千兄弟被害。(中略)……悲绝痛绝之惨状,明确烙印于中韩民众之顶上,昭然明证于世界大众之公□。(中略)……中韩民族的仇恨,就是背后魔手的恶煽动,非偶然一朝事。由此隐然公然的煽动,和直接间接的杀害。(中略)……我们在延边号诉劳苦群众,为救济在韩被受华侨,而组织在韩华侨慰问团。今据结募善款贰佰叁拾元,交给驻韩领事馆。按地酌量,分给被害华侨兄弟们。此项集款为数虽少,亦可以表现中韩民众的互助精神,以明我们的心迹云云。

美国人对于惨案之救护及批评足征其背景

二十年十一月初,据平壤崇实专门学校校长,神学及法学博士美国人尹山温(George Shannon McCune)谈称:当七月间,平壤发生仇华暴动时,本人鉴于华人生命之危险,曾在住宅地窖内尽量收容二十余名。因鲜人到处击杀华人,并来敝校要求将华人交出,以余可杀,华人不可杀拒之,始去。因特报通知该处警察署,迅即派警押署保护。讵警署并不及时照办,逾数小时,始派警前来,其举动殊为怪异。又,当时惨杀情形,至为残酷,为亘古以来世界文明国所未有,经本人目击者,实有多起,均经拍有照片,并报告本国领事及政府云云。且谓:此次仇杀华人,显有组织指使,其真正杀死华人者并未受处分,而其被判受罚者,系彼等不乐之辈等语。

鲜人发送恐吓信驱逐华侨归国

民国二十年十二月九日,驻镇南浦副领事馆呈略称:据平壤中华商会报称:昨日晚七时许,据府内华商料理店鸿陞楼、东华园、东升楼三家同时电告:方才六时三十分许,接见邮局送来明信片一枚,内中言语类形恫吓,并抄送原文各一枚到会,除通知当地警察署,请其妥为防范、检举、保护外,理合抄录原件呈送鉴核等情。查该名片,语意虽属恫吓,弟以前车可鉴,似不应视为具文。何况近日空气有复紧张,平壤侨民又复恐慌,尤不能不有以安定人心,谨防隐患,除据情照会平安南道知事,请其严加防范、保护外,理合呈报云云。其明信片原文如左:

东华园主人殿:

无有精神者,今尚在朝鲜居留乎?快快归国罢,今年十二月以内,再有大事变。若不为惨酷之魂,即时归国罢。

府内 C. O. S. 军会主席一同

东升楼主人殿:

目下形势极为危险,即时停止营业归国罢。万一迟滞,比较七月事变之更大事变难免,归国哉。

府内青总一同　十二月七日

至今形势甚为危急,速为废止营业归国,万一延晚,比较七月事变极为猛烈之变不免,速为归国。府内中国料理店鸿陞楼主人殿。

府内刀棒同盟　十二月七日

鲜人打毁华商货铺

民国二十年十二月十六日,驻元山副领事馆函称:本日接城津商会函称:属会于本月十三日,接到明川郡仲坪市华商源发盛函称:敝店于本月初六日晚,未上门板时,突有许多鲜人由黑暗中向敝店投石头、木材等物。敝看情势不佳,即将门上好,此夜幸未有大祸。初七日夜间,竟有两次暴动,敝于事先将门板上好,群众聚集甚多,棍棒石头交加,门墙打破。货架上之瓷器,损坏十之八九,屋上及周围积石如山,乃因生命所关,未敢出门,事过以后,敝奔至驻在所报告,该云调查。初八日未上灯以前,石头如飞而至,即将门板上好。此夜共打五六次,眼见房屋打坏,不得已,柜执事率店员冒险逃出,即奔驻在所,遂派警士三名,到敝店将群众解散。鲜人声言预备抢货,今日抢仲坪,明日即抢浦项云云。以上请卓夺办理等情。十二月十八日经总领事馆,将上项情事向朝鲜总督府外事课提出交涉。后至二十一年二月一日,始得复函,略谓:已于十二月二十八日,由明川警察署将所拘获之玄万福外十二名,备文移送所辖清津地方法院检事局,至目下逃走中之刘昌范外三名,尚在竭力搜查中。所有该暴行者等,自应依法处罚云云。

鲜人戕杀华侨

民国二十一年一月二十三日,驻釜山领事馆函略称:全州华侨姜云秋于本月十九日夜八时许,被鲜人戕害。即由馆急电全州警署严缉逃犯去后,二十日据警署来电复称:尊电聆悉,凶手正在侦缉中云云。并谓查该侨被鲜人凶杀,事已证实。至是否仇杀,抑有别情,非俟凶手到案,难期水落石出。除严催警署,务急逮捕凶犯,俾得交涉,尽法究办,以后情形容再续函奉达等语。二月二十三日,釜馆又将姜云秋惨杀案内人证问题,及验伤经过各节,函送到馆。乃依据前后函件,录其要点于下。据全州中华商会报告称:侨商姜云秋,现年二十岁,原籍山东省牟平县,向在全州华商姜云昌开设之火食铺为伙。一月十九日晚九时,被鲜人用刀戕伤颈项,恰附近华商全福杂店伙张书春路过,被害人呼张速赴警察署报告。张回身跑到本町派出所门口,正逢日人巡查,手拿自行车。张对日巡查报告,姜某火食铺打仗,求其速去查看。而巡查一言不答,骑自行车往东而去。张无奈返至原处,见被害人倒卧在田岛药铺以北,血流满地,凶手已渺无踪迹。嗣由警察当场检出凶刀等件,并将被害人舁送医院,随即气绝。尸体经警署饬侨等,抬至道立医院剖验云云。并于二月二十七日,将上述情事函达朝鲜总督府外事课交涉。三月二十三日,复函催速办。三十一日,外事课复函略称:全州警察署当事件发生后之二十分钟,全州市内已逐渐搜查,因未得发见犯人,故目下尚饬司法刑事五名,专心致志,努力从事于犯人之检举等语。然截至六月一日止,尚未闻该凶犯捕获到案云。

日警歧视华侨

据称:华侨中种菜园等曾常受鲜人无理之待遇。报告警察时,均置若罔闻。是日警之歧视华侨,非偶然之事也。兹于民国二十一年五月二十八日,据京城侨民江文彩补报略称:本人为湖北黄安县籍,年三十二岁,在京城龙山练兵町三番地一顺理发馆(华商)工作。馆主陈子春(湖北广济人)因有事返国,暂托本人照料该馆事务。二十年十月三十一日午后十一时四十分,有着日本衣服之日人(或谓为木工),年约四十上下,饮酒后,尚未十分酣醉,歌舞摇摆,撞入店门,叫喊辱骂,频发辱华言语,并举手欲殴店中伙伴。伙伴为避免滋事计,乃皆夺门出,而日人竟返身追之。时本人犹在店中,是以扣上店门,叫回诸伙伴,收歇睡宿。本人即往练兵町派出所报告,请求弹压滋扰,警以事忙未到。至十二时十分,该日人复来店外叫骂,即击破门上玻璃一面而去。本人披衣起复往派出所,请求捕获逃去之凶手,令赔偿损失。所中巡警仅用电话告知新龙山警署了事。该案之损失为玻璃一面,计日金一元二角云云。

又,十二月二日午前八时,当本店生煤炉,适值大风过鲜,烟筒煤烟,刮经左邻日商铃木钟表铺门前。该铺主即怒色来店,申斥煤烟事,当复以即鸠工修造。至九时余,彼往原派出所申请制止。巡警应请来店,其势汹汹,责斥本店应知料理清洁事宜,不然便不许在此经营,速速修补。其声色俱厉,兼之故意恫吓,答以即遵示修理。盖以事关日人,巡警对待华日居民保护情形,颇觉不平,特来馆报告。查该烟囱出本店楼房屋檐,有一尺之长,平日不易有烟落下。该案结果,经本店外加烟管一节,计长三尺。

民国二十一年二月十一日,纪元节,早八时,日警来店,命赶快挂出日旗以示庆祝之意。当答以未备日旗,悬挂中国国旗可否,而日警竟以为不可云。

按鲜人暴动,我侨死伤损失,极重极惨烈。其后日鲜警察如果依法尽其职责,对于我侨以诚意相待,虽不能涤除其畴昔之污点,亦未尝不可稍赎前愆。但按情实仍属不然。观其前述事项,日鲜警察之对待我侨,似尽力为不尽力之诸点,业已明白,则其所取政策,在于直接或间接之虐待威迫,使渐无立足之地,自不容疑。

镇南浦鲜人仇华举动

驻镇南浦副领事馆报告略称:二十一年四月一日午后三时许,菜园姜鸣九等四人来馆报告,姜所种菜园,即碑石里一五号,德祥和农园。昨夜九时后,有大帮鲜人在该园住屋前后喊叫,语意不外是"驱尽中国人""打杀中国人"之类。声浪凶猛,以在夜间,工人惧遭不测,不敢答言,亦不敢开门,只得隐忍,如是者三次。幸仅向菜园掷石,养苗地窖纸窗掷破,各处遮盖韭菜草包,被拿去十张。以人声揣度,可廿余人。近数夜来,往往有人投石,且偷草包,业偷去三十个。连昨晚所失,正得四十个。但投石偷草包,尚属小事。如昨夜情形,人众且凶。昨年暴动,亦不外是,故农等非常恐怖。今早已将连日情形,先向碑石里警署派出所口述云云。二日午后,姜鸣九重来报告,午后有警部一人,率暗探一、巡查二到园查验,并到附近各韩人家挨户查问云云。

镇南浦侨民业务衰微情形又系压迫之一证

民国二十一年五月三十一日，驻镇南浦副领事馆报告略称：兹据镇南浦中华商会呈称：自经七五事件（按即民国廿年七月五日鲜人惨杀侨胞事件）后，侨胞业务一蹶不振，殆成绝望。如在七五前之侨商，为五十三家（每家平均七人）。现只有十三家，切并无一大商号。农园为七十三户（每户平均五人），现只有三十户。工人为三百五十六名，现只有一百三十名。

又，地方当局鉴于经济不景气之深刻，以侨民居此认为莫大之侵略与榨取。是以对于侨民货物，嫉视抵制，不遗余力。对于侨胞与鲜人两民族之间，更肆意宣传，极挑破离间之能事，以期将鲜人由彼方所受政治、经济压迫，痛苦时思报复之视线，移向我侨身上。无识鲜民，信而不疑，仇视侨胞之情，处处表现。危机四伏，一触即发，七五事件可见一斑。

天日盐不许进口

国货如盐，每年输入可三千万斤以上。现在绝对抵制，不许入口。其他货物亦受关税任意估价之限制，不能前来。

华工不许雇用

华工亦受严重之取缔，如南浦筑港偌大工程，不许雇佣华工。其他工程，官厅亦暗示不许雇用华工。

检查书信拘留侨民

至于书信，时遭检查。日前王喜春，十七岁，由山东随帆船来鲜。因于无意识携带有教科书及月刊等，内有排日文字，当经警察署检举逮捕，拘留一周之久。经领馆力为解释，始未受苦释放。取缔之严重可知云云。

平壤侨民业务衰落

六月一日，该馆续择略称：兹据平壤中华商会报称：商店收歇数及农园辍业户数如左：

一、商店收歇回国，共计二十六户。

一、商店至今停顿尚未复业者，计二户。

一、农园辍业回国者，计一百零六户（大同郡华农在内）。

仁川海关没收书籍　朝鲜总督府没收报纸

　　吾国书籍报纸所载有涉及日本之处都属事实,毫无臆造。但日本则以为排日、侮日或指为抗日。盖其心目间,固未尝重视我国家也。近更变本加厉,除由海关将我侨民之所带书籍,任意搜检,如认为不合,即行没收外,并将华侨小学所用教科书,随意没收。虽经交涉,仍不发还。其意盖在取缔我侨民之思想智识,使之不识不知,任人愚弄而后快。至于报纸消息,则日本各通讯社素以善造谣言闻于世,似应在取缔之列。然日人公然放纵,反以为我国报纸所载中日消息不甚确实,有害及治安之虞。凡鲜内我国机关,以及私人所定国内报纸杂志,或予没收,或予取缔。使我人民如处孤岛间,对于本国消息不能探知。以为非此不足以锢人智慧,短人志气也。兹将仁川海关没收书籍,及朝鲜总督府警务局没收报纸等情事录之如次:

仁川海关没收党义书籍

　　民国十九年一月二十二日,中国国民党驻朝鲜直属支部函略称:兹据党员许伯元报称:本月由里返韩,带有中山丛书四册,党员训练大纲一本。十六日下午三时,行抵仁川海口。当检验时,海关员以假阅为辞,强行将该书完全扣留等情。此事经前驻仁川领事馆,叠向当地海关据理交涉,均已该项书籍并不在关,实属无法交换之词作答。

　　民国二十年五月廿七日,驻鲜支部函略称:顷据仁川侨胞于敏文呈略称:敏文于五月十七日,由芝罘随利通号轮船回鲜。路经仁川海关,竟以无理对待,蔑视华侨,将敏文所带之《中山全集》《三民主义》《建国方略》等书各一部,完全没收。复经客栈力为追讨,不但拒绝返还,且口出不逊,以无理答复等情。嗣经驻仁川办事处向该海关交涉,并无结果。

京城报纸造谣之一斑

　　民国二十一年三月二十三日,朝鲜京城《朝鲜新闻晚报》载称:对于"满洲国"建设,在鲜中国人毋宁以满蒙乐土建设为乐。惟京城中国总领事馆在未奉本国政府命令以前,全取不闻知态度,似在依然从本国政府密送种种排日、侮日、抗日之多数不稳文书。京畿道高等课对于前此由上海经仁川入港之某船,送来之各地中国人小学校使用教科书数百册,施行内容调查。因全书满载奇怪之排日、侮日、抗日之狂激文字,业经付诸行政处分,而全部差押没收之。在帝国领土内亦然,以排日、侮日、抗日教育儿童,殊为怪诞。为此,近总督府俟实状调查后,详细报告外务省,将以之为中国国内排日现状之一确证云。

又,四月三日《大阪朝日新闻》附录,京城消息称:据警务当局之调查,昨今鲜内各地之中国人儿童,在华侨小学校通学者,多使用列有关于排日或抗日过激词句之教科书。以排日思想,注入于彼等年幼脑里之倾向,颇形露骨。为此,当局对于京城中国总领事馆,近有发严重警告之模样云。

仁川海关没收小学用书

民国二十一年四月二十七日,驻仁川办事处呈略称:准仁川鲁侨小学校函略开:查敝校于本年二月间,由烟台诚文信书局购买小学各种教科书数百册,随利通号轮船捎来。当向海关提取,该关员声称:此项书籍须经检查手续,始可放行。经数日后,再向海关领取时,该关员仅将公民、自然、算术等教科书,如数发给,所购之历史教科书,仅将第一册,共二十册发还。当被扣留者,有商务印书馆出版之《新撰历史教科书》四十册,又《中华高级历史教科书》二十册,又《新时代地理教科书》二十册,《三民主义教科书》六十册。据云:此书内中文句,多有碍及日本之处,须送总督府图书课审查办理。延迟多日,经海关发还《新撰历史教科书》四十册,凡内中有关联日本之文句,均用红笔画一竖画,标明此处不得讲授。附呈二册察阅,其余之一百册。该关员云:系总督府因该书中有抗日、侮日文句,概行没收云云。上项情事,经于四月三十日函请朝鲜总督府外事课,转请仁川税关,迅予放行。截至五月三十一日,尚未得复。

日人专发排华、侮华之刊物而彼政府不自为排华反以我国教科书所载之事实为排日颠倒是非孰甚

又,关于我国小学用教科书,日人认为都有排日之记事。故屡有选译成为日文,以资激动其国民之感情者。如昭和四年(民国十八年)九月二十八日,东亚经济调查局印行之《支那国定排日读本》即其一例,其解说略谓:本书从现在中国国民教育所用之教科书中,选其排日记事而翻译之。排日记事散见于地理、历史、国语、唱歌、公民、社会、常识等等教科书,而以三民主义化、党化(国民)教科书中为尤多。

又谓从来排日记事,以高学年为多。及国民政府治下之新教科书,则反之,以低学年为多,高等学年较少,小学教科书为多,中学教科书较少。盖彼等

以为将排日根基自幼年之时,即使深植于脑海,则效用更多也。又谓:最后希望读者留意之处,则中国教科书之教材,始终一贯,其排日之根底颇深。世以中日通商条约之绝对平等,治外法权之撤废,关税之自主,内河航行权之放弃等等。如惟中国之言是听是从,则中日亲善将得告成。具有斯种思考者,颇不乏人。其实不然,现在以及今后欲使中国满足,其意味盖在于鸦片战争之后,中国一切损失均得补偿。如返还关东州(按即旅顺、大连),因属当然,如朝鲜、琉球之放弃,及台湾之返还等事,亦不能不实行也云云。

观夫上述各点,有可注意者数事:(一)日人已将我国小学用教科书之记事,故意认为有排日、侮日之意味。(二)将各教科书教材,选译成日文,并分别附以注解。例如山东问题,日本出兵山东,为国际法上正当之行为等语。其淆乱是非,以及欲激动其国民之侵略野心可知。(三)如日人多数以上述意思为意思,一唱百和,不知是非,认中国未来之主人都属排日、侮日、抗日之辈,则贻祸更巨。除前述之一书外,如大阪对支经济联盟所著之《暴戾支那》(昭和六年即民国二十年十月廿五日出版)、《支那新闻排日情事》(六年十月二十日出版)、《噫国辱》(六年十一月二十二日出版)等,都为排华、侮华之记载,然而日本人固以为当然者也。

其实我国小学所用教科书教材,以及新闻记事,一以史实为依归,毫无臆造;一以事件为根据,未尝滥制。今仍被认为有排日、侮日或抗日之意,则日人欲以一笔抹煞公理与事实之行为,于此便可见矣。

平壤警署没收基督教杂志藉以造谣

民国二十一年五月九日,京城鲜文《朝鲜日报》载平壤消息称:曾由上海方面,寄送多本杂志(记载抗日檄文)于驻平壤之中国人。故平壤警察署正在搜查之中,发现最近由上海香港路圣书公会寄送之《兴华周报》。此周报所记载上海及满洲事变,系日本之○○○○[①]等语。如斯抗日过激字句之杂志,竟有如斯之多数过激书籍运到,故正在检查中国人住宅之中云云。嗣经驻镇南浦副领事馆查报称:有侨民王春堂,山东潍县人,职业木工,现住平壤本町,系基督教信徒,故订有圣书公会《兴华周报》一份。据王春山谓:今年周刊少收了第十四期的译本,想日警署所谓过激杂志,或即第十四期《兴华周报》云云。

---

① 编者按:原文如此,隐去字句。

朝鲜总督府警务局扣留报纸

本馆向天津订购之《益世报》一份、《大公报》二份，自民国二十年九月末旬起，《益世报》迄未收到。询诸该报馆，据复称：仍照寄，并未停止等语。其《大公报》二份，至十月初旬起，即均未完全送到。乃于十月十六日函询京城邮便局，查明见复去后，十月三十一日，据该局复称：迳启者：来函阅悉。贵馆所订益世、大公两报，因系普通邮件，致发出后，尚无记录可查。该两报纸，因内容记载，同系不论发往何处，受有行政上差押处分，此则为最近之事实。贵函所示之各报，或亦受同样之处分，未可知也，相应函复查照云云。

嗣于十一月四日，据情函请朝鲜总督府外事课，查照转知该主管机关，可否将此前本馆及近来所订阅之报纸检出送还，迄未得复。至二十一年四月十八日，《大公报》始可再行寄到，然仍有不能收到者，盖已自二十年十月初旬起，至二十一年四月中旬止，已被没收及取缔，竟达半年以上之久而不止云。

日人撕毁国旗情事

民国二十年一月五日，驻元山副领事馆函报略称：馆内下碣隅华侨四家，因庆祝新年，悬挂国旗，均被该处警察署长拉倒掷地，威逼改悬日本国旗，并咆哮辱骂等情。事关侮辱我国国体，即叠经严重交涉，延至二星期，始得解决。而二十一年一月初，仁川日人复有撕毁我国国旗之举。一月四日，驻仁川办事处报告略称：本月二日午后（约十二时半），有一日人名吉本千代松，路过中国街，将华商复成馆门前所悬国旗撕破，且谓：你们中国人，在我们日本地方，为何不挂日旗，要挂这样的旗有何用？经花房町派出所巡警将该犯人拘拿，并由该处要求将该犯人解送本署查办。惟据当时我商旁观者语，该日人酒醉云云。又称：该日人职业为汽船八尾岛丸机关长等情。嗣后，叠经该处向当地警署交涉，仅由该日人于七日上午到处及中华商会道歉而已。一月三十日，朝鲜总督府外事课复函略称：所有毁损者吉本之行为，因在酩酊前后不觉之状态中，致生该项事件。吉本曾由被害之贵国人，带往警察署官派出所。经该所调查之结果，判明并无何种犯罪之意，故即加谕释放云云。

按：其语意对于该日人侮辱我国国体一节，因系酒醉，似无关重要也者，更属奇特。该日人既为仁川汽船八尾岛丸机关长，则其地位业已较高，知识亦较丰富，今犹有该项行为发生，则其平日对于我国之态度及其存心，可以推知。故非"并无何种犯罪之意"一语，所得掩饰者也。

仁川华商商业,自去年七月初,鲜人暴动惨案发生后,极形衰落。迄今将及一年,仍无恢复之象。一方面又受当地日鲜银行界之暗中压迫,金融上难于活动,致前途极为黯淡,其间因之不能维持其营业者甚多。此非特华商之不幸,其影响所及,且将累及于我国之经济,亦势所必至,故殊未可轻视也。

又,关于当地海关,对于入口货物之严厉估价,直接间接压迫华工华农,以及取缔行动及通信自由等情事亦屡发生,侨民莫不苦之。兹据民国二十一年六月三日,驻仁川办事处报告前述种种情形,录之如次:

仁川鲜人暴动后华商商号收歇数

商号名称	种类	商号名称	种类	商号名称	种类
德顺福	棉布	东华楼	料理	复聚永	杂货
和泰	布匹	中和楼	料理	公聚德	杂货
裕丰德	杂货	同兴馆	饮食	公聚恒	杂货
同生泰	杂货	复丰成	杂货	闫福顺	杂货
和盛昌	杂货	庆云堂	理发	义和园	饮食
德华楼	料理	王麟先	杂货	同盛福	杂货
德永发	杂货	荣春楼	料理	源泰	洋服
东盛泰	杂货	永盛昌	杂货	福昌	杂货
永和盛	杂货	兴发堂	理发		
春海楼	料理	同记东	杂货		

以上共计二十八家。

海关对于入口货物估价极严,银行暗中压迫华商

当地侨民,虽无直接受日人抵制,惟暗中奖励取用国货,不买华货。海关检查华商入口货物,维依关税法税率估价,极形严厉。银行方面,对于华商放款,不甚予以接济。如此前可贷以十万元者,现只贷以五万元等,并须有相当抵押品,以致金融方面,颇受挟制。

日警署直接间接取缔华人工农

对于华商方面,虽未见有如何虐待,惟暴动以前,对于中国劳工及农人等,

由警署取缔严密。凡华工在当地受日人雇用，或经营农业等，除租地以外，须向警署领取许可证，始可居住。该许可证，限以一年或二年之期限，至期则不许以居住。甚至对于料理店及大烧铺等，亦认为劳工之一种。且日人雇用多数华工时，其雇佣人数，不得超过日韩人人数三分之一。故日人虽无直接威迫回国等情，华工谋生自然困难，结果自行回国。

警署取缔行动通信自由

暴动时，警署对于华人通信均加以检查。如有将暴动当时情形报告本国者，一经查出，立即加以没收并逮捕，事后则无。华人聚会，须先由警署领取许可证，始可开会，迄今如此。

资料来源：《搜集日本违法行为资料提交国联调查团（三）》，台湾"国史馆"藏"外交部"全宗，第37—69页。

27. 外交部致北平档案保管处转国联调查团中国代表处电（1932年6月9日）

亚字第3148号电

国联调查团中国代表处公鉴：日方抵制华货、虐待华侨材料一事，业收。驻日使馆所有抄件，全部业经抄寄在案。兹又据驻朝鲜总领事馆呈送报告书全份，特交快邮寄上，即希查收。外交部南京办事处。印。

资料来源：《搜集日本违法行为资料提交国联调查团（三）》，台湾"国史馆"藏"外交部"全宗，第70页。

28. 北平王广圻致外交部电（1932年6月9日）

来电第34205号

发电：1932年6月9日19时26分

收电：1932年6月10日6时20分

南京外交部钧鉴：鱼（六日）代电悉。前据哈斯面谈，调查团确有取道朝鲜赴日之意。惟日期似未确定，说帖当遵检寄。惟万宝山案稿，已正在校订。先复。圻。佳(九日)。

资料来源:《搜集日本违法行为资料提交国联调查团(三)》,台湾"国史馆"藏"外交部"全宗,第71页。

29. 北平顾维钧致外交部电(1932年6月9日)

来电第34192号

发电:1932年6月3日7时00分

收电:1932年6月7日18时15分

宋部长子文兄勋鉴:特密。转呈汪院长、蒋委员长并送罗部长勋鉴:漾电概陈对俄意见,计邀鉴核。弟自抵东省,历迹沈、长、吉、哈参预调查,倏忽月余。鉴于日人之横暴残忍,使我悲愤填胸。三千万同胞无异釜鱼俎肉,亡国之痛,哭诉无门,惟日夜望政府有以解倒悬之苦。而日本侵吞满蒙之政策一意孤行,其对"满洲国"锐志经营,使成牢不可破之事实,以挟国联。现在以收编之华军不可靠,乃积极招选少壮华人,训练新军,由日军官率领。并购置大汽油船,编为江防,意在把持交通要道,消灭反抗之。一面整理财政,增加税收,改革币制,巩固金融,以东省之财用,养"满洲国"军队,藉资防御。其他如:选派富有经验之日人,充任重要机关顾问,测量水道、疏浚河渠以增农业,建筑道路以利运输。招取日本各大学毕业之青年日人,派往内地分掌吏治。停办中央大学编小学教科书,以造成亲日本化子弟。提倡青年运动会,唱"国歌",扬"国旗",奋发"新国"思想。一切财政计划,都以满铁人才为骨干。凡所掠攫,罄笔难书。要皆欲巩固"满洲国"基础,遂其大陆政策。国联决议,世界舆论如表同情,固所愿望。或示反对,非所顾忌。不得已而动干戈以相抗,亦所不惜。此乃东省一般日人之心理,即日本舆论亦复如是。

调查团各委员见此情形,殊为焦急。以为论理,曲在日本,自应主张公道。但若日本置之不理,列强不肯仗义执言,则国联本身实力,不顾事实,徒丧威信。现处两难,殊感棘手。察其语气,深盼吾国一面信赖国联,一面亦须努力自救。遉日本稍有顾忌,国联易于措辞。不然,调查团为保全国联之生存计,对吾东省难免采择名存实亡之解决办法。届时,吾国受之,则断送国权,拒之,则有违前诺。势处两难,益将穷于应付。东省既亡,中原危急。西北、西南势必相继沉沦。亡国之祸,迫在眉睫矣。救东省,即所以救全国,未可以为东省地属边陲,从容应付而国难可除也。且近窥东邻蓄意谋吾,逞兵掠地,举国若狂。远察欧西,群雄争霸,钩心斗角,自顾不遑。均势颠覆,大战随之。届时,人为刀俎,我为鱼肉,欲图苟存,亦已晚矣。鄙意,为今之计,对日要宜采择自救政策,决定办法,努力实行如下,以为国联之后盾,显示各国以吾自助之精神:

(一)经济上,阳持镇静态度,阴行积极抵制。一切组织与办法,务须较前更为周密有效。

(二)外交上,对于美、俄、英、义、德、法,或提携、或联络、或疏通,就其与吾利害相同之点,拟具方案。预选干才,充实经费,分头前往洽商,设法务使日本孤立无援、腹背受敌,俾易就范。

(三)军事上,决定具体计画。准备于六个月后,不得已时,诉诸武力,以补经济、外交政策之不足,而为后盾。

(四)两国间如有适当机会,似不妨与之直接交换意见,以示我国别无他意,而懈其积极经营"满洲国"之决心。

凡此荦荦大端,见诸实行,自属头绪纷繁。但使方针既定,其具体办法,自易措手。管见所及,统祈核查。弟入关在即,回平后,如能抽身,拟晋京报告东省实况,并将上述吾国自救政策,详为面陈,以供采择。弟顾维钧叩。东(一日)。印。

资料来源:《搜集日本违法行为资料提交国联调查团(三)》,台湾"国史馆"藏"外交部"全宗,第72—75页。

30. 驻台北总领事馆呈外交部密件(1932年6月10日)

洲字 3639 号

为密呈事。奉钧部二十七日电,饬将日当局与人民抵制日货、虐待华侨所取行动与通信自由、威迫回国人数等事,搜集材料,编具报告书,于七日内送部等因。奉此,查台湾自改隶以后,日当局与人民挟战胜余威,虐待华侨,种种事实,殆罄竹难书。惟华侨大都安分守己,兼因智识欠缺,遇有横逆之来,惟有含垢忍辱,不敢诉屈鸣冤。即间有诉之于法,亦难得直。是以关于各种虐待情形,大体仅有传说,并无记录。自本馆于上年四月间成立以来,各地侨民遇有虐待或不当取缔,始有报告本馆,请求交涉。或由本馆就见闻所得,自动交涉。

惟以华侨人数众多，分布极广，本馆耳目难周，华侨因受历年积威，亦多有顾虑而匿不声诉者。所以各种事实，似仍难免挂漏之嫌。奉电前因，理合将本馆成立后所有日当局与人民抵制华货、虐待华侨等各情事，汇编报告书一份。遵限送请钧部，鉴核施行。谨呈外交部。

驻台北总领事：林绍南

资料来源：《搜集日本违法行为资料提交国联调查团（三）》，台湾"国史馆"藏"外交部"全宗，第 76 页。

31. 外交部北平档案保管处致外交部电
（1932 年 6 月 6 日）

宙字第 106 号快邮代电

南京外交部部长、次长钧鉴：奉江电敬悉。查"二十一条"之正英文译本，现本处档案库中只存有两本，业于本日交快邮寄京，敬请钧部核收，并恳批复为祷。王承传叩。鱼。

资料来源：《搜集日本违法行为资料提交国联调查团（三）》，台湾"国史馆"藏"外交部"全宗，第 91—92 页。

32. 外交部致铁道部南京办事处函（1932 年 6 月 10 日）

亚字第 3167 号

为咨复事。准上月三十一日第四三二号咨称：东三省各铁路与日本债款关系，均有合同以为依据。兹为防止日本以片面宣传朦蔽世界观听，由本部译成英文，以备国联调查团之参考，请再审核见复等因。并附译件十七件到部。业经本部加以审核，于文字上略有修改。

又，所缺收买新奉暨自造吉长条款日文，亦经本部检出抄录附入。惟其中丁项关于铁路账房一节，中、日文意义，不甚符合。即其他合同各条款，亦颇多中、日文不符之处。是否系排印时手民之误，似应由贵部将各该合同原文检出，校对一遍，较为妥善。相应将原附译件十七件送还，即希查收可也。此咨。

资料来源：《搜集日本违法行为资料提交国联调查团（三）》，台湾"国史馆"藏"外交部"全宗，第 93—94 页。

33. 外交部致驻朝鲜总领事电(1932 年 6 月 11 日)

亚字第 3190 号

驻朝鲜总领事览:关于国联调查团赴鲜一事,六日指令计达。顷接该团中国代表处电称:调查团确有取道朝鲜赴日之意,惟日期似未确定等语。特电知照。外交部南京办事处。灰。印。

资料来源:《搜集日本违法行为资料提交国联调查团(三)》,台湾"国史馆"藏"外交部"全宗,第 95 页。

34. 外交部致北平档案保管处转国联调查团中国
代表办事处电(1932 年 6 月 11 日)

亚字第 3200 号

北平档案保管处转国联调查团中国代表办事处鉴:关于日本抵制华货、虐待华侨等事,驻日本公使馆及驻朝鲜总领事馆所送报告书,业经本部先后送达在案。兹将驻台北总领事馆报告书一份及附件三件续寄备考。用毕后,希仍将原件寄回本部亚洲司为荷。外交部南京办事处。印。

资料来源:《搜集日本违法行为资料提交国联调查团(三)》,台湾"国史馆"藏"外交部"全宗,第 96 页。

35. 参与国际联合会调查委员会中国代表处致
外交部公函(1932 年 6 月 11 日)

平字第 311 号

迳启者:准贵部亚字第二七七九号公函开:本部所编"日方所谓悬案之事实与真相",系以上海《英文晚报》《法文日报》所载日领发表之五十三悬案为根据。其三十七、三十八之答案,根据财政部之意见,该两案均系西原借款。究竟旧财政部有无审定归入整理案,乞就近详询前财政整理会秘书长周怡春先生后,斟酌编辑等因。并《英文晚报》剪报一份到处,均经收到。除汇案办理外,相应函复贵部,即希查照。此致

外交部

顾维钧

中华民国二十一年六月七日

　　资料来源:《搜集日本违法行为资料提交国联调查团(三)》,台湾"国史馆"藏"外交部"全宗,第 97 页。

36. 参与国际联合会调查委员会中国代表处致
外交部公函(1932 年 6 月 11 日)

　　平字第 309 号

　　迳启者:准贵部冬日快邮代电开:教育部所编对日交涉关于教育事项一文,业于三月间邮寄在案。兹复准函送该项文件之再续、三续各一分,特寄查收等因,并附件二册到处。除汇案办理外,相应函复。即希查照。此致
外交部

顾维钧

中华民国二十一年六月七日

　　资料来源:《搜集日本违法行为资料提交国联调查团(三)》,台湾"国史馆"藏"外交部"全宗,第 98 页。

37. 外交部致铁道部南京办事处公函(1932 年 6 月 11 日)

　　亚字第 3192 号

　　迳启者:前准贵部参字第一三〇号密函,以编译有关东三省铁路之中日条约合同,请检送有关各文件,以凭办理等因。除"二十一条"中文抄本,《中日会议东三省事宜条约》之正约、附约及日俄《朴资茅斯条约》之英文译本,业于本月四日,先行函送在案外,兹据本部北平档案保管处,检寄民国四年"二十一条"之英文译本到部。相应随函送上一册,即希查收可也。此致

　　资料来源:《搜集日本违法行为资料提交国联调查团(三)》,台湾"国史馆"藏"外交部"全宗,第 99 页。

38. 济南顾维钧致外交部电（1932 年 6 月 11 日）

来电第 34238 号

发电：1932 年 6 月 11 日 9 时 40 分

收电：1932 年 6 月 11 日 12 时 56 分

南京外交部：密。罗部长勋鉴：灰电敬悉。弟准十二日晨，乘机到京。下电请饬转，并请去电速驾。弟钧。真。

"蒋公使雨岩兄：东事牵动全局，对日、对俄均须从速商榷。弟准星期晨，乘机到京。兄如能来京，俾便同向当局面洽，尤盼。否则，弟仍当赴沪聆教。盼电复。弟钧。"

资料来源：《搜集日本违法行为资料提交国联调查团（三）》，台湾"国史馆"藏"外交部"全宗，第 100 页。

39. 北平钱泰致外交部电（1932 年 6 月 11 日）

来电第 34245 号

发电：1932 年 6 月 11 日 19 时 10 分

收电：1932 年 6 月 11 日 22 时 5 分

南京外交部转顾代表勋鉴：密。顷接德潜兄电，谓：驳日本五十三悬案说帖，将中村案提出，另备说帖等因。惟此案据哈斯及熊表示，均谓：材料已定，不必再有说帖。且该案不易措辞，可否即在悬案中略略一提，不再另备说帖之处，仍候电示。泰。真（十一日）。

资料来源：《搜集日本违法行为资料提交国联调查团（三）》，台湾"国史馆"藏"外交部"全宗，第 101 页。

40. 铁道部致外交部公函（1932 年 6 月 11 日）

参字第 139 号

迳启者：接准贵部亚字第三零四九号公函。承检送"二十一条"中文抄本，《中日会议东三省事宜条约》之正约、附约，及日俄《朴资茅斯条约》之英文译本

等件,业经照收。《朴资茅斯条约》祈再检送中文译本一份,至纫公谊。此致
外交部

部长:顾孟余

中华民国六月十一日

资料来源:《搜集日本违法行为资料提交国联调查团(三)》,台湾"国史馆"
藏"外交部"全宗,第102—103页。

41. 外交部致北平档案保管处转国联调查团中国代表办事处电(1932 年 6 月 14 日)

去文洲字第 1307 号

北平档案保管处转国联调查团中国代表办事处公鉴:兹抄送四川省大竹
县各机关□□民众致国联电一件,请转知国联调查团为荷。外交部亚洲
司。寒。

附原电一件。①

资料来源:《搜集日本违法行为资料提交国联调查团(三)》,台湾"国史馆"
藏"外交部"全宗,第104页。

42. 行政院发外交部指令(1932 年 6 月 14 日)

洲字第 3692 号

行政院指令。令外交部:

呈据顾代表维钧电称:日方诬我内政纷乱,缺乏统治能力,对调查团为不
利我之宣传。拟请饬主管机关,将关于各种建设之成绩,从速拟具说帖,以便
转送调查团,藉资抵制,转请鉴核施行由。

呈悉。查此案前据顾代表迳电到院,经密电内政、教育、交通、铁道、实业、
军政、财政等部建设委员会,南京、上海、北平、天津、青岛、广州各市政府,从速
拟具说帖,送院汇转在案。仰即知照。此令。

中华民国二十一年六月十四日

---

① 编者按:无附件内容。

院长：汪兆铭

资料来源：《搜集日本违法行为资料提交国联调查团（三）》，台湾"国史馆"藏"外交部"全宗，第 105—106 页。

43. 外交部致铁道部南京办事处公函（1932 年 6 月 11 日）

亚字第 3281 号

迳复者：接准贵部参字第一三九号公函，嘱再检送《朴资茅斯条约》中文译本一份等因。查《朴资茅斯条约》中文译文并无印本，兹特抄录一份随函送上，即希查收可也。此致。

资料来源：《搜集日本违法行为资料提交国联调查团（三）》，台湾"国史馆"藏"外交部"全宗，第 107 页。

44. 北平代表处致外交部电（1932 年 6 月 15 日）

来电第 34354 号

发电：1932 年 6 月 15 日 17 时 00 分

收电：1932 年 6 月 15 日 19 时 12 分

南京外交部鉴：密。调查团面交日本不满我国之点，内有关于征收卷烟税事项。据称：营口对于卷烟税，仅征收税额五分之一，其余五分之四，以退还名义发还，大连则征收全额等语。我方应如何答复，请转询财部电复为荷。代表处。

资料来源：《搜集日本违法行为资料提交国联调查团（三）》，台湾"国史馆"藏"外交部"全宗，第 108 页。

45. 钱泰致徐谟电（1932 年 6 月 13 日）

洲字第 3711 号

叔谟我兄次长左右：兹有恳者，日方提交调查团关于中国共产党说帖，敝处现正移译中文，以备付印。惟原书所列共党人名，均系译音，未注原名。想中央党部方面，当有案卷可资查考。附上名单一件。即请我兄派员查明填注，快邮寄下，毋任感荷。专此布恳。顺请台安。

弟钱泰上言

六月十四日

资料来源:《搜集日本违法行为资料提交国联调查团(三)》,台湾"国史馆"藏"外交部"全宗,第 109 页。

46. 外交部致财政部南京办事处公函(1932 年 6 月 16 日)

亚字第 3332 号

迳启者:接国联调查团中国代表处本月十五日电称:调查团面交日本不满我国之点,内有关于征收卷烟税事项。据称:营口对于卷烟税,仅征收税额五分之一,其余五分之四,以退还名义发还,大连则征收全额等语。我方应如何答复,请转询财部电复等语。相应函达,即希查照,见复为荷。此致。

资料来源:《搜集日本违法行为资料提交国联调查团(三)》,台湾"国史馆"藏"外交部"全宗,第 110 页。

47. 铁道部南京办事处咨外交部文(1932 年 6 月 17 日)

参字第 145 号

为密咨事。准密咨:以国联调查团在平,曾询及十七年五月十七日交通部所签长赉铁路文件,咨请查明。如有此件,请即饬抄一份送部等因。查本部接收交通部卷内,并无此项文件。关于此案,本部曾询前交通部监印员安涛。据述此案记忆情形甚详,兹抄送贵部密察,以备研究。至贵部如何答复之处,并请密咨本部,以便知照,至纫公谊。此咨

外交部长罗

部长:顾孟余

中华民国廿一年六月十七日

节略

安涛谨呈 民国十八年三月十三日

十七年五月十三日,对于赵代理次长镇签印长大铁路、敦老铁路、老图铁路等三项借款契约、凭函之心记,兹谨笔录于下:

伏读我《总理遗嘱》中第二项云："废除不平等条约，短期促现、促进之计划，全在当局贡献之方法，人皆有责。"上年接收委员北来，尽将所存具有底案之各种借款、合同、契约、凭函等件，完全归部。惟是十七年五月十三日，赵代理次长镇任内，赵代理次长签印之长春至大赉、敦化至老头沟、老头沟至图们江，此三项者契约及来去凭函，原件带去，并无片纸只字之存留，莫由接收。犹记忆得当时目击盖印情形以及心记大概，叠次面诉于胡征若处长及接收委员会主任总务股长、路政股长之前，金以未留底本为歉。胡征若处长并云：赵幼梅司长嘱为转询等语。其时，刘同仁股长适出席府院接收委员会。经询府院接收档案中，亦查不出是项借款契约及来去凭函。及至钧部刘参事接收路卷之时，并询是事，当经声复相同。今日复承钧部刘参事面云：现奉部电，以旧部库存带京之各项合同中编查，无此项底本。垂询当时盖印大概情形，并嘱急速即开具节略。遵当详细据实胪列，敬为钧部陈之。

计开：

（一）民国十七年五月十三日，星期日正午。突由文书科收发处星期值班员送到，由常宅交来呈文底一件，黏[粘]贴"秘书厅送部备案"小签条。"送部备案"字样，系墨笔。"秘书厅"三字，系盖戳记。此呈文底，即系交通次长代理部务常阴槐，五月十一日呈大元帅。文底内云：因火车拥挤，赴津疏通。所有次长职务，由航政司长赵镇暂行代理。其正式呈文由何处缮发，亦未曾交盖部印官章，是以不克知晓。呈底中并未盖印章。其呈底，存留机要科次长到任卷中，于七月三十一日，接收委员会结束后，装入第一号机要科卷箱运京。至五月十五日，公报载大元帅指令第四百三十六号，令代理部务交通次长常阴槐，呈报前赴津浦陆线指挥军运事宜，所有次长职务，由航政司长赵镇暂行代理由。呈悉。此令。十七年五月十四日等语。别无指令来文。

（一）是日，即十三日正午以后，赵代理次长镇，迭次电话向科中找寻值班人员。至晚九时三十余分，先到后客厅，饬茶艺来找。当即赴后客厅，进见赵代理次长，并望见同来两个日本人。听其向他出操华语：电话说今夜太迟，恐赶不上晚车，明日早车再走等语。

（一）当时赵代理次长面嘱，速取交通部大印及次长官章。赵代理次长即同两个日本人均赴大堂入座，由赵代理次长从皮包中，掏出洋纸封筒两个。一则装有两本，一则装有四本，均洋纸者。其皮面中间标题有"长大""敦老""老图"等项字样。"长大"契约连来去凭函，共装订成本，大约三四十页。两本同样每一来函,夹一去函,来函大约十余页,去函同。每函中字迹数行,约占半开。来函有山本罗太郎签名,盖有图章,不曾记忆字迹。去函签有交通部代理次长赵镇九个字,加盖交通次长官章并盖交通部印。其首页及末页骑缝上,双方均已盖章。此方仍盖交通次长官章,彼方骑缝章中,字迹仍记忆不清。"敦老""老图"此两种篇页相仿,契约及来去凭函,大约二三十页,仍系每一来函,夹一去函,去函大约十余页,来函同。

(一)三项数目虽记忆,不甚确定,只得勉为追溯记忆,共合二千九百七十三万左右。

长大,则记忆为六百二十二万之谱。

敦老,则记忆为一千一百三十一万之谱。

老图,则记忆为一千二百二十万之谱。

此数目恐有参差不确,或此路数目不免误记为彼路数目,实以目击之时间过促,不容细记之故耳。至契约中任何条件更不及细看,不能道其一二,迄今耿耿。

(一)以上六本内所有契约及来去凭函中,均系打字机所打之字,由何处打成,无从知晓。

(一)契约凭函每页,经过赵代理次长自行签衔,并属姓名之次行中,并签有中华民国十七年五月十三日日期。

(一)赵代理次长签印已毕,将此六本仍分装两原封筒中,均存置皮包中带去。其时别无其他签印之件,即经赵代理次长将交通部印、次长官章,交由监印员领收。

资料来源:《搜集日本违法行为资料提交国联调查团(三)》,台湾"国史馆"藏"外交部"全宗,第111—115页。

48. 外交部致北平档案保管处转国联调查团中国代表处电(1932年6月17日)

洲字第1327号

迳启者:案查顾代表电请政府,拟具各种建设成绩说帖,转送调查团事。当经本部转呈行政院核办在案。兹奉到密令一件,相应抄录原令,随函送上,即希查照为荷。此致

国联调查团中国代表处

外交部亚洲同启

附抄行政院密令一件。①

资料来源:《搜集日本违法行为资料提交国联调查团(三)》,台湾"国史馆"藏"外交部"全宗,第 116 页。

49. 参与国际联合会调查委员会中国代表处致外交部公函(1932 年 6 月 13 日)

平字第 332 号

迳启者:顷奉到贵部佳日所发快邮代电二件,附驻日使馆、驻朝鲜总领事馆呈报日方抵制华货、虐待华侨情形报告书各一份,均经照收。相应函复,即希查照为荷。此致

外交部

顾维钧

中华民国二十一年六月十三日

资料来源:《搜集日本违法行为资料提交国联调查团(三)》,台湾"国史馆"藏"外交部"全宗,第 117—119 页。

50. 汉城卢春芳致外交部电(1932 年 6 月 18 日)

来电第 34408 号

发电:1932 年 6 月 18 日 12 时 10 分

收电:1932 年 6 月 18 日 15 时 10 分

南京外交部部、次长钧鉴:六日指令、十日代电敬悉。报载国际联盟调查团,本月二十四日上午八时,抵安东。二十五日上午七时,抵京城。停留四小时,见客参观。十一时出发,经釜山赴日。平壤下车否,不详云云。中国代表接洽是否同行,及其他详情,乞电示遵。芳。十八日。

资料来源:《搜集日本违法行为资料提交国联调查团(三)》,台湾"国史馆"藏"外交部"全宗,第 120 页。

---

① 编者按:无附件内容。

51. 外交部致军事委员会电(1932年6月18日)

亚字第 3357 号

军事委员会公鉴:准国联调查团中国代表办事处函,嘱将日方提交调查团之中国共产党说帖,所列共党人名译音,查填原名。特钞送原单,请即按名查填,送还转致为荷。外交部。巧。印。

资料来源:《搜集日本违法行为资料提交国联调查团(三)》,台湾"国史馆"藏"外交部"全宗,第 121 页。

52. 外交部致中央执行委员会秘书处函
(1932年6月18日)

亚字第 3356 号

迳启者:准国联调查团中国代表办事处函。以日方提交调查团之中国共产党说帖,所列共党人名均系译音,未注原名。附上名单,请即查明填注,以便译印等因。查此项人名,贵处应有案可考,用特原单函达查照,希即按照单开译音,查填本名,送还转致为荷。此致

中央执行委员会秘书处

中华民国二十一年六月十八日

资料来源:《搜集日本违法行为资料提交国联调查团(三)》,台湾"国史馆"藏"外交部"全宗,第 122—123 页。

53. 参与国际联合会调查委员会中国代表处致
外交部公函(1932年6月18日)

平字第 334 号

迳启者:准贵部真日快邮代电。检寄驻台北总领事馆具报日本抵制华货、虐待华侨事实报告书一份,附件三件。属于用毕后,将原件寄回等因。一俟参考事毕,即将原件奉缴。相应先行函复贵部,即希查照。此致

外交部

顾维钧

中华民国二十一年六月十五日

资料来源:《搜集日本违法行为资料提交国联调查团(三)》,台湾"国史馆"藏"外交部"全宗,第 124 页。

54. 铁道部致外交部公函(1932 年 6 月 18 日)

参字第 141 号

为咨送事。查东三省中日铁路借款合同,除前经贵部审核十七件外,现陆续译就者,尚有二十件。相应兹送贵部查照,即请审核见复,实纫公谊。此致外交部南京办事处

附清单。

部长:顾孟余

中华民国二十一年六月十五日

铁道部铁路借款合同清单(1932 年 6 月 18 日)

参字第 141 号

清单

计开:

《中日会议东三省事宜条约》(请查核中文)

《租借旅顺大连湾条约》

《中日"满"韩国境通车章程》(亦称《安奉铁路协约》)

《安奉铁路与朝鲜国境通车协定》

《关于安奉线改筑中日备忘录》

《交通部向南满会社借款五案》

《满洲五案协约》

《间岛条约》

《吉会路借款预备合同》

《满蒙五路换文》(《借款修造铁路预约办法大纲》)

《四郑路借款合同》

《四郑路借款合同附件》

《四郑路借款正金银行来函十件》

《四郑路短期借款合同》

《四洮路借款合同》

《四洮路借款合同附件》

《四洮路五百万元垫款凭函及复函》

《四洮路短期借款六案》

《满蒙四路换文》

《满蒙四路借款预备合同》

计二十件。

资料来源:《搜集日本违法行为资料提交国联调查团(三)》,台湾"国史馆"藏"外交部"全宗,第125—129页。

55. 外交部呈行政院文(1932年6月21日)

亚字第3413号

为密呈事。日方向国联调查团,为不利我国宣传一事。前据顾代表来电,当经呈请钧院,令饬各主管机关将各项建设成绩拟具说帖,提交调查团,藉资抵制。并奉指令,已分电照办在案。现因此项说帖待用甚急,理合再行呈请钧院,迅予电催内政、教育、交通、铁道、实业、军政、财政等部,暨建设委员会南京、上海、北平、天津、青岛、汉口、广州各市政府,从速拟就说帖,迳行送部,以资应用,实为公便。谨呈。

资料来源:《搜集日本违法行为资料提交国联调查团(三)》,台湾"国史馆"藏"外交部"全宗,第130页。

56. 外交部致军事委员会函(1932年6月21日)

亚字第3414号

敬密启者:日方向国联调查团,每为不利于我之宣传,并提出种种说帖。其诬我最甚者,厥为内政纷乱、缺乏统治能力,及共党蔓延二点。本部为辨清国际视听起见,对第一点,曾于六月九日,呈请行政院,迅令各主管机关,将各种建设成绩速拟说帖,以资抵制。至于"剿共"一点,虽经商请内政、军政两部,拟有节略,尚未详尽。恐调查团未能深悉我国政治情况,不易明瞭,致难着手编制说帖。拟请贵会与该两部会商,另拟一较详之节略。特别注重"剿共"事实及"清共"及政府对于肃清各地施政方针等,如地方行政及清理土地等。凭转送国联调查团中国代表处,拟具说帖。现时期迫促,即希从速办理,见复为荷。此致。

中华民国二十一年六月二十一日

资料来源:《搜集日本违法行为资料提交国联调查团(三)》,台湾"国史馆"藏"外交部"全宗,第131—132页。

57. 汉城卢春芳致外交部电(1932年6月21日)

来电第34488号

发电:1932年6月21日2时33分

收电:1932年6月21日16时50分

南京外交部:密。查我国代表处寄来鲜案说帖,死亡、损失数目错误。平壤损失应共计二百五十四万五千八百八十八元五角七分;仁川损失应共六十五万三千七百五十二元三角二分;京城损失尾数应作五角九分;新义州最近报告损失共四万八千二百六十三元二角二分。死伤数目,祈饬查本馆鲜字第九号旬报。

又,CNINNAMPO 误作 CHEMULPO,元山应写 GENZAN 或 WANSAN。统祈电转该处。春芳叩。二十一日。

资料来源:《搜集日本违法行为资料提交国联调查团(三)》,台湾"国史馆"藏"外交部"全宗,第134页。

58. 外交部致北平档案保管处转国联调查团中国代表处电(1932年6月21日)

去电第29870号

北平档案保管处转国联调查团中国代表办事处鉴:据汉城卢总领事马电称:代表处寄来鲜案说帖,死亡、损失数目错误。平壤损失应共计二百五十四万五千八百八十八元五角七分;仁川损失应共六十五万三千七百五十二元三角二分;京城损失尾数应作五角九分;新义州最近报告损失共四万八千二百六十三元二角二分。

又,cninampo 误作 chemulpo,元山应写 genzan 或 wansan 等语。

再,该馆本年四月旬报,统计死伤失踪人数:京城重伤六人,轻伤一百四十人;平壤死亡一百三十三人,重伤七十四人,轻伤二百十五人,失踪七十二人;仁川死亡二人,重伤二人,轻伤二十人;新义州死亡二人,重伤(连附近各地)九人,轻伤三十三人;元山死亡五人,重伤(连附近各地)二十六人,失踪十九人;釜山重伤二人;镇南浦重伤一人,轻伤十八人。特电达酌办。外交部。廿三日。

资料来源:《搜集日本违法行为资料提交国联调查团(三)》,台湾"国史馆"藏"外交部"全宗,第 135—136 页。

59. 外交部致北平档案保管处转国联调查团中国代表处电(1932 年 6 月 21 日)

亚字第 3415 号

迳密启者:前以调查团在平,曾询及十七年五月十七日交通部所签文件。经部咨请铁道部查抄去后,兹准复以本部接收交通部卷内并无此项文件。关于此案,本部曾询前交通部监印员安涛,据述此案记忆情形甚详,兹抄送以备研究等因。相应抄录此项密件,即希查照斟酌办理可也。此致

附抄密件。[①]

资料来源:《搜集日本违法行为资料提交国联调查团(三)》,台湾"国史馆"藏"外交部"全宗,第 137 页。

60. 外交部咨铁道部文(1932 年 6 月 24 日)

亚字第 3497 号

为咨复事。准贵部参字第一四一号咨开:送续译《东三省中日铁路借款合

---

① 编者按:无附件内容。

同》二十件,属为审核见复等因,并附清单到部。当经本部详为校对,加以文字修正,并收所有疑点,于签条上注明。惟本部意见,其中当有应行商拟者数点:

(一)英文函件之称呼及署名,似宜统一。

(二)日人姓名,似宜照洋文格式,将名置于姓前。

(三)我方人名英文,多未填入,似宜补充。

准咨前因,相应检同原件咨还,即希查照办理可也。此致

铁道部

附清单。①

资料来源:《搜集日本违法行为资料提交国联调查团(三)》,台湾"国史馆"藏"外交部"全宗,第 138 页。

61. 外交部致朝鲜京城卢总领事电(1932 年 6 月 26 日)

国联调查团二十八日,由北平启程,经鲜赴东。顾代表不偕往,无庸招待,并转告釜山陈领事。外交部。二十七日。

资料来源:《搜集日本违法行为资料提交国联调查团(三)》,台湾"国史馆"藏"外交部"全宗,第 140 页。

62. 铁道部致外交部公函(1932 年 6 月 27 日)

参字第 733 号

迳启者:前次咨送贵部审核英译《东三省中日铁路借款合同》计二十件,现因国联调查团即将着手整理报告,亟应从速提出,以备参考。相应函请迅予审核见复,实纫公谊。此咨

外交部

部长:顾孟余

中华民国二十一年六月二十五日

资料来源:《搜集日本违法行为资料提交国联调查团(三)》,台湾"国史馆"藏"外交部"全宗,第 141—142 页。

---

① 编者按:无附件内容。

63. 北平金问泗致外交部电(1932年6月26日)

来电第34652号

发电:1932年6月26日17时50分

收电:1932年6月26日19时54分

南京外交部徐次长叔谟兄勋鉴:国联调查团经济专家DORSMAN①,明晚绕京赴沪,星期三过京,晋谒吾兄。请兄介见吾国专家如马寅初、卫挺生、陈长蘅诸君,讨论东省财政、经济、金融问题,尤注意奉票一事。讨论完毕后,并请将讨论情形,即可撮要通知刘大钧君,以资接洽。因DORSMAN到沪,尚须与刘及顾宗林一谈也。刘寓霞飞路兴业里六号,并闻。

再,代表处奉票说帖,已定稿。由星期三航空寄京,以备参考。乞于是日饬取,以免迟递。泗。二十六日。

资料来源:《搜集日本违法行为资料提交国联调查团(三)》,台湾"国史馆"藏"外交部"全宗,第143页。

64. 北平代表处致外交部电(1932年6月28日)

来电第34714号

发电:1932年6月28日15时50分

收电:1932年6月28日18时15分

南京外交部:二十三日电悉。鲜案说帖中简表,已参照贵部来电修正,补送国联调查团查照。计死亡总数148名,轻重伤总数546名,失踪总数91名。损失总数日金——4163103元07分。请转电卢总领事接洽。代表处。二十八日。

资料来源:《搜集日本违法行为资料提交国联调查团(三)》,台湾"国史馆"藏"外交部"全宗,第144页。

---

① 编者按:原文为DORSMAN,应为彭道夫门(Ben Dorfman)。后同。

65. 北平钱泰致外交部电(1932 年 6 月 28 日)

来电第 34707 号

发电:1932 年 6 月 28 日 14 时 55 分

收电:1932 年 6 月 28 日 16 时 15 分

南京外交部徐次长叔谟兄勋鉴:密。宥(廿六)电奉悉。各项说帖即补寄。前汪院长与调查团谈话纪录,一俟整理完竣,当再邮奉。弟泰。俭(廿八日)。

资料来源:《搜集日本违法行为资料提交国联调查团(三)》,台湾"国史馆"藏"外交部"全宗,第 145 页。

66. 行政院致外交部令(1932 年 6 月 27 日)

字第 1650 号

令外交部。

呈为日方向国联调查团,为不利我国宣传一事。曾奉钧院令,饬各主管机关将各项建设成绩,拟具说帖,提交调查团,以资抵制。请迅饬从速拟就,送部应用由。

呈悉。查此案关系对外宣传,至为重要。经本院于本月二十日,招集各主管机关会同商定,编制说帖方法四条。限于六月二十八日以前,将说帖编成,送院在案,仰即知照。此令。

中华民国二十一年六月二十七日

院长:汪兆铭

资料来源:《搜集日本违法行为资料提交国联调查团(三)》,台湾"国史馆"藏"外交部"全宗,第 146—148 页。

67. 中国国民党中央执行委员会秘书处留京办事处 致外交部公函(1932 年 6 月 28 日)

第 6823 号

顷准贵部第三三五六号函,送中国共产党译音名单一份,请译填送还等由。准此,查原送名单,其中差讹甚多,不能全部译出。除将一部分照译外,特另附较正确之名单一份,连同原件送达。即希查收为荷。此致
外交部

附检还原送名单一份抄送名单一份。

中华民国二十一年六月廿七日

秘书长:叶楚伧

中国共产党译名名单(1932 年 6 月 27 日)①

名单(系照原名单补正,并未增加)

第七军长 ——张逸云

第十一军长——古道宗

第十二军长——罗炳辉

第一军政委——曹大清

第二军政委——陈叶平

第三军政委——邓乾元

第五军政委——吴溉之

第六军政委——柳克明

第七军政委——邓希贤

第八军政委——贺长恭

第十一军政委——

第十二军政委——谭震林

一九三〇年十一月中共驻俄代表——张国焘

现在中共的当权者——陈绍禹、沈泽民、周恩来

---

① 编者按:此处仅录中文译件名单。译件名单亦有错误,望读者注意辨别。

又按：中国共产党的组织产生于一九一八年"五四运动"以后。一九〇九年时代，未见有任何学会成立。

资料来源：《搜集日本违法行为资料提交国联调查团（三）》，台湾"国史馆"藏"外交部"全宗，第149—154页。

68. 北平金问泗致外交部电（1932 年 6 月 28 日）

来电第 34708 号

发电：1932 年 6 月 28 日 14 时 30 分

收电：1932 年 6 月 28 日 16 时 15 分

南京外交部徐次长叔谟兄鉴：国联调查团经济家道斯孟（DORSMAN），拟在京、沪与我国专家会谈。前电计达，现道君明晨抵浦口，留京一日，即晚赴沪，请派员到浦口一接。

再，道君到沪，并拟谒见宋部长，并与关务署长晤谈。拟请先为接洽是荷。弟泗。二十八日。

批示：已与实业部接洽，并由次长电宋部长。

资料来源：《搜集日本违法行为资料提交国联调查团（三）》，台湾"国史馆"藏"外交部"全宗，第155页。

69. 徐谟致刘大钧电（1932 年 6 月 29 日）

去电第 29995 号

上海霞飞路兴业里六号，刘大钧先生鉴：密。国联调查团经济专家美人彭道夫门（DORFMAN），今日由平抵宁，与卫挺生、陈长蘅、陈钟声、顾毓琇诸君，讨论中国本部经济上如何依赖东北问题。现该专家已赴沪，不日回平。卫君等拟提说帖，兄对此问题如有意见，恳即向弟详示为荷。弟徐谟。艳。

中华民国廿一年六月廿九日廿三时四十分发出

资料来源：《搜集日本违法行为资料提交国联调查团（三）》，台湾"国史馆"藏"外交部"全宗，第156页。

70. 驻朝鲜总领馆致外交部电(1932年6月22日)

呈外字第74号

为密呈事。窃本月二十一日,接准参与国际联合会调查委员会中国代表处,函寄鲜人暴动及万宝山两案说帖到馆。经查鲜人暴动案说帖死亡、损失数目错误,即分别电呈,并乞电转该处在案。关于鲜人暴动,据领事馆及商会所报华侨死亡损失统计,兹经本馆另行编就成表。除山东省政府先后转报回国之侨民损失数目,尚在调查,不能计入外,理合将该项统计表,抄件三份,先行备文,呈送钧部鉴核,并乞密转国联调查委员会中国代表处备用,实为公便。

谨呈外交部长、次长。

驻朝鲜总领事:卢春芳

附件:鲜人暴动华侨死亡损失统计表三份。

中华民国二十一年六月二十二日

鲜人暴动华侨死伤损失统计表

暴动地点	暴动日期	死亡人数	重伤人数	轻伤人数	失踪人数	财产损失(日金)	领事馆避难人数
平壤	7月5日下午7时	133	74	215	72	2 545 888.57	1 000/5 000(由一所医学院庇护)
镇南浦	7月6日下午2时		1	18		117 757.56	800/600
仁川	7月3日下午1时	2	2	20		653 752.32	3 600
汉城	7月3日、4日下午10时		6	140		644 124.59	3 600
釜山	7月8日下午9时		2			14 791.41	160
元山	7月4日半夜	5	26		19	138 525.40	2 300
新义州	7月7日	2	9	33		48 263.22	1 200
其他区域	7月3—13日					未统计	未知
总计		142	120	426	91	4 163 103.07	18 260

资料来源：《搜集日本违法行为资料提交国联调查团（三）》，台湾"国史馆"藏"外交部"全宗，第157—160页。

71. 钱泰致沈沦新电（1932年6月29日）

沦新仁兄司长大鉴：日方所编《中国现状》一书，内有郑州（Chengchow）日本领事馆往来文件，为国民党党员开拆等语。查郑州有无日领馆及Chengchow是否或别有译名，此间无从断定。拟请查明酌示，至纫公谊。专此，祗颂勋祺。

弟□泰上言
六月廿九日

资料来源：《搜集日本违法行为资料提交国联调查团（三）》，台湾"国史馆"藏"外交部"全宗，第161页。

72. 北平顾代表致外交部电（1932年6月28日）

来电第34724号

发电：1932年6月28日19时45分

收电：1932年6月28日22时38分

南京外交部罗部长钧任兄勋鉴：汪院长派林秘书今午抵平，文件收到。东案大纲草案，已译送调查团。关于十九路军，摘译紧要数件，亦已送出。所有会议记录三份，即交林秘书带呈。希鉴察并请转呈汪院长为荷。弟日来微有不适，余续闻。再，调查团今晚六时离平，由山海关经沈赴日，并闻。弟维钧。俭（廿八）。

资料来源：《搜集日本违法行为资料提交国联调查团（三）》，台湾"国史馆"藏"外交部"全宗，第162页。

73. 外交部致北平档案保管处转国联调查团
中国代表处电(1932 年 6 月 30 日)

亚字第 3620 号

北平档案保管处转国联调查团中国代表办事处鉴:二十三日电计达。顷
又据驻朝鲜总领事馆呈送鲜人暴动死亡损失统计表前来,称系该馆修正另编
者。特将一份送请汇案办理。外交部。

资料来源:《搜集日本违法行为资料提交国联调查团(三)》,台湾"国史馆"
藏"外交部"全宗,第 163 页。

74. 外交部致台北总领馆电(1932 年 6 月 30 日)

去电第 30013 号

明治三十七年,所颁取缔华工规则,及南国公司包揽华工制度,现在各仍
存续。或更有其他对待华工苛例,仰即一并择要电部。外交部。卅日。

资料来源:《搜集日本违法行为资料提交国联调查团(三)》,台湾"国史馆"
藏"外交部"全宗,第 164 页。

75. 徐谟致金纯孺、钱阶平电(1932 年 6 月 29 日)

去电第 29996 号

北平金纯孺兄、钱阶平兄勋鉴:密。道夫门今日在本部与卫挺生、陈长蘅、
刘荫茀、刘海萍、顾毓瑔、陈钟声、林东海诸君晤谈。彼提出讨论之问题,系东
北对于中国本部经济上有何重要,即中国本部经济上如何依赖东北。此项问
题,似因日方主张东北对日有生死关系而发。经我方就移民、生产、交通各点
略与讨论,约定于数日内提出说帖。道君又询及东北滥发纸币,蒙其损害最大
者为何人? 此点尊处所拟奉票说帖内,似未提及。道君对于中日合办事业之
起源、发展及成功或失败,亦欲知其梗概。道君今晚赴沪,拟晤宋部长、梅总税
务司及 JULEAN ARNOLD 等,大概对于关税问题有所询问,弟已电宋部长
接洽。关于东北与中国本部之关系问题,并已电请刘君大钧开示意见。特闻。

弟谟。艳(廿九日)。

　　资料来源:《搜集日本违法行为资料提交国联调查团(三)》,台湾"国史馆"藏"外交部"全宗,第165页。

四、搜集日本违法行为资料
提交国联调查团(四)[①]

1. 国民政府行政院秘书处致外交部电(1932年7月1日)

逐启者:奉院长谕,教育部呈据私立上海法学院补报损失,仰祈鉴核施行一案,应交外交部及淞沪战区善后筹备委员会核办等因。除分函外,相应抄同原呈函达查照。此致

外交部

计抄送原呈一件。

行政院秘书长:褚民谊

抄原呈

案查淞沪各学校呈报损失,叠经据情呈奉钧院,令交外交部核办在案。兹又据私立上海法学院呈请,"案查自暴日侵凌淞沪,属院校舍暨一切设备,被日兵纵火焚毁。学校方面所受损失,业经分别呈报钧部及上海市教育局,并奉指令知照,业已转呈行政院,令交外交部在案。唯关于教职员、学生、校工之私人损失,当时因事变后,各自星散,一时无从统计,未曾一并呈报。自属院迁杭开学后,而有教职员、学生、校工大都次第回院。分别调查结果,所有存校之书籍、文稿、箱笼、铺盖,以及其他应用物品等,计教职员二百三十六件,学生六百七十件,校工二百六十七件,共计为一千四百七十三件。除教职工学生著作、

---

① 编者按:《搜集日本违法行为资料提交国联调查团(四)》一卷藏台湾"国史馆"之"外交部"全宗,入藏登录号为020000001374A。每条电文的资料来源标示原档案中的页码,不再标注入藏登录号,且每条电文标题由文献集编委会根据电文内容制作而成,特此说明。

文稿,无从估计价值外,其余箱笼、铺盖及应用物品等,平均估计教职员者每件一百五十元,学生者每件九十元,校工者每件三十元。按上述件数计算,教职员部分为三万五千四百元,学生部分为八万七千三百元,校工部分为八千零十元,共计总数有十三万零七百十元。以此项损失,虽属私人利益,要皆因学校关系所致。且各件均存置校内与校舍,同时被毁,理合备文,呈请钧部鉴核,并恳转呈行政院,令饬外交部与前次呈报学校损失,并案交涉赔偿"等情。理合据情转呈,仰祈鉴核施行。谨呈行政院。

教育部部长:朱家骅

资料来源:《搜集日本违法行为资料提交国联调查团(四)》,台湾"国史馆"藏"外交部"全宗,第4—7页。

2. 外交部致北平档案保管处转中国代表处钱参事电
(1932年7月1日)

去文亚字第3632号

阶平吾兄大鉴:前奉六月十三日大函,并共党名单一件。当即由部备函,分请中央执委会、军事委员会办理。现先由中央执委会函复前来,特抄录原送填译洋文名单及另附名单二件,函达查照。顺颂勋祺。弟徐谟。

资料来源:《搜集日本违法行为资料提交国联调查团(四)》,台湾"国史馆"藏"外交部"全宗,第8页。

3. 国民政府军事委员会致外交部公函
(1932年6月30日)

参字第246号

迳启者:前准贵部亚字第三四一四号公函。节开:日方向国联调查团,每为不利于我方之宣传。其诬我最甚者,厥为内政纷乱、缺乏统治能力及共党蔓延二点。拟请贵会与内政、军事两部会商,另拟较详之节略。特别注重"剿共"事实及"清共"后,政府对于肃清各地施政方针。以凭转送国联调查团中国代表处,拟具说帖等由。准此,自应照办。现已拟就《"剿匪"报告书》草案一份。因事关国际,非集思广益,慎重讨论,不足以臻完善。兹定下星期一(七月四日)上午九时,在本会会议厅开审查会。届时,务希莅会列席审查,以便修正后,提交顾代表转调查团。相应函达,即希查照为荷。此致

外交部

　　资料来源:《搜集日本违法行为资料提交国联调查团(四)》,台湾"国史馆"藏"外交部"全宗,第 10 页。

4. 北平钱泰、金问泗致外交部电(1932 年 6 月 30 日)

　　来电第 34797 号

　　发电:1932 年 6 月 30 日 21 时 10 分

　　收电:1932 年 7 月 1 日 1 时 5 分

　　南京外交部徐次长叔谟兄:艳(二十九)电敬悉。提出说帖,须与此间所提说帖不相冲突。请转嘱卫、陈诸君参考:(一)中国对于开发东北之努力;(二)日本由东省输入原料之统计表;(三)奉票及大豆之关系;(四)总说帖第六十五至六十九各节等件,以备参考。

　　再,说帖脱稿后,拟请寄平转交。但卫、陈诸君倘愿与道君约定迳交,请录寄平,以便正式送交该团。

　　再,林东海担任外蒙问题说帖,嘱速寄平。弟泰、泗。卅。

　　资料来源:《搜集日本违法行为资料提交国联调查团(四)》,台湾"国史馆"藏"外交部"全宗,第 31 页。

5. 外交部致北平档案保管处转代表团办事处电
(1932 年 7 月 2 日)

　　去文洲字第 1383 号

　　国联调查团中国代表办事处公鉴:冬日代电计达。中华总会馆请愿书,所行取缔华工规则及包揽华工制度,现在是否存续,有无变更各节。曾经本部电询台北总领馆。据复称:是项规则及制度,现仍存续。大正十年,并领有非劳动之华人取所得税之规则。对我劳工及非劳工,均有苛刻规定。他如所得税手续费及实费、华人取所得税方法等各规定,要不外剥削华工,苛待华侨。此外,警察滥用职权处理,已成惯例。除呈详外,先电复等语。除俟呈到再达外,

特闻电达，稽供参考。外交部亚洲司。冬。

资料来源：《搜集日本违法行为资料提交国联调查团（四）》，台湾"国史馆"藏"外交部"全宗，第 32—33 页。

6. 驻台北总领馆致外交部电（1932 年 7 月 1 日）

来电第 34830 号

发电：1932 年 7 月 1 日 3 时 45 分

收电：1932 年 7 月 1 日 22 时 15 分

南京外交部钧鉴：三十日电悉。查是项规则及制度现仍存续，大正十年，并颁有非劳动之华人取所得税之规则，对我劳工及非劳工均有苛刻规定。他如华工取所得税手续费及实费、华人取所得税方法等各规定，要不外剥削华工，苛待华侨。此外，对待华工虽无重要明文，但警察滥用职权处理，已成惯例。除呈详外，先行电复。驻台北总领馆。一日。

资料来源：《搜集日本违法行为资料提交国联调查团（四）》，台湾"国史馆"藏"外交部"全宗，第 34 页。

7. 外交部致北平档案保管处转国联调查团中国代表团处电（1932 年 7 月 1 日）

去文洲字第 1381 号

国联调查团中国代表办事处公鉴：兹将译就之日本法学博士信夫淳平所著《反古草纸》中，评论日本排外的法令一篇译文，暨台湾中华总会馆请愿书译文。统行抄送备考，希察。外交部亚洲司。冬。印。

资料来源：《搜集日本违法行为资料提交国联调查团（四）》，台湾"国史馆"藏"外交部"全宗，第 35 页。

8. 参与国际联合会调查委员会中国代表处 致外交部公函（1932 年 7 月 4 日）

平字第 366 号

迳启者：准贵部六月二十二日来函。抄送前交通部监印员安涛节略一节，业经照收，相应函复，即希查照。此致
外交部

顾维钧

中华民国二十一年六月二十九日

资料来源：《搜集日本违法行为资料提交国联调查团（四）》，台湾"国史馆"藏"外交部"全宗，第 38 页。

9. 国民政府军事委员会致外交部公函（1932 年 7 月 4 日）

参字第 260 号

迳复者：顷准贵部公函。节开：兹派亚洲司沈司长届期出席，并请邀内政部代表与会，俾资接洽等由。准此，除已邀请内政部因时出席外，相应函复，即希查照。此致
外交部

资料来源：《搜集日本违法行为资料提交国联调查团（四）》，台湾"国史馆"藏"外交部"全宗，第 39 页。

10. 外交部致北平档案保管处转国联调查团 中国代表处电（1932 年 7 月 2 日）

去文亚字第 3743 号

国联调查团中国代表处公鉴：顷接四川南充县教育会等，致国联调查团代电一件。兹特由邮寄上，即希转交该团为荷。外交部。

资料来源：《搜集日本违法行为资料提交国联调查团（四）》，台湾"国史馆"藏"外交部"全宗，第 41 页。

11. 外交部致驻朝鲜卢总领事电（1932 年 7 月 4 日）

去文字第 3965 号

令驻朝鲜总领事卢春芳。

（六月二十一日）密电一件。六月二十一日密电悉。当经本部查照第九号旬报，电达代表处修正。兹据复电称：暴动案说帖死亡、损失数目，业经参照部电更正，补送国联调查团查照。计死亡总数 148 名，轻重伤总数 546 名，失踪总数 91 名，损失总数目 4 163 103 元。

再，二十二日寄来统计表，亦已照转该总领事。仰即知照。此令。

资料来源：《搜集日本违法行为资料提交国联调查团（四）》，台湾"国史馆"藏"外交部"全宗，第 43 页。

12. 外交部致北平档案保管处转国联调查团中国代表处电（1932 年 7 月 1 日）

去文亚字第 3744 号

北平档案保管处转国联调查团中国代表处鉴：顷由行政院秘书处抄送教育部所呈私立上海法学院补报损失文一件到部。兹特附录该件，送请汇案办理。外交部。微。印。

资料来源：《搜集日本违法行为资料提交国联调查团（四）》，台湾"国史馆"藏"外交部"全宗，第 44 页。

13. 行政院密令外交部（1932 年 7 月 5 日）

收文洲字第 3847 号

令外交部，为密令事。前据该部呈，据顾代表维钧庚电，请将国民政府成立以来关于建设成绩，饬令各主管机关，胪列事实，拟具说帖，供给调查团，以证我国实有统治能力一案到院。当经密函建设委员会，并饬内政、教育、交通、铁道、实业、军政、财政、司法行政各部，南京、上海、北平、天津、青岛、广州各市政府，从速妥拟说帖在案。兹准建设委员会函送，并据内政、教育、铁道、交通、司法行政各部,及南京、上海、青岛、北平、天津各市政府呈送说帖前来。除令催其他各部、市从速编送外,合行检发原件,令仰转发该代表,查核办理。此令。

计检发:

建设委员会说帖一本

内政部说帖一份　附图表一册

首都警察厅说帖一份　附图表一册,又卫生署说帖英文副本一件

教育部说帖一册　统计一本　教育概况四本

铁道部说帖一册　附里程表一纸　路线网图一纸　分期兴筑计画附路线网规则大纲一册　协定书一册　路线略图一纸　报告表五纸

交通部说帖一册

司法行政部说帖一册

南京市政府说帖一册

上海市政府说帖一册

青岛市政府说帖一份　附表十、图十一

天津市政府说帖一份

北平市政府说帖一份

资料来源:《搜集日本违法行为资料提交国联调查团(四)》,台湾"国史馆"藏"外交部"全宗,第 45 页。

14. 外交部致北平档案保管处转中国代表办事处电
(1932 年 7 月 5 日)

去文亚字第 3779 号

国联调查团中国代表处鉴:密。呈请拟具各种建设成绩说帖一案,业经于上月十七日,将呈奉总令抄达在案。兹奉行政院第二四三七号总令,发京外各机关呈送说帖原件到部。特抄录原令,并检齐原附件,快邮寄达。希查收见复,并希于用毕后,原件寄还本部亚洲司为荷。外交部。

资料来源:《搜集日本违法行为资料提交国联调查团(四)》,台湾"国史馆"藏"外交部"全宗,第 46 页。

15. 财政部关务署致外交部公函(1932 年 7 月 30 日)

收文特字第 51 号

敬启者:前准贵部电请,造送近年来各关缉获日人密运麻醉毒品事实详表,当经电饬总税务司遵办去后,兹据呈称:遵将自民国十八年七月一日起,至本年六月三十日止。最近三年,各关缉获日人或韩人私运之麻醉毒品及由日船装运之麻醉毒品,分别列具详表,密请鉴核。惟日船所装运之毒品,所有私运人之姓名未详,并不能确定其为日人或韩人所私运,合并陈明等情。相应检同原造表册二份,函送贵部,请察照为荷。谨致

外交部

附原表二份(原表二份已于八月一日寄平)。①

张福运

1932 年 7 月 30 日

资料来源:《搜集日本违法行为资料提交国联调查团(四)》,台湾"国史馆"藏"外交部"全宗,第 49 页。

16. 外交部致军事委员会公函(日期不详)

亚字第 3795 号

迳启者:关于审查"剿共"报告书事。本部昨经派员列席并商决,由贵会会同内政部加以修正在案。兹因时间迫促,对于日方提交国联调查团之共党说帖,未能全译。特摘译要旨,随函送上,即希查收,参考为荷,此致。

军事委员会

日本提交国联调查团之中国共产党说帖②

在中国及蒙古之共产主义

---

① 编者按:无附件内容。

② 编者按:此说帖为日本提交,内涉对中国共产党不实叙述,并多有诋毁。请读者注意鉴别。

中蒙共产主义目次

第一编　中国红军与"赤化"地带共产运动之现状

　第一章　中国共产党

　　一、中国共产党之成立与国民党之提携

　　二、共产党与国民党提携后之活动及两党之分裂情形

　　三、共产党与国民党分裂后共产党之"暴虐"政治

　　四、中国共产党第六次大会与红军之出现

　　五、中国苏维埃共和国临时政府之组织

　　六、共产党之势力指导者暨重要出版机关

　第二章　红军

　　七、红军组织之试办及其失败

　　八、红军之组织

　　　（一）红军之活动

　　　（二）何谓红军

　第三章　各地苏维埃政府与"赤化"地带

　　九、各地苏维埃政府如何诞生，"赤化"地带如何成立

　　十、各地苏维埃政府之组织

　　十一、各地苏维埃政府与共产党之关系

　　十二、各地苏维埃政府之施政

　　　（甲）土地制度

　　　（乙）财政货币制度

　　　（丙）教育

　　　（丁）社会政策

　　　（戊）妇女问题

　　　（己）宗教问题

　第四章　红军活动及各地苏维埃政府施政之反响

　　十三、经济方面之影响

　　十四、当地居民思想所受之影响

　第五章　苏联与中国共产运动之关系

　　十五、苏联外交政策之变更

　　十六、苏联以所谓自由态度力谋取得中国之同情

第一章　中国共产党

一、中国共产党之成立与国民党之提携

　　此节述中国共产党第一次于一千九百二十年九月组织成立。主要人物为陈独秀、周佛海等,地点在上海,第三国际并派伏以丁斯基为指导。当以势力单薄,故与孙逸仙之国民党相提携。因此若飞、鲍罗廷等自一九二三年正月后,络续来华。国民党之于一九二六年七月北伐,之所以能节节胜利者,均系外有苏联、内有共产党之助。

---

　　①　编者按:第二编仅有目录,无对应的正文内容,照录。

二、共产党与国民党提携后之活动及两党之分裂情形

此节述共产党与国民党联合后,由鲍罗廷指导,竭力拉拢农工组织协会,并与国民党左翼提携,以取得国民党之领袖。国民党重要人物旋感与共产党联合之危险,于一九二七年三月占领上海后,由蒋总司令坚决在上海、广东汕头等处压迫共党。以后中央政府与武汉政府,因此冲突。武汉政府之右翼与蒋介石采取一致行动,肃清共党分子。

三、共产党与国民党分裂后共产党之"暴虐"政治

共产党与国民党分裂后,遵第三国际之命令,放弃和缓态度,采取共产革命,如武装暴动及恐怖实际方法。共产党自武汉逐出后,汇集于江西之南昌,与张发奎军之贺龙、叶挺部队及朱德联络。一九二七年八月一号,占据南昌。虽南昌革命政府于八月六号因政府军队攻击而取消。但贺龙、叶挺、朱德等部队,继续在江西、福建、广东、湖南等"劫掠",旋成今日所谓红军之骨干。

共党于十二月十一日在广东之暴动失败,党员及工人之损失不在少数。国民政府既撤退苏联顾问,如鲍罗廷、加伦等,复并鉴于广东事件,乃与苏联断绝外交关系,关闭苏联在上海、广东等处领馆。

四、中国共产党第六次大会与红军之出现

"共产党暴虐政治"失败后,遵照第三国际之训令扩充农工之组织,秘密预备将来之革命。一九二八年七月,中国共产党在莫斯科开会,决定根本改组。以前革命经验为根据,一方面"赤化"都市内之工人,另一方面"诱骗"农民及军队,以备农工合作,实现革命。一九二九年五月二十日,在上海开"赤化"区域代表大会后,红军在江西、湖南、湖北等省,有迅速之扩充,时常击败中国政府之军队,占据长沙,其势力直达扬子江流域,政府于是决定"剿共"。但红军时常击败其军队,如第十八师张辉瓒部之全军覆没,第五十师谭道源亦被击溃,南昌几致失守,第一次剿共完全失败。蒋介石乃命何应钦率领三军再行剿伐,仍无效果。蒋介石亲自往南昌,自七月中旬起下总攻击令,将红军迫至山内。但红军在八月间起始反攻,致政府第三次"剿共"又无结果。现在红军非但占据江西、河南,并且蔓延至湖北、湖南、安徽、福建、广东、广西等处。

五、中国苏维埃共和国临时政府之组织

一九三〇年五月,中国"赤化"区域代表大会决定,召集全中国苏维埃代表大会及组织中央苏维埃政府。因各种关系,该代表大会始于一九三一年十一月七日,在江西随城召集。在大会内,中国苏维埃政府组织成立,并声明此新

共和国与苏联为一体，并公布各项关于工人及土地等法令。

六、共产党之势力指导者暨主要出版机关

中国共产党自一九三〇年春季起，又复重新活动。一九二九年与国民党合作时，只有会员四十余人，以后逐年增加。至现在，至少有十万之数。一九三〇年重新选举后，向宗发①为中央执行委员会秘书长，朱恩来②为组织部部长等。现在共产党报为《群众日报》《实话》《共产国际》《中央通讯》《中央军事通讯》等。

第二章　红军

七、红军组织之试办及其失败

此节述共产党自觉势力逐渐膨胀，但与国民党之合作，在学理上及主义上总不能持久，乃起义组织红军，与国民党之军队相抵抗。于是，在武汉政府清共后，第三国际在六月间，密电其汉口代表罗易（Roy），令其组织七万红军。其中二万系在共产党内征选，其余要求以湖南、湖北之农民充之。此项秘密训令不幸为中央政府所得，致与共产党断绝关系，并将共产党逐出。汉口共产党乃聚集南昌，鼓动与共产党有关系之贺龙、叶挺、朱德军队设立革命委员会。但为政府军队所攻击，八月六号退出南昌，经过江西南部、福建之西北，至广东之东，取得潮州、汕头，再进攻广东，乃又为广东军队所大败。于是贺龙、叶挺军队窜至海丰、陆丰，组织苏维埃政府。朱德则与其大部分军队，退至福建之西北，继又于一九二八年四月至井冈山，与毛泽东军队汇合，组织所谓朱毛军队，即今日所谓红军第四军也。

共产党自八月一号在南昌失败后，散延各处，鼓动农工。一九三〇年初，蒋介石与冯玉祥冲突时，共产党利用政府军队之北移，组织红军，至是年夏，已有红军十军，散处于湖南、湖北、江西、安徽、福建、广东、广西等处。现除朱毛第四军外，尚有第一、第二、第三、第五、第六、第七、第八、第十一、第十二及第一独立队等，约有六七万人，枪四五万支。

红军之领袖及其势力范围如下：

---

① 编者按：应为"向忠发"。

② 编者按：应为"周恩来"。

附表

各红军自一九三〇年末,被政府军队屡次攻击后,致彼此此关系愈为密切,并画一其军事行动。因此,第四、第三军联合而成第一红军集团,以朱德为军团长;第二军联合某军为第二集团,以贺龙为军团长;第五及第八军联合而成为第三集团,以彭德怀为军团长。

依照中国共产党消息,此项红军有七万八千八百六十人,有步枪五万零二十支,手枪四千七百三十支。

附表

米□为熟悉中国问题之苏联重要人员之一,曾于第十六次苏联共产大会宣称:中国红军在一九三〇年四月初,有十三军,六万二千七百三十人。其中有枪者,有计三万八千九百八十二人。四月底,兵士增至七万五千人,其中有枪者计五万二千人。

此项统计大约为宣称关系,恐言过其实。今日估计军队人数有六万至七万,枪械有四万至五万,因有一九三〇年后,红军并未有所变更也。

八、红军之组织

红军分为两部,一部为军事,一部为政治。军事部分以军长、军官、军队及一共产党代表组织之。政治部分有一训练主任,其下分为宣传、组织、训练等股。

(一)红军之活动

红军除相当坚固之"赤化"区域,如江西东固、福建龙岩、广东海丰陆丰外,无防守区域,大抵匿居山地难于攻击之处。为此,其军事行动迅速不测,每至一地点,仅留驻数日。其故因红军人数与器械均不如政府军队,避免与政府军队接战牺牲实力。且其行动之重要目的,如征发军饷、军械及招募兵士等,均不必过于久留也。红军每次占领一地后,即用文字或口头宣传其共党之标语,如推翻军阀及国民党之政府,打倒帝国主义,严办贪官污吏等。并烧毁或抢劫中国政府机关与银行及外国机关,屠杀或驱逐中产阶级人民及高级官吏。对于穷苦人民则不独不加损害,且减低米、油、盐等市价,烧毁债据土地契约,将土地充公分配,抬高银元与铜币价值,以便利穷民。

(二)何谓红军

红军之领袖大抵为共产党,或表示与共产党有情感者。至于军队,则大部分为穷苦农工,与共产主义亦表示好感者。因此,共产党利用此项军队,以实行其共产主义。派代表或训练主任,使此项军队在其卵翼之下。

第三章　各地苏维埃政府与"赤化"地带

九、各地苏维埃政府如何诞生及"赤化"地带如何成立

红军占领某区域后,立即召集工农军代表大会为苏维埃大会,以选举委员。此项委员,即组织所谓苏维埃政府。自国共分离后,共产党在南昌组织第一次苏维埃行政机关,但此项机关并未照上述方法而组织,不能认为苏维埃政府。一九二七年十一月,在广东海丰所组织者,方始可认为苏维埃第一次政府。自此以后,该项政府在中国南部及中部逐渐增多,如江西、福建、湖北、湖南、广东、广西、河南、四川、安徽、江苏、浙江等,现共有百余处。

十、各地苏维埃政府之组织

此节云:苏维埃政府之组织,完全效法俄国。每村有一苏维埃大会及一执行委员会,在乡之上为州,在州之上为省,均有同样之行政机关,在有数苏维埃政府之地方,乃组织一中央最高机关。现在,此项机关有二:江西全省苏维埃政府设在东固,福建西部苏维埃政府设在龙岩。此外,尚有一九三一年十一月七日,在江西瑞庆①所设立之中国苏维埃共和国临时政府,有管理所有"赤化"区域权。

十一、各地苏维埃政府与共产党之关系

苏维埃政府其实即中国共产党之一部。

十二、各地苏维埃政府之施政

苏维埃政府有从未作行政事业者,有此政府与彼政府所采方法不相同者。兹将东固、龙岩两政府之行政纲要略述如下:

(甲)土地制度

所有属于佃主之土地完全充公,分配与无土地及小地主。此在江西、福建两省,穷苦农民甚多,故对于该项办法积极表赞同。

(乙)财政货币制度

政府之重要收入为土地税、营业税及各种国有机关之收入,如:林、矿营业、种茶及取油等等。在东固有民众银行,在龙岩有农工银行。

(丙)教育

---

①　编者按:应作"瑞金"。

苏维埃政府在福建西部龙岩,有军事政治学校。在江西苏维埃政府东固附近,有一红军学校。至于平民教育,福建西部苏维埃政府有一列宁师范学校,列宁初等小学等。江西苏维埃政府有一工人学校及一民众学校。

(丁)社会政策

福建龙岩有一公共医院,以治病人,不取分文,并在各处设有公共药房,售药取价甚廉。江西苏维埃政府在东固亦设有一医院及两诊病所,其余尚设有消费合作社。红军对于债权均不承认,江苏苏维埃政府甚至颁布命令,取缔债权。

(戊)妇女问题

宣布自由结婚,禁用聘金,使青年贫民得以结婚。在公共机关,男女平等。妇女在苏维埃政府或军队内,均得充任要职。

(己)宗教问题

信仰马克思所云:"宗教为民众之鸦片。"反对宗教甚烈。对于庙宇教堂,概行烧毁。

第四章 红军活动及各地苏维埃政府施政之反响

十三、经济方面之影响

(一)农业不振,农产减少。

(二)"共匪"时枪击航行扬子江及其他河道之外轮,以致航行及运输均受损害。

(三)红军反对大地主及资本家,以致彼方均逃入汉口、上海各港等处。

十四、当地居民思想所受之影响

(一)共产党各种标语影响既于平民,以致常有排外及反对富人思想。

(二)红军势力散布各地以后,虽经政府恢复,但人民既获有利益,当然与苏维埃主义表示同情。

(三)共党匪惟宣布婚姻自由,甚至倡言解放妇女或公妻制度,恐此项过激举动,减少妇女贞洁观念及破坏家庭制度。

第五章 苏联与中国共产运动之关系

十五、苏联外交政策之变更

此节述苏联在欧洲宣传共产失败后,折而东向,在亚洲努力进行其破坏政策。

十六、苏联以所谓自由态度力谋取得中国之同情

苏联政府在一九一九年及一九二〇年两次向中声明，极欲取消以前所订之不平等条约。获得中国人民好感后，乃继续派苏联之重要人物等来华，以协助中国共产党之成立。

十七、苏联对广州政府之援助

共产党与国民党联合后，苏联政府乃派鲍罗廷及其他顾问至广东，训练军队，接济饷械。故国民革命军方能占领中国南部如此之速，均系莫斯科援助所致。

十八、苏联力谋中国"赤化"之情形

国共分离，俄顾问被逐，中俄邦交断绝后，共产党活动已不能如此前之容易。但莫斯科仍继续力谋破坏中国之企图，在中国设立各种共党机关，并于莫斯科创办两大学，专收中国青年。

第六章　中国共产党诞生之原因及其运动之前途

十九、中国共产运动迅速之发展

此节述共产党及红军之迅速发展。现红军有六七万人、枪四五千支，占据中国南部文化极盛、土地富饶之河南、湖北、湖南、江西、安徽、福建、广东、广西各地。政府军队虽屡次剿伐，未见成效。此种状况为世界各国所未见。不独中国应注意，即所有文明国亦不能漠视也。

二十、中国共产运动发达之原因

中国共产党进步如此之速，大约为以下各情形所能成，兹分述如左：

（一）政治情形

中国连年内战，民不聊生。共产党既以打倒土豪劣绅为目的，人民自乐而从之。

（二）经济情形

自中国开放门户，外货侵入后，生活程度逐渐增高。土货如育蚕、种茶等逐渐减少，是以中等平民及穷苦农人，均有经济破产之虞。此节另用各种统计证明之。

（三）社会情形

此节述农民之痛苦为土豪劣绅所剥削，人民乃不得已铤而走险，以致加入共党。苏联有取消不平等条约之宣传，中国人民对之自表示好感。

二十一、中国共产运动之前途

此节述中国之共产党并非偶然而生,乃由中国各种之特别情形而造成之,将来或更将扩大。无论如何,中国政府现在消灭共党、肃清"赤化"区域,为不可能之事。现幸"赤化"区域与俄国尚未毗连,将来如与中国壤地相接之外蒙、新疆或西伯利亚等处一旦发生共党,则中国政府更无能为力,势恐演成全中国共产之患。以中国四万万人口,并有取之不竭之富源与有世界土地六分之一之俄国相联合,不独为我(日本)为其邻邦之极大危险,并将为全世界之极大危险。故中国共产问题,世界各国均应加以极深刻之注意。

红军各军首领及其活动范围表

红军名称	军长	政治委员	活动范围
第一军		曹大清	鄂豫皖三省交界
第二军	贺龙(前国民革命军第二军军长)	陈叶平	鄂湘两省西境
第三军	罗炳辉		赣省之西南
第四军	朱德(留德毕业)	毛泽东(留法毕业)①	赣闽粤三省交界
第五军	彭德怀(黄埔军官学校毕业)		湘鄂赣三省交界
第六军	关		汉口之西湘省边境
第七军	张逸云②	邓希贤	桂省右江及左江盘谷之地
第八军	黄		赣鄂湘三省交界
第十一军	李明光(黄埔军校毕业)		粤省东境
第十二军	陈毅(黄埔军校毕业)		闽省西境
第一独立支队	范启明(上海大学毕业)		赣省之东北

红军兵力表(一九三〇年四月调查)

红军名称	兵额	军械					
		步枪	手枪	机关枪	迫击炮	大炮	飞机
第一军	5 300	2 900	80	31	4	2	1
第二军	5 800	4 000					

---

① 编者按:原文如此。信息存在错误之处,请加以鉴别。

② 编者按:应为张云逸。

（续表）

红军名称	兵额	军械					
		步枪	手枪	机关枪	迫击炮	大炮	飞机
第三军	5 390	3 600	600	53	12	2	
第四军	20 000	9 000	800	156	16	16	
第五军	6 860	5 000	550	55		4	
第六军	5 890	4 500	600	75	25	11	
第七军	7 890	6 052	800	103	28	25	4
第八军	4 870	3 000	500	39	8	2	
第十一军	5 000	3 500	80	34		2	
第十二军	8 860	6 000	720	36	4		
第一独立支队	3 000	2 000					
总计	78 860	50 020	4 730	583	97	64	5

民国二十年五月五日国民党代表大会据军事报告赣湘两省遭红军蹂躏所受损害如下：

	赣省	湘省
被害人数	186 000 人	72 000
难民人数	2 100 000 人	
被毁房屋	100 000 户	120 000 户
财产损失	650 000 000 元	300 000 000 元
米谷损失	39 000 000 担	

资料来源：《搜集日本违法行为资料提交国联调查团（四）》，台湾"国史馆"藏"外交部"全宗，第48—91页。

17. 财政部致外交部公函(1932 年 7 月 6 日)

统字第 1509 号

迳复者:案准贵部亚字第三三三二号公函开:接国联调查团中国代表处本月十五日电称:调查团面交日本不满我国之点,内有关于征收卷烟税事项。据称:营口对于卷烟税,仅征收五分之一,其余五分之四,以退还名义发还,大连则征收全额等语。我方应如何答复,请转询财部电复等语。相应函达,即希查照见复为荷等由。准此,查舶来卷烟,除征海关进口税外,向另征统税。二十年一月,进口税则将卷烟税率增至百分之五十。本部因舶来卷烟统税,关系库券基金甚巨,乃于二十年二月一日,决定将海关税则中舶来卷烟进口税,划分征收,即以百分之十,由海关以金单位征收,其余百分之四十,照统税办法征收,作为库券基金。当时,营口海关即系遵令办理,并无所谓以退还名义发还之事实。至大连,以日本关东厅未能同意征收统税,故凡由大连进口之舶来品卷烟,仍按进口税则,征收百分之五十之关税。以免其他已征统税之卷烟,受该处不征统税进口卷烟之排挤。至二十年十月,本部变更基金办法。通令自二十年十一月一日起,将各口舶来烟件,一律改归海关。按照进口税则,全额征税。并令行海关,将所收卷烟进口税,以百分之四十拨归统税署,作为库券基金。是大连与营口早已按照税则,一律办理。准函前由,相应将经过情况函复,即希查照,办理为荷。此致
外交部

财政部:宋子文

资料来源:《搜集日本违法行为资料提交国联调查团(四)》,台湾"国史馆"藏"外交部"全宗,第92—93页。

18. 外交部致军事委员会和内政部函(1932年7月5日)

去文亚字第3795号

迳启者:关于审查"剿共"报告书事。本部昨经派员列席,并商决由贵部会同内政部、军事委员会加以修正在案。前因时间迫促,对于日方提交国联调查团之共党说帖,未能全译。特摘译出要旨,随函送上,即希查收,参考为荷。此致。

资料来源:《搜集日本违法行为资料提交国联调查团(四)》,台湾"国史馆"藏"外交部"全宗,第94页。

19. 外交部致北平档案保管处转国联调查团中国代表处电(1932 年 7 月 8 日)

去文亚字第 3828 号

北平国联调查团中国代表处鉴:六月卅日电悉。外蒙问题说帖,业经林委员东海拟就。特邮寄两份,希查收。外交部。

资料来源:《搜集日本违法行为资料提交国联调查(四)》,台湾"国史馆"藏"外交部"全宗,第 95 页。

20. 参与国际联合会调查委员会中国代表处致外交部公函(1932 年 7 月 6 日)

平字第 382 号

迳启者:准贵部陷日快邮代电。抄送驻朝鲜总领事馆修正、另编之鲜人暴动死亡损失统计表一份,又驻朝鲜总领事致本处公函一件,业经照收。除将损失一项汇案办理外,相应函达贵部查照。此致

外交部

顾维钧

资料来源:《搜集日本违法行为资料提交国联调查(四)》,台湾"国史馆"藏"外交部"全宗,第 97 页。

21. 参与国际联合会调查委员会中国代表处致外交部公函(1932 年 7 月 6 日)

平字第 381 号

迳启者:准贵部冬日快邮代电开:兹将译就之日本法学博士信夫淳平所著《反古草》①中评论日本排外的法令一篇,暨台湾中华总会馆请愿书译文,抄送备考等因。并抄件二种到处,业经照收。相应函复查照。此致

---

① 编者按:应为信夫淳平所著《反古草纸》。

外交部

顾维钧

资料来源:《搜集日本违法行为资料提交国联调查团(四)》,台湾"国史馆"藏"外交部"全宗,第 100 页。

22. 外交部致北平档案保管处转中国代表处电
(1932 年 7 月 8 日)

去文亚字第 3840 号

北平档案保管处转中国代表处公鉴:准六月十五日,电询征收卷烟税一事。当经转询财政部,兹准复称:舶来卷烟,除征海关进口税外,向另征统税。二十年一月进口税,则将卷烟税率增至百分之五十。本部因舶来卷烟统税,关系库券基金甚巨,乃于二十年二月一日,决定将海关税则中舶来卷烟进口税,划分征收。即以百分之十,由海关以金单位征收。其余百分之四十,照统税办法征收,作为库券基金。当时营口海关即系遵令办理,并无所谓以退还名义发还之事实。至大连,以日本关东厅未能同意征收统税,故凡由大连进口之舶来品卷烟,仍按进口税则,征收百分之五十之关税,以免其他已征统税之卷烟,受该处不征统税进口卷烟之排挤。至二十年十月,本部变更基金办法。通令自二十年十一月一日起,将各口舶来烟件一律改归海关。按照进口税则,全额征税。并令行海关,将所收卷烟进口税,以百分之四十拨归统税署,作为库券基金。是大连与营口早已按照税则,一律办理等语。特电奉复。外交部。

资料来源:《搜集日本违法行为资料提交国联调查团(四)》,台湾"国史馆"藏"外交部"全宗,第 102—103 页。

23. 参与国际联合会调查委员会中国代表处
致外交部公函(1932 年 7 月 11 日)

迳密启者:日前,贵部长及汪院长、宋部长来平与国联调查团三次会晤之谈话,业经本处以英文制成记录。兹特检同三份,函送贵部长察核。其余二份,请分别转送汪院长、宋部长查收,并请汪院长核阅见复。相应函达,即希查照,示复为荷。此致

外交部长

　　附记录,每次各三份,共九份。①

顾维钧

　　资料来源:《搜集日本违法行为资料提交国联调查团(四)》,台湾"国史馆"藏"外交部"全宗,第 104 页。

24. 驻朝鲜总领事馆呈外交部电(1932 年 7 月 12 日)

　　呈报字第 78 号

　　为呈报事。窃奉钧部六月二十七日电开:国联调查团二十八日由北平启程,经鲜赴东。顾代表不偕往,无庸招待,并转告釜山陈领事等因。奉此,除遵照办理外,并即转知釜馆。查国联调查团行抵鲜京日期,虽据当地报载为一日上午云云,唯到着时间迄不提及。又据朝鲜新闻载称:鲜督定于一日晚,招待国联调查团,陪宾有关系外国使臣及总督府局部、课长等八十余人等语,则该团必于一日上午,行抵京城,自属确定。

　　因不明到着时间,不得不暗中留意。乃派本馆学习员严文兴,于一日上午七时以前,前赴京城车站。故作迎客,便探动静。据报,该团系乘专车,于七时五十分抵站,八时十分入朝鲜饭店,沿途警备极为森严等语。总领事乃酌于八时四十五分,偕同季、魏两副领事,前往拜会。见该饭店柜旁,置有调查团住房号数一览表,所列各委员会住室均不相连接。以在晨餐约候十五分钟,由茶役引导上楼,会见李顿爵士于楼上客厅。寒暄毕,总领事与李顿爵士相向坐。季、魏两副领事,则依总领事右旁隅坐。首由总领事致辞慰劳,中述日本吸收东西最高文化,但不按照最上文化而行,及其国内不安,军阀专擅情形,间及印度名胜。谈话末,由总领事相机将预行备妥、随带身边之简明鲜案备忘录面递。经该爵士声言,当为介绍与美人杨君晤谈后,即握手与辞,同赴楼下。嗣以该爵士称顷寻杨君,不知在何处等语,乃再握手告别。此当日拜会李顿爵士谈话经过之实在情形也。

　　一日午后,京城日报派员来馆,质询谈话内容,业经酌予发表。其他各报,除《朝鲜日日新闻》记者,曾在朝鲜饭店晤谈,所载尚称平稳外,余均妄加揣测。

---

　　①　编者按:无附件内容。

尤以《大阪每日新闻》所载,纯属挑拨及反宣传作用,措语实属荒谬绝伦。查该团业于二日上午八时半出发,经由釜山,前赴日本。驻鲜各馆均遵未赴站迎送。除电呈外,所有关系新闻记者各译件,暨简明鲜案备忘录及谈话概要等件,理合随文,密呈钧部,敬乞鉴核,并恳将鲜案备忘录一份,转送中国代表处,俾资接洽。

再,昨奉钧部二日电开:调查团过京城时,曾否往晤,详情希电复。外交部二日。"以下电码不明"等因。当即揭要,先行电复。因钧电末字电码不明(即外交部二日字样后,有 GOLL 一字,查无此电码),请予重电。旋接钧部电报科复电开:二日电末句,应即免职等因,似系误会为关于主事季绿漪免职之二日钧电。合并附陈,仍祈鉴核,饬科查明,训示祗遵。谨呈外交部长、次长。

驻朝鲜总领事:卢春芳

附:

(一)简明鲜案备忘录二份。(每份五纸)

(二)总领事与李顿爵士谈话概要二份。(每份二纸)

(三)总领事对京城日报记者谈话及其他有关消息译件二份。(每份九纸)

中华民国二十一年七月四日

附件一(甲)

Consulate-General of the Republic of China[①]

附件二(甲)

总领事在朝鲜饭店会见李顿爵士谈话概要

七月一日

总领事:国联调查团为主持东方正义,备受辛劳。

李顿爵士:一路备承招待,甚觉愉快。

总领事:贵国为主持正义,而牺牲精神与时光,自应享受招待……日本吸收东西最上之文化,参以固有文明。惜不按照最上之文化运用,致演成满洲事变(李顿爵士对此语甚注意)。日代表在国联谓:中国无组织云云。惟日本近

———————————

① 编者按:英文本从略。

来迭发生行刺等事件,及军阀专横情形,并种种不良现象,未见其组织有优良处。

李顿爵士:是……中国为新兴国家,在于更生途上自有国家观念。

总领事:法、美革新亦经相当时期。

李顿爵士:是……君几时莅鲜?

总领事:上年鲜案发生后,未久即到鲜。

李顿爵士:以前在何地?

总领事:由印度加尔各答调任而来。

李顿爵士:加尔各答系余旧游之地。在彼任长官五年,尝往来于加尔各答及大吉岭间,风景甚佳。君亦尝往大吉岭游览否? 晤及雷登拿(此人西名系LADENLAW,记忆不清,恐字母有误。但其关系西藏甚大,总领事在印度时曾专件呈报之。)君否?

总领事:余系一九三〇年到印,曾任大吉岭,但未晤及雷君。惟晤及彼时孟加拉有现任督抚及他人。

李顿爵士:余曾一往西藏。

总领事:在西藏曾晤及达赖喇嘛否?

李顿爵士:因道路崎岖,未到拉萨,故未晤及达赖喇嘛,闻班禅喇嘛在贵国,现在何处?

总领事:班禅喇嘛在南京,该喇嘛等均驻有代表……此来,对于鲜案是否有意调查?

李顿爵士:此事关系全案之一,自须调查。

总领事:已备有简明鲜案备忘录,敬以奉阅(语至此,将随带身边之封固备忘录一份面交)。

李顿爵士:君识杨君否? (Mr. Young)

总领事:不识,系英国人乎? 抑系美国人乎?

李顿爵士:系美国人,渠夫妇均同行。杨君对于满鲜情形均有研究,当为介绍晤谈。

总领事:甚所希望。(至是已谈二十分钟,遂起立与辞,李顿爵士送到楼下,亲往各处寻觅。据云:不知杨君在何处,顷未找着,当再握手告别。先是,在客厅起立与辞时,因见李顿爵士将同行出时,介绍总领事与杨君会面,而备忘录尚置桌上,乃于未离客厅时,促其注意收存。唯李顿爵士行至客厅,门口略一摆手,表示无需之意,是否有心使日人见及,抑藉此窥探日人对彼行动是否刻刻监视,不得而知。而客厅对面,则确有便衣警探数人在焉。)

附件三(甲)

中国总领事与李顿卿之秘密会见,约经二十分间之密议

(朝鲜新闻7月2日夕刊,季达译)

中国总领事卢春芳氏后随季达副领事,于午前九时到达朝鲜 hotel。与李顿卿及其他,在极秘密里会见。约经二十分时间,有反复密议何项事件之模样云。(按:此报所载纯属揣测之辞)

译件

(载在7月1日晚发行之京城日报,魏锡赓译)

以下摘译国联调查团入朝鲜饭店及该报记事中有关于本馆之一段。(上午)九时许,卢中国领事随以馆员二名,经向导而入李顿卿居室,约十分钟,仓皇归馆。时下,此种会见使人注目。(按:所谓仓皇云云,无宁改为从容不迫,方符事实。又,十分钟云云,亦非事实。)

以下译该报记者桥本文次郎来馆谈话之记事(按:此与原谈出入颇多,兹就原文译之)。

中国领事打消谢绝会面,谓仅怀旧谈而已

中华民国总领事卢春芳氏,访问李顿卿于朝鲜饭店。其会面内容,为时下所注目。关于此节,会见后,在总领事馆,卢氏所语如次:

因不明调查团入城时间,未行往迎,故到朝鲜饭店后访之。对于调查团之使命与以慰劳,李顿卿对此答云:别无甚事,各位亲切之故,得续愉快之旅行。又与李顿卿问答,其语如次:

李顿卿:君来朝鲜几年?

卢氏:昨年九月末,系在满洲事变之后。

李顿卿:来京城之前在何处?

卢氏:以前在印度加尔各答。

李顿卿:余亦在加尔各答约五年。

李顿卿与卢氏间,遂反复作逗留加尔各答时代之怀旧谈。记者更质问以:

"关于'满洲国'出现问题及昨忧朝鲜内暴动问题,对于李顿卿,不曾有何传述乎?"

对此则答称:"会见时间非常之短,不曾触及兹事。"而缄口不语云。

译件

中国领事等访问调查团

(载在 7 月 1 日晚发行之朝鲜日日新闻,魏锡赓译)

驻京城中国领事卢春芳及季、魏副领事三氏,上午九时,在朝鲜饭店对于李顿卿以下,表欢迎词,同三十分辞去。(按:此报记事较稳妥,只时间错误耳。)

译件

中国领事访问(调查团),**密谈五分钟**

东亚日报夕刊 7 月 2 日(朝鲜文报),金佑行译

驻扎京城中国总领事卢春芳氏及副领事三氏,上午九点钟,到朝鲜饭店访问李顿卿。密谈何事,大约五分钟。似关于平壤及仁川事件云云。(按:此报所记时间与事实不符,末句系该报揣测而已。)

译件

京城中国总领事,拒于门外,照例之外交手腕,亦好事多磨

载在 7 月 1 日晚发行之大阪每日新闻

一日上午九时许,驻京城卢中国总领事赴朝鲜饭店,访问入城之调查团李顿卿。惟调查团谢绝不见,卢总领事关于上年勃发之中鲜人冲突事件,欲振其中国一流之外交手腕。顾调查团以目的在于调查满洲问题。对于鲜内问题,则取任何不干预之方针。此是一番目的,完全见外。即此亦可见其轻视华人也。(京城)(按:此报显含及宣传及挑拨作用,实属荒谬绝伦。)

(按:除东亚日报系鲜字外,余均译自日文报。)

译件

对于满洲中国,全欧无认识,回北京时往间岛亦未可知,李顿卿精神兴奋之谈话

朝鲜新闻夕刊(季达译)

握解决中国问题之键,持多大兴味而被迫接之调查团委员长李顿卿一行之消息,遍传于各地。为什谈(Gossip)之故,亦得称为僭越之事。记者曾往安东,迎接李顿卿。于后尾之展望车中访问之。由小田通译官为介绍,约有十五分时间之会见。以六十六岁之老躯体,携带重任,仅为东奔西走。其眉宇之间,似观长途疲乏之状。而其谈话时,则精神极为活动。又因听觉似有差异,对于记者所言,欲使不漏而注意之故,以手掌置于耳侧。在杨格、阿思他等年轻随员中,已被感到类似恶戏之目光。温厚者绅士李顿卿语曰:

满洲事件与中国问题

关于满洲事件与中国问题,因乏正确之认识,或可称为完全不知之故,我等乃由联盟特派而来,作实地实状之视察。当时,在欧洲所认识者,从前不能不加以若干之修正与订正。凡许多新事实,既已学而后知。至于调查团之意见,须至我等当提出于联盟之最后报告为止,故现在难于发表一切。夫仅为一旅人,所列各地,都予以便利,故在旅程期中,始终愉快而且有益。此点拟藉新闻纸,对于各位表示感谢之意。

满洲问题之处置与联盟

"新国家"之承认等等,仅从种种新闻纸上得其消息。今后在各地新闻纸上所能得到者,想亦不少。对于日本政府,是否请其与中国相同,亦提出解决案,尚不能陈说。中国之解决案、自治领云云等,仅由新闻读到。又如调查团报告书之内容,报告书中是否添附关于解决之意见等,不能明言。

总之,与日本政府折冲,征得其并无隔阂之意见。于是融化而为调查团之意见,再回北平,着手起草报告书。预定于作成后,携该项报告书回国。因国际联盟今秋九月,在日内瓦开大会。此项报告书,为欲与大会期间适合之故,急欲于八月底止,作成之。万一不能相合,则出于不得已,大会或改延期。

大连海关接收问题

最近成为问题之大连海关接收问题。因其为满洲事件之一部分,故对于联盟述其公正之意见,惟现在不能说明一切。

对于在满鲜农同情

在满鲜农之实在状况,业在各地闻见其详。并听到伤惨之鲜农等现口陈说之事,而我辈亦已研究而调查之。至其穷困之境遇,诚不胜同情。关于此点,我辈因得许多新的认识之故,愿对于鲜农问题,善为处理。至往间岛一节,因日程及其他关系,而致未能实行,颇觉可惜。今兹犹欲言者,凡各方面对于我辈调查团之使命,特有兴味与期待之辈,不惜予以种种援助之点,不胜感谢之至。从日本、中国及满洲各地之新闻记者诸君方面,业已听到许多意见,惟此亦不必谈。因调查团负有极东和平之使命,故对于诸君之质问,不能一一答复。

要而言之,因在于实现东洋永远之和平,故调查团希望其有最善之解决。至送往公平严正联盟之报告书,固不能观也。

总督官邸之大晚餐会

(朝鲜新闻夕刊,昭和七年六月三十日,季译)

宇垣总督为迎联盟调查团李顿卿等一行,于一日(七月)夜,在新绿相映之龙山官邸招待之。首以有关系之外国使臣及总督府局、部、课长等八十余名为陪宾,一同出席,举行盛大之晚餐会。宴会后,有与初夏之宵相应之朝鲜雅乐演奏及朝鲜事情活动电影等,其意在安慰该一行之旅情云。

盛大壮丽之总督欢迎宴,奏朝鲜雅乐

(朝鲜新闻夕刊,七月二日,季译)

在七月一日,龙山总督官邸招待入城中之联盟调查团一行。其欢迎夜宴中,奏朝鲜雅乐,以慰旅愁,其乐名如左:

(一)寿齐天(管乐),新罗时乐。(二)万年长欢之曲(管乐),高丽时乐。(三)升平万生之曲(弦乐),世宗时乐。(四)万波停息之曲(管乐),高丽时乐。(五)长春不老之曲(管乐),世祖时乐。

宴会后,有长生宝之舞、处客舞、舞鼓等之演舞。兹再将主宾及配席者,录如后:

主宾方面:(调查团方面)李顿一行全体

(日方侧接待随行)外务省吉田伊太郎、盐崎观三、森高、森三,理事官贵希根康吉·キニ,陆军大佐渡久雄,陆军中佐澄田赉四郎,海军大佐久保田久清,满铁嘱托金井清等。

主人方面:主人侧,总督及其夫人,总监同夫人,川岛军司令官同夫人,韩前李王职长官筱田,山田京城帝大总长、各局长,中枢院副议长朴泳孝,中枢院顾问闵子爵,儿玉参谋长,有关系各课长。其陪宾有美国总领事 David 及其夫人，英国总领事 Roydl 及其夫人，法国临时代理领事等。

各国旗飘扬，访问总督府，与总督恳谈后，到处巡览厅内各处

（朝鲜新闻夕刊，七月二日，季译）

调查团一行，于（七月一日）午前十时四十分到总督府。即由李顿卿为首，以及委员随员十三名，在总督室与宇垣总督会见。总督府侧有今井田政务总监、穗积外事课长、萩原文书课长列席，吉田大使、盐崎一等书记官及其他参与员亦列席。首由宇垣总督致欢迎辞（其辞另录）毕，李顿卿代表一行述谢辞，（尚未见发表）会见约四十分时间。末后，由宇垣总督劝诱参观厅舍，谓"斯项大厅舍之全部，因用朝鲜产品建筑之故，请随意参观……"。于是参观第一会议室、大 Hall 壁画等，十一时半，辞总督府而回朝鲜 Hotel。

总督欢迎辞

（朝鲜新闻夕刊，七月二日，季达译）

贵委员等，为国际联盟之中国调查委员。携有对于世界，尤其是对于远东和平有所贡献之重大的任务。自来远东，既已颇久，在中国及满洲各地继续周游，颇为繁忙。而此次在旅行历程中，分其贵重之时间，专诚在此地停留，并承访问，本总督衷心表示满足。顷并得略表欢迎之意，尤为欣幸。夫朝鲜与满洲，自甚古时代起，即有极密切之关系。朝鲜人本来为居住于满洲之民族，逐渐南下，而形成现在所称之朝鲜国。其一方面既为强国之满洲及中国之威势，曾及于半岛间，致半岛北部大半成为中国之领地，乃为自然之势。又朝鲜派兵攻略满洲，其统治力曾达到奉天、长春方面。故满洲与朝鲜自古以来，其历史即颇为复杂。因此现在有百万朝鲜人居住于满洲之事，其实并不足怪。关于该等在满同胞之安宁幸福，不但为疆内民众所深为关心，即本总督亦最所热望。

然而从来居住满洲之同胞，因从前满洲官吏之故，甚受不相当之待遇。其大多数，度其极悲惨之生活，此为本总督所最遗憾者。加之满洲秩序紊乱之影响，屡有【越】国境而来朝鲜之事。彼匪徒由满洲侵入朝鲜，以逞其凶暴行为者，层见叠出。致在国境地方，酿成种种之烦累。就朝鲜论，实为迷烦之处。是故，在满洲方面，如能树立具有秩序之政权，人民之生命财产完全能受保护，居住其间之朝鲜人，得营其幸福的生活，则在朝鲜之统治上，此为有重大影响

之事项,故不胜切望,其能愈早实现之为愈。关于朝鲜统治,亦愿言之。朝鲜当日韩合并之际,依照明治天皇所赐诏书,即大正八年八月,大正天皇赐有诏书所明示之方针为基础而统治之。即以永远确保东洋和平,而固朝鲜之康宁为根本意义。专努力于民力之发达,福利之增进,而对于民众之待遇,以一视同仁,与日本内地民众之间,无丝毫差异为本旨。自合并以来,不过二十二年。经历任总督尽力统治之结果,疆内治安,足以维持。而文化之进展,产业之发达,亦甚显著。

换言之,合并之结果,朝鲜民众之生命财产,完全得受保护,有公正之裁判,信教之自由,近代教育之设施,经济产业之显著的发展,卫生状态及其他社会环境之改善,等等,由日本之统治而获得。同时如往昔以血为光彩之党争历史,于焉告终。官吏贪婪中饱、诛求无厌之事绝无。现在民众在永久的恩惠德泽之中,讴歌太平,并发扬其无限之进步与繁荣。关于此等状况,深愿贵委员等在朝鲜多留若干时日,以详细观察之。但因日程关系,而致有所不能,实属不得已之事,然其状况之一端,亦得于车窗间瞥见之。如能详细视察,实所希望。

余于兹并祈各位旅行前途,更得平安,以及各位尽瘁所调查之结果,远东和平得以确立,居住于满洲之人民,得享受将来无限之幸福与繁荣。

资料来源:《搜集日本违法行为资料提交国联调查团(四)》,台湾“国史馆”藏“外交部”全宗,第236—257页。

25. 行政院密令外交部(1932 年 7 月 13 日)

字第 2559 号

为密令事。查前据该部呈,据顾代表维钧庚电,请将国民政府成立以来,关于建设成绩,饬令各主管机关胪列事实,拟具说帖,供给调查团,以证我国实有统治能力一案。经函准建设委员会函送,并饬据内政、教育、铁道、交通、司法、行政各部及南京、上海、青岛、北平、天津各市政府,呈送说帖到院。业经检发原件,令行该部转交顾代表查照办理各在案。兹据实业部呈送说帖前来,合行检发原件,令仰迅予转交该代表查照办理。此令。

计检发实业部说帖一册。①

院长:汪兆铭
中华民国二十一年七月十二日

资料来源:《搜集日本违法行为资料提交国联调查团(四)》,台湾"国史馆"藏"外交部"全宗,第238—259页。

26. 铁道部致外交部公函(1932年7月12日)

参字第156号

迳启者:有关东三省铁路之中日条约及借款合同各案,现经本部汇集,翻译英文。兹函送二份,并附目录一纸,说略一件。希为分别转送国联调查团暨贵部存查,至纫公谊。此致

外交部

附中日条约及借款合同(共一册,暂存说帖□内)目录一纸,说略一件,英文译件二份。②

部长:顾孟余
中华民国二十一年七月十二日

附件:

有关东三省铁路之中日条约及借款合同说略

一 中日会议东三省事宜条约及附件六件

中日会议东三省事宜条约,计正约三款,附约十二款。正约第一款,系承认俄国让与日本之旅顺大连湾租借权,及南满铁路一切特权权利。附约第六款,系承认日方所筑之安奉行军铁路,改为商运铁路。

日俄朴资茅斯条约第五条,系俄国将旅顺大连湾租借权让与日本。第六条,系俄国将长春宽城子至旅顺之铁路让与日本。东省铁路南满洲支线合同,为南满铁路之始。

东省铁路公司合同及中国政府与道胜银行订立入股伙开合同,为中俄合办东省铁路之始。

---

① 编者按:无附件内容。

② 编者按:无附件内容。

中俄会订租借旅顺大连湾条约第八款,规定建筑支路(即南满洲支路)。

二　中日满韩国境通车章程及附件

日方在日俄战事中,自行筑造之安奉行军铁路,经中日会议东三省事宜条约之附约第六款,允其改筑商运铁路。后依条文之规定,日方应于二年内,改良竣工(除日方运兵回国十二个月不计。即光绪三十四年十月,应改良竣工)。但日方至宣统元年正月,始要求派员踏查。邮传部派奉天交涉使与日员会勘路线,多依日员所定,日方乃要求收买路基。东三省总督锡良与日方谈判,只许按旧路线改筑,并要求日方撤退此路守备兵及警察。日方乃于六月二十一日,向外务部发最后通牒,同时命南满会社即行起□,并命海陆军警备。七月初四日,东三省总督锡良,奉天巡抚程德全,乃与日本驻奉总领事小池张造磋议,互换觉书。至宣统三年,安奉路之鸭绿江桥筑成。于九月初九日,由奉天交涉使许鼎霖与日领小池张订立《中日满韩国境通车章程》,至关于满、韩国境,以鸭绿江铁桥中心为界云(本章程据外交部刊印之宣统条约注云:一称《安奉铁路协约》)。

三　收买新奉暨自造吉长铁路条款及新奉吉长铁路借款续约①

四　新奉铁路借款细目合同

上开三案,应先将新奉事件说明。当光绪三十年,日俄战争中,日方自行筑造关外铁路之新民府至奉天一段行军铁路。光绪三十一年,中日会议东三省事宜时,议定收买新奉铁路。其后,日方又要求继续俄人所议筑之吉长铁路,遂于光绪三十三年,订立收买新奉暨自造吉长铁路条款。光绪三十四年,依上年所订条款订立借款续约。至宣统元年,关于新奉借款,由邮传部委员卢祖华与南满会社订立细目合同。

五　吉长铁路借款合同及吉长铁路借款细目合同

关于吉长事件。当光绪二十五年,东省铁路工竣,俄方要求展筑吉长铁路,经吉林将军长顺奏请自办,旋以俄方坚决要求,因其与东省铁路公司订立草合同十六条,归该公司修造。及日俄战后,光绪三十一年,吉林将军达贵因上项草合同逾期无效,仍奏请自办,已在购料预备中,会日方要求继俄代筑,遂与收买新奉事并案,订立条款,旋并案订立借款续约,仍于宣统元年,订立吉长铁路借款细目合同。至民国六年,财政总长梁启超、交通总长曹汝霖,代表政

---

①　编者按:原文无条款、续约内容。

府与南满会社订立吉长铁路借款合同。同时,由交通部委员权量、陆梦熊与南满会社委员驻居赖三订立借款细目合同。

六　南满洲铁路株式会社日金借款等五件

民国十一年,交通部以吉长铁路利益金,向南满会社第一次商借垫款五十万元。至民国十三年第二次添借四十万元,连第一次本息为一百万元借款。民国十六年,交通部要求将该一百万元借款,自十五年五月三十一日起展期两个年,同时添借四十万元。民国十七年,前项一百万元及四十万元两借款均到期,仍请展期两年。

七　东三省交涉五案条款及附件

光绪三十三、四年间,日方既经营南满铁路,中日间交涉甚多,其悬而未决者凡五案。一、日方认抚顺煤矿为东省铁路之附属事业;二、日方在间岛设朝鲜统监府派出所;三、日方谓我方议筑之新民屯至法库门铁路,为南满路并行线,即竞争利益线;四、依中俄东省铁路支线合同,其暂筑之营口支线八年后拆去之规定,日方不肯饯约;五、日方要求延长吉长路线,至延吉厅边境与韩国会宁铁路相联络。至宣统元年,日方借安奉铁路线问题,向外务部发最后通牒,并命海陆军警备,因之诸案均经议结。上述五悬案中,除间岛及吉会两事,另案办理外,在本条款中所议定者,一、新法铁路事;二、大石桥营口支线事;三、抚顺、烟台两处煤矿事;四、安奉、南满沿线矿物事;五、京奉路越过南满路,展筑至奉天城根事。盖一、二、三为从前悬案,四、五为新加条款。

中日图们江满韩界务条款,即间岛条约,其第六条关系吉会铁路。

八　吉会铁路借款预备合同

民国七年,交通总长兼财政总长曹汝霖与日方兴业银行订立本合同,第九条为日方垫借日金一千万元。

九　关于满蒙铁路借款修筑交换公文

此换文内规定借款修造铁路之办法大纲。所订修造铁路凡五线:一、由四平街经郑家屯,至洮南府;二、由开原至海龙城;三、由长春至洮南府;又由洮南府至承德府,及由海龙至吉林省城。亦称满蒙五路协约。

十　四郑铁路借款合同及四郑铁路合同附件,又四郑铁路借款正金银行来函十件。

十一　四郑铁路短期借款合同

四郑铁路,即满蒙五路中四平街至洮南线中之一段,日方催先办此路。民国四年,遂与横滨正金银行订立借款合同,借款日金五百万元。开工后,因欧战金价暴落,工款不敷。民国七年,因续借日金二百六十万元之短期借款。

十二　四洮铁路借款合同及四洮铁路借款合同附件

十三　四洮铁路日金五百万元垫款事件

十四　四洮铁路日金一千万元至三千二百万元短期借款事件

民国八年,因展四郑干线至洮南,并筑由郑家屯至白音太来(即通辽)支线,向南满会社订立四洮铁路借款合同,借额四千五百万元,由南满发行公债。同时,依据附件之规定,由日方垫款五百万元。合同订立后,当时南满会社以欧战关系,债票不易发行,主张垫款,其后迄不发行公债。凡与修支路,展筑干路,逐年均以垫款性质之短期借款行之。因利息及经理费之重大,由一千万元,递积至三千二百万元之巨额。列表明之如下:

		日金借款	年息	经理费	扣还上年本息	实收	期限	届期应付利息	附注(略)
一	民九年三月五日第一次短期借款	一千万元	七厘五	五十五万元		九百二十五万	下年五月底	七十五万元	
二	民十年五月底第二次改订借款	一千二百五十万元	九厘五	一十三万七千五百元	一千〇七十五万元	一百六十二万五千元	同	一百一十八万七千五百元	
三	民十一年五月底第三次改订借款	一千三百七十万元	九厘五	六万六千元	一千三百六十八万七千五百元		同	一百三十万〇一千五百元	
四	民十一年十月二日郑洮工程短期借款	三百万元		一十六万五千元		二百八十三万五千元	同	一十八万八千一百七十八元	
五	民十二年五月底第四次改订借款	一千八百二十万元	九厘五	八万二千五百元	上两项共一千八百一十八万九千六百七十八元		同	一百七十二万九千元	

(续表)

		日金借款	年息	经理费	扣还上年本息	实收	期限	届期应付利息	附注（略）
六	民十二年十一月十五日郑洮续借款	八百一十万元	九厘五	四十四万五千五百元		七百六十五万四千五百元	同	四十一万六千二百八十六元	
七	民十三年五月底第五次改订借款	二千八百四十万元	九厘二五		上两项共二千八百四十四万五千八百元		同	二百六十二万七千元	
八	民十四年五月底第六次改订借款	三千二百万元	九厘		三千一百○二万七千元		同	二百八十八万元	

十五　满蒙四路借款预备合同

民国七年九月,由驻日公使章宗祥与日方外务大臣后藤新平交换公文,议定满蒙四路借款事。旋由章宗祥与日方兴业银行,订立满蒙四路借款预备合同。第九条为日方垫款日金二千万元。其路线:一为热河至洮南;二为长春至洮南;三为吉林经海龙至开原;四为热洮铁路之一地点至某海港。

十六　承办建造洮昂铁路合同及计划书等五件

十七　承办建造洮昂铁路合同附属细则

十八　洮昂铁路代办机车垫款条件凭函及复函

十九　洮昂余料、煤价短期借款合同

洮昂路自洮南,至昂昂溪。民国二年,日方交涉满蒙五路事件后,俄方要求此路敷设,以为中东路之培养线。欧战中,俄国革命,声明放弃既得权利。至民国十三年,议筑此路。九月间,东三省总司令张作霖,由王永江代表,与南满会社理事松冈洋右,订立合同并计划书等,其工程费由南满会社代垫。

二十　吉敦铁路承造合同及来往函十二件,又吉敦铁路承造合同,增加工程费六百万元事件。

吉敦路为吉长路之延长线,亦即日方所定吉会线中之一段。当民国七年,吉会铁路借款预备合同订立后,东北人民反对甚烈。至十四年十月,始由吉长路局长魏武英,与南满会社磋议。吉敦铁路承造合同在奉签订,电请交通总长叶恭绰签字。嗣以款不敷用,至民国十六年,续借日金六百万元。

　　有关东三省铁路之中日条约及借款合同目录

　　中日会议东三省事宜条约(光绪三十一年,明治三十八年,一九〇五年)

　　附一　日俄朴资茅斯条约(一九〇五年)

　　附二　东省铁路南满洲支线合同(光绪二十四年,一八九八年)

　　附三　东省铁路公司合同(光绪二十二年,一八九六年)

　　附四　中俄合订租借旅顺大连湾条约(光绪二十四年,一八九八年)

　　附五　中国政府与道胜银行订立入股伙开合同(光绪二十二年,一八九六年)

　　中日满韩国境通车章程(亦称安奉铁路协约;宣统三年,明治四十四年,一九一一年)

　　附　安奉线改筑中日备忘录(宣统元年,明治四十年,一九〇七年)

　　收买新奉暨自造吉长铁路条款(光绪三十三年,明治四十年,一九〇七年)

　　新奉吉长铁路借款续约(光绪三十四年,明治四十一年,一九〇八年)

　　新奉铁路借款细目合同(宣统元年,明治四十二年,一九〇九年)

　　吉长铁路借款合同(民国六年,大正六年,一九一七年)

　　吉长铁路借款细目合同(民国六年,大正六年,一九一七年)

　　南满洲铁路株式会社日金五十万元借款凭函及复函(民国十一年,大正十一年,一九二二年)

　　南满洲铁路株式会社日金一百万元借款凭函及复函(民国十四年,大正十四年,一九二五年)

　　南满洲铁路株式会社日金一百万元借款展期凭函及复函(民国十六年,昭和二年,一九二七年)

　　南满洲铁路株式会社日金四十万元借款凭函及复函(民国十六年,昭和二年,一九二七年)

　　南满洲铁路株式会社日金一百万元及四十万元借款展期凭函及复函(民国十七年,一九二八年)

　　东三省交涉五案条款(即满洲五案协约;宣统元年,明治四十二年,一九〇九年)

　　附　中日图们江满韩界务条款(即间岛条约;宣统元年,明治四十二年,一九〇九年)

　　吉会铁路借款预备合同(民国七年,大正七年,一九一八年)

　　关于满蒙铁路借款修筑交换公文(民国二年,大正二年,一九一三年)

　　四郑铁路借款合同(民国四年,大正四年,一九一五年)

　　四郑铁路借款合同附件(民国四年,大正四年,一九一五年)

　　四郑铁路借款正金银行来函十件(民国四年,大正四年,一九一五年)

　　四郑铁路短期借款合同(民国七年,大正七年,一九一八年)

　　四洮铁路借款合同(民国八年,大正八年,一九一九年)

　　四洮铁路借款合同附件(民国八年,大正八年,一九一九年)

　　四洮铁路日金五百万元垫款凭函及复函(民国八年,大正八年,一九一九年)

　　四洮铁路日金一千万元短期借款凭函及复函(民国九年,大正九年,一九二〇年)

　　四洮铁路日金一千二百五十万元短期借款凭函及复函(民国十年,大正十年,一九二一年)

　　四洮铁路日金一千三百七十万元短期借款凭函及复函及附件(民国十一年,大正十一年,一九二二年)

　　四洮铁路日金一千八百二十万元短期借款凭函复函及附件(民国十二年,大正十二年,一九二三年)

　　四洮铁路日金二千八百四十万元短期借款凭函复函及附件(民国十三年,大正十三年,一九二四年)

　　四洮铁路日金三千二百万元短期借款凭函及复函(民国十四年,大正十四年,一九二五年)

　　满蒙四路借款预备合同(民国七年,大正七年,一九一八年)

　　承办建造洮昂铁路合同(民国十三年,大正十三年,一九二四年)

　　洮昂铁路建造计划书(民国十三年,大正十三年,一九二四年)

　　洮昂铁路建造费用预计书(民国十三年,大正十三年,一九二四年)

　　关于洮昂铁路建造费凭函及复函(民国十三年,大正十三年,一九二四年)

　　关于洮昂铁路选派顾问凭函及复函(民国十三年,大正十三年,一九二四年)

关于洮昂铁路协商行车运货凭函及复函（民国十三年，大正十三年，一九二四年）

南满洲铁路株式会社承办洮昂铁路合同附属细则（民国十四年，大正十四年，一九二五年）

洮昂铁路代办机车垫款条件凭函及复函（民国十五年，昭和元年，一九二六年）

洮昂余料/煤价短期借款合同（民国十七年，昭和三年，一九二八年）

吉敦铁路承造合同及来往函十二件（民国十四年，大正十四年，一九二五年）

吉敦铁路承造合同增加工程费六百万元凭函及复函（民国十六年，昭和二年，一九二七年）

资料来源：《搜集日本违法行为资料提交国联调查团（四）》，台湾"国史馆"藏"外交部"全宗，第260—271页。

27. 参与国际联合会调查委员会中国代表处致外交部电（1932 年 7 月 16 日）

迳密启者：前清光绪三十一年，中日全权大臣会议东三省事宜节录，共二十二号，以国联调查团亟待参考，迭催译送英文。关于此事，曾请大部饬译，交由本处转送该团。旋经大部嘱由本处代译各在案。现以该团迭催赶送，业经译就，作为译稿，先行录送该团，一面仍送请大部核定见复为荷。顺颂公绥。

参与国际联合会调查委员会中国代表办事处启

附会议东三省事宜节录英文译稿二十二件。①

资料来源：《搜集日本违法行为资料提交国联调查团（四）》，台湾"国史馆"藏"外交部"全宗，第272—273页。

---

① 编者按：无附件内容。

28. 外交部致北平档案保管处转国联调查团中国代表办事处电(1932 年 7 月 13 日)

去文亚字第 3920 号

北平档案保管处转国联调查团中国代表办事处鉴:各机关建设成绩说帖事。京内外各机关所拟说帖送达。兹奉行政院第二五五九号密令,发实业部呈送说帖原件到部。特检送,请查收见复。并希于用毕,仍将该原附件寄还本部亚洲司为荷。外交部。

资料来源:《搜集日本违法行为资料提交国联调查团(四)》,台湾"国史馆"藏"外交部"全宗,第 274 页。

29. 外交部致财政部宋部长电(1932 年 7 月 14 日)

去文亚字第 3919 号

子文仁兄部长勋鉴:敬密启者:顷接顾代表公函开:日前,贵部长及汪院长、宋部长来平与国联调查团三次会晤之谈话,业经本处以英文制成记录。兹特检同三份,函送察核。其余二份请分别转送汪院长、宋部长查收等因。相应检同该记录全份一份,送请察阅,并希见复为荷。顺颂公绥。

弟罗文干谨启

资料来源:《搜集日本违法行为资料提交国联调查团(四)》,台湾"国史馆"藏"外交部"全宗,第 275 页。

30. 外交部致行政院院长电(1932 年 7 月 14 日)

去文亚字第 3918 号

为密呈事。接准顾代表公函,内开:日前,贵部长及汪院长、宋部长来平与国联调查团三次会晤之谈话,经本处以英文制成纪录。兹特检同三份,函送察核。其余二份,请分别转送汪院长、宋部长查收,并请汪院长核阅见复等因。理合备文转呈,祇请察阅示遵,以便转覆顾代表。至为公便。谨密呈行政院院长汪。

资料来源:《搜集日本违法行为资料提交国联调查团(四)》,台湾"国史馆"藏"外交部"全宗,第 276 页。

31. 北平中国代表处致外交部电(1932 年 7 月 14 日)

来电第 35168 号

发电:1932 年 7 月 14 日 21 时 40 分

收电:1932 年 7 月 15 日 6 时 30 分

南京外交部译转财政部关务署鉴:密。关于调查团询问一九二六年以来,东省输入中国本部物品数量及价值事。二日,函计达。现调查团不日回华,希将各该事项,从速查明示复为荷。中国代表处。寒(十四日)。

资料来源:《搜集日本违法行为资料提交国联调查团(四)》,台湾"国史馆"藏"外交部"全宗,第 277 页。

32. 外交部致北平档案保管处转国联调查团
中国代表处电(1932 年 7 月 15 日)

去文亚字第 3962 号

国联调查团中国代表处鉴:准铁道部函。送有关东三省铁路之中日条约及借款合同英文译件,并附目录及说略各一件到部。兹特由邮寄上,即希为查核,转交国联调查团是荷。外交部。

资料来源:《搜集日本违法行为资料提交国联调查团(四)》,台湾"国史馆"藏"外交部"全宗,第 278 页。

33. 外交部致铁道部南京办事处电(1932 年 7 月 15 日)

去文亚字第 3963 号

迳复者:准贵部参字第一五六号函。送有关东三省铁路之中日条约及借款合同英文译件二份,暨附件各一份,等因到部。除分别存转,相应函复,即希查照。此致

资料来源:《搜集日本违法行为资料提交国联调查团(四)》,台湾"国史馆"藏"外交部"全宗,第 279 页。

34. 外交部致北平档案保管处转中国代表处
顾代表电(1932 年 7 月 16 日)

去文亚字第 3968 号

少川我兄代表勋鉴:接准贵处函。送日前汪院长等来平与国联调查团三次会晤谈话,制成英文记录,请分别存转等由。除分送汪院长、宋部长查照示复,附记录每次各三份,并留查阅外,相应先行函复,即希查照。此致。顺颂勋绥。

弟罗文干启

资料来源:《搜集日本违法行为资料提交国联调查团(四)》,台湾"国史馆"藏"外交部"全宗,第 280 页。

35. 参与国际联合会调查委员会中国代表处
致外交部公函(1932 年 7 月 15 日)

平字第 391 号

迳启者:准贵部微日快邮代电。抄送私立上海法学院补报损失文一件,业经照收。相应函复贵部查照。此致
外交部

顾维钧

资料来源:《搜集日本违法行为资料提交国联调查团(四)》,台湾"国史馆"藏"外交部"全宗,第 281 页。

36. 参与国际联合会调查委员会中国代表处
致外交部公函(1932 年 7 月 15 日)

平字第 392 号

迳启者:准贵部鱼日快邮代电开:呈请拟具各种建设成绩说帖一案。兹奉行政院令,发各机关呈送说帖原件到部。特抄录原令,检齐原附件邮寄,查收见复等因。并抄附各件到处。相应将奉到各件开列清单,函达贵部,即希查

照。此致

外交部

　　附清单一份。

顾维钧

　　附件：收到各件清单

　　(1) 照抄行政院令一件

　　(2) 建设委员会说帖一本

　　(3) 内政部说帖一本

　　　　附表图一本

　　(4) 卫生署英文说帖一本

　　(5) 教育部设施概况一本

　　　　附社会教育概况一本

　　　　　全国初等教育概况一本

　　　　　全国公私立中等学校名称及分布概况一本

　　　　　全国中等教育概况一本

　　　　　全国高等教育统计一本

　　(6) 司法部说帖一本

　　(7) 交通部说帖一本

　　(8) 铁道部说帖一本

　　　　附中华民国铁路里程表一纸

　　　　　铁道部国道路线网图一纸

　　　　　铁道部国道分期与筑计划一册

　　　　　第十五次中日联运协定书一册

　　　　　国内及国际联运略图一纸

　　　　　联运成绩报告表五纸

　　(9) 首都警察厅说帖一本

　　　　附兴革建设概况一册

　　(10) 北平市重要设施实况一本

　　(11) 南京市政府建设概况说帖一本

　　(12) 天津市政府历年建设说帖一本

　　(13) 上海市政府业务纲要一本

（14）青岛市建设成绩说帖一本

　　　　附图十一纸

　　　　表十纸

共计五十二件。

资料来源：《搜集日本违法行为资料提交国联调查团（四）》，台湾"国史馆"藏"外交部"全宗，第282—284页。

五、搜集日本违法行为资料
提交国联调查团(五)^①

1. 外交部致北平档案保管处钱参事阶平电
(1932 年 7 月 18 日)

去文洲字第 1341 号

阶平仁兄参事台鉴:昨奉手函,祗悉一是。查郑州 Chengchow 日本领事馆,系于上年春间允其设立。Chengchow 别无译名。耑此奉复。顺颂勋祺。

弟沈觐鼎

拜启

资料来源:《搜集日本违法行为资料提交国联调查团(五)》,台湾"国史馆"藏"外交部"全宗,第 12 页。

2. 外交部致北平档案保管处转钱阶平参事电
(1932 年 7 月 19 日)

去文亚字第 4031 号

钱参事阶平兄鉴:兹邮寄中国经济学社研究委员会刘大钧君所拟"东省与中国经济之关系"说帖二份。请查收,转交彭道夫门(Dorfman)。并希告以:

---

① 编者按:《搜集日本违法行为资料提交国联调查团(五)》一卷藏台湾"国史馆"之"外交部"全宗,入藏登录号为 020000001375A。每条电文的资料来源标示原档案中的页码,不再标注入藏登录号,且每条电文标题由文献集编委会根据电文内容制作而成。特此说明。

此件系刘君个人著述为荷。弟谟。

资料来源:《搜集日本违法行为资料提交国联调查团(五)》,台湾"国史馆"藏"外交部"全宗,第 13 页。

3. 外交部致上海中国经济学社研究委员会 刘大钧先生电(1932 年 7 月 20 日)

去文亚字第 4052 号

季陶我兄大鉴:接奉大函,祗聆一是。□□阐义精详,批诵之余,曷胜钦佩。除留部一份参考外,余已由钱阶平参事,转交多福曼①矣。崇复。即颂台绥。

弟徐谟

拜启

资料来源:《搜集日本违法行为资料提交国联调查团(五)》,台湾"国史馆"藏"外交部"全宗,第 14 页。

4. 北平王广圻致外交部电(1932 年 7 月 20 日)

来电第 35346 号

发电:1932 年 7 月 20 日 19 时 25 分

收电:1932 年 7 月 21 日 0 时 30 分

南京外交部刘次长子楷兄勋鉴:密。调查团某君,现正从事研究我国抵制日货情形。惟其所有材料,多从日方得来。日方说帖中载有去年万宝山案以后,及沈阳事变以前,上海抗日会所通过关于抵制日货条例。某君恐单独根据日方说帖,未免偏袒。用特密为表示,极愿我方有所供给,以资参考。即请设法搜集,并向上海搜罗上述原案,迅速飞邮寄来,以便转交为盼。弟王广圻。号(二十日)。

资料来源:《搜集日本违法行为资料提交国联调查团(五)》,台湾"国史馆"藏"外交部"全宗,第 15 页。

---

① 编者按:即彭道夫门。

5. 外交部致北平顾代表电(1932年7月20日)

去电第30261号

顾代表少川兄勋鉴:密。俊人兄来电,提议向调查团提出日人制运麻醉品祸华之说帖,以暴露其罪恶。查关于此项材料,本部有案者,兹已编入日本违法悬案内,但恐其中事实或未详尽。兹已分电各关系部会及各省市政府,详细汇集矣。俟复到,再为汇寄,以备补充。希查酌办理。弟。廿一日。

资料来源:《搜集日本违法行为资料提交国联调查团(五)》,台湾"国史馆"藏"外交部"全宗,第16页。

6. 北平顾代表致外交部电(1932年7月21日)

来电第35368号

发电:1932年7月21日14时30分

收电:1932年7月21日17时35分

南京外交部罗部长钧任兄勋鉴:关于共产党说帖事。阶平兄十四日函及附件,谅邀察入。现调查团对于该项说帖催索甚急,祗请精卫院长早日核酌电示,便俾提交为感。弟维钧。二十一日。

资料来源:《搜集日本违法行为资料提交国联调查团(五)》,台湾"国史馆"藏"外交部"全宗,第17页。

7. 外交部致北平代表处王秘书长电(1932年7月22日)

北平参与国联调查团中国代表处王秘书长□□兄鉴:密。号电诵悉。已电上海市政府,从速设法搜罗原案材料。特复。弟杰。养。

资料来源:《搜集日本违法行为资料提交国联调查团(五)》,台湾"国史馆"藏"外交部"全宗,第20页。

8. 外交部致上海市政府电(1932年7月21日)

去文亚字第 4125 号

上海市政府公鉴:接国联调查团中国代表处王秘书长电称:调查团某君现正从事研究我国抵制日货情形。惟其所有材料多从日方得来。日方说帖中载有去年万宝山案以后及沈阳事变以前,上海抗日会所通过关于抵制日货条例。某君恐单独根据日方说帖,未免偏袒。特密为表示极愿我方有所供给,以资参考。即请设法向上海搜罗上述原案,迅速飞邮寄平,以便转交等语。用特电达,希将上海抗日会之组织及其经过情形,从速详查见示。该会所定抵制日货各种条例,并请搜集寄部,以资应用,至纫公谊。外交部。

资料来源:《搜集日本违法行为资料提交国联调查团(五)》,台湾"国史馆"藏"外交部"全宗,第 21 页。

9. 外交部致北平顾代表电(1932年7月22日)

去电第 30276 号

顾代表少川兄勋鉴:二十一日电奉悉。"剿共"说帖,因军事委员会初稿,漏列于肃清后之施政方针。当经商由该会会同内政部,另拟备用。兹已文催,俟送部后,当即寄奉。特复。弟文。叩。养。外二五号。

资料来源:《搜集日本违法行为资料提交国联调查团(五)》,台湾"国史馆"藏"外交部"全宗,第 22 页。

10. 外交部致内政部等处电(1932年7月20日)

去文亚字第 4102 号

内政部、财政部、禁烟委员会、河北省政府、河南省政府、山东省政府、山西省政府、陕西省政府、福建省政府、北平市政府、天津市政府、上海市政府、青岛市政府公鉴:查日人制造贩运麻醉毒品,遗害中国非浅。本部拟编制说帖,提交国联调查团,以暴其罪恶。兹为力求详尽起见,务请贵部会、政府将关于此项事实详细列表,于电到三日内送部,以供参考,至纫公谊。外交部。养。

资料来源:《搜集日本违法行为资料提交国联调查团(五)》,台湾"国史馆"藏"外交部"全宗,第23页。

11. 外交部致军事委员会和内政部电(1932 年 7 月 22 日)

去文亚字第 4124 号

迳启者:关于参考日方向调查团所提中国共党说帖,编制我方"剿共"报告书事,七日函暨附件计达。兹因国联调查团中国代表办事处,以调查团业已到平,需用此项文件甚急,务希贵部会从速拟就,以凭转交应用为荷。此致。

资料来源:《搜集日本违法行为资料提交国联调查团(五)》,台湾"国史馆"藏"外交部"全宗,第24页。

12. 国民政府行政院致外交部电(1932 年 7 月 23 日)

钧任先生部长勋鉴:顾代表所拟关于共产党说帖,业已细阅。除二三处拟略加修改外,余均妥善。兹附上拟加修改各节法文稿送上,请即转寄北平顾代表查照为荷。专此,顺颂勋绥。

附法文修正稿一纸。①

弟汪兆铭谦启

七月廿三日

(附件业于七月二十三日寄出)

资料来源:《搜集日本违法行为资料提交国联调查团(五)》,台湾"国史馆"藏"外交部"全宗,第25页。

---

① 编者按:无附件内容。

13. 外交部致顾代表电(1932 年 7 月 23 日)

去文亚字第 4144 号

少川代表吾兄勋鉴:共党说帖事,廿一日电敬悉。尊处所拟之稿,顷奉汪院长交下并说明:除有二三处拟略加修改外,余均妥善,嘱即转寄。兹特将法文修正稿及尊处原稿件快邮寄上,查收赐复。

再,部中前因尊处以内政、军政两部所拟共党说帖,微嫌简略,曾函请军事委员会,另拟较为详备之稿。昨已函催,大约日内可以蒇事。一俟送到,再当寄奉二稿,备察阅。耑此,致颂勋祺。

弟罗文干启

资料来源:《搜集日本违法行为资料提交国联调查团(五)》,台湾"国史馆"藏"外交部"全宗,第 26—27 页。

14. 北平朱鹤翔、朱世全致外交部电(1932 年 7 月 22 日)

来电第 35413 号

发电:1932 年 7 月 22 日 19 时 53 分

收电:1932 年 7 月 23 日 7 时 30 分

南京外交部长钧鉴:密。雷顿①病状,据德医云:须静养半月方可起床,阻止见客。翔昨与顾代表晤谈,渠今明约晤意、法等代表,探询赴日感想。翔亦拟分别晤谈。顷法委员告翔,日政府对于解决东事绝无诚意,决定承认"满洲国",显与调查团以难堪。情形复杂,颇觉棘手等语。

又,吉田昨晚邀饮,密告东北义勇军由张学良暗中指挥,供给军火。如中政府不予他调,"满洲国"难免无炮张之举。届时,平津亦不无危险。至调查团之报告,倘与中国不利,中国当然不能承认;与日本不利,日本亦当拒绝。故实际上无甚价值云。再,以上所述,事关秘密,请勿发表。鹤翔、世全叩。养(廿二日)。

资料来源:《搜集日本违法行为资料提交国联调查团(五)》,台湾"国史馆"

---

① 编者按:即李顿。

藏"外交部"全宗,第 28 页。

15. 外交部致北平档案保管处转钱参事阶平电
(1932 年 7 月 21 日)

去文亚字第 4138 号

阶平我兄大鉴:本月十九日,函寄刘大钧君所拟《东省与中国经济之关系》说帖二份,谅已收到。兹再寄上陈长蘅、顾毓泉、林东海诸君所拟说帖二份。即希察收。此项说帖,甫经交到。因急于寄奉,故内容为何,未及详阅。崹此顺颂勋绥。

弟徐谟启

上海抗日会之组织及其经过概况

窃查上海抗日会成立之初,原名上海市反日援侨委员会。爰当二十年七月八日万宝山惨案发生后,上海各团体激于义愤,乃自动召集各界代表。大会于七月十三日假上海市商会成立。上海市反日援侨委员会推举虞洽卿等三十七人为委员。并于七月十七日首次执行委员会议决,推选王晓籁等七人为常务委员,组织常务委员会,下设总务、宣传、检察、调查、登记及保管六科。常务委员会掌理日常事务。总务科掌理文书、会计、庶务,及不同于各科之一切事务。宣传科掌理关于反日援侨之一切宣传事务。检察科掌理检察日货及侦察奸民等事务,并于该科下,分设闸北、浦东、南市、曹家渡等四检察处。调查科掌理日货之调查及国货与日货之比较调查等事务。登记科掌理日货之登记事务。保管科管理扣留之日货之存栈及放行等事务。各科设正、副主任各一人,正主任由常务委员兼任,副主任由委员中推选。另设:一、经济委员会,保管各方面之援侨救济金及日货之罚金;二、设计委员会,研究反日援侨之一切具体计划,以供执行委员会采择。此反日援侨委员会组织之大概也。至其抵制日货办法,系经过数次会议,方始决定。兹将其决定经过、办法,分述于下:

七月十三日,成立大会中议决:"自即日起厉行对日经济绝交",并发表重要警告,文曰:"依据本月十三日大会决议案,自即日起,厉行对日经济绝交。如在十四日以后仍有私进日货者,一经查明,当依照将来议定方法,予以最严厉之制裁。特此切实警告,希各注意。"

七月十七日,首次会议议决抵制日货大纲四条:甲、已定货者,从速退货。乙、定货尚未抵埠者,停止装运。丙、已存栈未付款者,不提货。丁、已购进之日货,先行来会登记,暂停发售。登记办法,另行通过。违反以上四项办法者,依照规定惩戒条例,从严处理。

七月廿八日,第三次会议议决抵制日货之原则如下:日货一律永久抵制,但工业原料必需品,如目前确无他货可以代替者,应由各工厂将所需日货品名数量等,详细开单,来会报告。已定者,应即来会登记。续定者,须先来会声请。此后,并规定年限,责由各该业工会筹设工厂,自行仿效制造,以期逐年递减。

七月廿九日,第四次执行委员会议决处理日货办法如下:

甲、处理日货应分三步:

(一)七月十四日以前商人付银购存之日货,应于登记期限内来会登记。登记期满,给予凭证,准其发售,不收费用。但七月十四日以前,商人付银购存之日货,未经登记,即行报运发售。已经本会查获者,应征收反日援侨救济金百分之十,并补行登记。

(二)七月十四日以后、二十四日以前商人付银购存之日货,应于登记期限内来会登记。登记时,随收反日援侨救济金,相当于货价百分之十。俟登记期满,给予凭证,准其发售。但七月十四日以后、二十四日以前商人付银购存之日货,未经登记,即行报运发售。已经本会查获者,应加倍征收反日援侨救济金,并补行登记。

(三)七月二十四日以后,再有购运日货者,查获一律充公。其购进之货,虽在二十四日以前,而不依限来会登记者,查获亦一律充公。

乙、各货登记后,由各同业工会,自行汇存于一、二堆栈内。函请本会会同市商会,派员检验清楚。在每件货物上分别加印,始准通行发售。如欲出口,可由该业同业工会,具函向本会请领通行证。该证由本会会同市商会,盖印发给,以便相互考查。货物到达,应由领货人先行报告当地反日会及商会检查登记,始得提取。嗣后如遇查未盖印之货物,均应扣留充公,作为反日援侨救济金。

丙、登记各货,应于登记表附注项下载明:一、货物码头,二、号码,三、所有栈房。

以上办法公布后,嗣后未有变更。迨九月十八日东北事变发生,上海反日援侨会乃于九月二十二日假市商会,召集各团体代表大会,扩大反日组织,更改会名为上海市抗日救国会。除原有委员三十七人外,另增加褚慧僧等二十四人为委员,共为六十一人。外增候补委员十七人,改常务委员七人为十一人,由全体委员中推选之。下设一处五部,计秘书处、检查部、侦察部、调查部、宣传部、保管部。秘书处设主任秘书一人,秘书二人。各部设正、副主任各一人,其各部之组织与内容,大致与反日援侨会之各科相同,不过范围稍稍扩大耳。其附设之特种委员会,除经济委员会及设计委员会仍然照旧外,另增设:一、义勇军委员会,召集有志之士训练成军,以备对日作战;二、惩戒委员会,管理会内职员之舞弊、惩戒,及奸民惩戒等事项;三、国际宣传委员会,专司对于国际间之一切宣传事项。此上海市抗日救国会组织及其经过之大概也。

资料来源:《搜集日本违法行为资料提交国联调查团(五)》,台湾"国史馆"藏"外交部"全宗,第29—33页。

16. 外交部致驻朝鲜总领事电(1932 年 7 月 23 日)

去文亚字第 4157 号

指令。

令驻朝鲜总领事。

呈一件。为呈送鲜案有关文件由。

呈暨附件均悉。所送鲜案备忘录及与李顿谈话概要,除留存一份备查外,已转送国联调查团中国代表办事处参考矣。此令。

资料来源:《搜集日本违法行为资料提交国联调查团(五)》,台湾"国史馆"藏"外交部"全宗,第34页。

17. 外交部致国联调查团中国代表办事处电
(1932 年 7 月 23 日)

去文亚字第 4155 号

国联调查团中国代表办事处公鉴:兹检寄驻朝鲜总领事馆所送简明鲜案备忘录及驻朝鲜总领事与李顿爵士谈话概要各一份,希存备查考。外交部。

资料来源:《搜集日本违法行为资料提交国联调查团(五)》,台湾"国史馆"藏"外交部"全宗,第35页。

18. 参与国际联合会调查委员会中国代表处 致外交部公函(1932年7月25日)

平字第407号

迳启者:准贵部删日快邮代电开:准铁道部函。送有关东三省铁路之中日条约及借款合同英文译件并目录及说略各一件。兹由邮寄上,即希查核,转交国联调查团等因。并目录、说略、英文译件到处,业经照收。相应函复,即希贵部查照为荷。此致

外交部

顾维钧

资料来源:《搜集日本违法行为资料提交国联调查团(五)》,台湾"国史馆"藏"外交部"全宗,第36页。

19. 参与国际联合会调查委员会中国代表处 致外交部公函(1932年7月25日)

平字第406号

迳启者:准贵部佳日快邮代电开:外蒙问题,经林委员东海拟就。邮寄两分,希查收等因,并英文说帖两分到处,业经照收。相应函复贵部查照。此致

外交部

顾维钧

资料来源:《搜集日本违法行为资料提交国联调查团(五)》,台湾"国史馆"藏"外交部"全宗,第37页。

20. 参与国际联合会调查委员会中国代表处 致外交部公函(1932年7月25日)

平字第405号

迳启者;准贵部寒日快邮代电。检送实业部建设成绩说帖一册,业经照收。相应函复贵部,即希查照。此致

外交部

顾维钧

资料来源:《搜集日本违法行为资料提交国联调查团(五)》,台湾"国史馆"藏"外交部"全宗,第 38 页。

21. 内政部致外交部公函(1932 年 7 月 25 日)

警字第 319 号

迳启者:案准贵部亚字第四一二四号公函,内开:关于参考日方向调查团所提中国共党说帖,编制我方"剿共"报告书事。七日函暨附件计达。兹因国联调查团中国代表办事处以调查团业已到平,需用此项文件甚急,务希贵部从速拟就,以凭转交应用为荷等由到部。查是项"剿共"报告书,业经本部拟就草案,送请军事委员会查核、汇办在案。准函前由,除函达外,相应函复查照为荷。此致

外交部

黄绍竑

资料来源:《搜集日本违法行为资料提交国联调查团(五)》,台湾"国史馆"藏"外交部"全宗,第 39 页。

22. 北平顾代表致外交部电(1932 年 7 月 24 日)

来电第 35470 号

发电:1932 年 7 月 24 日 23 时 10 分

收电:1932 年 7 月 25 日 6 时 15 分

南京外交部罗部长钧任兄勋鉴:密。东北方面索阅汪院长及李顿在北平开会会议录。应否交阅,请转询汪院长电复。弟维钧。敬(廿四日)。叩。

资料来源:《搜集日本违法行为资料提交国联调查团(五)》,台湾"国史馆"藏"外交部"全宗,第 40 页。

23. 国民政府禁烟委员会致外交部电(1932年7月26日)

洲字第 3991 号

外交部公鉴:养代电悉。兹将近年日人在华制运麻醉毒品,本会有案可查者,列表送请查收为荷。特复。禁烟委员会。寝。印。

附表一份。

日人在华制造贩运麻醉毒品案件表

案由	时间	贩制机关人名	地点	办理经过情形
侨居汉口日人用德国机器在汉口制造吗啡案	十八年四月	日人章良、田广二人	汉口法租界共和舞台小巷内设厂制造	案经汉口卫戍司令部查获日人章良一名。送日本领事署后,又在法租界长清里九十六号复行制造吗啡。经法巡捕房抄查,乃迁特区坤厚里六十九号。经拿获章良、田广二名。送由日领署,解送回国。
吴淞要塞查获日轮长风丸私运烟土案	十八年十月	日轮长风丸	在吴淞由要塞司令部破获,在轮船大仓内,计烟土二十一件。	由本会咨外交部,向驻沪日领交涉。
辽宁邮局破获日人私运大批海洛因案	十八年十二月	日人饭治	由德国汉堡运至辽宁,先后运递海洛因达一百二十余包。	经辽宁邮局查获扣留,经咨由辽宁省政府焚毁。
胶济路各站日人贩运毒品案	十八年十二月	日人在胶济各站贩运毒品者不下两万余人	胶济铁路沿途各站,如周村、潍县、博山、张启以及其他大小各站,在在皆是,青岛方面贩运商店数亦不少。经我国破获交涉惩办有案。	经本会派员实地调查确实,咨外交部向日方交涉在案。
济南日人售卖毒品案	十八年十二月	日商计二百余家,以开药房、商店、洋行、旅社为名。	济南日人以售卖毒品为日常营业,经我方先后破获,向日方抗议交涉有案。	经本会派员实地调查确实,咨由外交部向日方严重抗议。

(续表)

案由	时间	贩制机关人名	地点	办理经过情形
大连旅顺日人纵毒案	十八年十二月	关东洲有日商一百余家。	关东厅对大连、旅顺以专卖鸦片为政策。	经本会派员调查确实,咨请辽宁省政府向日方交涉查禁。
青岛邮局破获日人私运大批毒品案	十九年一月	青岛日商三隆商会及青岛泰山路六十六号日商沃希渥加洋行。	由德国、瑞士私运至青岛,挂号邮件系由收件人自行到局领取,共计海洛因、高根,连皮六十四公斤,约价五万五千元,一百○一包。	案经查获后,本会当咨外交部提出交涉,一面由青岛市党部会同有关机关,持所获毒品焚毁。
关东厅串日商贩卖毒品案	十九年二月	大连交易所日人原田等	由大连运往天津、沈阳、石家庄、吉林等地,被发觉者达四百六十余万日元。	案经本会咨外交部,向日本公使提出抗议,并经日方允许查办在案。
昌黎日人贩运吗啡案	十九年四月	昌黎日商九家	日人在昌黎以行医为名,实则专卖吗啡、高根、海洛因等毒品。	案经本会咨外交部提出交涉,并经咨复,以昌黎非通商口岸,日本不得在该地经商营业,已照会请日使转饬日商,勿再逗留该地在案。
福州厦门日人开设烟馆土栈案	十九年四月	日人或日籍台民	福州、厦门两市日籍烟馆土栈,经派员调查确实者有两百余家,大多均有姓名、地址、门牌可考。	此案经本会派员亲赴福州、厦门实地调查,得有确实证据,并经咨外交部向日严重抗议,并汇报国联在案。
辽宁邮局查获第二批日人私运毒品案	十九年五月	长春日商 Tmine 商行	由德国汉堡邮件挂号,计一百四十七件海洛因。	本案破获后,当即会同各机关焚毁,并由辽宁省政府将焚毁照片、查获毒品照片及毒品包皮纸咨送到会。
济南日商贩运毒品案	十九年十一月	济南中安洋行中岛原之助	济南经一路南,专贩麻醉毒品,供人在该洋行内吸食。	案经咨外交部,函日本代办严重处置在案。

(续表)

案由	时间	贩制机关人名	地点	办理经过情形
江海关破获日人私运大批波斯土案	十九年十一月	经海关向船主取得与私土有关之密函一封。其中语句,足证私贩者为日本人。而日当局竟以此宗毒品系运往大连,制造麻醉品为词,要求发还。	江海关在德货船克洛核号,搜获波斯土一万九千四百磅,价值一百万元。	经本会咨财政部,转饬海关焚毁。
江海关查获日人私运大批毒品案	十九年十一月	青岛山东路五十八号日商田中洋行,由上海广东路九号日商国际运输有限公司,报关进口,转船赴青岛。	在意轮指尔特兰那号查获海洛因五百十八磅,盐酸海洛因三百卅四磅,吗啡六百廿三磅,冒充葡萄干及梅酱进口。	案经本会检同标记照片,咨请外交部转饬国联中国代表办事处,转报国联中央鸦片监察处。
闽禁委会破获日商福泰土行案	二十年二月	南台下杭街庆元街日商福泰土行籍民,李兴铭、李三哥等。	由福建禁委会会同市公安局及保安队,暨驻闽日本领事,查获烟土二千九百五十余两,及烟膏四十六两余。	案经咨请外交部,向日方交涉。
日本在东三省安达地方贩卖毒品案	二十年五月	日人或韩人	在哈尔滨之西安达镇,有日韩侨商贩毒店六十余处。	日、韩人之贩毒者,均借满铁区内之日邮局寄送。迨离该区,则派人专送至沿中东路之各点。案经本会咨黑龙江省政府,饬查确实。

资料来源:《搜集日本违法行为资料提交国联调查团(五)》,台湾"国史馆"藏"外交部"全宗,第41—43页。

24. 国民政府军事委员会致外交部电(1932年7月26日)

收文统字第 2211 号

迳覆者:前准电开:准国联调查团中国代表办事处函,嘱将日方提交调查团之中国共产党说帖所列共党人名译音,查填原名。特抄送原单,请即按名查

填,送还转致为荷等由。附名单一件。准此,兹经查填完竣,相应随函送还,敬烦查照转致为荷。此致
外交部

南京办事处

附名单一件①

第七军长	Tchang Yun-I	张云逸
第十一军长	□□ Kouang	
第十二军长	Teng-I	陈毅
第一军政治委员	□ Ta Tcheng	曹大靖
第二军政治委员	Tchen Hsien Ping	陈叶平
第三军政治委员	Tseng Ljou Po	曾如柏
第五军政治委员	Hsi Ta Youan	滕代远
第六军政治委员	Tchou I Tchoun	周逸群
第七军政治委员	Teng Hsi Hsien	邓希贤
第八军政治委员	Teng tchien Yuan	邓乾元
第十一军政治委员	Kou Ta Tsoun	古道宗
第十二军政治委员	Teng Tsou Hui	邓子恢
第一独立支队政治委员	Li Shang Ta	

依一九三〇年十一月共党选派驻俄党代表　Tchang Kou （疑系张国焘）

现在共党中当权者　　　Li En Mei　　　　（疑系李迈即李光华）

Shen Tse Ming　　沈泽民

Tcheng Houng I　　陈韶玉

一九〇九年在广州设立　Hui Ming 学会　Liou Han Kouang　（疑似廖尚果）

资料来源:《搜集日本违法行为资料提交国联调查团(五)》,台湾"国史馆"藏"外交部"全宗,第44—47页。

---

①　编者按:名单均按原文录入,人名、职务等存在错讹之处,请读者自行鉴别。

25. 外交部致北平档案保管处中国代表处 钱参事电(1932年7月26日)

去文亚字第4198号

阶平吾兄鉴:七月一日函。寄中央党部代为译之共党名单一件,计已察阅。兹复准军事委员会函,送该项填译译文名单前来,特抄录原件,函达查照为荷。耑此,顺颂勋祺。

弟徐谨启

资料来源:《搜集日本违法行为资料提交国联调查团(五)》,台湾"国史馆"藏"外交部"全宗,第48页。

26. 北平朱鹤翔致外交部电(1932年7月26日)

来电第35511号

发电:1932年7月26日0时55分

收电:1932年7月26日16时40分

南京外交部部长钧鉴:密。翔连日与调查团晤谈,探询该团在日接洽情形。大旨,日政府以"满洲国"已成局势,出于三千万人民之意志,非日本所能变更;"满洲国"内部日益充实,日本国会业已通过决定,承认维护日本在满洲固有之权益。惟调查团以为伪国虽已成立,亦须视相当经过、相当时期,获有真确民意之趋向,决非短期间所可操切从事。故力促从缓宣布承认,免致纠纷益形僵局。总之,调查团此次赴日,感想殊觉恶劣。对于该团本身任务亦甚感困难。

再,由法报所得消息,日政府对中俄复交异常注意。除命驻莫大使与俄政府随时接洽探询外,并向欧美方面宣传中国共党"猖獗"情形。以为中俄一旦复交,中国共党势必益加厉害,意欲借移各国观听,破坏中俄复交。翔意,我国此次对俄提议复交,主在牵制日本在东省之侵略,使有所顾忌,实系外交上一种运用策略。似不妨向英、美、法、义①各政府详密解释,免为日本所中伤。至

---

① 编者按:即义大利,意大利的译名简称。后同。

复交手续,以翔经验所循,似不应附有条件,以示绝对诚意。俾复交后,一切易于进行而已。巴黎、罗马关系重要,迄今未派驻使,非但外人诧异,而我与法、义政府接洽上,亦不无遗憾之处。法使韦而敦以中国三次提出驻法公使征询同意,而迄今无前往者,言下似我无诚意,意在言外。义首相兼外相墨索里尼,言论举动素为列强所重视,我应联络,藉以借重。国联不久将开大会,英、美、法、义,各都均应有驻使,随时与各该政府联络,根本我国方针对外宣传,使各该国民众亦明了日本侵略及违犯国际条约之真相。似此各方合作,庶可收效于无形。翔意,我国法、义两国驻使亟宜任命,俾迅速到任,以策进行。

再,翔与朱帮办承顾代表电,请铁道部发给回京免票,约星期四起程回京。所有顾代表嘱达各节,容面陈。鹤翔。养。宥(二十六)。

资料来源:《搜集日本违法行为资料提交国联调查团(五)》,台湾"国史馆"藏"外交部"全宗,第49—51页。

27. 财政部致外交部电(1932 年 7 月 27 日)

收文和字第 2320 号

外交部公鉴:第四一〇二号养代电敬悉。已密饬总税务司,迅即遵办。俟造送到部,即行奉达,特先电复查照。财政部。宥。印。

资料来源:《搜集日本违法行为资料提交国联调查团(五)》,台湾"国史馆"藏"外交部"全宗,第52—53页。

28. 国民政府军事委员会致外交部公函 ## (1932 年 7 月 27 日)

参字第 323 号

迳启者:前准贵部亚字第三四一四号公函节开:日方向国联调查团,每为不利于我之宣传。其诬我最甚者厥为内政纷乱、缺乏统治能力及共党蔓延二点。拟请贵会与内政、军政两部会商,另拟较详之节略。特别注重"剿共"事实及"清共"后,政府对于肃清各地施政方针,以凭转送国联调查团中国代表处,拟具说帖等由。准此,前经拟就《"剿匪"报告书》草案一份。为集思广益、慎重讨论计,曾邀请有关系各部,派员列席会议。咸因日方提交国联调查团之说帖,污蔑我国太甚,均认该草案有修正之必要。虽不能逐条反驳,亦须将"剿共"经过,及我国党务、政治、经济、外交、军事各种情形,详细胪列,毋使国联受其朦蔽为要。现经草拟完妥,兹定八月一日上午十时,在本会会议厅开审查会议。惟事关国家大计,非审慎考虑,不足以臻完美。届期,务希遴派要员莅会列席审查,以便修正后,提交顾代表转调查团也。如蒙先将各种报告材料及意见,送会参考,则更妥善。相应函达,即希查照为荷。此致

外交部

资料来源:《搜集日本违法行为资料提交国联调查团(五)》,台湾"国史馆"藏"外交部"全宗,第54—57页。

29. 驻朝鲜京城总领事馆呈外交部文(1932年7月28日)

呈报字第211号

为密呈报事。窃查国联调查团行抵鲜京,所有会晤、谈话情形,业于本月四日,检同附件,密呈在案。昨十八日上午八时,接准朝鲜总督府外事课电告:国联调查团员杨格博士,昨晚抵京城。拟于本日午后三时至四时造访。特代通知,希查照等语。午后三时半许,复接外事课通译官小田安马,由美国总领馆来电谓:杨格博士顷在美领馆,当即赴贵馆拜会等语。四时,杨格博士来馆,约谈一小时始去。迨送至门口,始知小田通译官亦陪同前来,在汽车上等候。所有总领事与该博士谈话概要,理合录出,密呈钧部,敬乞鉴核,并转中国代表处查照。谨呈外交部长、次长。

驻京城总领事:卢春芳

附谈话概要二份(每份四纸)

本月十八日午后四时,国联调查团美人杨格博士(DR. C. WALTER YOUNG)来馆与总领事谈话约一小时,寒暄后,其问答如下:

杨:君何时来鲜?

总:去年鲜人暴动后,九月底来鲜。

杨:余上次来鲜,因时间仓促,未得晤谈。承送备忘录,李顿爵士业已交余阅悉。其措辞简明,颇起兴趣,但有数点愿更闻其详。

总:请示之。

杨：在备忘录内，有日当局对华货加税云云。是否在暴动之前对于华货加税，有区别特异之处，盼查明示知。

总：余可以最近情形证之。日前，接仁川办事处主任呈称：仁川税关要我国夏布商人，每五米粒米特平方内之线数过十九条者，一概加抽百分之卅五成进口税。并令该商等，将上月十八日起，至本月八日税款一并补交等语。京城亦有商人来馆，面诉同样苦情。查夏布进口，我与日定有协定。其种号数之税率，在三年期内不能加税。即或在所定以外之夏布，其应征税款亦无完税进口多日后追补之理，此事现正交涉中。

杨：是也。货在完税进口之后，无追补加税之理。至谓朝鲜日报通讯员金某被暗杀一节，在何处被杀，何人杀之，可证明否？又该报主笔安某为何下狱，可得闻乎？

总：金某被杀事，是余去年到任之后，往访各报主笔时，遇见朝鲜日报主笔安某，相谈之下，悔不该发行号外，惹起暴动。并谓：金某已经被杀云云。言时极形沮丧。至该主笔下狱之原因，系鲜人筹款救济东省鲜人，因该报经济困难、挪用赈款所致。现在一人已死、一人下狱，祸源之引线已灭，何得其详？

杨：鲜人暴动后，华侨死伤数目及损失数目，如备忘录所记者，尚有更改否？

总：死伤数目为最后之数，因救济其家属系按此死伤人数付款，惟损失数目，除已如当时报馆记述者外，尚有在调查中者。

杨：暴动后华侨回国者，计达五万二千七百二十人，此数是否包含每年冬季应行回国之华侨？

总：查华侨每年冬季返国者，多属菜圃园夫，其数有限，如无暴动，彼辈决不能弃业回国。至该数目查明备案后，仍有函询，在此情形之下，宜否回国者不少，当即函告镇静，或自行酌定去留。

杨：若将冬季返国之数除外，大概占百分之卅乎？

总：大概近是。

杨：现在朝鲜之华侨究有若干？

总：约五万。

杨：鲜人暴动系受某辈指使，有何根据而云然？

总：何人指使，颇难指出。然证以事实及友人密谈，即可明白。如法人某君，现充比国代理领事。前此来馆谈及鲜人暴动事件谓：日当局对之颇为恼怒，以暴动行之太过云。又证以日当局不切实保护及由仁川开始暴动，按其进行日期与朝鲜地图,起有暴动之各地参看,则知有指使者之工具。从一处至一处,循序怂恿暴动。且近据镇南浦副领事报称:平壤法院将暴动之鲜民,尽行释放。虽已定为死罪者,亦判为无期徒刑,并有教以口供,判决释放之事。以上种种均足为背景之证明。

杨:去年七月三日朝鲜日报所发之号外,可否给予一份?

总:在卷中所存尚有一份,可以印照,或将原件送给备用。

杨:余此来只有两三天耽搁,拟于后日前往间岛,并对于鲜人移居问题尚有研究。

总:君往间岛,或将见及鲜人房屋有被所谓土匪焚烧者。然此种土匪系孰令致之。且日假"满洲国"之名,夺我海关据有。龙井村海关人员,被迫出境。今日来馆者报告称:近日来中国卖报之人均被逮捕,学生亦被捕数名。

杨:龙井村有中文报出版否?

总:有,早已被迫停刊矣。

杨:鲜人移住东省者,为何多系农夫?

总:据一般鲜人谈称,鲜人无法谋生,逼往东省者甚多。而农人系因经济困难,将田地押于银行,过期不赎,即低价收买。如此,将鲜人土地收去十之六七云。

杨:余颇欲获得关于殖产银行收买土地之材料。如有所获,请直寄贵国代表团,送交国联调查团。

总:可以照办。

杨:余定后天离京城,希后再见。

总:明晚有空否,余欲宴请招待。

杨:请不必,因已有预约。今晚系总督府外事课长招待,明日系政务总监招待。俟调查事毕后,可以私人资格欢聚。

总:既如此就不客气了,君去时恕不送行。

杨:请不必送行。(辞别时,并请代向季、魏两副领事致意。同行至客厅大门,将上车之时间曰)君识小田先生乎?(言时,总督府小田通译官由车内出外,杨君进坐车中。)

小田向总领事曰:You are very hard.

总领事以手拍其背曰:You are very lucky.(观其面相颇形失色)

小田:再见(即登车,车即开行)。

总领事鞠躬。

杨、小田,同点首而别。

资料来源:《搜集日本违法行为资料提交国联调查团(五)》,台湾"国史馆"藏"外交部"全宗,第59—67页。

30. 北平钱泰致外交部电(1932年7月28日)

来电第35584号

发电:1932年7月28日16时10分

收电:1932年7月28日18时10分

南京外交部徐次长叔谟君鉴:宥(廿五)电奉悉。李维斯(LEWIS)所需说帖,遵托凤千兄代交。弟泰。俭(廿八日)。

资料来源:《搜集日本违法行为资料提交国联调查团(五)》,台湾"国史馆"藏"外交部"全宗,第68页。

31. 外交部致汪院长电(1932年7月28日)

去文亚字第4259号

汪院长钧鉴:谨密示者:顷据本部朱司长鹤翔自平来电,密报调查团在日接洽情形,并陈述对俄复交意见各节。谨特抄录原电,送请呈钧览,备供参考。专示祗请钧绥。

复抄原电一件。①

罗文干谨□

资料来源:《搜集日本违法行为资料提交国联调查团(五)》,台湾"国史馆"藏"外交部"全宗,第70页。

32. 驻清津领事馆报告(1932年7月29日)

清字二一第25号

国际调查团杨格博士过清前往间岛调查鲜人问题之行动

---

① 编者按:无原电内容。

国际调查团间岛问题专门委员杨格博士于本月二十日,由京城搭乘五〇一号火车前往间岛。车中有总督府翻译官小田氏随行。二十一日晨,经过清津,直通过未下车。当地日官厅派员到站相迎,以时间关系,仅交换名片,并未接谈。是晚,行抵龙井。日冈田总领事、米田领事以下,多数官民出迎。杨氏下车后,即驾车迳赴日总领事馆拜客,晚宿米田领事官舍。二十二日,与冈田总领事作长时间之会晤,内容极密。二十三日上午,在日总领事馆会议室,接见龙井记者团。出席记者有粟原、史廷铉、武智、山田四氏,质询在满鲜人问题甚久。其问答内容附详于后。下午,接见间岛协会代表。该会由日鲜人组织,闻该会在杨氏未到之先,事前已预备捏做之间岛厅史一厚册,其主要内容谓清津、珲春、廷吉、和龙、东宁五县,纵观历史,原系朝鲜土地云云。该书闻已面交杨氏。二十四日,氏乘飞机迳向长春飞去。

杨格博士与龙井记者团之问答

记问:闻阁下此次间岛之行系个人观察,并不报告国联,确否?

杨答:此系新闻误传,调查事实须报告国际。对于在满鲜人问题,余正在深加研究中。尤以来此视察大多数鲜人居住之间岛,为余目的。来间后,由总领事处得到间岛事情及在满鲜人问题之新知识极多。对于在满鲜人问题,已与冈田总领事长时间会谈。与京城来时,与总督府当局对此问题之材料亦做二日间之听取。在满鲜人问题,不久当可达完成目的。但与总督府所谈者,系对于鲜人移住满洲之背景耳。

记问:然则在满鲜人问题尚未完成乎?

杨答:大部已成,今后则在胃中消化耳。

记问:由法理上观之,阁下对间岛作何看法?

杨答:此节可加入提出国联之报告书中,今则不能明言。

记问:惹起全间岛暴动之匪贼等,系受张学良之密令与煽动。阁下对张如此行动,作何感恩?

杨答:余未闻此事,并与余个人无关。

记问:对于调查在满鲜人之范围程度如何?

杨答:国际问题、人口问题、思想问题等,在满鲜人数计百万,殆已形成重要部分。将来在满鲜人问题,极复杂而重要。余代调查团调查此事,言其范围即人数问题与社会之关系。次如土地租借权、小作权、土地所有权、居住及诉讼、国籍法律条约、鲜人生命财产保护、团体政治思想之实际行动及关于满洲之发展等。各方面均须调查,搜集充分材料,以供参考的报告。我等调查之事,依据去年十二月十日国联之决议,我等希望满洲和平。同时,欲于此际设法一扫中日问题。若此问题迟延不决,在满各国侨民,势必遭遇不幸,即余等责在扫除此不幸福之事。又,吾等希望□□确立□平及鲜人问题之圆满调查研究,必图将来之繁荣,不生国际问题。

记问:满洲事变前,在满鲜人问题发生事故,阁下能预知否? 当下搜集材料充分否?

杨答:余由关系当局处已得充分材料。当时虽以时间关系,但余自思提出于国联之材料极为充分。一九二六、七二年间,赴日与各关系当局者接见,坦白无私畅谈在满鲜人问题。去秋,余知在满鲜人问题将来势必发生复杂的国际问题。故当时亲赴满洲,研究在满鲜人问题,作成图表。国联调查团员之来极东,并不能左右国际问题。调查团之目的,对于解决日支问题,务使援助发现满足点云。

资料来源:《搜集日本违法行为资料提交国联调查团(五)》,台湾"国史馆"藏"外交部"全宗,第71—73页。

33. 太原山西省政府致外交部电（1932 年 7 月 29 日）

来电第 35622 号

发电:1932 年 7 月 29 日 14 时 30 分

收电:1932 年 7 月 29 日 19 时 05 分

南京外交部公鉴:密。养(二十二)电敬悉。业将年来日人在晋制运毒品情况,列表附邮。谨先电闻。山西省政府。艳(二十九)。民。

资料来源:《搜集日本违法行为资料提交国联调查团(五)》,台湾"国史馆"藏"外交部"全宗,第75页。

34. 内政部致外交部电（1932 年 7 月 28 日）

外交部公鉴:养代电悉。关于取缔贩卖制造麻醉毒品事项,属禁烟委员会主管。经派员往会调取案卷,始悉该会亦接贵部同样代电,现正编列详表以复。本部另无其他有关案卷,无可编列。相应电复查照。内政部。感。印。

资料来源:《搜集日本违法行为资料提交国联调查团(五)》,台湾"国史馆"藏"外交部"全宗,第 77 页。

35. 外交部致北平档案保管处转国联调查团中国代表处电(1932 年 7 月 28 日)

去文亚字第 4272 号

国联调查团中国代表处公鉴:关于拟具日人制运麻醉品祸华说帖事。二十一日,致顾代表电计达。顷准禁烟委员会,函送日人在华制造贩运麻醉品案件表到部。兹特抄寄一份,即希查收应用为荷。外交部。

资料来源:《搜集日本违法行为资料提交国联调查团(五)》,台湾"国史馆"藏"外交部"全宗,第 78 页。

36. 外交部致北平档案保管处转国联调查团中国代表处电(1932 年 7 月 30 日)

去文洲字第 1485 号

迳密启者:兹寄上日本检讨会编译之《满洲事变与"新国家"》及《满洲事变之真相》各一册。即请查收备考为荷。此致。

资料来源:《搜集日本违法行为资料提交国联调查团(五)》,台湾"国史馆"藏"外交部"全宗,第 79 页。

37. 北平钱泰致外交部电(1932 年 7 月 30 日)

来电第 35655 号

发电:1932 年 7 月 30 日 18 时 30 分

收电:1932 年 7 月 30 日 22 时 33 分

南京外交部亚洲司沈司长沦新兄鉴:密。闻济案解决后,曾有令取缔排货,是否即系十八年四月二十日命令,请查明电复。弟泰。卅。

资料来源:《搜集日本违法行为资料提交国联调查团(五)》,台湾"国史馆"

藏"外交部"全宗,第80页。

38. 外交部致北平档案保管处转中国代表处电
(1932 年 7 月 31 日)

去文亚字第 4338 号

北平档案保管处转中国代表处公鉴:三十日函,寄禁烟委员会所送日人在华制造贩运麻醉品表件,计达。兹再寄上财政部函送总税务司所造最近三年来各关缉获日、韩人及日轮私运麻醉毒品详表二份。即请查收,并希于用毕,仍将原件寄还本部亚洲司为荷。外交部。

资料来源:《搜集日本违法行为资料提交国联调查团(五)》,台湾"国史馆"藏"外交部"全宗,第81页。

39. 国民政府军事委员会致外交部公函
(1932 年 8 月 1 日)

参字第 333 号

迳密启者:本会因日方对"剿赤"问题,污蔑我国太甚。特拟就《"剿匪"报告书》草案一份,交顾代表转调查团,藉作彻底声明。惟事关国家大计,不得不慎重讨论。业已函请贵部遴派要员,列席八月一日上午十时审查会议。兹为明了该草案内容及易为修正计,特先印就数份,随函密送贵部一份(计五篇八本),务希查照检收为荷。此致
外交部

资料来源:《搜集日本违法行为资料提交国联调查团(五)》,台湾"国史馆"藏"外交部"全宗,第82—84页。

40. 青岛市政府致外交部公函(1932 年 8 月 1 日)

内字第 5371 号

迳复者:案准大部养代电开:青岛市政府公鉴:查日人制造、贩运麻醉毒品,遗害中国非浅。本部拟编制说帖,提交国联调查团,以暴其罪恶。兹为力

求详尽起见,务请贵政府将关于此项事实,详细列表,于电到三日内送部,以供
参考等由。准此,查本市关于日韩侨民密售毒品案件,均经严饬主管机关随时
切实设法查禁,并与日领严重交涉各在案。自十九年四月起,上项烟毒案件计
共五十六起。准电前由,相应缮具一览表,随函奉达,即希查照见复为荷。
此致
外交部

　　计函送日韩侨民贩卖毒品一览表一份。

沈鸿烈

青岛市历年查获日韩侨民贩卖毒品一览表

年份	国籍	姓名	案由	查获毒品种类	查获毒品数量	查获月日	交涉经过
十九年	朝鲜	金守万	携带吗啡	吗啡	十四小包	四月二十四日	日领函复:已严惩。
十九年	日本	昌隆药房	密售毒品	海洛英①、白丸	一小包、二十六粒	二月二十六日	日领函复:该药房已废止,药店转赁。
十九年	朝鲜	张昌明	售卖毒品	海洛英	大小九十五包	七月一日	日领函复:已严惩。
十九年	朝鲜	李德明	密售毒品	吗啡、吗啡、烟包	半瓶、大小四包、一个	七月一日	
十九年	朝鲜	崔光明	密售毒品	海洛英、料子	二十五小包、六两	六月三十日	以上两案,经并案函日领交涉取缔。该领署已事前应先通知,函请转饬知照。
十九年	朝鲜	尼杭庆	贩卖毒品	吗啡、海洛英	共四十小包	七月十四日	经函日领交涉,未准函复。
十九年	日本	大陆号	密售毒品	海洛英	一小包	八月二十一日	
十九年	日本	香水堂	密售毒品	海洛英	两起,共三小包	八月二十一日	

---

① 编者按:即海洛因。后同。

(续表)

年份	国籍	姓名	案由	查获毒品种类	查获毒品数量	查获月日	交涉经过
十九年	朝鲜	李经臣	密售毒品	海洛英、吗啡	三小包、七包	八月二十一日	
十九年	朝鲜	洪义善	密售毒品	海洛英	一小包	八月二十一日	以上五起(香水堂两起)经并案交涉,未准日领函复。
十九年	朝鲜	金平秀	售卖毒品	吗啡、海洛英	数包	九月十三日	日领函复:已依法惩处。
十九年	日本	出木商店	密售毒品	海洛英	少许	八月二十四日	经函日领交涉,未准函复。
十九年	日本	大昌号	售卖毒品	海洛英	一百六十小包	十月八日	经函日领交涉,未准函复。
十九年	日本	棉打植	密售毒品	海洛英	二十三小包	十月十六日	日领函复:已严重处罚。
十九年	朝鲜	崔左信	售卖吗啡	吗啡面	大小十六包	十月七日	日领函复:依法从严处办。
十九年	朝鲜	李化东	售卖毒品	海洛英	少许	十月十九日	日领函复:因无犯罪证据,碍难处罚,目下仍在严重视察中。
十九年	朝鲜	赵炳国	开设吗啡馆	吗啡、吗啡针	六小包	十月二十一日	日领函复:已严重处罚。
十九年	日本	奥田邓之助	密运违禁药品	海洛英	一包,约十五两	十月六日	日领函复:已严重处罚。
十九年	朝鲜	高甲生	售卖毒品	海洛英、吗啡、吗啡器具、烟土	少许、少许、少许	十月二十五日	日领函复,已依法严惩。
十九年	朝鲜	韩明伦	售卖毒品	海洛英	五小包	十一月十八日	日领函复:据供实无密售毒品之证据,碍难处罚。
十九年	朝鲜	丰川药房	售卖毒品	海洛英	一小包	十一月四日	经函日领交涉,未准函复。

(续表)

年份	国籍	姓名	案由	查获毒品种类	查获毒品数量	查获月日	交涉经过
十九年	日本	伊藤洋行	售卖毒品，日巡查有意庇纵	海洛英	一小包	十一月四日	日领函复:经施行严重家宅搜查,并未发现证据。
十九年	日本	秋山傅太郎	携带海洛英毒品	海洛英、料、烟灰	大小十包、一包、一小包	十二月三日	日领函复:已严惩。
十九年	朝鲜	金天班	开设吗啡馆舍	吗啡针、海洛英	一个、七十余小包	十二月二十四日	日领函复:已严重处分,驱逐回籍。
二十年	朝鲜	金永逑等	售卖毒品	海洛英	一百二十八小包又少许	一月二十六日	日领函复:已依法严重处断。
二十年	朝鲜	金一等	售卖毒品	海洛英、吗啡、白丸、吗啡针	三十七小包又少许	二月十日	日领函复:已分别严重处罚。
二十年	朝鲜	姜男儿等	售卖毒品	吗啡、吗啡针	七十七小包又少许、一个	三月十日	日领函复:已一律依法严重处断。
二十年	朝鲜	李文植	售卖毒品	海洛英	大小十三包	三月二十四日	经函日领交涉,未准函复。
二十年	朝鲜	邓尚久	售卖毒品	海洛英	七十三小包	三月三十日	经函日领交涉,未准函复。
二十年	朝鲜	姜利顺等	售卖毒品	海洛英	二百十六小包	四月二十三日	经函日领交涉,准函已严重惩处。
二十年	日本	菖蒲池晋	开灯售烟	烟具	多件	四月十七日	日领函复:已依法严惩。
二十年	朝鲜	朴谊达	售卖毒品	白海洛英、黄海洛英	二十一小包、二大包	五月十三日	日领函复:已从严处断。
二十年	朝鲜	洪镇瑾	售卖毒品	海洛英	七十四小包	六月二十七日	日领函复:已依法严重处断。

(续表)

年份	国籍	姓名	案由	查获毒品种类	查获毒品数量	查获月日	交涉经过
二十年	朝鲜	李正镐	售卖毒品	海洛英	大小三十六包	七月六日	经函日领交涉,未准函复。
二十年	朝鲜	李均山	密售毒品	海洛英	五十八小包	七月十三日	日领函复:已严重处断。
二十年	朝鲜	韩基福	售卖毒品	吗啡	八十八小包	七月十九日	日领函复:已严惩。
二十年	朝鲜	张继贤	售卖毒品	海洛英、吗啡针	二百○四小包,二个	七月二十二日	经函日领交涉,未准函复。
二十年	朝鲜	赵在坤等	密售毒品	海洛英	大小共八十九包	七月二十二日	经函日领交涉,未准函复。
二十年	朝鲜	金亨根	密售毒品	海洛英	一小包	七月二十四日	经函日领交涉,未准函复。
二十年	朝鲜	崔光明	密售毒品	海洛英	六十六小包	七月二十九日	经函日领交涉,未准函复。
二十年	朝鲜	崔尚揖	密售毒品	海洛英	二十四小包	七月二十九日	经函日领交涉,未准函复。
二十年	朝鲜	权益三	密售毒品	吗啡、麻药、吗啡针	七小包、二小包、一件	八月二日	经函日领交涉,未准函复。
二十年	朝鲜	赵振坤等	密售毒品	海洛英、麻药	大小一百廿二包、一小包	八月十一日	经函日领交涉,未准函复。
二十年	朝鲜	金学九	密售毒品	海洛英	大小二十八包	八月十日	经函日领交涉,未准函复。
二十年	朝鲜	朴贺义	密售毒品	海洛英	五小包	八月十三日	经函日领交涉,未准函复。
二十年	朝鲜	金学镇	售卖毒品	海洛英	十三小包	八月十二日	经函日领交涉,未准函复。
二十年	朝鲜	洪义善	密售毒品	海洛英	六十小包	八月十八日	经函日领交涉,未准函复。
二十年	日本	佐藤安宪	密售毒品	海洛英	四小包	十二月十六日	经函日领交涉,未准函复。

(续表)

年份	国籍	姓名	案由	查获毒品种类	查获毒品数量	查获月日	交涉经过
二十年	朝鲜	金忠兴	售卖鸦片	烟泡、烟具	五个、数件	十二月二十七日	经函日领交涉,未准函复。
二十一年	日本	石井万次郎	密售鸦片	烟具	数件	二月二十三日	日领函复:已严惩。
二十一年	日本	首藤实	售卖鸦片	烟泡、烟具	少许、数件	三月六日	经函日领交涉,未准函复。
二十一年	朝鲜	韩庭树	密售毒品	海洛英	四小包、二大包	三月十四日	经函日领交涉,未准函复。
二十一年	日本	山口康熙	密售鸦片	烟灰、烟具	少许、数件	三月二十五日	经函日领交涉,未准函复。
二十一年	日本	平田觉次郎	售卖鸦片	生烟膏、烟具	少许、数件	四月十五日	经函日领交涉,未准函复。
二十一年	朝鲜	吴家根等	密售鸦片毒品	海洛英、烟膏、烟具、烟泥	一小包、少许、一块	四月二十七日	经函日领交涉,请认真取缔,未准函复。
二十一年	朝鲜	张继贤	密售毒品	海洛英、烟具	二包、多件	六月二十九日	经函日领交涉,未准函复。

资料来源:《搜集日本违法行为资料提交国联调查团(五)》,台湾"国史馆"藏"外交部"全宗,第85—89页。

41. 外交部致北平档案保管处转钱参事阶平电
(1932 年 8 月 1 日)

钱参事阶平兄鉴:卅电悉。济案解决后,十八年七、八月间,奉国民政府及行政院令知:此后应以提倡国货为救国运动;所有前次对日货之检查及扣留等事,应一律停止。令文另寄。弟鼎。东。

国民政府及行政院令文,均于八月二日寄去。

资料来源:《搜集日本违法行为资料提交国联调查团(五)》,台湾"国史馆"藏"外交部"全宗,第 90 页。

42. 外交部致北平档案保管处转国联调查团
中国代表处电(1932 年 7 月 30 日)

去文亚字第 4339 号

国联调查团中国代表处公鉴:据驻京城卢总领事呈送"国联调查团员杨格博士在京城与该总领事晤谈概要"二份到部。特检寄一份,备供参考。外交部。印。

资料来源:《搜集日本违法行为资料提交国联调查团(五)》,台湾"国史馆"藏"外交部"全宗,第 92 页。

43. 外交部致驻朝鲜京城总领事卢春芳指令
(1932 年 7 月 30 日)

去文亚字第 4340 号

指令。

令驻京城总领事卢春芳:

呈一件。呈送与杨格博士谈话概要由。

呈件均悉。业已分别存转矣。仰即知照。此令。

资料来源:《搜集日本违法行为资料提交国联调查团(五)》,台湾"国史馆"藏"外交部"全宗,第 93 页。

44. 北戴河顾代表致外交部电(1932 年 7 月 30 日)

来电第 35678 号

发电:1932 年 7 月 30 日 15 时 25 分

收电:1932 年 8 月 1 日 9 时 50 分

南京外交部罗部长钧任兄勋鉴:密。俭(廿八)电计达。顷接某君电称:廿九号,离莫赴日内瓦。特闻。弟顾维钧叩。卅日。印。

资料来源:《搜集日本违法行为资料提交国联调查团(五)》,台湾"国史馆"藏"外交部"全宗,第 94 页。

45. 外交部致北平档案保管处转国联调查团
中国代表处电(1932 年 8 月 1 日)

去文亚字第 4365 号

国联调查团中国代表处公鉴:顷准青岛市政府函,送该市"历年查获日韩侨民贩卖毒品一览表"到部。特抄寄一份,即希查收应用。外交部。

资料来源:《搜集日本违法行为资料提交国联调查团(五)》,台湾"国史馆"藏"外交部"全宗,第 95 页。

46. 天津市政府致外交部电(1932 年 7 月 29 日)

南京外交部鉴:养电敬悉。兹将本市本年一月至六月份,缉获麻醉毒品案件,列表送请查核,以供参考。天津市政府。艳。印。

附表一纸。

天津市缉获麻醉毒品案件一览表
民国二十一年一月至六月

缉获日期	缉获机关	缉获地址	缉获人犯	案件类别	备考
一月一日	公安局督察处	西车站	一名	贩卖	证物白面二两
同上	同上	总车站	一名	贩卖	证物白面八两七钱五分
一月三日	同上	东车站	一名	购运	证物白面四两三钱
同上	同上	同上	一名	贩运	证物白面四两三钱
一月四日	同上	同上	二名	运输	证物白面六两九钱
一月十三日	同上	同上	一名	运售	证物白面一两五钱
同上	同上	总车站	一名	贩运	证物白面二两九钱
一月十四日	日本警察署	日租界秋山街金林洋行	四名	售及吸	证物白面一小包
一月十四日	日本警察署	日租界桥五街三鹤洋行	二十一名	售及吸	以上均系该犯等自行供认,未送证物

缉获日期	缉获机关	缉获地址	缉获人犯	案件类别	备考
一月十五日	公安局乡区三所		一名	代售	证物白面十二小包
同上	同上		一名	吸用	证物白面一包
一月十七日	同上		五名	售及吸	证物白面三包
一月十八日	公安局督察处		二名	贩卖	证物白面四两四钱
一月十九日	公安局乡区三所		二名	吸用	证物白面二小包
同上	同上		二名	贩卖	证物白面二小包
一月二十三日	公安局二区四所	东坑沿	一名	吸用	证物白面一小包
一月二十六日	公安局督察处		二名	贩卖	证物白面十二两四钱
一月二十九日	同上	西车站	一名	贩运	证物白面料子二两八钱
同上	同上		一名	运	证物白面五两七钱
一月三十日	日本督察署	寿街韩商吗啡馆	六名	售及吸	均系供认，未送证物
二月一日	公安局督察处	总车站	一名	贩运	证物白面四钱五分
二月十二日	公安局一区六所		一名	吸用	证物白面一包
二月十三日	公安局四区二所	西窑窿盐汛胡同	三名	贩卖	证物海洛因三小包
二月二十一日	公安局二区五所	北门脸	一名	使用	证物吗啡一小包、注射针一支
三月二日	公安局特别第三分局		二名	贩卖及使用	证物海洛因一小包
三月十一日	公安局督察处	东车站	一名	贩卖	证物白面一两四钱九分
三月二十五日	同上	总车站	一名	服用	证物白面五钱四分
三月三十日	公安局一区五所	罗家胡同	一名	服用	证物白面一小包
四月二日	日本警察署	日租界桥立街	四名	使用	证物注射针五支

(续表)

缉获日期	缉获机关	缉获地址	缉获人犯	案件类别	备考
同上	公安局督察处	东车站	一名	使用	证物白面七钱五分
同上	同上	同上	一名	使用	证物白面一两零五分
四月三日	公安局三区二所	福安里	二名	使用	证物白面一小包
同上	公安局乡区五所	谦德庄李家小房子	一名	使用	证物白面三十小包
四月八日	日本警察署	韩商天成洋行	四名	使用	此案系该犯等供认,未送证物
四月十六日	公安局督察处	东车站	一名	运输	证物白面一两二钱
四月十七日	公安局一区六所		一名	使用	证物白面一小包、金丹一包、红丸四粒
同上	公安局督察处	咸水沽	一名	使用	证物白面一两
四月十九日	公安局特务队	铁道外河辛庄	一名	使用	证物白面一小包
同上	公安局乡区三所	富有村	一名	贩卖	证物白面六小包
四月二十五日	公安局督察处	东车站	一名	运输	证物白面三两九钱,料子二两二钱
四月二十六日	同上	大红桥	一名	使用	证物白面三小包
四月二十七日	同上	总车站	一名	使用	证物白面乳糖共二两九钱八分
四月二十八日	同上	东车站	一名	贩卖	证物白面四两四钱
五月一日	同上	大红桥	一名	使用	证物白面九分
同上	同上	总车站	一名	运输	证物白面料子一两八钱
同上	同上	东车站	一名	贩卖	证物白面料子一两九钱
五月一日	公安局督察处	西车站	二名	使用	证物白面料子六钱
五月三日	同上	北竹林村	一名	贩卖	证物白面五钱六分,金丹一百二十粒
五月九日	同上	郭庄子	二名	使用	证物白面五小包

(续表)

缉获日期	缉获机关	缉获地址	缉获人犯	案件类别	备考
同上	同上	日租界第一派出所	一名	贩卖	证物吗啡一分
同上	同上	东车站	一名	贩卖	证物白面料子三两六钱九分
五月十一日	同上	一区六所庆云里	三名	使用	证物白面三小包
五月十六日	同上	裕华里	三名	使用	证物注射针一支
五月十八日	同上	东车站	一名	使用	证物白面料子一两一钱九分
五月二十一日	同上	大红桥河沿	一名	贩卖	证物白面三钱
六月五日	公安局		三名	贩卖及使用	证物白面一钱
六月八日	公安局乡区七所	东坑地	四名	贩卖	证物白面八钱
六月九日	公安局三区一所	北大关	一名	运输	证物白面四钱
六月二十四日	公安局二区四所	三角地	一名	使用	证物白面一钱

资料来源:《搜集日本违法行为资料提交国联调查团(五)》,台湾"国史馆"藏"外交部"全宗,第96—98页。

47. 河北省政府致外交部电(1932年8月2日)

收文统字第 2258 号

南京外交部公鉴:密。养代电敬悉。兹将自民国十七年本省政府成立以来,所破获日人及韩人制造贩运麻醉毒品案,列表一纸,电请查照。河北省政府。沁。印。

附表一纸。

破获日、韩人在河北省贩卖毒品一览表

国籍	姓名	性别	护照、服装	毒品类别	毒品量数及价值	贩卖破获地点	破获年月日	该案办法
日人	小川藤三郎、小川周之、松下未吉	男		金丹		石门吉庆里	十七年十一月廿七日	人犯、物证解交涉署转交驻津日领
韩人	白受洛、金鸿祚	男		毒品		石门	十七年十一月	人犯、物证送护鹿县政府
韩人	卢仲铉、李万深、文云龙、金柳春、车指叟、李仲三	男		毒品		石门同安胡同八号	十八年一月八日	人犯、物证解交涉署转交驻津日领
日人	陶武、佐藤琴	男、女	无护照、着华服	金丹	值三百元	邢台县城内肚子街八号	十八年三月廿一日	同上
日人	板垣由太郎	男		吗啡、麻药	带盒十两四钱六、带盒两六钱五	昌黎县东关	十八年三月廿一日	人犯、物证交县
韩人	赵明德、孔咏金	男		海洛因	毛重三十两	北宁路天津车站	十九年十月廿一日	人犯、物证解公安局转交驻津日领馆
日人	樋口一郎	男		白面、海龙因①	八两五钱	塘大	十九年十一月九日	同上
韩人	高山勇	男	无护照	料面	毛重四两	石门兴街	廿年九月四日	同上
日人	太田	女		吗啡、麻药	七十六个、八小包	卢龙县小营庄	廿年九月十一日	同上

资料来源:《搜集日本违法行为资料提交国联调查团(五)》,台湾"国史馆"藏"外交部"全宗,第99—101页。

---

① 编者按:即海洛因。

48. 河南省政府致外交部电(1932 年 8 月 2 日)

收文统字第 2257 号

南京外交部公鉴:密。奉养代电,嘱将日人制造贩运麻醉毒品事实,于三日内列表送部等由。准此,查本省汲县县政府,曾查获日本药水七百余斤。经令发河南大学化验,复称:该药水名哥罗仿谟,系工业用品,但亦可为制毒品之原料。此外,并未搜获日人制造贩运麻醉毒品之其他证据。特此电复,即希查照为荷。河南省政府。艳。印。

资料来源:《搜集日本违法行为资料提交国联调查团(五)》,台湾"国史馆"藏"外交部"全宗,第 102—103 页。

49. 照译宝道自北平致罗部长函(1932 年 7 月 27 日)

罗部长勋鉴:接奉本月十九日大函,祗悉一切。深知阁下公务极忙,虽以来平,但与调查团再有一度之会见亦属至要。其原因:(一) 以办理"共祸"区域善后为名,在建设方面,颇有得列强实力帮助之可能。兹再奉告阁下,现有数国对于救济中国脱离"共祸"之问题,极其关切。彼等亦知制止共产主义之方法,以改进"赤化"区域及其周围区域之经济情形,较用军力更为有效。

彼等或愿考虑:(一) 建筑道路,延长现有铁道,改良灌溉屯垦事业以及防御水灾工程之计划,不必以单一大宗借款之形式出之,可以分别担任之法为之。由政府作一普通之担保,并予一种抵押。一九三一年三月,宋部长曾电国联,请予技术上之合作。此与宋部长之计划,亦复相合。现时,正可与外国代表及国联人士讨论此事,并可与伊等接洽,如何获得国联对于此事之协助。(二)调查团现正起草报告撮要,此应尽力使彼等报告所见关于事实及所建议之办法,对于中国有利。各委员对于中国均极友好,但彼等当然亦希望中国方面对彼等工作之困难,表示同情。数小时之友谊谈话,或大有裨益。秘书长哈斯,对中国方面之意见,颇能谅解。

按:报告完成,交行政院及调查团解散,各委员各归其旧有地位。但哈斯为国联常□职员,并占有高位。彼在华将近一年,将来国联凡有中国问题讨论,彼之为专门家,实为必然之事,是以极宜与彼友善。余正与彼交结,但政府人员亦宜多与彼接近。彼将来对中国,或能有莫大之贡献也。调查团在报告未完成之前,恐不南来,完成后亦未可必。某数委员正觉北平之炎热,想必无意南来……

资料来源:《搜集日本违法行为资料提交国联调查团(五)》,台湾"国史馆"藏"外交部"全宗,第106—107页。

50. 国民政府军事委员会致外交部公函
(1932年8月3日)

参字第335号

迳启者:前准贵部公函节开:日方向国联调查团,每为不利于我之宣传,其诬我最甚者,厥为内政纷乱、缺乏统治能力及共党蔓延二点。拟请贵会另拟较详之节略,以凭转送国联调查团中国代表处,拟具说帖等由。准此,当由本会拟就《"剿匪"报告书》草案一份,已于本月一日,函邀有关系各部,在本会会议厅开审查会议。兹经决议,除第三篇"剿匪"经过,确系乃是由军委会自行复审转送外,其余各篇,间有关系外交问题,且所集材料根据不尽确实,宜由贵部及有关系各部,作详细之修正案或补充案,然后提出,俾臻完善。业由本会转函有关系各部,请其详细修正补充,并限其于本星期六前,转送贵部审核,以便汇转调查团也。用特函达,即希查照为荷。此致
外交部

资料来源:《搜集日本违法行为资料提交国联调查团(五)》,台湾"国史馆"藏"外交部"全宗,第108—111页。

51. 山西省政府致外交部电(1932年8月3日)

收文和字第2402号

南京外交部公鉴:团密。养电敬悉。兹将近年来日本制运毒品遗害山西之情况,详细列表,随文附送,即希查照为荷。山西省政府。赚。民。叩。

附送《日本制造麻醉毒品运销山西概况表》一纸。

日本制造麻醉毒品运销山西概况表

麻醉毒品之来源	麻醉毒品秘密输入之情形	麻醉毒品输入山西各种统计
山西禁烟极严,一般瘾民多以金丹、料面为代用品。此项毒品之制造及输入,纯系日本人所为。据调查,自上海输入晋者,为红色金丹,如金龙牌是。自天津输入晋者,为各种粗、细料面,如轮船、金星、老人头等牌是。而在河北石家庄,则系制造大种机器泡运晋(长形中空有孔,颜色不一),如三星等牌是。山西毒品之来源,全由此三处供给。	毒品输入山西,以正太路、平绥两铁路及省东南各县山路为其孔道,尤以正太路为最多。由日人包运送至目的地,再由零贩分销各吸户,亦有日人自带来山西境内销售者(如太原市破获日人冈本竹太郎、高武藏山、胁清太郎、冈本实、土光井子及韩人金文熙等案),亦有日人来山西境内,诱惑奸人,秘密开场制造者(如太谷县破获日人内田梅松等案)并勾结奸民,在各处销卖者(如太原市查获日本人黄全二郎勾结尹秃子贩卖案)。破获制贩毒品之日人,因领事裁判权关系,须解送至天津日本领事馆办理。但随到随即释放。故此辈浪人依然制贩,藐若无事。	(1)毒品输入之比额,料面约占十分之五,金丹约占十分之四,机器泡约占十分之一;(2)毒品每年输入之量额,料面约五十万两,金丹约二百万两,机器泡约一百万排(每排百枚);(3)毒品每年输入之价值,料面约二千五百万元,金丹约二千万元,机器泡约五百万元,共约五千万元。

资料来源:《搜集日本违法行为资料提交国联调查团(五)》,台湾"国史馆"藏"外交部"全宗,第112—114页。

52. 外交部致北平档案保管处转国联调查团中国代表处电(1932年8月3日)

去文亚字第4380号

国联调查团中国代表处公鉴:顷准山西省政府代电,送日本制造麻醉毒品运销山西概况表到部。特抄寄一份,希查收应用。外交部。

附概况表一件。①

资料来源:《搜集日本违法行为资料提交国联调查团(五)》,台湾"国史馆"

---

① 编者按:无附件内容。

藏"外交部"全宗,第 115 页。

53. 外交部致北平档案保管处转国联调查团
中国代表处电(1932 年 8 月 2 日)

去文亚字第 4379 号

国联调查团中国代表处公鉴:准河北省政府及天津市政府函,送日人及韩人制造贩运麻醉毒品案件表到部。特抄录原表寄上,希查收应用。外交部叩。

资料来源:《搜集日本违法行为资料提交国联调查团(五)》,台湾"国史馆"藏"外交部"全宗,第 116 页。

54. 外交部致北平档案保管处转国联调查团
中国代表处电(1932 年 7 月 30 日)

去文亚字第 4371 号

国联调查团中国代表处公鉴:据驻京城总领事馆呈报镇南浦、平壤两地二次排华阴谋并附该馆致镇分馆密令一件暨排华阴谋中应资凭信者二事,及译报三则到部。兹特抄录原呈暨各附件,送备参考。外交部叩。

资料来源:《搜集日本违法行为资料提交国联调查团(五)》,台湾"国史馆"藏"外交部"全宗,第 117 页。

55. 北平代表处致外交部电(1932 年 8 月 3 日)

来电第 35734 号

发电:1932 年 8 月 3 日 10 时 35 分

收电:1932 年 8 月 3 日 23 时 44 分

南京外交部长,密。美国公布日本占领东省各种文件,闻已印成多册。大部如有,乞迅寄十份。盼电复。代表处。江(三)。

资料来源:《搜集日本违法行为资料提交国联调查团(五)》,台湾"国史馆"藏"外交部"全宗,第 123 页。

56. 外交部致北平档案保管处转国联调查团中国代表办事处电(1932 年 8 月 4 日)

去文亚字第 4413 号

北平档案保管处转国联调查团中国代表办事处公鉴:江电悉。兹寄上国联特别大会会议录共三本查收。希于用毕,迳寄还本部亚洲司为荷。外交部。支。印。

附国联特别大会会议录三本及目录一张。①

资料来源:《搜集日本违法行为资料提交国联调查团(五)》,台湾"国史馆"藏"外交部"全宗,第 124 页。

57. 北平顾代表致外交部电(1932 年 8 月 3 日)

来电第 35736 号

发电:1932 年 8 月 3 日 23 时 15 分

收电:1932 年 8 月 4 日 6 时 15 分

南京外交部罗部长钧任兄勋鉴:密。关于二月十九日国联特别大会及该会讨论展期三个月等会议录,饬邮寄备考。弟维钧。江三日。

资料来源:《搜集日本违法行为资料提交国联调查团(五)》,台湾"国史馆"藏"外交部"全宗,第 125 页。

58. 外交部致调查团代表办事处电(1932 年 8 月 3 日)

去文亚字第 4414 号

迳启者:案查共党说帖一事,曾将经办接洽情形,于上月廿三日,函达顾代表在案。兹准军事委员会函称:本会另拟之《"剿匪"报告书》草案,已于本月一日函邀有关系各部,在本会开审查会议。经议决,除第三篇"剿匪"经过确系事实外,其余各篇,间有关系外交问题,且所集材料根据不尽确实,宜由关系各部

---

① 编者按:无附件内容。

作详细之修正案或补充案,由本会转函各部,请其详细修正补充。即于本星期六以前,转送汇转等因。查是项草案,除第三篇"剿匪"经过经审查确实,暨其第二章关于政治、经济事项,据内政部出席人员声称当时曾经公布,均可作为根据外,其余各点应加审核。惟因时间已促,特将原草案检寄。希即先行应用,一俟关系各部之修正案或补充案送到,当随时寄上。相应函达查照,并希见复为荷。此致

国联调查团中国代表办事处

计附原草案一份,共十本。①

资料来源:《搜集日本违法行为资料提交国联调查团(五)》,台湾"国史馆"藏"外交部"全宗,第126—127页。

59. 外交部致汪院长电(1932年8月3日)

去文亚字第4402号

精卫院长勋鉴:谨密示者:顷据本部顾问宝道来函,以此时政府人员,似有再行赴平与调查团会谈之必要,胪列理由,陈请前来。谨抄录原函并译文,送请钧阅。如何之处,尚乞裁示。专此,敬颂勋绥。

附抄原函及译件。②

罗文干敬上

资料来源:《搜集日本违法行为资料提交国联调查团(五)》,台湾"国史馆"藏"外交部"全宗,第128页。

60. 外交部致北平档案保管处转顾代表电
(1932年8月3日)

去文亚字第4426号

少川我兄代表勋鉴:前准贵处函,送汪院长等在平与国联调查团三次会晤谈话英文记录稿。当经转呈汪院长鉴核,并于七月十六日,函复在案。兹汪院

---

① 编者按:无附件内容。

② 编者按:无附件内容。

长对于六月二十日下午四时之会晤记录稿第三页第五行最后四字："in realizing this matter"，拟改为"in the removal of outside obstacle to the realization of this idea"；第六行之"it"字，拟改为"the matter"字样。相应函达，即希查照。此致

勋绥

弟罗启

资料来源：《搜集日本违法行为资料提交国联调查团(五)》，台湾"国史馆"藏"外交部"全宗，第129页。

61. 参与国际联合会调查委员会中国代表处致外交部公函(1932年8月3日)

沧新我兄左右：迳启者：关于万宝山案之说帖，现因移译汉文，拟请饬将贵部与日本公使，暨吉林特派交涉员与吉林日总领事往来文件，及郝永德与地主张鸿宾等租地契约，郝永德与鲜人李昇董等转租契约，照抄一份，迅赐寄下，以资参考，至纫公谊。专此，祗请勋安。弟钱泰拜启。八月三日。

资料来源：《搜集日本违法行为资料提交国联调查团(五)》，台湾"国史馆"藏"外交部"全宗，第130—131页。

62. 外交部致国联调查团中国代表处电(1932年8月5日)

国联调查团中国代表处鉴：密。江电悉。美国公布东省文件，本部仅有一本。其中往来文件，只载至正月间锦州事件为止，已另邮寄。至二月以后，是否尚有其他公布文件，电令公使馆查寄矣。外交部。鱼。

资料来源：《搜集日本违法行为资料提交国联调查团(五)》，台湾"国史馆"藏"外交部"全宗，第132页。

63. 中国国民党中央执行委员会宣传委员会致外交部公函(1932 年 8 月 6 日)

第 1691 号

迳启者:准国民政府军事委员会函,为关于《"剿匪"报告书》,容共、"清共"及共党分裂各节,请修正补充,于本星期六送外交部,汇转国联调查团等由到会。查该项报告书关于以上各点,业经修正补充完竣,除函复外,相应将《"剿匪"报告书》第二篇第一章"匪共概况"一件,函送贵部,即希查照汇转为荷。

此致

外交部

附《"剿匪"报告书》第二篇第一章"匪共概况"一件。[①]

资料来源:《搜集日本违法行为资料提交国联调查团(五)》,台湾"国史馆"藏"外交部"全宗,第 133—136 页。

64. 教育部致外交部公函(1932 年 8 月 6 日)

收文速字第 128 号

案准国民政府军事委员会参字第三三五号公函,内开:前准外交部公函节开:日方向国联调查团每为不利于我之宣传,其诬我最甚者,厥为内政纷乱、缺乏统治能力及共党蔓延二点。拟请贵会与内政、军政两部会商,另拟较详之节略,特别注重"剿共"事实及"清共"后政府对于肃清各地施行方针,以凭转送国联调查团中国代表处拟具说帖等由。准此,当由本会拟就《"剿匪"报告书》草案一份,已于本月一日,函邀有关各部在本会会议厅开审查会议。兹经决议,除第三篇"剿共"经过确系事实,由军委会自行复审转送外,其余各篇亦宜由有关系各部作详细之修正案及补充案,俾臻完善。唯查第二篇第二章,内有关于国民思想的问题内之学生智识阶级方面:(1) 关于主义之认识;(2) 关于文字之媒介。各案事关贵部范围,应请详细修正补充。但期限急迫,务希于本星期六前,送交外交部,以便汇转国联调查团也。用特函达,即希查照办理,并希即

---

① 编者按:无附件内容。

时见复为荷等由。外附《"剿匪"报告书》草案一份,计十本,日本提交国联调查团中国共产党说帖一本过部。经将《"剿匪"报告书》内第二篇第二章关于国民思想的问题案内一段,本部加以修正补充。除函复军事委员会外,相应检送修正补充草案一份,随函即希查照办理,汇转国联调查团,并盼见复为荷。此致外交部

附送:军委会《"剿匪"报告书》内第二篇第二章,关于国民思想案内一段,本部修正补充稿一份。①

朱家骅

资料来源:《搜集日本违法行为资料提交国联调查团(五)》,台湾"国史馆"藏"外交部"全宗,第137—139页。

65. 中国国民党江苏省党部致外交部电
(1932年8月6日)

收文和字第2408号

南京外交部译转日内瓦国际联合会勋鉴:日本为欲逞其并吞中国、称霸全球之雄图,不惜违反国联盟约、非战公约、九国协约,突于去年九一【八】,以武力强占我东三省。进而勾结为我国摒弃之少数叛逆,组织所谓"满洲国"之傀儡政府,以便操纵。贵会调查团此次亲莅东北视察,对于事变之真相与日人之阴谋毒计,当已了如指掌。惟日人野心勃勃,得寸进尺,世界神圣不可侵犯之国际盟约,在今日已不值彼獠之一顾。观于最近日政府增兵东北、进窥热河、轰炸朝阳寺之种种暴行可知,日人毫无悔祸之心。至唆使叛逆攫夺邮政、关税,直接影响赔款保障;师亡韩故智,设置"满蒙总督",破坏我国土地行政之完整,均为世界公理所不容。贵会主持和平,尚祈迅予制止,勿使事态益趋严重。否则,我国为正当自卫而战,不惜任何牺牲;所有破坏和平责任,应由日本完全负责。临电迫切,无任祈祷。中国国民党江苏省执行委员会。支。

资料来源:《搜集日本违法行为资料提交国联调查团(五)》,台湾"国史馆"藏"外交部"全宗,第140—142页。

---

① 编者按:无附件内容。

66. 山东省政府致外交部电(1932年8月6日)

外字第783号

为密咨事。案查前准贵部代电:以日人在中国制造、贩运麻醉毒品,受害不浅,拟编制说帖,提交国联调查团,以暴其恶。嘱详查列表,以供参考等因。当经令行民政厅查报在案。兹据该厅呈称:奉令前因,遵就山东省会地方查获日人贩卖毒品情形,分别列表,密呈鉴核转咨等情。附毒品表二纸。据此,除指令并将原表存留一纸备查外,相应检送原表,咨请贵部查核办理为荷。此咨外交部

计检送《山东省会公安局查获日人制造贩运麻醉毒品表》一纸。

山东省政府主席:韩复榘

山东省会公安局查获日人制造贩运麻醉毒品表

区别	查办机关及年月	证据种类数目	案犯	处分情形
商埠二区	本局协同胶济铁路警务第九段,于民国十八年八月十九日查获。	吗啡八公斤。	日人小林新吾一名	送请山东交涉署核办
城内三区	城内三区分局会同日领署,于民国十八年九月三日查获。	海洛英十七包;白丸十包又四两。	日人和田市三一名	送交日领署讯办
商埠一区	本局会同山东交涉署及日领署,于民国十八年九月二十一日查获。	白丸半包;制造毒品器具十四件。	华北公司经理日人猪狩寅治	同上
同上	本局会同山东交涉署及日领署,于民国十八年九月二十二日查获。	白丸二包,约万粒;生粉二包;丸药料一小筒;制造白丸罗一个。	长隆公司经理日人金耐	同上
同上	同上	白丸一包;制造白丸筛子一个。	太隆洋行经理日人生驹清秋	同上
同上	同上	白丸子料一大包;乳糖七小盒;制造白丸机一架。	山浦公司经理日人山浦虎雄	同上

区别	查办机关及年月	证据种类数目	案犯	处分情形
同上	同上	白丸粉一小筒包;海洛英纸少许;制造毒品器具三十一件。	天地洋行经理日人田岛	同上
同上	同上	白丸十包,每包计五千粒;小白丸一铁盒又半铁筒;乳糖生粉各半木筒;沙里千流[硫]酸一盒;糖精半木筒;紫金丹料大半筒;海洛英二百七十六小包;制造毒品器具三十五件。	义清洋行经理日人清谷伴七	同上
同上	同上	毒品十余小包;制造白丸器具二十二件。	济南汽水公司经理日人野中	同上
同上	同上	丸子香药半斤;哈啡精二大筒零二十七个;香果那半斤;生粉一袋;少酸一盒;苦地因半斤;糖粉一木筒;潭泥酸十三筒;金鸡纳一筒;乳糖香粉二大筒;乳糖三十余打;制造白丸筛子五个;罗一个。	回春堂大药房经理日人大森	同上
商埠二区	本局保安二大队,于民国十八年九月一日查获。	白丸五袋。	韩人张履京	送请山东交涉署核办
商埠四区	商埠四区分局会同日领署,于民国十八年九月二十四日查获。	紫金丹料六十斤零二两三钱五分;乳糖三斤;白丸料二十五斤;海洛英八两;白丸面十斤;紫金丹二十七袋;咖粉五斤;制造紫金丹机器一架;附带筛子筐箩等六十余件。	日人吉森政嘉	送交日领署讯办
同上	商埠四区分局会同日领署,于民国十八年十月四日查获。	海洛英白丸二百五十六两;乳钵一个、紫金丹十一两;计量器二个;生鸦片三两;快上快八斤;笼二个;哈[吗]啡三两五;洋色四两;生粉二十四两;秤一杆;调剂药四两五钱;盒一个。	韩人金容仪、张明元二名	同上

（续表）

区别	查办机关及年月	证据种类数目	案犯	处分情形
同上	商埠四区分局会同日领署，于民国十八年十月十日查获。	白丸二十四两。	韩人金岱连一名	同上
商埠三区	商埠三区分局会同日领署，于民国十八年十一月十九日查获。	毒品原料二千五百八十三两；紫金丹三十八袋；制造紫金丹器具全套，计六十九件。	日人忠松一名	同上
商埠四区	商埠四区分局会同日领署，于民国二十年二月二十四日查获	海洛英七小包；制造毒品机器一架。	日人高野内一名	送请省政府核办
西南乡区	本局特务队，于民国二十年六月九日查获	海洛英四两五钱；毒品料四两五钱。	日人吉田一名	同上
商埠一区	本局特务队，于民国二十年七月二十九日查获。	海洛英十八两。	日人水户芳见、饭高荣二名	同上

资料来源:《搜集日本违法行为资料提交国联调查团（五）》，台湾"国史馆"藏"外交部"全宗，第143—149页。

67. 外交部致北平档案保管处转国联调查团 中国代表处电（1932年8月5日）

去文亚字第4465号

北平档案保管处转国联调查团中国代表办事处公鉴：邮寄美国公布东省文件一事，微电计达。兹寄上该项文件查收，希于用毕，迳行寄还本部亚洲司为荷。外交部。

附美国公布东省文件一册。①

资料来源:《搜集日本违法行为资料提交国联调查团（五）》，台湾"国史馆"藏"外交部"全宗，第150页。

---

① 编者按：无附件内容。

68. 外交部致参与国联调查委员会中国代表处电
(1932 年 8 月 4 日)

去文亚字第 4446 号

迳密复者:准贵处七月十三日来函,附会议东三省事宜节录英文译稿二十二件,具悉一是。此项译稿甚为妥适,经本部重加审核,□加修改送还。即希查照并付印,并将印本寄部备案为荷。此致
参与国联调查委员会中国代表处

资料来源:《搜集日本违法行为资料提交国联调查团(五)》,台湾"国史馆"藏"外交部"全宗,第 151 页。

69. 北平代表处致外交部电(1932 年 8 月 7 日)

来电第 35860 号

发电:1932 年 8 月 7 日 12 时 0 分

收电:1932 年 8 月 7 日 14 时 45 分

南京外交部鉴:密。一九零五年会议录英文译稿,大部核定后,盼速电示。代表处。虞(七日)。

资料来源:《搜集日本违法行为资料提交国联调查团(五)》,台湾"国史馆"藏"外交部"全宗,第 152 页。

70. 外交部致北平档案保管处转国联调查团
中国代表处电(1932 年 8 月 6 日)

去文亚字第 4468 号

国联调查团中国代表处公鉴:准山东省政府咨送日人在山东省会地方贩卖毒品情形表到部。特抄寄一份,希查收应用。外交部。印。

资料来源:《搜集日本违法行为资料提交国联调查团(五)》,台湾"国史馆"藏"外交部"全宗,第 153 页。

71. 参与国际联合会调查委员会中国代表办事处
致外交部公函(1932年8月8日)

叔谟我兄次长勋鉴:前由尊处交来"China's economic Dependence on the three Eastern Provinces"英文说帖一件,业已送交调查团。惟附列各表,有未尽注明根据者。应请转托查明见复,至纫公谊。专此,即请政祺。

弟钱泰上言

八月八日

资料来源:《搜集日本违法行为资料提交国联调查团(五)》,台湾"国史馆"藏"外交部"全宗,第154页。

72. 参与国际联合会调查委员会中国代表办事处
致外交部公函(1932年8月4日)

迳启者:准贵司来函,并寄到日本检讨会编译之《满洲事变与"新国家"》一册、《满洲事变之真相》一册,业经照收。相应函复,即希查照为荷。此致
外交部亚洲司

参与国际联合会调查委员会中国代表办事处启

八月四日

资料来源:《搜集日本违法行为资料提交国联调查团(五)》,台湾"国史馆"藏"外交部"全宗,第155页。

73. 外交部致北平档案保管处转国联调查团
中国代表处电(1932年8月8日)

去文亚字第1519号

迳启者:顷接中国国民党江苏省执行委员会请转日内瓦国联会代电一件。特将原电寄上,即希查照。此致

资料来源:《搜集日本违法行为资料提交国联调查团(五)》,台湾"国史馆"藏"外交部"全宗,第156页。

74. 参与国际联合会调查委员会中国代表办事处 致外交部公函（1932 年 8 月 8 日）

平字第 427 号

迳启者：准贵部有日快邮代电，附寄《驻朝鲜总领事与李顿爵士谈话概要》及所送备忘录，业经照收。相应函复贵部查照。此致
外交部

顾维钧

资料来源：《搜集日本违法行为资料提交国联调查团（五）》，台湾"国史馆"藏"外交部"全宗，第 157—159 页。

75. 训练总监部致外交部公函（1932 年 8 月 8 日）

总字第 677 号

迳启者：案准国民政府军事委员会参字第三二三号公函。为《"剿匪"报告书》草案有修正必要，定八月一日上午十时开审查会议。希遴派妥员莅会列席审查，以便修正后提交顾代表转调查团等由到部。准此，本部业经遴派上校秘书游洪范届时列席会议。在会议时，经众议决，由出席各员签注意见，函送贵部核办。兹将所有意见，分别胪列，相应函送，即希查照核办为荷。此致
外交部

附意见书一件。①

总监：李济深

资料来源：《搜集日本违法行为资料提交国联调查团（五）》，台湾"国史馆"藏"外交部"全宗，第 160 页。

---

① 编者按：无附件内容。

76. 国民政府军事委员会致外交部公函
(1932 年 8 月 8 日)

参字第 354 号

迳启者:前由本会草拟转送国联调查团之《"剿匪"报告书》一份,业于本月一日审查会议决议:除第三篇"剿匪"经过仍由本会详细修正外,其余各篇,由有关系各部修正或补充,均限于本星期六前送交贵部,核办在案。兹将第三篇由负责各员详细修正,用特随函送达,并将实业部对于该草案内关于劳工问题,业已逐条修正补充,转送到会。合行一并附达,统希查照办理,并希见复为荷。此致

外交部

资料来源:《搜集日本违法行为资料提交国联调查团(五)》,台湾"国史馆"藏"外交部"全宗,第 161—164 页。

77. 外交部致调查团代表办事处电(1932 年 8 月 8 日)

去文亚字第 4501 号

迳密启者:案查共产党说帖一事,前准军事委员会函,送另拟《"剿匪"报告书》草案到部。当于本月四日,函转贵处在案。兹复准军事委员会函,送是项草案及修正案、实业部对于该草案内关于劳工问题修正案,并准训练总监部函,送该部对于是项草案意见各等件前来。相应检齐原修正案二本,原意见一纸函,请查收备用,并见复为荷。此致。

计附原、附件共三件。①

资料来源:《搜集日本违法行为资料提交国联调查团(五)》,台湾"国史馆"藏"外交部"全宗,第 165—166 页。

---

① 编者按:无附件内容。

78. 福建省政府致外交部电(1932 年 8 月 1 日)

收文统字第 2386 号

为密咨复事。案准贵部养电:请将关于日人制造贩运麻醉毒品事实,详细列表送部,以供参考等由。兹经本府令据省禁烟委员会呈复,以遵章本会最近调查福州市台籍所开土栈烟馆及厦门市公安局报告现有籍民土栈烟馆,分别列表,送请察收咨部等情。计呈送《福州市厦门市台籍土栈烟馆表》,共三件。据此,相应检同原表,咨复贵部查照为荷。此咨

外交部

计附送"福州市厦门市台籍土栈烟馆表",共三件①。

代主席:方声涛

资料来源:《搜集日本违法行为资料提交国联调查团(五)》,台湾"国史馆"藏"外交部"全宗,第 167—168 页。

79. 北平市政府致外交部电(1932 年 8 月 3 日)

平字第 126 号快邮代电

南京外交部勋鉴:养代电奉悉。关于调查日人在华制造、贩运麻醉毒品,列表送部一案,兹经令据本市公安局,遵将关于此案事实及案据,分别填列表册,呈报到府。除指令外,兹检同原附清册一册、清表五张,电请查照。北平市政府。江。印。

附表五张,清册一册。②

资料来源:《搜集日本违法行为资料提交国联调查团(五)》,台湾"国史馆"藏"外交部"全宗,第 169—170 页。

---

① 编者按:无附件内容。
② 编者按:无附件内容。

80. 上海市政府致外交部电(1932 年 8 月 9 日)

字第 140 号

南京外交部勋鉴:养代电敬悉。经令据社会局查复呈称:查抗日会于本年一月下旬,因日方提出严重抗议,要求取缔反日运动,奉令解散在案。谨将调查所得,缮具前抗日会之组织及其经过概况,呈请核转等情。据此,相应电达,即希察照为荷。上海市政府。鱼。印。

附送《上海抗日会之组织及其经过概况》一件。①

资料来源:《搜集日本违法行为资料提交国联调查团(五)》,台湾"国史馆"藏"外交部"全宗,第 171—172 页。

---

① 编者按:无附件内容。

六、搜集日本违法行为资料
提交国联调查团(六)^①

1. 驻台北总领事馆致外交部电(1932 年 7 月 12 日)

收文和字第 2176 号

呈为呈复事。案奉钧部【六月】三十日电开:明治三十七年所颁取缔华工规则及南国公司包揽华工制度,现在如仍存续或更有其他对待华工苛例,仰即一并择要电部等因。奉此查前项取缔华工规则及包揽华工制度,现均存续。其详细条文,业经分别抄送。所有虐待华侨事实,并经汇案报告各在案。此外如:大正十年所颁《非劳动者之华人取扱内规》;明治三十七年所颁《华工取扱手续费及实费》;大正十年所颁《华人取扱方法各规定》,均不外乎苛遇华商、剥削华工,现亦依然存续。其他如,明治三十二年所颁之《外国人取扱规则》,大正七年所颁《外国人入国规定》等,一般外国人所适用之法令,我侨亦须适用。是我侨在台,无论劳动者或非劳动者,皆须受彼方二重法令之束缚。奉电前因,除已于一日择要电复外,理合抄附是项《非劳动者之华人取扱内规》《华工取扱手续费》暨《华人取扱方法》各规定,合计四种,备文呈复。仰祈钧部鉴核施行。谨呈外交部。

驻台北总领事林绍楠(副领事袁家达代行)

计抄送规定四种。

---

① 编者按:《搜集日本违法行为资料提交国联调查团(六)》一卷藏台湾"国史馆"之"外交部"全宗,入藏登录号为 020000001376A。每条电文的资料来源标示原档案中的页码,不再标注入藏登录号,且每条电文标题由文献集编委会根据电文内容制作而成,特此说明。

中华民国二十一年七月二日

附件:

非劳动者中国人处理条例

大正十年一月　内训第一号　改正:大正十四年内训一一号

第一条　非劳动者中国人之处理,除有特别规定外,应按照本内规办理。

第二条　上陆地所辖郡守、支所长及警察署长,对于本岛上陆之中国人,命其提出本人所携之驻华日本官署之证明书及中国官宪发给之旅券、护照或国际证明书。(以下单称证明书,旅券、护照及国际证明书)经过检查之后,登记于第一号样式之薄册,又押捺同第二号样式之检印,而使本人携带上陆。

第三条　一、二等船客,纵无前案之证明书、旅券、护照及国籍证明书,而确为非劳动者,应调查其必要事项,登记载于别记第一号样式之薄册。交付第三号样式之身份证明书,会其上陆。

三等船客而有非劳动者之确证者,准依前案处理之。

第四条　有左列各号之一者,应认为劳动者,依照中国劳动者取缔规则处理之。

一　三等船客而无证明书、旅券、护照及国籍证明书者(对于前条第二项者除外)。

二　二等船客未携证明书、旅券、护照及国籍证明书,而有上陆后从事劳动之嫌疑者。

三　虽携有证明书、旅券、护照及国籍证明书,而有上陆后从事劳动之嫌疑者。

第五条　由未设登记之船舶而赴口之中国人,则于前二条之适用,认其为三等船客。

第六条　如为合于第四条第三号,而认为劳动者处理之时,于其所携之证明书、旅券、护照及国籍证明书,押捺别记第四号样式之青色检印。

第七条　上陆地所辖郡守、支所长及警察署长,依照第二条、第三条,使中国人上陆之对应,依别记第五号样式,通知前往地方所辖郡守、支所长及警察官署长。

接受前项通知之郡守、支所长及警察官署长,查明其所住地。如尚未提出寄居请愿书已经转住之时,依援前项,应通知转住地所辖郡守、支厅长及警察官署长。

第八条　知事及厅长对于中国人有左列各号之一者,应禁止其上陆。

一　不依第四条之处理者。

二　口说吉凶祸福或为祈祷符咒而迷惑他人者。

三　卖药商人、卖卜者及书馆教师。

四　从前命令退去本岛者。

五　对于大正七年府令第七号第一条第一项、第二号乃至第六号情事者。

六　未得许可而在指定地以外上陆者。(明治三十一年府令第三十号参照)

第九条　依第二条第三条,已经上陆者而从事劳动之时,依照劳动者取缔规则处理之。处理前者之时,对于本人所携证明书上押捺之上陆检印,须抹淌之。至于身份证明书之时,应送往发给官所。

第十条　郡守、支所长及警察官署长,对于中国人有左列各号之一者,得知事及厅长之承认,须命令其退去。

一　□于第八条第二号及第三号情事者。

二　对于□明治三十二年府令第七十一号外国人处理规则,第九条情事者。

三　行商者及卖艺者而为荒唐无稽之言论者。

四　窃盗再犯、三犯以上及再犯而无改悛之望者。

如有不遵前项退去命令出境者,知事或厅长须据情形,报告台湾总督。

第十一条　对于依前条谕令出境者或依照命令出境者,至离开本岛止,须令警察官吏予以监视。

第十二条　中国人回归本岛或出境时,乘船地所辖郡守、分厅长或警察署长,须记载于附件第六号样式之名簿,并于本人所持之证明书、旅券、护照或国籍证明书上,加盖附件第七号样式之检印。

回归本岛或出境者,依照第三条之规定,许可其登岸时,外令其缴还身份证明书,外并准前项之规定,处理之。身份证明书如系别处官厅所发,则将该证明书送还原发官厅。

第十三条　知事或厅长依照第八条,禁止其登岸时,则依照附件第八号式样。依照第十一条谕令出境,或依照台湾总督命令出境时,则依照附件第九号式样,从速报告台湾总督。

第十四条　知事或厅长,须记载禁止登岸者及谕令出境者之籍贯、姓名、年龄、职业及禁止或谕令出境之理由,通知驻在其原籍之日本领事。但属于驻在厦门、广州、汕头、福州、日本领所管辖地域以外者,须经由台湾总督府通知出境者时,务须附送本人之照片。

第十五条　中国人之登岸及回归本岛人员,须依照附件第十号式样,每年分六月、十二月两期与翌月十五日以前报告台湾总督。

附则

本内务省训令,自大正十年二月一日施行。

关于清国劳动者办理手续费及实费之件

明治三十七年十月,指令第一九九四号认可

清国劳动者经手人后藤猛太郎,呈请对于劳动者准予征收下列之手续费及实费一案,于十月五日,准照所请办理。

手续费

日金四圆四角,关于劳动者一人之办理手续费。(大正四年四月指令第三一七四一号本项改正认可)

日金一圆,回归本岛证明手续费。(三八年十二月指令第二六九四号本项备案)

实费

日金一圆,登岸手续费。

日金四圆(四二年指令三四八四号认可),轮船费。

日金三角六分,办理劳动者登岸所须照片三张代价。

日金三角,关于呈请发给准予吸食鸦片执照,缴纳官署之手续费。(三十七年十二月指令第二四八〇号本项备案)

日金二角,同上,照片费。(同上)

关于处理华人办法

大正十年四月,总督第九五七号

由总务长官指令各州知事及各厅长:

兹将中国非劳动者及劳动者侨居本岛与本岛女子结婚,或为养子或产生子女等事。因发生此等事实,而取得中国人身者,对于此等取缔方法,暨离开本岛回籍时,归还之处理方法。应依照左列各项办理,仰即遵照。

一、中国非劳动者及劳动者,在本岛登陆侨居期内,与本岛女子结婚或为养子关系或产生子女。因此等事实,而取得中国人身份者,因[应]令携带户口副本,证明其身份、国籍,俾便于取缔。至于离开本岛回籍时,应令其向主管官厅呈请,给予回籍证明书,副以户口副本。详经调查,认与事实相符后,予以证明。并令将该项证明,呈请乘船地点主管官厅处理。

二、乘船地点主管官厅,收到前项回籍证明书时,对于非劳动者,可按照大正十年一月,密令第一号"非从事劳动之华人处理规程"第十二条第一项办理。如系劳动者,则应按照"中国劳动者取缔规则施行细则"第七条办理。

管理华人办法

大正十年十二月,警保第三四五号之一

由警务局长咨行各州知事各厅长:

近查居住本岛中之华人,常有遗失或损毁护照或证明书等。又有并未携带旅券、护照或证明书,途经本岛欲暂时登陆者。嗣后,应照左列各项处理,相应咨达查照。

计开:

一、中国官宪发给之旅券、护照、国籍证明书及帝国驻华官宪所发给之证明书,于本岛登陆时,经郡守或警察署长予以查证者,暨郡守、警察署长所给之身份证明书,遇有散失、损毁时;属于前者,须受查证而予以证明;属检复者,须呈请登陆地主管官厅,再发身份证明书。

二、船客所乘船舶寄港中或因候船暂时登陆时,处理搭客方法。

甲、目的地或停留地点之登陆,在该管郡或警察署区域内时,毋须发给身份证明书。

乙、目的地或停留地点在该管郡或警察署区域外时,三等船客应发给身份证明书,但当日即回者不在此限。

资料来源:《搜集日本违法行为资料提交国联调查团(六)》,台湾"国史馆"藏"外交部"全宗,第4—25页。

2. 外交部致北平档案保管处转国联调查团中国代表办事处电(1932年8月9日)

去文亚字第 4506 号

北平档案保管处转国联调查团中国代表办事处公鉴:兹寄上福建省政府送来福州市、厦门市台籍土栈烟馆表,计三册,及北平市政府送来北平市公安局查获日人、韩人在平销售吗啡、海洛英等项案件,清册一册、清表五张。请查收应用,并希于用毕后,将原件寄还本部亚洲司为荷。外交部。

附:福州市、厦门市台籍土栈烟馆表,三册。

北平市公安局查获日人、韩人在平销售吗啡、海洛英等项案件,清册一册、清表五张。①

资料来源:《搜集日本违法行为资料提交国联调查团(六)》,台湾"国史馆"藏"外交部"全宗,第 26 页。

3. 外交部致北平档案保管处转国联调查团中国代表处王秘书长电(1932年8月9日)

去文亚字第 4008 号

国联调查团中国代表处王秘书长鉴:关于上海抗日会之组织及其经过概况,养电计达。顷准上海市政府代电,送前抗日会之组织及其经过概况到部。特抄寄一份,希酌核转交为荷。外交部。印。

资料来源:《搜集日本违法行为资料提交国联调查团(六)》,台湾"国史馆"藏"外交部"全宗,第 27 页。

4. 外交部致教育部公函(1932年8月9日)

去文亚字第 4526 号

公函

---

① 编者按:无附件内容。

迳复者:准密部第六〇八一号函,送修正补充《"剿匪"报告书》本案一份,嘱为汇转见复等由。除将原件函寄参与国联调查团中国代表处照抄外,相应函复,即烦查照。此致

教育部

　　资料来源:《搜集日本违法行为资料提交国联调查团(六)》,台湾"国史馆"藏"外交部"全宗,第 28 页。

5. 国民政府军事委员会致外交部公函
(1932 年 8 月 8 日)

收文和字第 2495 号

　　迳启者:顷准财政部复函节开:贵会所编《"剿匪"报告书》,本部业已派员列席审查。关于本部应提各案,记载颇为详尽,并无他项意见补充等由。准此,相应函达,即希查照为荷。此致

外交部

　　资料来源:《搜集日本违法行为资料提交国联调查团(六)》,台湾"国史馆"藏"外交部"全宗,第 29—30 页。

6. 外交部致代表办事处电(1932 年 8 月 9 日)

去文亚字第 4507 号

　　迳密启者:密。查"剿共"说帖一事,兹又准中央宣传委员会暨教育部函,送关于《"剿匪"报告书》内第二篇第二章"关于国民思想的问题"修正补充案一条到部。相应检齐原件、修正补充案各一份,计二本函达。即请希查收应用,并见复为荷。此致。

　　计附原、修正补充二本。①

　　资料来源:《搜集日本违法行为资料提交国联调查团(六)》,台湾"国史馆"藏"外交部"全宗,第 32—33 页。

---

　　① 编者按:无附件内容。

7. 外交部致北平档案保管处转国联调查团
中国代表处电(1932 年 8 月 11 日)

去文亚字第 4572 号

国联调查团中国代表处公鉴:美国公布东省文件一事,奂电计达。本部为探明究竟,一面由沈司长于四日,向此间美国使馆参议贝克询问。顷据复称:一月以后并无其他公布文件等语。特抄录贝参议致沈司长原函,送请查照。外交部。印。

资料来源:《搜集日本违法行为资料提交国联调查团(六)》,台湾"国史馆"藏"外交部"全宗,第 34 页。

8. 外交部致国联调查团中国代表处钱参事电
(1932 年 8 月 12 日)

去文洲字第 1537 号

阶平我兄执事:接奉大函藉悉壹是。所需万宝山案内文件,当经饬科抄就。计分本部与日使往来照会、长春市政府筹备处与日领来往文件及郝永德与地主租地契约与鲜人转租契约等三册。兹特交邮寄奉,希查收备用。乞复。顺颂勋安。

弟沈觐鼎拜启

八月

资料来源:《搜集日本违法行为资料提交国联调查团(六)》,台湾"国史馆"藏"外交部"全宗,第 35 页。

9. 上海市政府致外交部电(1932 年 8 月 12 日)

第 155 号

为密咨事。案准贵部上月养代电开:日人制造、贩运麻醉毒品,贻害中国匪浅。本部拟编制说帖,提交国联调查团,以暴其罪恶。兹力求详尽起见,饬请贵政府,将关于此项事实详细列表于电到三日内送部,以供参考,至纫公谊等由。准此当经令饬卫生、公安两局会同办理去后，兹据复称：遵查历年经办各种违警案件，并无涉及日人制造、贩运麻醉毒品。本卫生局对于此项材料，亦无详细统计。当经会商，结果只得向有关系各机关秘密调查，以便汇制表式呈送。兹经分别派员前往中华拒毒会、江海关及上海特区法院等处搜集材料，由本局等加以整理，拟具说帖。理合连同各项统计表，备文呈复，仰祈鉴赐核转。

再，此呈系由本公安局主稿，因调查手续纷繁，辗转需时，以致呈复稍稽，合并陈明等情。计呈送日人在华制造、贩运麻醉毒品情形说帖一份，又统计表五张。据此，相应检同原件，咨送贵部，烦请查照为荷。此咨

外交部

附送说帖及统计表计壹册。①

市长：吴铁城

中华民国二十一年八月十一日

资料来源：《搜集日本违法行为资料提交国联调查团（六）》，台湾"国史馆"藏"外交部"全宗，第36—38页。

10. 外交部致北平中国代表处电（1932年8月13日）

去电第30609号

北平中国代表处鉴：近来美国各地盛开演说会，常邀中、日人到会讲演。但恐缺乏材料，不能宣传尽利。请迅将中日问题各种说帖，送察寄□代办一份，以供讲演员参考为荷。外交部。

资料来源：《搜集日本违法行为资料提交国联调查团（六）》，台湾"国史馆"藏"外交部"全宗，第39页。

---

① 编者按：无附件内容。

11. 参与国际联合会调查委员会中国代表处 致外交部公函(1932 年 8 月 9 日)

平字第 452 号

逐启者:准贵部冬日快邮代电开:青岛市政府函,送该市历年查获日韩侨民贩卖毒品一览表到部,特钞寄一分[份]等因,并表一件到处,业经照收。相应函复贵部查照。此致
外交部

顾维钧

中华民国二十一年八月九日

资料来源:《搜集日本违法行为资料提交国联调查团(六)》,台湾"国史馆"藏"外交部"全宗,第 40 页。

12. 参与国际联合会调查委员会中国代表处 致外交部公函(1932 年 8 月 9 日)

平字第 450 号

逐启者:准贵部江日快邮代电开:据京城总领事馆呈报镇南浦、平壤两地二次排华阴谋,并附该馆致镇分馆密令一件,暨排华阴谋中足资凭信者二事及译报三则到部,兹抄送备考等因,并各件到处,业经照收。相应函复贵部查照。此致
外交部

顾维钧

中华民国二十一年八月九日

资料来源:《搜集日本违法行为资料提交国联调查团(六)》,台湾"国史馆"藏"外交部"全宗,第 41 页。

13. 参与国际联合会调查委员会中国代表处
致外交部公函(1932 年 8 月 9 日)

平字第 449 号

迳启者:准贵部支日快邮代电,钞送河北省政府及天津市政府函送日韩人制造、贩运麻醉毒品案件表二种。又准同日代电,抄送山西省政府所送日本制造麻醉毒品运销山西概况表一种到处,均经照收。相应函复贵部查照。此致
外交部

顾维钧

中华民国二十一年八月九日

资料来源:《搜集日本违法行为资料提交国联调查团(六)》,台湾"国史馆"藏"外交部"全宗,第 42 页。

14. 参与国际联合会调查委员会中国代表处
致外交部公函(1932 年 8 月 9 日)

平字第 455 号

迳启者:准贵部亚字第四四一四号来函,并《"剿匪"报告书》草案十册到处,业经照收。相应函复贵部查照。此致
外交部

顾维钧

中华民国二十一年八月九日

资料来源:《搜集日本违法行为资料提交国联调查团(六)》,台湾"国史馆"藏"外交部"全宗,第 43 页。

15. 参与国际联合会调查委员会中国代表处
致外交部公函(1932 年 8 月 9 日)

平字第 454 号

迳启者:准贵部支日快邮代电,寄到国联大会会议录三本,业经照收。相应函复贵部查照。此致

外交部

顾维钧

中华民国二十一年八月九日

资料来源:《搜集日本违法行为资料提交国联调查团(六)》,台湾"国史馆"藏"外交部"全宗,第 44 页。

16. 参与国际联合会调查委员会中国代表处
致外交部公函(1932 年 8 月 9 日)

平字第 448 号

迳启者:准贵部陷日快邮代电开禁烟委员会函,送日人在华制造、贩运麻醉品案件表到部,特抄寄查收等因,并表一件到处,业经照收。相应函复贵部,即希查照。此致

外交部

顾维钧

中华民国二十一年八月九日

资料来源:《搜集日本违法行为资料提交国联调查团(六)》,台湾"国史馆"藏"外交部"全宗,第 45 页。

17. 北平代表处致外交部电(1932 年 8 月 13 日)

来电第 36086 号

发电:1932 年 8 月 13 日 2 时 00 分

收电:1932 年 8 月 13 日 7 时 00 分

南京外交部鉴：密。关于日舰炮击南京事件，大部所送材料，业经译送调查团在案。兹据调查团声称：日方对于此案报告，极为详细。中国方面报告，较为简略，希望送一详细报告云云。即希查照搜集材料，快邮寄下，以便转交该团为荷。外交部。

资料来源：《搜集日本违法行为资料提交国联调查团（六）》，台湾"国史馆"藏"外交部"全宗，第46页。

18. 参与国际联合会调查委员会中国代表处 致外交部公函（1932年8月9日）

平字第451号

迳启者：准贵部东日快邮代电，并寄到总税务司所造报之"最近三年来各关缉获日韩人及日轮私运麻醉毒品详表"二份。并属用毕，将原件寄还等因。自当照办，相应函复贵部查照。此致
外交部

顾维钧
中华民国二十一年八月九日

资料来源：《搜集日本违法行为资料提交国联调查团（六）》，台湾"国史馆"藏"外交部"全宗，第47—50页。

19. 参与国际联合会调查委员会中国代表处 致外交部公函（1932年8月9日）

平字第453号

迳启者：准贵部东日快邮代电开：据驻京城卢总领事呈送"国联调查员杨格博士在京城与该总领事晤谈概要"二份，特寄一份备供参考等因，并附件到处，业经照收。相应函复贵部，即希查照。此致
外交部

顾维钧
中华民国二十一年八月九日

资料来源：《搜集日本违法行为资料提交国联调查团（六）》，台湾"国史馆"

藏"外交部"全宗,第51页。

20. 外交部致北平档案保管处转国联调查团
中国代表处电(1932年8月12日)

洲自第1546号

北平档案保管处转国联调查团中国代表处公鉴:二月间,由本部谭委员绍华带沪,迳交贵处之东省日军暴行照片一百零七张,如已用毕,请检出迅予寄还本司为荷。亚洲司。寒。印。

资料来源:《搜集日本违法行为资料提交国联调查团(六)》,台湾"国史馆"藏"外交部"全宗,第52页。

21. 外交部致北平档案保管处转国联调查团
中国代表处钱参事电(1932年8月13日)

去文亚字第4216号

阶平我兄参事大鉴:接奉本月八日大函,备悉壹是。"China's Economic dependence on The three eastern provinces"英文说帖附列各表。其有未曾注明根据者,业经嘱林东海君就原稿上查明填注。兹特寄奉,即希查收祈复。顺颂勋祺。

弟徐谟启
八月

资料来源:《搜集日本违法行为资料提交国联调查团(六)》,台湾"国史馆"藏"外交部"全宗,第53页。

22. 外交部致北平档案保管处转国联调查团
中国代表处电(1932年8月13日)

去文亚字第4614号

国联调查团中国代表处鉴:顷准上海市政府咨,送"日人在华制造、贩运麻醉毒品情形"说帖一份、统计表五张到部。特将原附各件送请查照,并希用毕后,寄还本部亚洲司为荷。外交部。印。

资料来源:《搜集日本违法行为资料提交国联调查团(六)》,台湾"国史馆"藏"外交部"全宗,第54页。

23. 外交部致北平中国代表处电(1932年8月10日)

字第4628号

迳启者:查搜集日本对待华工苛例一事,前经本部分令驻日使领馆,择要电部,并先后据复函达贵处各在案。兹又据驻台北总领事馆来呈略称:查取缔华工规则及包揽华工制度,现均存续。此外如:大正十年所颁《非劳动者之华人取扱内规》、明治三十七年所颁《华工取扱手续费及实费》、大正十年所颁《华人取扱方法》各规定,均不外乎苛遇华商,剥削华工,规程亦依然存续。其他如:明治三十年所颁之《外国人取扱规则》,大正七年所颁《外国人入国规定》等一般外国人所适用之法令,我侨亦均须适用。是我侨在台,无论劳动者或非劳动者,皆须受彼方二重法令之束缚。奉电前因,理合抄附是项《非劳动者之华人处理规程》《华工办理手续费》暨《华人处理办法》各规定,合计四种,备文呈复,仰祈鉴核等语。当将所呈日文抄件四件,由部译成汉文。相应检送全份,函达查照,备资参考,并希见复为荷。此致

参与国联调查团中国代表处

附译件四份①。

资料来源:《搜集日本违法行为资料提交国联调查团(六)》,台湾"国史馆"藏"外交部"全宗,第55—56页。

24. 塞得港顾公使致外交部电(1932年9月26日)

来电第37635号

发电:1932年9月26日22时00分

收电:1932年9月27日9时49分

南京外交部并请转呈汪院长、宋代院长、蒋委员长:二十四日电悉。钧与

---

① 编者按:无附件内容。

美委员谈东案,询问此次国联根据调查团报告书讨论,能否得一解决办法。渠云:报告书叙述事实措辞委婉,所提办法双方当能赞同。公布后,当可缓和日本国内愤慨,而促进解决希望。但日本近已正式承认"满洲国",殊属可虑。钧问:如日本委诸伪国而不允讨论,岂不成一僵局。届时,能否由美根据九国条约提议,开九国会议设法解决。渠谓:东省情形,复杂且严重,原非可望于短时期内完全解决,亦非一步可了。所虑僵局,报告书内亦曾顾及。国联如无办法,只能试行第二步。

钧谓:东案虽交国联处理,实需美国协力方可收效。此次国联讨论,盼能仿照去岁十月先例,由美派员列席,并盼执事能任代表。渠云:本国议会对国联诸多怀疑,故美政府须出之谨慎,但对于东案十分注意。其数月来行动可以证明,此后仍应继续努力,可惜贵国久无公使驻美可随时与敝政府接洽、商议办法者。此次国联讨论报告书关系重要。届时,调查团如无全体出席,必须鄙人拟留华府,以备国务卿咨询一切。盖如英、美、法三国,能采取一致态度,收效较易也。又与义委员谈,渠意:如日本不允在国联讨论东案,则九国条约明白规定远东遇有新发生之局势,签约国应彼此开诚讨论,此为日本条约上之义务。渠意:国联会员五十余国责任散漫,不如根据九国条约讨论,列强专任,无可推诿,而对于日本亦易施压力,使其就范云云。窃思东案无论在国联解决,或须另谋途径,美国态度最关重要。前议于颜使未回美前,嘱施使赴美接洽,颇属要着。已否启程,至念。将来施使于美政府接洽情形,并乞撮要随时电示,以资接洽为盼。楷兄二十四日电亦已收到,并电复。顾维钧。二十六日。

资料来源:《搜集日本违法行为资料提交国联调查团(六)》,台湾"国史馆"藏"外交部"全宗,第57—59页。

25. 孟买顾维钧致外交部电(1932年9月19日)

来电第37311号

发电:1932年9月19日10时50分

收电:1932年9月19日17时50分

南京外交部钧任兄勋鉴,并请转呈汪院长、宋代院长、蒋委员长:舟中钧与李顿谈东案问题。此次双方讨论报告书能否得结果,李谓:全靠日本态度如何。据彼观察,不出两途:(一)日本不允讨论东案,以为"满洲国"既已成立,对于东案关系最深。如无该国代表出席,日本不便代庖。(二)即日本鉴于国际环境于彼不利,勉允于某条件之下,与中国商议解决办法。钧谓:日本如采第一种态度,不啻自认蔑视盟约及九国条约。国际联合会当即适用第十六条,施行经济制裁。李谓:经济作战较武力作战为尤酷,因一般民众所受痛苦为最深。现在列强自国正值多故,决不愿强人民再作重大牺牲。故国际联合会只能本其公平之主张,发表宣言,引起世界舆论之注意与评论,以待将来之变化。钧问:如日本采第二种态度,国联将如何?李谓:须研究条件之性质,是否不背盟约与九国条约。并须规定范围,俾中日双方在此范围之内,协议解决办法,国联可以同意。钧谓:日本或出第三种办法,即日使有吉,业已抵华,或向中国要求辟开国联,直接与日谈判,并提让步办法为饵,以图贯彻其所谓"中日问题由中日解决"之政策。李谓:报告书不久可公布,国联讨论在即,想贵国亦不愿堕日人之计。钧谓:设有此项提议,料想政府亦必俟报告书公布后,再考量答复之。李谓:此次报告书,先由行政院讨论,关系重要,想阁下必出席参加。钧谓:行政院方面,吾国向由颜代表出席,颜对东案亦颇接洽。李谓:编造报告经过情形以及最近东三省状况,阁下均完全接洽。届时务必出席参加讨论,以资便利。钧谓:如实有鄙人出席必要,届时当与颜代表商议云云。

又,此间报载政府派戴院长赴日接洽,东案已有端倪。只要日本抛弃侵攻热河与平津,吾国对于日本在东三省之权益不加干涉云云。确否,盼示悉。维钧。十八日。

资料来源:《搜集日本违法行为资料提交国联调查团(六)》,台湾"国史馆"藏"外交部"全宗,第60—62页。

26. 北平顾代表致外交部电(1932年8月14日)

来电第36123号

发电:1932年8月14日14时45分

收电:1932年8月14日19时40分

外交部罗部长勋鉴:密。本月八日,美国国务卿在纽约演说,明白维持非战公约之效力,认定日本在我东省为侵略者。并解释谓:如有违约事端发生,该约含有签约国,有与其他签约国商议应付办法之权。虽日本朝野颇为愤慨,而英、法官方议论深表赞同,并视为援助国联,拥护李顿报告书之表示。昨与此间法使晤谈,彼亦谓:东省案国际间如何协助解决,美为枢纽。李顿亦曾谓:如何能使美国切实参预解决办法,颇堪注意,望吾加以研究。弟与美使商谈,悉彼曾于三月前,向政府建议出为调停。现在美国务卿主张根据非战公约,有权与各国商议共同应付办法,似对日本反对干涉东案之一种答辩。究竟美方对东案拟如何与国联合作,有何具体援助解决办法,关系匪浅。我方似宜随时与之密商接洽,以利进行。昨据美使言:美国务卿于本届总统选举以前,弗能赴欧参预军缩会议,则吾与美重要接洽,须在华府办理,以资迅捷。此层应如何进行,似当特别注意。吾兄高瞻远瞩,必能统筹兼顾,东案前途实利赖之。弟维钧。十四日。

批示:电颜询其意见。

资料来源:《搜集日本违法行为资料提交国联调查团(六)》,台湾"国史馆"藏"外交部"全宗,第63—66页。

27. 北平顾代表致外交部电(1932年8月16日)

来电第 36152 号

发电:1932年8月16日1时50分

收电:1932年8月16日8时5分

南京外交部转呈行政院汪院长、宋副院长、罗部长均鉴:密。调查团本星期内或须开会,邀中日两参与员列席,询问两国尚有何项问题提出。查我国业已提出之说帖,共二十七种:(一)中日纠纷问题总说帖。(二)关于平行线问题及所谓一九一五年议定书之说帖。(三)日本占领东三省之说帖。(四)关于"二十一条"及一九一五年五月二十五日中日条约之说帖。(五)朝鲜人在东省之地位说帖。(六)吉会铁路说帖。(七)南满护路兵说帖。(八)万宝山事件说帖。(九)朝鲜仇华暴动说帖。(十)说明日本不依赖东三省供给原料、粮食之统计表。(十一)日方所谓五十三悬案之驳正。(十二)日本破坏中国统一阴谋之说帖。(十三)日本在东省及沪津以外各地之挑衅事件之说帖。至上海、天津两处事变,系由上海、天津市政府备送说帖,合并声明。(十四)关于抵制日货之说帖。(十五)日本企图独占东三省铁路说帖。(十六)驳日本所谓中国教育书中排外教育之说帖。(十七)中国对于开发东省之努力说帖。（十八）日本违背条约与侵犯中国主权之说帖。（十九）东三省币制及其与大豆关系之说帖。（二十）中国政府在沪案开始时决定和平政策之说帖。（二十一）关于外蒙古之说帖。（二十二）关于盗匪之说帖。（二十三）日本攫取东三省海关之说帖。（二十四）关于共产党之说帖。（二十五）关于日本攫取东三省盐税之说帖。（二十六）所谓东三省之独立运动说帖。（二十七）日本攫取东三省邮政之说帖。

又经调查团询问，而提出答复之件，共十二种：（一）中国在东省合办之事业。（二）大连两重关税问题。（三）东省币制问题。（四）东省行政问题。（五）东省输入中国货物之统计。（六）中国移民东省问题。（七）东省农业问题。（八）东省特区行政问题。（九）哈尔滨市政问题。（十）中国海关统计之说明及各国与东省之输出入关系。（十一）中国经济上对于东省之倚赖。（十二）对于日人所称与南满铁路竞争各项问题之辩正。此外有无他项问题，应于开会时提出，乞即电示方针，俾有遵循。弟维钧。感（十五）。

资料来源：《搜集日本违法行为资料提交国联调查团（六）》，台湾"国史馆"藏"外交部"全宗，第 67—69 页。

28. 陕西省政府致外交部电（1932 年 8 月 12 日）

南京外交部勋鉴：前准养电，嘱查日人造运毒品，列表送部一案。当即令饬民政厅转行查复去后，兹据该厅呈称：查本省各县，前据填报麻醉毒品调查表时，曾经呈明向无造运毒品人犯；奉令前因，所有无从填表各缘由。理合具文呈复，祗请鉴核转咨等情前来。除指令外，相应电复，希查照为荷。此复陕西省政府。印。

资料来源：《搜集日本违法行为资料提交国联调查团（六）》，台湾"国史馆"藏"外交部"全宗，第 72—73 页。

29. 外交部致国联调查团中国代表办事处电
（1932 年 8 月 15 日）

去文亚字第 4973 号

国联调查团中国代表办事处公鉴：兹抄送辽宁邮务长八月二日密函，译文一件。希查照备考。外交部。

附原函译文一件。①

资料来源:《搜集日本违法行为资料提交国联调查团(六)》,台湾"国史馆"藏"外交部"全宗,第74页。

30. 外交部致北平档案保管处转国联调查团中国代表处顾代表电(1932年8月17日)

去电第30650号

国联调查团中国代表处顾代表勋鉴:密。感电奉悉,并已照转,似宜补提"热河事件"及"日人制造贩卖麻醉毒品"两种说帖。特复。

资料来源:《搜集日本违法行为资料提交国联调查团(六)》,台湾"国史馆"藏"外交部"全宗,第77页。

31. 外交部致北平档案保管处转国联调查团中国代表处电(1932年8月17日)

第4689号

国联调查团中国代表处公鉴:文电悉。兹拟就日舰炮击南京事件详细节略一件,并附弹痕照片六张。特由快邮寄奉,即希查收转交为荷。外交部。印。

附节略一件、照片六张。

附件:

日舰炮击南京事件详细节略

当沪变将行暴发之时,旅京日侨均已他迁。驻京日本领事及领员,亦移驻日轮云阳丸上。江面日舰往来梭巡,在江心停泊,最多时共有八艘。一月下旬,云阳丸水兵突然登陆,荷枪实弹,站立大阪码头,施放步哨,如临大敌。意在造成严重局势,以冀扩大事态。当地警署迭次派员交涉撤去,毫无效果。居民因之恐慌异常,纷纷迁避。

---

① 编者按:无附件内容。

二月一日深夜十一时半。日舰忽陆续发炮九响,向我人烟稠密之首都实施攻击,并继以机关枪、步枪及用探海灯四处探照。本部以事起仓促,特向军事机关探寻,并派员四出调查。据报,是晚日本军舰停泊下关,共有七舰。大阪码头一带,早经警厅加意防范,于夜初分即禁止通行。只派岗警在彼守望,其他各部队并未移动原有位置。狮子山炮台司令早奉有军部命令,对日舰行动力持镇静。是夜,日舰开炮后,□以电话请示,奉谕不准还击。而日舰所发九炮,空实具有。狮子炮台第一、二炮门下,着两弹未炸。太平门外幕府山附近,着一弹。下关火车站侧天光里一街三号楼上、五街廿七号楼上、六街口及廿七号楼上,又天宝路廿八号楼上,木柱墙垣均被弹毁,附弹痕照片六张。北极阁、清凉山等处亦有炮弹落下,幸未伤人。

甫经调查确实,正向日方提出抗议。问□日本节略,似已先事预备。翌日上午六时,□□已送遣到部。将当时事实一概抹杀,以图卸责。竟称"日本军舰遭中国正规军之攻击,并受狮子山炮台三炮之炮击,死伤水兵各一,日本海军不得已加以反击无几。中国方面沉默,日本海军亦停止反击"等语。查中央政府虽经迁移洛阳,而城内外之居民及各国侨民留住甚多。为确保维持地方治安,早经严令军警劝谕民众,对于江心日舰,力持镇静。下关一带,除岗警及军事长官、宪兵巡查外,并无派有正规军。狮子山炮台于事出后,仍能恪遵命令,未予还击,焉有先行发炮挑衅之理。故日方来略,所称各节,全非真相。当经本部根据事实验后,对于日舰之不法行为提出严重抗议,并保留一切要求之权。

资料来源:《搜集日本违法行为资料提交国联调查团(六)》,台湾"国史馆"藏"外交部"全宗,第 75—76、78 页。

32. 北平顾代表致外交部电(1932 年 8 月 19 日)

来电第 36264 号

发电:1932 年 8 月 19 日 20 时 30 分

收电:1932 年 8 月 19 日 23 时 00 分

南京外交部罗部长钧任兄鉴:密。巧(十八)电奉悉。麻醉品事,在日本违法侵权说帖中,业有提及。日来接到部寄材料,即着手赶办说帖。至热河事,已向汤主席代表索取文电。因调查团结束在即,拟先简单译送。弟顾维钧。

皓(十九)。

　　资料来源:《搜集日本违法行为资料提交国联调查团(六)》,台湾"国史馆"藏"外交部"全宗,第79页。

33. 参与国际联合会调查委员会中国代表处 致外交部公函(1932年8月16日)

　　平字第461号

　　迳密启者:准贵部来函,并改正会议东三省事宜节录英文译稿二十二件,业经照收。相应函复贵部,即希查照。此致

外交部

顾维钧

中华民国二十一年八月十六日

　　资料来源:《搜集日本违法行为资料提交国联调查团(六)》,台湾"国史馆"藏"外交部"全宗,第80页。

34. 参与国际联合会调查委员会中国代表处 致外交部公函(1932年8月16日)

　　平字第468号

　　迳复者:准贵部鱼日快邮代电,并寄到美国公布东省文件一册,业经照收。相应函复贵部查照。此致

外交部

顾维钧

中华民国二十一年八月十六日

　　资料来源:《搜集日本违法行为资料提交国联调查团(六)》,台湾"国史馆"藏"外交部"全宗,第81页。

35. 参与国际联合会调查委员会中国代表处
致外交部公函（1932 年 8 月 16 日）

平字第 462 号

迳启者：准贵部虞日快邮代电，抄寄山东省政府咨送《日人在山东省会地方贩卖毒品情形表》一件到处，业经照收。相应函复贵部，即希查照。此致
外交部

顾维钧

中华民国二十一年八月十六日

资料来源：《搜集日本违法行为资料提交国联调查团（六）》，台湾"国史馆"藏"外交部"全宗，第 82 页。

36. 参与国际联合会调查委员会中国代表处
致外交部公函（1932 年 8 月 16 日）

平字第 465 号

迳启者：准贵部函开：共产党说帖，兹准军事委员会暨实业部函送修正案，训练总监部函送对于草案意见各等件，相应检送查收等因，并修正案等三件到处，业经照收。相应函复贵部查照。此致
外交部

顾维钧

中华民国二十一年八月十六日

资料来源：《搜集日本违法行为资料提交国联调查团（六）》，台湾"国史馆"藏"外交部"全宗，第 83 页。

37. 参与国际联合会调查委员会中国代表处
致外交部公函（1932 年 8 月 16 日）

平字第 463 号

迳密启者：准贵部四五〇七号公函开："剿共"说帖一事，现又准中央宣传

委员会暨教育部函送修正补充案,应检送查收等因,并附件二册到处,业经照收。相应函复贵部,即希查照。此致
外交部

顾维钧
中华民国二十一年八月十六日

资料来源:《搜集日本违法行为资料提交国联调查团(六)》,台湾"国史馆"藏"外交部"全宗,第 84 页。

38. 参与国际联合会调查委员会中国代表处
致外交部公函(1932 年 8 月 16 日)

平字第 466 号

迳启者:准贵部灰日快邮代电,抄寄《上海抗日会之组织及其经过概况》一件,业经照收。相应函复贵部,即希查照。此致
外交部

顾维钧
中华民国二十一年八月十六日

资料来源:《搜集日本违法行为资料提交国联调查团(六)》,台湾"国史馆"藏"外交部"全宗,第 85 页。

39. 参与国际联合会调查委员会中国代表处
致外交部公函(1932 年 8 月 16 日)

平字第 464 号

迳启者:准贵部灰日快邮代电,检送福州市、厦门市台籍土栈烟馆表三册,北平市公安局查获日人、韩人在平销售吗啡、海洛因等项案件清册一册、表五张,业经照收。相应贵部即希查照。此致
外交部

顾维钧
中华民国二十一年八月十六日

资料来源:《搜集日本违法行为资料提交国联调查团(六)》,台湾"国史馆"

藏"外交部"全宗,第86页。

40. 北平代表处致外交部电(1932年8月19日)

来电第36263号

发电:1932年8月19日20时15分

收电:1932年8月19日23时00分

南京外交部鉴:密。钱司长阶平准廿日晚车南下,廿二日晨抵浦,因携带重要文件,请饬人到站照料为荷。代表处。皓(十九)。

资料来源:《搜集日本违法行为资料提交国联调查团(六)》,台湾"国史馆"藏"外交部"全宗,第87页。

41. 外交部致顾维钧电(1932年8月23日)

去电第30775号

北平国联调查团中国代表处顾代表钧鉴:密。前托友查九一八真相,昨离平时始得确报。日参部原嘱土肥原与本庄酌,便宜行事。抵奉后,商订九一八晚拆毁铁道,颠覆由长开奉列车,即向我方提最后通牒而后开始军事行动。不料所雇华工误将双轨中间两道铁轨拆毁约十八呎,左右各尚留一铁轨。故长春来车以其惰力,竟由一轨支持通过,而未倾覆。于是,奉令毁路之守备中队长独断专行,督兵服工夫,携炸药再去炸毁后,工夫向日方反奔,日兵迎射,死十余人。仅一迟走者,死道旁,摄影作伪证。其余因向日方反奔,不合情理,不能为证。于是,竟不及提最后通牒而提前攻击北大营。此事千真万确,应否向调查团补提,抑留日内瓦辩论时再说。但来源暂秘,连职名亦请莫提明,以便间接续查为祷。桢叩。漾。

资料来源:《搜集日本违法行为资料提交国联调查团(六)》,台湾"国史馆"藏"外交部"全宗,第88页。

42. 外交部致北平档案保管处转中国代表办事处电(1932年8月26日)

北平档案保管处转中国代表办事处公鉴:寒代电计达。东省日军暴行照片,待用甚急,请即检寄为荷。亚洲司。

资料来源:《搜集日本违法行为资料提交国联调查团(六)》,台湾"国史馆"藏"外交部"全宗,第89页。

43. 国联调查团中国代表处致外交部亚洲司电(1932年8月23日)

迳启者:顷接贵司寒日快邮代电开:二月间,由本部谭委员绍华,带沪迳交贵处之东省日军暴行照片一百零七张。如已用毕,请检出寄还等因。查此事准来函所称在二月间。惟本处成立在后,此间各员均不接洽,应请仍向谭委员询问,此件交与何人,以便查明办理。相应函达,即希查照。此致
外交部亚洲司

参与国际联合会调查委员会中国代表办事处启

八月二十三日

资料来源:《搜集日本违法行为资料提交国联调查团(六)》,台湾"国史馆"藏"外交部"全宗,第90—91页。

44. 参与国际联合会调查委员会中国代表处致外交部公函(1932年8月23日)

平字第469号

迳启者:准贵部删日快邮代电开:上海市政府咨送"日人在华制造、贩运麻醉毒品情形"说帖一份、统计表五张,送请查照等因,并附件合订一册到处,业经照收。相应函复贵部查照。此致
外交部

顾维钧

中华民国二十一年八月二十三日

资料来源:《搜集日本违法行为资料提交国联调查团(六)》,台湾"国史馆"藏"外交部"全宗,第92页。

45. 参与国际联合会调查委员会中国代表处
致外交部公函(1932 年 8 月 23 日)

平字第 470 号

迳启者:准贵部来函,检寄台北总领事馆呈送之"日本处理华侨办法各规程"译件四种到处,业经照收。相应函复查照。此致

外交部

顾维钧

中华民国二十一年八月二十三日

资料来源:《搜集日本违法行为资料提交国联调查团(六)》,台湾"国史馆"藏"外交部"全宗,第93页。

46. 参与国际联合会调查委员会中国代表处
致外交部公函(1932 年 8 月 23 日)

平字第 471 号

迳启者:准贵部巧日快邮代电开:兹拟就日舰炮击南京事件详细节略一件,并附弹痕照片六张,邮寄查收转交等因,并附件到处,业经照收。相应函复贵部查照。此致

外交部

顾维钧

中华民国二十一年八月二十三日

资料来源:《搜集日本违法行为资料提交国联调查团(六)》,台湾"国史馆"藏"外交部"全宗,第94—95页。

47. 参与国际联合会调查委员会中国代表处致外交部公函(1932 年 8 月 23 日)

平字第 472 号

迳启者:准贵部篠日快邮代电开:兹抄送辽宁邮务长八月二日密函译文一件,希查照备考等因,并抄件到处,业经照收。相应函复贵部,即希查照。此致

外交部

顾维钧

中华民国二十一年八月二十三日

资料来源:《搜集日本违法行为资料提交国联调查团(六)》,台湾"国史馆"藏"外交部"全宗,第 96—97 页。

48. 北平代表处致外交部电(1932 年 8 月 27 日)

来电第 36488 号

发电:1932 年 8 月 27 日 14 时 10 分

收电:1932 年 8 月 27 日 16 时 10 分

南京外交部亚洲司沈司长鉴:密。寒(十四)代电、宥(二十六)电均悉。照片遍寻无着,亦无人接洽。请仍向谭委员询问,系交何人收取。谭委员已于七月二十左右,离平回京矣。代表处。感(二十七)。

资料来源:《搜集日本违法行为资料提交国联调查团(六)》,台湾"国史馆"藏"外交部"全宗,第 98 页。

49. 外交部致北平档案保管处转国联调查团中国代表处电(1932 年 9 月 1 日)

去文亚字第 4474 号

国联调查团中国代表处公鉴:顷奉行政院八月卅一日令,发广州市建设成绩说帖一本到部。特将原件寄上,即希查收应用。用毕,仍希寄还本部亚洲司为荷。外交部。印。

附广州市建设成绩说帖一本。①

资料来源:《搜集日本违法行为资料提交国联调查团(六)》,台湾"国史馆"藏"外交部"全宗,第 100 页。

50. 行政院致外交部密令(1932 年 8 月 31 日)

字第 3340 号

令外交部:为密令事。查前据该部呈据顾代表维钧庚电,请将国民政府成立以来关于建设成绩,饬令各主管机关,胪列事实,拟具说帖供给调查团,以证我国实有统治能力一案,经函准建设委员会函送,并饬据内政、教育、铁道、交通、司法、行政、实业各部及南京、上海、青岛、北平、天津各市政府呈送说帖,由院先后检发原件,令行该部转交顾代表查照办理各在案。兹据广州市政府呈送该市已经建设成绩说帖前来。除指令外,合行检发原件,令仰迅予转交顾代表查照办理。此令。

计检发广州市建设成绩说帖一本。②

中华民国廿一年八月卅一日

院长:汪兆铭

宋子文(代)

资料来源:《搜集日本违法行为资料提交国联调查团(六)》,台湾"国史馆"藏"外交部"全宗,第 101—103 页。

51. 北平顾代表致外交部电(1932 年 8 月 31 日)

来电第 36625 号

发电:1932 年 8 月 31 日 16 时 25 分

收电:1932 年 8 月 31 日 17 时 15 分

限即刻到。南京外交部罗部长钧任兄勋鉴:请译转汪院长勋鉴:密。顷准哈斯函述上年九月二十五日,行政院第四八二号密令,关于中央执行委员会

---

① 编者按:无附件内容。

② 编者按:无附件内容。

制定各级党部指导反日救国行动工作必要之照片一份,并请表示意见前来。拟复以该照片之密令,是否属实,须向南京查询。倘系事实,殆不外两种意义:(1) 其时正值沈阳、吉林、营口等地,被日军非法占领之初。为避免扩大纠纷,不以武力抵抗,不能不用所有和平方法为正当之自卫。(2) 其时人民愤慨之情,不可向迩,政府势难过于遏抑。因不得不明定纲要,俾人民行动不致越出轨外,间接即以保护日侨生命财产,证以该纲要指导项下第四条之规定,显然易见。一俟接到宁方回复,当即函告。如尚有意见,亦可同时续达云云。该件如属确实,谅由日方得自东省档案。

该号究系发交何处机关。又,日方提出该件用意,似欲证明各省反日工作,系政府依照中央党部议决施行,藉以认定政府对党部行动系属一致,应负责任。此点应否加具意见,并如何措辞。统祈电示为祷。顾维钧叩。世(三十一日)。

资料来源:《搜集日本违法行为资料提交国联调查团(六)》,台湾"国史馆"藏"外交部"全宗,第104—105页。

52. 北平顾代表致外交部电(1932年8月31日)

来电第 36629 号

发电:1932年8月31日19时35分

收电:1932年8月31日21时50分

南京外交部:密。中英藏旧案中关于民国以来之文件会议录等,前经调部查考。兹请赶速照抄一全份,于九月中旬,交由施秘书肇夔带欧为荷。

再,世(三十一日)电悉。国书仍请催院赶办,留部候领。顾维钧。世(卅一日)。

资料来源:《搜集日本违法行为资料提交国联调查团(六)》,台湾"国史馆"藏"外交部"全宗,第106页。

53. 外交部致交通部总务司电(1932年9月2日)

洲字第 1766 号

迳启者:准贵部电政司电话称:中国代表处专门委员会颜德庆,曾请贵部将国内邮电情形,拟具说帖,以便携往日内瓦,备中国代表之参考。现在,此项说帖业经拟具,而颜君已赴上海,拟请设法转寄等语。兹特派本司科员朱康,前来领取。即希将前项说帖,交该员带回,以便转寄。相应函请查照办理为荷。此致。

资料来源:《搜集日本违法行为资料提交国联调查团（六）》,台湾"国史馆"藏"外交部"全宗,第 107 页。

54. 北平施肇夔致外交部电（1932 年 9 月 3 日）

来电第 36719 号

发电:1932 年 9 月 3 日 15 时 50 分

收电:1932 年 9 月 3 日 18 时 10 分

南京外交部徐次长叔谟兄勋鉴:密。顾代表所需中英藏案抄件,嘱弟带欧。业经电达,拟请从速饬抄。何日可竣,电示为荷。弟施肇夔。江(三日)。印。

资料来源:《搜集日本违法行为资料提交国联调查团（六）》,台湾"国史馆"藏"外交部"全宗,第 108 页。

55. 参与国际联合会调查委员会中国代表办事处致外交部电（1932 年 9 月 6 日）

迳启者:奉大部冬日快邮代电开:广州市建设成绩一本,特寄查收应用。用毕,仍希寄还本部亚洲司等因。查此项材料,原为供给调查团参考之用。现调查团业已启程回国,可无所需。相应检同原件寄还贵司,即希查收为荷。此致

外交部亚洲司

参与国际联合会调查委员会中国代表办事处启
九月六日

附说帖一本、照片一本。①

资料来源:《搜集日本违法行为资料提交国联调查团（六）》,台湾"国史馆"

---

① 编者按:无附件内容。

藏"外交部"全宗,第 110 页。

56. 外交部致国联调查团中国代表处
(1932 年 10 月 10 日)

去文亚字第 5857 号

迳启者:顷由吕小洲君带部卷宗两箱。此项卷宗,贵处如存有清单,即希抄案一份,以凭点收为荷。此致

参与国际联合会调查委员会中国代表处

资料来源:《搜集日本违法行为资料提交国联调查团(六)》,台湾"国史馆"藏"外交部"全宗,第 111 页。

57. 北平王广圻致外交部电(1932 年 9 月 12 日)

来电第 37028 号

发电:1932 年 9 月 12 日 22 时 10 分

收电:1932 年 9 月 13 日 6 时 55 分

南京外交部鉴:调查团秘书夏来①,携带文件,本日下午五时,平浦通车赴沪,请派员至浦口照料为荷。广圻叩。文(十二日)。

资料来源:《搜集日本违法行为资料提交国联调查团(六)》,台湾"国史馆"藏"外交部"全宗,第 112 页。

58. 北平王卓然致外交部电(1932 年 9 月 12 日)

来电第 37039 号

发电:1932 年 9 月 12 日 23 时 40 分

收电:1932 年 9 月 13 日 6 时 55 分

南京外交部罗部长勋鉴:密。本会成立以来,代钧部搜集材料,助代表处撰拟说帖,向各国直接宣传,集中人才思想,探讨研究,早在洞鉴之中。兹为充

---

① 编者按:可能指李顿调查团秘书处成员卡尔利。

实本会研究材料起见,请将我国递给调查团中、英、法各种文字说帖,各皆赐赠五份,日本同我交换说帖赐赠一份。倘日本说帖只有一份,亦恳设法代为抄印一份赐下为感。因代表处所印说帖皆寄部与日内瓦代表处在平存者不全,故特电恳我公直接赐下。东北外交研究委员会王卓然叩。文(十二日)。亥。

资料来源:《搜集日本违法行为资料提交国联调查团(六)》,台湾"国史馆"藏"外交部"全宗,第113页。

59. 罗文干致顾维钧电(1932 年)

去电第 31287 号

少川兄勋鉴:密。十八日电悉。已照分转。兄与李顿所谈各节,甚为扼要。目下日使并无与我谈判之意。据弟推测,日人屡争论延期讨论报告,及赶期承认则瞬将公布之件或不利于日。假彼方来饵,我可以此为盾,未审兄以此推测为当否?此间政策,如有重大变化,总须与在外折冲者接洽办理,请兄放心可也。昨接骏人兄电谓:已告秘书长,行政院代表职务,由兄接替,余由子楷兄另电。下转蒋委员长致兄电:十八日电悉。戴院长在乡,并未赴日,且恨日甚深,决无此事也云云。文干。二十四。

资料来源:《搜集日本违法行为资料提交国联调查团(六)》,台湾"国史馆"藏"外交部"全宗,第114页。

60. 外交部致上海吴部长电(1932 年 9 月 30 日)

去文亚字第 5654 号

铁城我兄市长勋鉴:迳密启者:顷阅九月十八日,东京日日新闻所载"国联调查团与驹井长官晤谈"一则,末叙其参与郭松龄建设"新国家"运动之处。龄语涉及儒堂、奕农二兄,颇关重要,特将该报译文寄阅。即希专此,祗请勋绥。

附:日本报译件一则。①

资料来源:《搜集日本违法行为资料提交国联调查团(六)》,台湾"国史馆"藏"外交部"全宗,第116页。

---

① 编者按:无附件内容。

61. 北平王广圻致外交部电(1932年10月29日)

来电第37094号

发电:1932年10月29日16时25分

收电:1932年10月29日18时05分

南京外交部:密。请转徐养秋兄鉴:各文件亟待付印,尊撰《东省行政答案》中文原稿,请检寄一用即□,免另译费时且易错误。乞鉴并电覆。弟王广圻。艳(廿九)。

资料来源:《搜集日本违法行为资料提交国联调查团(六)》,台湾"国史馆"藏"外交部"全宗,第117页。

62. 外交部致北平档案保管处转中国代表办事处 王秘书长电(1932年10月31日)

去电第32057号

北平档案保管处转中国代表办事处王秘书长勋鉴:本部前送贵处参考各种文件,现急待应用。希即全部寄还为荷。外交部。

资料来源:《搜集日本违法行为资料提交国联调查团(六)》,台湾"国史馆"藏"外交部"全宗,第118页。

63. 巴黎顾维钧致外交部电(1932年11月1日)

来电第39240号

发电:1932年11月1日17时30分

收电:1932年11月2日6时50分

南京外交部:致调查团第二十九号说帖十一页所云"旅顺年产吗啡七十万磅(?)①三十吨",两数均误。请交原拟稿员程经远复查,连同旅顺吗啡制造厂详情,盼速电复。钧。一日。廿四号。

---

① 编者按:问号为原文所有。据后文可知,应为"七十万磅或三十吨"。

资料来源:《搜集日本违法行为资料提交国联调查团(六)》,台湾"国史馆"藏"外交部"全宗,第119页。

64. 外交部致东北外交研究委员会电(1932年11月2日)

去电第32089号

北平东北外交研究委员会公鉴:密。顷准顾代表电询旅顺吗啡制造详情,希即查明电复为荷。外交部。

资料来源:《搜集日本违法行为资料提交国联调查团(六)》,台湾"国史馆"藏"外交部"全宗,第120页。

65. 外交部致北平代表办事处王秘书长电
(1932年11月2日)

去电第32088号

北平中国代表办事处王秘书长鉴:密。顷准顾代表电称:第二十九号说帖十一页所云"旅顺年产吗啡七十万磅/三十吨",两数均误。请交原拟稿员程经远复查等语。询据程云:系根据东北研究会原送文件拟办。至该文件名称已不复记忆等语。希查明电复。外交部。

资料来源:《搜集日本违法行为资料提交国联调查团(六)》,台湾"国史馆"藏"外交部"全宗,第121页。

66. 北平王卓然致外交部电(1932年11月4日)

来电第39364号

发电:1932年11月4日15时50分

收电:1932年11月4日18时07分

南京外交部勋鉴:密。世(三十一)电三件暨冬(二日)电均悉。日本制造伪国证据,现正赶搜,办讫即由航空寄上。东北损失调查总表,已付快邮。旅顺年产吗啡情形,本会前根据上海拒毒总会黄总干事嘉惠报告,请就近查询。特复。东北外交研究委员会。王卓然。支(四日)。

资料来源:《搜集日本违法行为资料提交国联调查团(六)》,台湾"国史馆"藏"外交部"全宗,第122页。

67. 北平张学良致外交部电(1932年11月4日)

来电第39362号

发电:1932年11月4日13时45分

收电:1932年11月4日18时00分

南京外交部勋鉴:两世(三十一)电均奉悉。密。嘱件已饬外交研究会速寄矣,特复。张学良。支(四日)。厅机。

两世电,请搜集日制造伪国材料。

资料来源:《搜集日本违法行为资料提交国联调查团(六)》,台湾"国史馆"藏"外交部"全宗,第123页。

68. 外交部致上海拒毒总会黄总干事嘉惠电
(1932年11月5日)

去电第32248号

上海拒毒总会黄总干事鉴:准顾代表来电,以我国提交国联调查团说帖所载"旅顺年产吗啡七十万磅或三十吨",两数皆误。请查明确数及旅顺吗啡制造厂详情。当经本部电据东北外交研究委员会复称:根据贵会报告等语。究竟旅顺年产总数若干,及制造厂情形为何,希详查电复为荷。外交部。

资料来源:《搜集日本违法行为资料提交国联调查团(六)》,台湾"国史馆"藏"外交部"全宗,第124页。

69. 北平王广圻致外交部电(1932年11月4日)

来电第39452号

发电:1932年11月6日10时55分

收电:1932年11月6日11时40分

外交部勋鉴:密。世(三十一)电敬悉。俟谢委员病愈,即检寄。广圻叩。

语(六日)。

资料来源:《搜集日本违法行为资料提交国联调查团(六)》,台湾"国史馆"藏"外交部"全宗,第 125 页。

70. 北平王广圻致外交部电(1932 年 11 月 4 日)

来电第 39535 号

发电:1932 年 11 月 8 日 13 时 18 分

收电:1932 年 11 月 8 日 15 时 15 分

外交部鉴:密。冬(二日)电奉悉。当函询东北研究会,顷准该会复函称:旅顺年产吗啡数目,系根据上海拒毒会总干事黄嘉惠调查报告。是否正确,应向黄君探寻等因。特电奉复,即请大部就近向黄君探寻,并请电告顾代表为荷。广圻叩。庚(八日)。

资料来源:《搜集日本违法行为资料提交国联调查团(六)》,台湾"国史馆"藏"外交部"全宗,第 126、127 页。

71. 外交部致上海拒毒会黄总干事嘉惠电
(1932 年 11 月 9 日)

上海拒毒会黄总干事嘉惠鉴:鱼电计达。旅顺制造吗啡总额及年产情形,本部亟待电复顾代表。希从速详查电复为荷。外交部。

资料来源:《搜集日本违法行为资料提交国联调查团(六)》,台湾"国史馆"藏"外交部"全宗,第 128 页。

72. 外交部驻沪办事处致外交部国际司电
(1932 年 11 月 8 日)

迳启者:顷据中华国民拒毒会总干事黄嘉惠代电称:为旅顺产吗啡事,并附送致国联东北调查团说帖一份,嘱为转陈等由。相应抄录该代电,并检同说帖一份,送请查照,传呈核办为荷。此致

本部国际司

外交部驻沪办事处启

附抄代电一份、说帖一份。

廿一年十一月八日

附件:

抄录中华国民拒毒会总干事黄嘉惠致办事处快邮代电

外交部驻沪办事处,请密译电转南京外交部暨国际联盟顾代表鉴:刻接来电称:我国提交国联调查团说帖所载"旅顺年产吗啡七十万磅或三十吨",两数皆误,请查明确数及旅顺吗啡制造厂详情。又称该报告据东北外交研究会复电,系根据本会报告等语。查本会致国联调查团说帖,所述该厂出产数量系六十万两,并非七十万磅或三十吨。该东北外交研究会根据本会报告,恐系转抄之误。

至于本会此项报告,系根据一九二九年爰间,本人赴东北调查毒况之结果。当时该厂曾托前安福系某部长曾某,向东北司令长官张学良接洽,面述该厂年产吗啡约六十万两至七十万两,请求协助推销,愿出巨款为谢,经张公拒绝者。张曾向本人及现东北外交委员会委员长阎宝航,述及此事。是后,并经本人询问东京日本鸦片毒害防治会干事菊地酉治君。经彼证明,日人在旅顺旧市设有吗啡厂,每年产量确在六十万两之上。故本会报告中之数,当系可靠。另寄本会致国联调查团说帖一份,以资参考。其中一切毒量数目,均为本会最精确之统计。相应电复查照为荷。中华民国拒毒总干事黄嘉惠。阳。印。

廿一年十一月七日

资料来源:《搜集日本违法行为资料提交国联调查团(六)》,台湾"国史馆"藏"外交部"全宗,第129—131页。

73. 外交部致巴黎顾代表电(1932年11月9日)

去电第32339号

巴黎中国代表团二十四号电悉。(经电)据上海拒毒总会复称,旅顺年产吗啡约六十万两。详情见该会致调查团说帖。外交部。十日。

资料来源:《搜集日本违法行为资料提交国联调查团(六)》,台湾"国史馆"藏"外交部"全宗,第132页。

74. 外交部致日内瓦顾代表电(1932 年 11 月 14 日)

　　日内瓦顾代表勋鉴:旅顺日人制造吗啡事,十日电计达。兹抄寄中华国民拒毒会关于此事之复电及该会送国联调查团之《日本纵毒政策下之中国》说帖各一件。希查收参阅。外交部。

　　资料来源:《搜集日本违法行为资料提交国联调查团(六)》,台湾"国史馆"藏"外交部"全宗,第 133 页。

75. 国际联合会全权代表办事处致外交部亚洲司电
(1932 年 10 月 11 日)

第 226 号

　　迳启者:准颜委员德庆十月五日来函节称:准外交部亚洲司函,请将交通部说帖,就便携往日内瓦,备中国代表之参考等因。除函复外,该项说帖现经德庆携带来处,相应备函附奉,即请查收给据,以便转送交通部存查等因。附交通部说帖一册。除已给据具领,并饬将该说帖存查外,相应函请贵司转知交通部为荷。此致

外交部亚洲司

国际联合会全权代表办事处谨启
十月十一日

　　资料来源:《搜集日本违法行为资料提交国联调查团(六)》,台湾"国史馆"藏"外交部"全宗,第 134—135 页。

76. 外交部致交通部总务司电(1932 年 11 月 17 日)

　　迳启者:准国际联合会中国代表办事处函,以准颜委员德庆函,送交通部说帖一册,已给据收领,请转知交通部等因。相应函达,即希查照为荷。此致

　　资料来源:《搜集日本违法行为资料提交国联调查团(六)》,台湾"国史馆"藏"外交部"全宗,第 136 页。

77. 参与国际联合会调查委员会中国代表处 致外交部公函(1932 年 11 月 23 日)

平字第 518 号

迳复者:准大部电开:本部前送参考之各种文件,急待应用,即希全部寄还等因。除特种编译委员会钞档一宗,业经顾代表带欧备用外,相应将检齐各件,连同清单一纸,函送查收。并希见复为荷。此致

外交部

附文卷一箱、清单一纸。

中华民国二十一年十一月二十三日

附件:

清单

中日会商东三省事宜会议录抄档一函。计四本。

东案钞档(张副司令往来文件)六册。

东案钞档(各国往来文件)二册。

东案钞档(驻美使领馆往来文件)二册。

东案钞档(驻英使领馆往来文件)一册。

东案钞档(莫斯克默代表往来文件)一册。

东案钞档(国际联合会往来文件)一册。

东案钞档(与日本往来照会)二册。

东案钞档(日内瓦代表团往来文件)四册。

东案钞档(巴黎代表团往来文件)二册。

东案钞档(驻日本使馆往来文件)二册。

日本在上海挑衅案钞档五册。

日军舰在下关发炮挑衅钞档一册。

日军舰在下关发炮挑衅钞档一册。

实业部建设成绩说帖一件。

建设委员会主管各项事业说帖一件。

内政部建设成绩说帖一件。附图表一册。

教育部教育设施概况一件。附统计一本、教育概况四本。

首都警察厅兴革建设概况一件。附表八种,图二种。

铁道部建设说帖一件。附里程表一纸,路线网图一纸。

分期兴筑计划。附路线网规则大纲一册,协定书一册,路线略图一纸,报告书五纸。

交通部建设成绩说帖一件。

司法行政部建设成绩说帖一件。

南京市政府建设成绩说帖一件。

上海市政府建设成绩说帖一件。

青岛市政府建设成绩说帖一件。附表十、图十一。

天津市政府建设成绩说帖一件。

北平市政府建设成绩说帖一件。

东北外交研究委员会交字一九五号公函一件。附日本对于我国财务行政权之破坏事实稿一件。

王卓然上罗部长函一件。附王主席电一件,英总领事函一件,意见书一件。

东北外交研究委员会函一件。

附抄录英文导报一节。

东北外交研究委员会交字一七三号公函一件。附英文中村事件节略一份。

东北外交研究委员会交字一九六号公函一件。附铁路问题一份,中日共存共荣问题一份。

东北外交研究委员会交字一九三号公函一件。附清单一纸。

英译日本侵害我国电权说帖一件。

英译非法驻军说帖一件。

英译非法驻警说帖一件。

英译侵害司法说帖一件。

英译侵害教育说帖一件。

英译一切暴行说帖一件。

英译九一八事变说帖一件。此件一俟查得,即行寄还。

东北外交研究委员会交字一五八号公函一件。附暴日入寇东北电政纪实一册。

驻新义州领事馆呈一件。附传单二纸。

东北外交研究委员会函一件。附傀儡政府人员表一份。

东北外交研究委员会交字一八一号公函一件。附日本在东北侵略航权事实一份。

驻秘鲁公使馆呈一件。附西文剪报一纸。

东北外交研究委员会公函一件。附驳复日人对于东三省官银号反宣传说帖一份。

东北外交研究委员会交字一九四号公函一件。附地理概要及其与内地之关系草稿一份。

津变情报汇编一件。

东北外交研究委员会交字一八三号公函一件。附日本之恶意宣传一份。

驻朝鲜总领事馆关于日本排华报告书一本。

驻台北总领事馆关于日本虐待华侨报告书一本。

东北外交研究委员会交字一七四号公函一件。附傀儡政府与日本阴谋一份。此件一俟查得,即行寄还。

九一八事变与中国不抵抗之和平运动一份。

九一八事变真相一份。

驻朝鲜卢总领事二十一年三月十四日密呈一件。

首都警察厅致樊次长密函二件。

东北边防军司令长官公署参谋长荣臻报告九一八日本占领沈阳当时经过之情形一件。

驻沈阳东北陆军第七旅旅长王以哲报告九一八事变以前日人之一切军事布置及其一再挑战行为一件。

外交研究委员会交字一七五号公函一件。附辽宁陆军粮秣厂等机关损失调查表十三份。

东北外交研究委员会交字一八二号公函一件。附通信大队等损失调查表十二份。

东北外交研究委员会交字一八零号公函一件。附辽宁教育厅等十七处损失调查表。

东北外交研究委员会交字二六六号公函一件。附黑龙江省各机关损失调查表十三纸。

东北政务委员会附属机关损失调查表一份。

东北政务委员会航政处损失调查表一份。

东北政务委员会蒙旗处损失调查表一份。

东北政务委员会行政处损失调查表一份。

东北政务委员会财务处损失调查表一份。

东北政务委员会机要处损失调查表一份。

东北政务委员会总务处损失调查表一份。

东北政务委员会损失调查表一份。

兴安区屯垦公署及所属各机关损失调查表一份。计四纸。

东北交通委员会损失调查表九纸。

各县新民小学校损失调查表四纸。

沈阳市政公所损失调查表一份。

边业银行损失调查表一份。

辽宁财政厅损失调查表一份。

东北交通委员会附属学校损失调查表一份。计四纸。

河北省民政厅损失调查表一份。

河北省教育厅损失调查表一份。

北平绥靖公署卫队统带部损失调查表一份。计九八纸。

陆军独立炮兵第六旅损失调查表一份。计三十五纸。

东北军工厂损失调查表一份。计五纸。

陆军独立第十二旅损失调查表一份。

东北陆军铁甲车大队损失调查表一份。

参谋本部东三省陆地测量局损失调查表一份。计十八纸。

陆军骑兵第三旅损失调查表一份。计二十七纸。

陆军独立第七旅损失调查表一份。计七十九纸。

上海市各学校损失调查表一份。附影片六纸。

行政院八三五号训令一件。

行政院八七五号训令一件。

行政院八一二号训令一件。

江苏省政府六三五号代电一件。附日军损害太仓县损失调查表一份,照片十张。

江苏省政府六一八号代电一件。附宝山被灾概况书一册。

行政院八五五号训令一件。

上海商务印书馆呈一件。附损失清册一本。

行政院八五四号训令一件。附私立上海法学院损失调查表一本。

国立中央大学医学院照片六纸。

上海市各学校损失清册一本。

江苏省立等水产学校损失调查表二十八纸。

国立同济大学等校损失调查表十三纸。

市立西江等小学校损失调查表五十五纸。

日军暴行摄影一夹。

福州市台及开设烟馆牌号住址调查表一册。

福州市台及开设土栈牌号住址调查表一册。

厦门市公安局调查现有籍民土栈烟馆一览表一册。

上海市公安局编日人在华贩卖麻醉药品情形说帖及统计表一册。

北平市公安局查获日人、朝鲜人在平销售吗啡、海洛英等项案件表一册。

北平市公安局查获日韩人犯在华制造麻醉毒品案件表五纸。

财政部总税务司编辑获日人韩人私运麻醉毒品详情表一册。

财政部总税务司编辑获装由日轮私运麻醉毒品详情表一册。

剪报八夹。

国际联合会文件三包。

英文华盛顿会议红皮书一本。

资料来源:《搜集日本违法行为资料提交国联调查团(六)》,台湾"国史馆"藏"外交部"全宗,第 137—145 页。

78. 外交部致北平国联调查团中国代表处电
(1932 年 12 月 1 日)

迳复者:准平字第五一八号来函,送还各项文件一箱。业经本部照单点收,相应函复,即希查照。此致。

资料来源:《搜集日本违法行为资料提交国联调查团(六)》,台湾"国史馆"藏"外交部"全宗,第 146 页。

79. 驻朝鲜京城总领事馆呈外交部文
(1932 年 12 月 9 日)

外字第 106 号

为密呈报事。窃查本馆前准参与国际联合会调查委员会我国代表处寄来鲜案说帖关于死亡、损失数目错误等情节。经先复电呈核转,并奉钧部第三七四五号指令开:六月二十一日密电悉。当经本部查照第九号旬报,电达代表处修正。兹据复电,呈暴动案说帖死亡、损失数目,业经参照部电更正,补送国联调查团矣。再,二十二日寄来统计表亦已照转。仰即知照,此令等因。

奉此,弟查钧部颁寄之"国联调查团英文报告书"及"第二十四号白皮书"汉文译本内开第三章第六节"华侨声明财产之重大损失"项下,关于朝鲜排华暴动案,华侨死亡、损失数目错误之处,该团并未予以更正,以致各种杂志,如《海外月刊》第三期,亦予依据转载。深恐以讹传讹,有碍将来交涉根据,理合备文呈报钧部,应如何办理之处,敬乞鉴核施行。谨呈外交部部长、次长。

京城总领事:卢春芳
中华民国二十一年十二月九日

资料来源:《搜集日本违法行为资料提交国联调查团(六)》,台湾"国史馆"藏"外交部"全宗,第 147—148 页。

80. 外交部亚洲司第一科致文书科函(1933 年 1 月 5 日)

迳启者:参与国际调查委员会中国代表处案卷,奉据谢科长用卿称:顾代表曾有电致王秘书长,嘱将所有案卷,暂行寄存北平保管处云云。现闻王秘书长不日可由苏来京,拟俟向其询明后,再行分别提回,似较妥当。相应函复,即希查照为荷。此致
文书科

亚洲司第一科

资料来源:《搜集日本违法行为资料提交国联调查团(六)》,台湾"国史馆"藏"外交部"全宗,第 149 页。

81. 铁道部致外交部公函(1933年1月27日)

参字第 1983 号

迳启者:案据北宁铁路管理局,呈送该路致国联调查团英文报告书及史梯理①报告书到部。相应各检一册,随函送请贵部,备供参阅,敬烦察收见复为荷。此致

外交部

附北宁路局致国联调查团英文报告书及史梯理英文报告书各一册。②

部长:顾孟余

中华民国廿二年一月二十七日

资料来源:《搜集日本违法行为资料提交国联调查团(六)》,台湾"国史馆"藏"外交部"全宗,第 150—151 页。

82. 外交部致铁道部电(1933年1月28日)

迳启者:准第一九八三号函,送北宁铁路管理局致国联调查团英文报告书及史梯理英文报告书各一册,业经收到。相应函复,即希查照为荷。此致

资料来源:《搜集日本违法行为资料提交国联调查团(六)》,台湾"国史馆"藏"外交部"全宗,第 152 页。

---

① 编者按:史梯理,即 W. H. Steele,英国人,曾任北宁铁路局车务处处长等职。

② 编者按:无附件内容。

七、蒋中正"总统"文物全宗中关于李顿调查团的资料[①]

1. 蒋中正致陈济棠、李宗仁电（1932 年）

广州陈主任伯南兄、南宁李主任德邻兄勋鉴，并转两广各同志同鉴：密。李顿报告书迁就事实，已非国人所能忍受。惟其中对于中国发展过程，则颇有相当赞许。乃据报载消息及各方报告，日本方面现正援引我国当前种种情况，以为抹杀一切，应加宰割之佐证。冀以淆惑国际观听，遂其吞噬之狡谋。值此国家存亡之呼吸之时，寇仇之毁蔑，旁观之称誉，固皆无关根本之计要。唯视吾辈负有国家、地方责任之人，能否精诚团结、实心实力以共赴国难而已。遥想兄等与诸同志于研究报告书，观察国际空气之后，亦必感想万端。卓见所及，当祈惠锡教言，共资商榷。

中处昨接驻日蒋公使鱼电，据谓：探闻日本反驳报告书之内容，以维持东北及世界和平为主眼：（一）须承认"满洲国"；（二）须改造中国，因满洲及中国不安定，危及东亚与世界和平。若满洲交还中国，将治丝而愈梦。中国内部已无力改造，并举最近山东及四川、西康互相攘夺，"匪共"遍地，及两广形同另一政府为证。

又，续接虞电，则谓：顷晤驻东京各国使馆人云：日本对于李顿报告书恐不

---

① 编者按：蒋中正"总统"文物全宗中关于李顿调查团的资料分散于各卷，涉及不同入藏登录号，比如《沈阳事变（一）》的入藏登陆号是 002000002160A，《沈阳事变（二）》的入藏登陆号是 002000001147A。出于编辑考虑，此处对所有入藏登陆号予以略去。使用者若有需要，可以向编委会提出原档查看，亦可根据内容在"国史馆"网站进行检索。每条电文的资料来源标示原档案中的页码，且每条电文标题由文献集编委会根据电文内容拟定，特此说明。

能接受,国联亦无办法,势将拖延,深为中国叹息。并谓:中国值兹国难当前,当不觉悟团结一致御侮,仍为个人私利斗争,且又无健全政府,将来列国态度,恐于中国不利云。闻之,泪从内落各等语。循览之余,五内怆痛非□,并转达知照,深盼共同考虑商榷,挽兹危难也。

蒋中正

资料来源:《沈阳事变(一)》,台湾"国史馆"藏蒋中正"总统"文物全宗,第391—397 页。

2. 上海顾维钧致南京外交部电(1932年2月18日)

来电第31006 号

发电:1932年2月18日19时00分

收电:1932年2月19日2时25分

限廿分钟到。南京外交部罗部长钧任兄勋鉴:密。巧五号电计达。日军司令致蒋总指挥,又,日领致吴市长最后通牒,各一件,于九时到达,要点相同如下:

(一)立即停止战斗行为,并于二十日午前七时以前,自巧五号电所述浦东、浦西之线以北二十公里之区域内完全撤退。该区域内之炮台及其他军事设施一律解除,并不得有新设施。

(二)日军不追击、不射击,但得用军飞机侦查。华军撤退后,日军仅保持越界筑路地域。

(三)第一线撤退后,日军派员勘查撤退情形。

(四)撤退区域以外之日人生命、财产,华军应完全保护。如保护不完全,日本当采适当手段,尤应禁止便衣队。

(五)上海附近,包含撤退区域外国人之保护,另议。

(六)实行禁止排日运动,此点由日外交官交涉。

以上各项不实行时,日军不得已,将对华军采自由行动。所生一切责任,由华军负责之。知注撮要先闻,原文由吴市长详电。十九路军决意拒绝,政府意见如何,盼速电示。弟维钧。巧。第六号。印。

资料来源:《沈阳事变(二)》,台湾"国史馆"藏蒋中正"总统"文物全宗,第30—31 页。

3. 上海顾维钧致南京外交部电（1932 年 3 月 20 日）

来电号数：32141 号

发电：1932 年 3 月 20 日 1 时 25 分

收电：1932 年 3 月 20 日 2 时 15 分

急。南京外交部罗部长钧任兄并转呈汪院长勋鉴：密。巧五八电计达。今午见美委员，告以日本不特未将东省日军撤退，且积极进行建设"新国家"，实系违反国联行政院之议决。若听其任意进行，将使调查团之任务增加困难，深盼设法制止，并早日赴宁转道北上。俾五月一日大会前，能将沈案初次报告书交议。渠答：一俟沪上停战协定告成，即行启程。未起程前，得此机会观察中国一般情形，征集各界意见，获益匪鲜。即如粤省与中央之关系及"剿共"政策等问题，深愿赴宁后向中国政府当局领教，以作商议解决沈案之背景。日方现盼调查团于北上前，赴武汉一行，或因日本不愿该团早抵东省。但武汉为扬子流域重心，如能参观，亦诚有益对东省"新国家"之进行，亦正讨论制止之方法。至撤兵一层，在东京时曾告芳泽，该团到沈，即须将实情报告国联，意在促日本早日履行决议案。但芳泽对日本军阀之行动，似亦无可如何云。弟顾维钧叩。效（十九日）六十。

资料来源：《沈阳事变（二）》，台湾"国史馆"藏蒋中正"总统"文物全宗，第 32—33 页。

4. 顾维钧致外交部电（日期不详）

此间重要职员意见：

（一）请政府明令派兵五千，护送我国代表出关。

（二）如日人以东省驻有日军，恐生冲突为词相阻挠时。彼自认东省在日军占领之下，满洲伪国不过傀儡而已。

（三）如伪国出而反对，可以促进国联否认伪国之态度。

（四）请政府通盘计划出兵事宜，一面电颜代表通知国联，我方愿负保护之责。

以上四点弟亦同意，请政府速定办法。

资料来源:《沈阳事变(二)》,台湾"国史馆"藏蒋中正"总统"文物全宗,第38页。

5. 上海顾维钧致外交部电(1932年3月16日)

来电第 32053 号

发电:1932 年 3 月 16 日 16 时 20 分

收电:1932 年 3 月 17 日 0 时 35 分

南京外交部罗部长钧任兄并转汪院长钧鉴:密。国联调查团昨晚抵沪,本日下午弟与李顿爵士晤谈,兹撮要报告如下:

(一)上海问题。李认为:停止战争及撤退,日军必须办到。虽调查团职务在调查满洲情形,但若上海方面两军相持,随时可以接触,则该团自未便北上。因此,该团对于沪案,愿意援助解决,但未知如何援助方法。弟答以:辽、沪两案须并案办理。上海方面固须停止敌对行为,满洲方面亦有此必要。况沪案因辽案发生,自难分离。李谓:两案性质究属不同,并案办理恐有困难。经讨论后,弟提议第一步解决沪案军事部分,第二步解决辽案军事部分,第三步将上海安全问题及辽案其他问题同时解决。李对此三步办法意见大致赞同,但云,该团无权办理沪案,仅可向国联报告,国联如有嘱托,自当遵办。

(二)李云,该团来华,一为调查报告,二为努力调解,使双方公开谈判解决。现在日方经疏通后,愿诚意磋商。但如中国内部继续四分五裂,政局时常摇动,则虽订妥善办法,仍不能实行,故希望中国设法有巩固之政府。此层请转达贵国政府当局,将来到宁时拟征求意见。国联对华,亦极愿为种种物质上之援助。如款项、如专门人材、如警察人材等等。中国方面倘有需要,均可随时商议供给,不须报酬。

(三)弟云,调查团来华,中国极所欢迎,自当随时向该团提出对于各问题之说帖,并为该团介绍接见政府及各界领袖,藉以明了中国方面之宗旨及志愿。且有必要时,亦可介绍公私团体,使向该团正式陈述意见云云。

余俟继陈。弟维钧叩。删(十五日)。四九。印。

资料来源:《革命文献——淞沪抗战》,台湾"国史馆"藏蒋中正"总统"文物全宗,第 128—130 页。

6.《事略稿本》(1932 年 3 月 30 日)

　　三十日,公早起自省曰:"余近来心急气浮,故言行皆不稳重。吕新吾有言:意念深沉,言辞安定,艰大独当,声色不动。余何不能如此哉! 昔秦有良医,曰和、曰缓。汉有大度良相,名曰刘宽。宽、和二字当为余之药石,速服此药,以期病瘳。"上午批阅,电蒋鼎文,告以:"兹令独立炮兵第三团李团长法铭,着即率部由京沪汽车道,开往湖州,再由船舶转嘉兴,归蒋总指挥鼎文指挥,限四月八日以前到达。所有应补充之通信、工作器材与修补挽具各事,令径向军政洽领。其弹药如由陆路输送困难时,今可由铁路运至苏州,转船运往嘉兴等情,特电查照。"电韩复榘,告以:"伯诚转来各电均悉。焕章野心不死,倒行逆施,将为千古罪人,亦不顾惜,实由反动派挑拨所致。吾人爱焕章,当从旁为之匡救。以后兄如有所见,可告伯诚转知,以免兄独为其难也。"电何成濬转黄黎明,告以:"夏主席斗寅坚留黎明兄仍任教育厅长,中意亦非黎明兄兼任不可,务勿再辞为盼。"批阅毕,会客,看《俾斯麦传》,查阅军费预算书。下午与国联调查团讲话,恳切说明,我国拥护国际公法、公约及世界人道正义之决心,奋斗到底,始终勿懈云云。

　　晚宴国联调查团,公于席间致欢迎词谓:今日得与国联调查团诸委员欢聚一堂,甚为愉快。当此春光明媚之时,得与诸委员见面。本想陪同各委员游历各处,为更热烈之欢迎,但现值中日发生不幸事件,诸委员责任重要,不便稽延。中国素为仁义之邦,向以忠厚、真诚为交友之基础,不特个人交际为然,即国际交际亦复如是。中国是有悠久历史,有优美文化之古国,人民众多,地大物博。由旧国家一变而为新国家,在渡过[过渡]时期,进化自较迟缓。惟政府人民均有决心,前途实有无限希望。诸委员此次周游各地,以考察有历史、有文化的国家。我国政府极愿予诸委员以种种之便利及帮助,务使诸委员不致感受任何困难,以尽地主之谊。至关于调查方面,中国政府更愿尽量供给材料,以供诸委员之参考云云。

　　调查团主席委员李顿起致答词,略谓:今日承蒋委员长盛意招待,十分感谢。吾人深悉蒋委员长为中国现代之英雄。在未到中国以前,已稔知蒋委员长之名。盖因蒋委员长不仅为中国现代之英雄,抑且为世界上一有本领之军事家。同时亦为一有名望之政治家。此次敝团奉国联之命,来到贵国调查东省事件,自当尽力做去,以期勿辱使命云云。

致辞毕,各来宾随意谈话,至十一时许始散。临睡,预定对于第九师师长与航空学校校长,应速委人。以航空之扩充与第九师之整顿,均有刻不容缓之势也。

资料来源:《事略稿本——民国二十一年三月》,台湾"国史馆"藏《蒋中正"总统"文物》全宗,第95—97页。

7.《事略稿本》(1932年3月31日)

三十一日

上午会,客与汪兆铭、宋子文等,商谈外交及财政各事,研究甚久。叹曰:"沪案交涉,势必延缓,此由我国内本身不健全,以致各国多观望之。呜呼! 余当先求本身之健全焉。至于财政,亦当煞费心力也。"下午与德顾问商谈。对于检查各军事机关,决定自整理严查与微处做起。又与国联调查团谈话,叹曰:"此次沪变,自一月廿八日开衅,以至三月二日,为期一月有余。我军与之冲锋肉搏,不下数十次之多。计第十九路军伤亡:官长五百四十二员,士兵八千一百八十四名;第五军伤亡:官长三百四十九员,士兵五千零二十九名;而被炮弹及飞机炸弹伤我民众,尤可痛心。呜呼! 人必自侮,而后人侮之。国必自伐,而后伐之。余必力图自强,以雪此耻。"晚与李顿谈话,公称:"此人理解甚明,似有政治经验也。"批阅,电曾养甫云:"希查明武义至丽水与永康至缙云两汽车道,以开筑何道为便。筑山路欲求其速,须用开山机,务须速购。款已嘱周厅长筹发矣。"电刘文岛云:"巧电悉。经济合作,德方促急进行,如非兄回国不可,则可对外交部正式请假,准后再归。"临睡,思内政之整顿以得人为难,曰:《尚书》仲虺之诰有云,德懋懋官,功懋懋赏,用人惟己,改过不吝,克宽克仁,彰信兆民。此言商汤先求己而后求贤之道也。余今亦唯先求己德之昭著,使人信爱而乐于相助可耳。"

资料来源:《事略稿本——民国二十一年三月》,台湾"国史馆"藏蒋中正"总统"文物全宗,第97—98页。

8. 张学良致蒋委员长电（1932 年 4 月 12 日）

来电第 3056 号

元丑电。大意：电告国联调查团，于九日晚六时抵平，分寓北京、六国两饭店。十日，举行茶会。十一日晚，在怀仁堂举行欢迎宴。十二日午前，该团接见东北元老。午后四时，该团全体委员来宅正式谈话，至七时止。彼方由李顿发问，我方由良答复。其中最重要者，为铁路交涉及各项悬案，并日方妨碍我国统一等问题。良根据事实详晰答复，该团尚称满意。已定明日午后，继续谈话。该团明日午前，接见东北民众团体及平市文化团体等。嗣后情形，随时续陈。

特急。南京蒋委员长、洛阳汪院长赐鉴，南京罗部长钧任兄勋鉴：密。国联调查团于九日晚六时抵平，分寓北京、六国两饭店。十日，在迎宾楼举行欢迎茶会。十一日晚八时，良在怀仁堂举行欢迎宴。十二日午前，该团接见东北元老。午后四时，该团全体委员来宅正式谈话，至七时止。彼方由李顿委员长发问，我方由良答复。其中最重要者，为铁路交涉及各项悬案，并日方妨碍我国统一等问题。良根据事实详晰答复，该团尚称满意。已定明日午后，继续谈话。该团明日午前，接见东北民众团体及平市文化团体等。除嗣后情形随时续陈外，谨电奉闻。张学良叩。元丑。秘。印。

资料来源：《革命文献——沈阳事变》，台湾"国史馆"藏蒋中正"总统"文物全宗，第 160—161 页。

9. 北平张学良致南京蒋委员长等处电
（1932 年 4 月 13 日）

来电第 3056 号

特急。南京蒋委员长、洛阳汪院长赐鉴，南京罗部长钧任兄勋鉴：密。国联调查团于九日晚六时抵平。分寓北京、六国两饭店。十日，在迎宾楼举行欢迎茶会。十一日晚八时，良在怀仁堂举行欢迎宴。十二日午前，该团接见东北元老。午后四时，该团全体委员来宅正式谈话，至七时止。彼方由李顿委员长发问，我方由良答复。其中最重要者，为铁路交涉及各项悬案，并日方妨碍我国统一等问题。良根据事实详晰答复,该团尚称满意。已定明日午后,继续谈话。该团明日午前,接见东北民众团体及平市文化团体等,除嗣后情形随时续陈外,谨电奉闻。张学良叩。元丑。秘。印。

资料来源:《沈阳事变(一)》,台湾"国史馆"藏蒋中正"总统"文物全宗,第165页。

10. 北平顾维钧致南京外交部电(1932年4月15日)

来电号数:第32849号

发电:1932年4月15日3时20分

收电:1932年4月15日8时15分

南京外交部罗部长,并转陈汪院长、蒋委员长勋鉴:今日下午,调查团与张主任续议。李顿问:

(一)九一八,沈阳关内及东省他处所驻之东北军队数,各若干。

(二)当日,东北守锦州及撤退情形。

(三)日方谓:占据锦州以前及现时所有义勇军及其他非正式军队,直接、间接均受张主任之协助,确否。

(四)张主任与现时尚在抵抗日军之正式军队,关系如何。

(五)张主任对于尚在参预"满洲国",乘机要挟旧时官吏,持何态度。

以上各问,均经张主任分别答复,并云:所有在东省各军,现仍有代表驻京接洽。其对马占山最近对日宣布脱离关系情形诘问尤为详细。明日,尚拟开会一次。特闻。弟维钧。盐(十四日)。平十四号。

资料来源:《沈阳事变(二)》,台湾"国史馆"藏蒋中正"总统"文物全宗,第34页。

11. 北平顾维钧致外交部电(1932年4月15日)

来电号数:第32846号

发电:1932年4月15日1时1分

收电:1932年4月15日8时6分

南京外交部罗部长并请转呈汪院长、蒋委员长勋鉴:出关问题,据此重要职员,面陈意见。佥谓:此次伪邦竟敢公然表示,将有不逞之徒于我国代表出关时,发生轨外行动。同人等亟须出关安全问题,政府自应负适当布置之责,明白宣示,此层固关重要。但同人所欲言者,尚不止此。为国家前途设法,想在政府本应明令派遣军队约五千护送出关。一以示东省系我领土。调兵前往是行使我国领土主权。再以示伪邦叛乱,尚稽讨伐。此次乘机出兵可以贯彻政府之严正主张。三以示使节尊严应予保持。假使日人以东省驻有日军恐致发生冲突为词,来相阻挠,是彼自认东省尚在日军占领之下,满洲伪国之仅为傀儡愈益显著。而日人与伪国掎鼓相应之阴谋,益暴露无遗。假使伪国出而反对,可以促进国联正式表示否认伪国态度。我国对东省在法律上之地位,庶可藉以巩固。况日方曾表示,南满路线可以负保护责任。此点在我能否承认固属另一问题,但足见路线以外,确应由我负责。是我之调兵保护,尤属责无旁贷,应请转陈政府毅力主持。一面通盘布置调兵事宜谈判,电颜代表通知国联,以明我方愿意负责保护之旨等语。弟意见相同。应请政府从速决定办法,并乞电示,以使与调查团接洽行程为祷。弟维钧叩。盐(十四日)。平十三号。

资料来源:《沈阳事变(二)》,台湾"国史馆"藏蒋中正"总统"文物全宗,第39—41页。

12. 北平顾维钧致外交部电(1932年4月16日)

来电号数:第32872号

发电:1932年4月16日6时30分

收电:1932年4月16日15时49分

南京外交部罗部长,并转陈汪院长、蒋委员长勋鉴:密。今晚李顿与弟商谈入满调查团问题谓:接"满洲国"第二次照会,坚持反对中国代表入满。日本则主张调查团偕中日代表,由大连赴沈。凡沿满铁线日人管辖区域内,可尽力保护。俟抵沈后,再从容商议赴他处办法。日方愿努力向"满洲国"疏通,全团员可由日军舰,送往大连。如是办法,比久留北平候讯为妥。若由铁路赴沈,则榆关被阻折回,有损体面。且如未入满而作报告,其效力反薄弱。

弟谓:由大连入沈,无异参观日本。搭乘日军舰,尤多未便。现在中国方面,车辆均已备妥,布置更加完备。如虑安全问题,中国可派卫队。沿路既无日军,决不至有冲突。彼谓将来彼此互以挑衅相责,易滋纠纷。弟谓:如以为不宜,则个人意见,可由国联调编国际卫队,随车赴沈。到后专为保护车上人员及调查团接见华方证人之处,实属一举两得。至此队员,可就各国使馆卫队及华北驻军抽调,当易成事。渠似有赞同之意。至赴沈一行,渠以为可分数批,分乘火车、船只。如中国代表反对搭坐日军舰,则可商调第三国军舰或改坐商船。

弟问:将来抵沈后,日方或托词"满洲国"反对,拟阻往他处,则调查团将如何。彼谓:只能离满。弟谓:调查团入满安全问题,中国政府已电颜代表报告国联,今晚所言各节,容电宁请示后,再作正式答复。渠允之。弟意,此事症结全在日本借反对中国代表为名,迫国联与中国承认满洲傀偏国。调查团以日本态度坚决,似有软化之意。吾方应即电颜代表转告国联,谓:调查团应搭火车,由榆关入满,以便调查沿路及锦州情形。为保护该团安全起见,中国政府拟派卫队随车保护,但声明专为保卫,决不与日军冲突。一面请以上述意旨,训令弟处转李顿。至组织国际保卫队一节,作为第二步,暂不提及。如荷赞同,请速电示为盼。弟顾维钧叩。删(十五)。平十七。

资料来源:《沈阳事变(二)》,台湾"国史馆"藏蒋中正"总统"文物全宗,第35—37页。

13. 北平顾维钧致外交部电(1932年4月17日)

来电第32889号

发电:1932年4月17日1时25分

收电:1932年4月17日10时2分

南京外交部罗部长,并转陈汪院长、蒋委员长勋鉴:昨日下午,调查团与张主任续议。李顿须再问各点,业已完竣。张主任乃提出数点声明如下:

(一)从前所谓独立,均因不愿加入内战。除政治外,一切如海关、盐税、邮政、司法、护照等均照旧。

(二)即使政治有不良之处,应更调或惩罚官吏,不能藉词反抗,侵占土地。

(三)我国尊重要门户开放政策,日本反是。

(四)日本有伪造公文之可能。

特闻。弟维钧。铣(十六日)。

平十八号

资料来源:《沈阳事变(二)》,台湾"国史馆"藏蒋中正"总统"文物全宗,第42页。

14. 北平顾维钧致南京外交部电(1932年4月21日)

来电第3424号

南京外交部罗部长勋鉴:密。号行一电计达。当晚十一时,抵大连,沿途安善。本拟即行赴沈,因李顿爵士连日辛劳,宿恙小发,稍事休息或明晨乘车启行。以请连同号行一电,转陈汪院长、蒋委员长为祷。弟维钧。号。行二。

资料来源:《沈阳事变(二)》,台湾"国史馆"藏蒋中正"总统"文物全宗,第338页。

15. 北平张学良致罗部长电(1932年4月28日)

来电第33132号

发电:1932年4月28日3时15分

收电:1932年4月28日9时00分

限即刻到,不得稍停。南京罗部长钧任兄勋鉴:密。顷接少川兄呈转一电文曰:南京罗部长转陈汪院长、蒋委员:有(廿五)电计达。顷晤哈斯秘书长,据云:复长春电已发,仅称谢某个人,不承认其官职。至宣言一节,如长到哈,须变通办理,仅由委员前往,中日代表则留与专门委员讨论其他问题。弟不赞同,并谓:北满现状纷乱,华军抗日形势日甚,深盼全体前往调查以明真相。且委员与代表均根据去年十二月国联同一决议案而行使职务,往则全往,留则皆留。若以日本之阻碍而变通办理,似有违背决议案之嫌,势必引起中国舆论界之指摘,而损及国联在东亚之威信。为调查团计,不如坚持原则。若因此而不能贯彻使命,其责任自在日方。哈斯谓:此事恐须到长后,方能详议,仍望所虑困难不至发生云。

再,弟告以:吾国对日本撤兵一层,十分重视。去年十二月行政院议决时,曾一再声明,日本应速依照九月卅日决议案,迅速撤退铁路区域。到东省后,应将此层首先报告,并提议办法。现拟开送说帖,请调查团克日报告国联,俾五月一日召开之国联大会,得讨论解决。哈斯谓:所见完全赞同,调查团正在草拟此项报告书,盼于五月一日前发出。一俟拟就,即请中日代表发表意见后发出。据谓:说帖并无需要,请勿送云。关于赴哈尔滨问题,弟所称各节,尊见如何,请速电复,以资遵循。弟顾维钧叩。宥(二十六)。行六。等语。特电转部。弟张学良。勘(廿八日)。子。秘。

资料来源:《沈阳事变(二)》,台湾"国史馆"藏蒋中正"总统"文物全宗,第46—47页。

16. 北平张主任致罗部长电(1932年4月29日)

来电第33186号

发电:1932年4月29日20时50分

收电:1932年4月30日7时10分

限即刻到。南京罗部长钧任兄勋鉴:密。顷接少川兄嘱转一电。文曰:"南京罗部长将转呈汪院长、蒋委员长勋鉴:感(廿七)十一电计达。到沈以来,并无沾恙,访员仅见一次。彼方通信,任意造谣,无非挑拨。托词保护,实则阻碍吾方动作。侦探四布,状极奇离。弟住房外,常有六七人轮值。虽至饭厅或至他室,亦必尾随,出门散步,更不必言。职员诸人,亦受严重监视。卧房时被侵入,彼此谈话,有时且被干涉。来访之人,多被阻止,且有因此被逮者。前晚吾方速记员饭后遄返住室,竟见有一日人已在房内,立奔门外,乃门外又有数人站立。该速记员呼援某委员到场,始皆逸去。幸所有文件系藏他处,未被窃取。除已将各种情形随时告调查团,请向日方抗议外,仍在设法从中奔走,以尽职责。

再,调查团各员,亦未能避免监视。此与决议案所云:吾方政府应予给各种便利之语,完全相反。以上情形,请撮要电告颜代表,以资接洽,并即作为第三者所得消息,酌在平津沪各报宣布。弟顾维钧叩。俭(廿八)。行十二。等语。特电转达。弟张学良。艳(廿九)。二祕。印

资料来源:《沈阳事变(二)》,台湾"国史馆"藏蒋中正"总统"文物全宗,第44—45页。

17. 北平顾维钧致宋部长电（1932 年 6 月 3 日）

奉宋部长谕，送请蒋委员长钧阅。

财政部秘书处谨鉴：宋部长子文兄勋鉴，特密，转呈汪院长、蒋委员长并送罗部长勋鉴：漾（廿三）电，概陈对俄意见，计邀鉴核。弟自抵东省，历迹沈、长、吉、哈，参预调查，倏忽月余。鉴于日人之横暴残忍，使我悲愤填胸，三千万同胞，无异釜鱼俎肉。亡国之痛，哭诉无门，惟日夜望政府，有以解倒悬之苦。而日本侵吞满蒙之政策一意孤行，对其"满洲国"锐志经营，使成牢不可破之事实，以挟国联。现在以收编之华军不可靠，乃积极招选少壮华人，训练新军，由日军官率领。并购置大汽油船，编为江防，意在把持交通要道，消灭反抗之军。一面整理财政、增加税收、改革币制、巩固金融，以东省之财用，养"满洲国"军队，藉资防御。其他如：遴派富有经验之日人充任重要机关顾问，测量水道、疏浚河渠以增农产，建筑道路以利运输；招取日本各大学毕业之青年日人，派往内地分掌吏治，停办中央大学，改编小学教科书，以造成亲日本化子弟；提倡青年运动会，唱"国歌"、扬"国旗"，奋发"新国"思想。一切财政计划，都以满铁人才为骨干。凡所掠攫，罄笔难书，要皆欲巩固"满洲国"基础，遂其大陆政策。国联决议、世界舆论如表同情，固所愿望，若示反对，非所顾忌，不得已而动干戈以相抗，亦所不惜。此乃东省一般日人之心理，即日本舆论亦复如是。

调查团各委员鉴此情形，殊为焦虑。以为论理曲在日本，自应主张公道。但若日本置之不理，列强不肯仗义执言，则国联本身无力不顾事实，徒丧威信，现处于两难，殊感棘手。察其语气，深盼吾国一面信赖国联，一面亦须努力自救，逼日本稍有顾忌，国联易于措词。不然，调查团为保全国联之生存计，对吾东省难免采择名存实亡之解决办法。届时，吾国受之，则断送国权；拒之，则有违前诺，势处两难，益将穷尽应付。东省既亡，中原危急，西北、西南势必相继沉沦，亡国之祸迫在眦睫矣。救东省，即所以救全国，未可以东省地属边陲，从容应付而国难可除也。且近窥东邻，蓄意谋吾，逞兵掠地，举国若狂。远察欧西群雄争霸、勾心斗角，自顾不遑。均势颠覆，大战随之。届时，人为刀俎，我为鱼肉，欲图苟存，亦已晚矣。鄙意，为今之计，对日亟宜采择自救政策，决定办法，努力实行如下以为国联之后盾，显示各国以吾自助之精神：

（一）经济上。阳持镇静态度，阴行积极抵制。一切组织与办法，务须较前更为周密有效。

（二）外交上。对于美、俄、英、意、德、法，或提携、或联络、或疏通，就其与吾利害相同之点，拟具方案，慎选干才，充实经费，分头前往洽商、设法。务使日本孤立乏援，腹背受逼，俾易就范。

（三）军事上。决定具体计划，准备于六个月后不得已时，诉诸武力。以补经济与外交政策之不足，而为后盾。

（四）两国间如有适当机会，仍不妨与之直接交换意见，以示我国别无他意，而懈其积极经营"满洲国"之决心。

凡此荦荦大端，见诸实行，自属头绪纷繁。但使方针既定，其具体办法自易措手。管见所及，统祈核夺。弟入关在即，回平后，如能抽身，拟晋京报告东省实况，并将上述吾国自救政策，详为面陈，以供采择。弟顾维钧叩。东（一日）。印。

资料来源：《沈阳事变（二）》，台湾"国史馆"藏蒋中正"总统"文物全宗，第48—52页。

18. 南京汪精卫致蒋委员长电（1932年6月24日）

来电第400号

限即刻到。牯嶺。蒋委员长勋鉴：密。此次与国联调查团讨论最久者，为东三省政治制度问题。前在南京，本已论及，今更连日继续讨论。李顿声称：到东北后，接见人民团体代表，暨请愿函电及征集中立国人民想见。对日本在东北之暴行，固表示反对，而对于从前制度之不良及施政之非人，亦所深恶痛绝。固深望我国有良好之主张，以图补救。弟等根据前次讨论所及提出原则，全文如下：

解决东案办法大纲草案

（1）国防。甲，声明驻军固定额数，专为边防之用，驻扎边地；乙，作为永久中立区域，由国际共同担保，不设驻军；丙，中、俄、日三国，订立互不侵犯条约，国际保证条约、保证其履行。

（2）治安。设保安维持治安，由中国聘请外国教练、专家训练。

（3）区域范围。以辽、吉、黑三省为限。

（4）政治制度。以实行地方自治,完全军民分治为目的。由中央固定组织条例。甲,中央与地方权限之划一;（子）中央及地方均取列举形;（丑）外交、国防、邮政、国有铁路,均归中央;（寅）财政分为国家财政及地方财政。凡关于盐、印花与酒税归中央,其余均归地方。乙,行政首领之资格及任免:（子）统属三省之行政长官,以负有孰国重担之文人任之。省长及各厅厅长,以全国中富有经验学识者任之,不得以带兵官兼任;（丑）以上各员之任免,由中央依法行之。丙,地方自治进行之程序及人民代表机关之设立,由中央依据建国大纲及按照东三省目前需要及特殊情形,制定条例,交行政长官遵照办理。丁,司法制度,依中央所规定。其法官之任免,亦由中央行之。戊,监察、考试各机关,由中央制定条例,交行政官长遵照办理。

（5）施政方针。以实行文人政治、发达地方富源、提高人民智识为宗旨。

（6）铁路问题。东三省现有或未成各铁路,或分别、或合并为一公司,以增加国际关系,欢迎国际投资。

（7）日本所称既得权,凡经条约赋与之既得权,得重行承认之。但内有无从实行,或手续不备者,要求废止,得订以上原则。经今日行政院会议秘密议决,本当提交政治会议。因见于前次对俄问题,不能保守秘密。拟先由常务委员负责,交顾代表提出,将来再求追认。

再,尊见相同否。希即示复为荷。弟兆铭。孜。印。

资料来源:《武装叛国（二十三）》,台湾"国史馆"藏蒋中正"总统"文物全宗,第51—54页。

19. 南京汪精卫致蒋委员长电（1932年6月25日）

来电第439号

牯嶺。蒋委员长勋鉴:密。国联调查团提议东北停战会议问题,弟等商酌结果:优处在能保全马占山、李杜、丁超等义勇军实力,不为日本所消灭。劣处在承认日本占领东北之实在及巩固伪国地位。故答称:停战会议可以赞成。惟有二条件:

（1）伪国代表不得参加。

（2）停战会议目的在商量撤兵。

李顿允□议进行,但尚未征得日本同意。

弟兆铭敬。至计本日共发五电,关于赴平经过报告已完印。

资料来源:《沈阳事变(一)》,台湾"国史馆"藏蒋中正"总统"文物全宗,第214页。

20. 南京汪精卫致蒋委员长电(1932 年 7 月 4 日)

来电第 785 号

汉蒋委员长赐鉴:密。顷接顾代表来函云:东案说帖已送交。李顿声明:此说帖乃专供调查团参考之用,不能提示日本。此外声明:我政府对于此说帖如有增修之处,当由弟随时通知该团,藉留余地等语。谨闻。兆铭。支。印。

资料来源:《沈阳事变(一)》,台湾"国史馆"藏蒋中正"总统"文物全宗,第246页。

21. 青岛沈鸿烈致蒋中正电(1932 年 7 月 19 日)

来电第 2066 号

特急。汉口蒋委员长钧鉴:密。调查团本日午前十一时,乘"秩父丸"到青。李顿爵士查有微恙,当送至英领馆安息。其余各委员随员,均由市府招待。午餐后,陪同游览。午后六时半,全部乘专车西行。预定明早六时到济后,顾代表陪同李顿爵士,改乘飞机北返,专车迳开北平。所有该团在青一切经过,均甚圆满。知闻廑注,谨此呈报。青岛市长沈鸿烈叩。皓。印。

资料来源:《沈阳事变(一)》,台湾"国史馆"藏蒋中正"总统"文物全宗,第247页。

22. 德州顾维钧致蒋中正电(1932 年 7 月 20 日)

来电第 2089 号

汉口蒋委员长介石先生勋鉴:密。第十八晚到青岛,调查团昨午抵青,当晚六时,专车启程,今晚十时可抵平。李顿爵士因病,不便长途乘车,今晨七时到济,弟同法委为渠换乘飞机,先行返平。特闻。顾维钧。廿。印。

资料来源:《沈阳事变(一)》,台湾"国史馆"藏蒋中正"总统"文物全宗,第248页。

23.《事略稿本》(1932年7月21—22日)

二十一日,公早起,批阅电陈立夫云:"总部党政委会设党务指导,拟就洪陆东、张厉生两同志中,决定一人为常委兼主任。总以能在汉负责,而无妨京中党部之职务者为最宜。洪、张二人究孰为当,祈即电知。"

又电陈氏云:"巧电悉。察现章,豫、皖、鄂只分别召集该省之党政会议,并不每省另设党政分会。皖俟鄂会议召集后,再举行。吴、余两同志已存记,待皖集会时,再请参加。特复。"

电戴笠云:"顷接鲁主席涤平删、巧两电称,所获'赤匪'嫌疑分子郑念北等十二名,当地法团士绅纷请保释。查该案系该主任所报告,究竟有何根据。除电复鲁主席就近询明外,仰即密向鲁主席陈述原委为要。"

电桂负苍云:"真电悉。关于九江人民越境挖坏黄梅驿堤一案,据湖北省政府复文称,据九江县长电称,庚日,黄梅县桂县长负苍,来浔面商,已圆满解决等语。合亟电达。仰即知照。"

上午,周鲠生来谈东省法律问题。公谓:倭人野蛮,可惜不能以法律解决也。会客,公谓:"朱世明亦可造之才也。"

批阅。电罗文干云:"贺电所称,日本日领来部面称:奉本国外交当局命令,中日关系重要,驻使不可虚悬。拟以前任驻巴大使有吉明,来任华使,希望中国政府同意等语。当经陈商汪院长,已决予同意等语。业于同意甚妥,但我方对热抵抗,决不因此稍懈。特复。"

电汪兆铭云:"顷接广州陈伯南贺已电称:粤省逃港各舰,均属江防小舰。向为粤省所有,且不克出海。拨归海军部无用而粤省河道分歧,尤须小舰辅助,以剿'共匪'。请转令外部,电知英使转电港政府,将该各小舰,交还粤省政府等语。所请似属可行,请兄转令罗部长文干,准予照办。如何,盼复。"

电顾维钧云:"李顿爵士以东亚问题,为正义与公道而努力。昌暑跋涉,仆仆长途,因是致疾,殊为轸念。请兄代表慰问,祝其速复健康,并随时电示病况为盼。"

电上官云相:"顷据鄂案榷运局长姚元纶呈称:职属武穴收税秤放处电称,由公安局长警,伴同军数人来处,看视房屋,借作营部,乞电令制止等情。查武穴系江巨镇,税收极关重要,仰即查明严令制止为要。"

下午阅国防计划草案完,公思"对于空军组织,尚当努力,另有规划也。"胡汝霖来见,公与之详谈。关于国家财政制度,以统一征收比例分配为主,即统收分解之法也。又,用单一预算制,以及确定各级政府之收入,且以经济单位而定政治区域等言。公谓:"其所见皆有独到之处也。"公又言曰:"此两日来得识徐青甫、胡汝霖两君,与之详议财政问题,至为欣慰。"晚与力行社员谈话。

二十二日,公早起,考虑曰:"近日倭寇扰热,迟迟未进。或料其不敢深入交通不便之热河也。果尔,则热河问题当易解决。而北方问题,乃可告一段落。否则,非待鄂、豫'匪'剿抚告一段落,不易对付也。倭派有吉明来任公使,国际形势之演进,彼或有所畏忌乎。鄂、豫之'匪',不难解决。惟期于九月内,能告一段落耳。若南方之事,则未易逆料,亦只有听之。"

上午训诫政训人员后,批阅电萧吉珊云:"皓电悉。暹罗华侨学生胡国志、陈克英两人拟回国入航空学校一节,侨胞志在祖国,殊可嘉慰。请其往杭州投考可也。"

电吴铁城云:"皓电悉。停战协定所定,暂驻区域内之日海军陆战队,截至本月篠日尽撤,业已全部接管完竣。足征贤劳,良用欣慰。特复。"

电沈鸿烈云:"皓电悉。国联调查团在青岛经过,招待周到。足征贤劳,甚慰。特复。"

资料来源:《事略稿本——民国二十一年七月》,台湾"国史馆"藏蒋中正"总统"文物全宗,第134—137页。

24. 北平顾维钧致蒋委员长电(1932 年 7 月 24 日)

来电 2387 号

汉口蒋委员长介石先生勋鉴:密。马电敬悉。遵代慰问,并将遵电译送。李顿深为感荷,托代答谢忱。

再,此次调查团赴东京与日本当局交换意见,并无结果。惟据云:承认伪国一层,日方示意于最近期内不至实现。故该团拟将报告书,赶速于日本未承认前制成,提出国联。俾早日讨论,以图解决。对热河事,该团认为不能干预。惟据秘书长云:如军事范围扩大,牵动华北,届时,则该团自难坐视,但亦只能建议国联设法制止云。知注谨闻。顾维钧叩。漾。印。

资料来源:《沈阳事变(一)》,台湾"国史馆"藏蒋中正"总统"文物全宗,第250页。

25. 北平顾维钧致蒋中正电(1932年8月5日)

来电第3752号

汉口蒋委员长介石先生勋鉴:密。李顿爵士约谈,觐代道候。渠病大见进步,惟因微菌入肾部,尚未除根。现遵医嘱,仍在医院继续诊治,北戴河之行作罢。拟以将报告书赶完后,于九月初,偕各委员,由西比利亚回欧面递。其余参随,由海道回去报告。吾对东案解决办法,有所建议,以备国联提择讨论。惟渠以美国未为国联委员,诸多未便。将来如何使美对解决东案切实参预,谓:在研究。并语吾方亦加以注意云。至对热河事,李谓:日方如有举动,调查团不能设法阻止,但拟载入报告书,俾引起国联注意云。此间外交团,对之尤为关心,某使并以万一有事,势必牵动华北秩序,颇为焦虑。钧询以能否设法保障。渠云:外交上当可商得谅解云云。谨闻。顾维钧叩。歌。印。

资料来源:《沈阳事变(一)》,台湾"国史馆"藏蒋中正"总统"文物全宗,第253—254页。

26. 北平顾维钧致蒋中正电(1932年8月30日)

来电第6380号

限即刻到。汉口蒋委员长勋鉴:密。调查团报告书,日内即可完成。法、德两委,拟二日乘火车离平,取道西伯利亚回欧。英、美、义三委,将于四日飞沪,五日乘义船由沪放洋。哈斯秘书长约预留至九月中旬,方能离华。钧因中央催促,就道并李顿爵士相约同行,现正赶备于五日同船启行。定于二日,由平先乘飞机赴京。拟三日早,由京飞航到汉,专诣钧辕,藉聆训诲。所有调查团编制报告书经过及此后奉使参预国联诸端,俱待面陈。时间忽促,当日即须飞沪,以便放洋。伏候赐教。俾有遵循,敬乞电示为祷。顾维钧叩。卅。印。

资料来源:《沈阳事变(一)》,台湾"国史馆"藏蒋中正"总统"文物全宗,第255页。

27. 上海吴铁城致蒋中正电(1932 年 9 月 4 日)

来电第 6871 号

限即刻到。汉口蒋委员长勋鉴:密。国联调查团李顿主席,今日下午四时到沪,明早乘意邮船赴欧,少川同行。汪先生云:与李顿晤谈后,回京。谨闻。铁城叩。支。印。

资料来源:《沈阳事变(一)》,台湾"国史馆"藏蒋中正"总统"文物全宗,第270 页。

28. 汉口顾维钧致蒋中正电(1932 年 9 月 22 日)

来电第 27 号

汉口蒋委员长钧鉴:密。极密。顷接顾公使维钧来电如下:舟中,钧与李顿谈东案问题,此次双方讨论报告书,能否得结果。李谓:全视日本态度如何。据彼观察,不出两途:(一)日本不允讨论东案,以为"满洲国"既已成立,对于东案关系最深。如无该国代表出席,日本不便代庖;(二)即日本鉴国际环境于彼不利,允于某条件之下,与中国商议解决办法。钧谓:日本如采第一种态度,不啻自认蔑视盟约及九国条约。国际联会当即适用第十六条,施行经济制裁。李谓:经济作战,较武力作战为尤酷。因一般民众所受痛苦为最深,现在列强自国正值多故,决不愿强人民再做重大牺牲。故国际联合会只能本其公平之主张,发表宣言,引起世界舆论之注意与评论,以待将来之变化。钧问:如日军采第二种态度,国联将如何。李谓:须研究条件之性质,是否违背盟约与九国条约。并须规定范围,俾中日双方在此范围之内,协议解决办法,国联可以同意。钧谓:日本或出第三种办法。即日使有吉,业已抵华,或向中国访求辟[避]开国联,直接与日谈判,并提让步办法为饵,以图贯彻其所谓"中日问题由中日解决"之政策。李谓:报告书不久可公布,国联讨论在即,想贵国亦不愿堕日人之计。钧谓:覆有此项提议,料想政府亦必俟报告书公布后,再考量答复之。李谓:此次报告书,先由行政院讨论,关系重要,想阁下必出席参加。钧谓:行政院方面,吾国向由颜代表出席,颜对东案亦颇接洽。李谓:编造报告经过情形,以及最近东三省状况,阁下均完全接洽。届时,务必出席参加讨论,以资便利。钧谓:如时有鄙人出席必要,届时,当与颜代表商议云云。

又,此间报载,政府派戴院长赴日接洽东案,已有端倪。只要日军抛弃侵攻热河与平津,吾国对于日本在东三省之权益,不加干涉云云。确否,盼示悉。维钧。十八日。等语。外交部电报科印。祃。印。

资料来源:《沈阳事变(二)》,台湾"国史馆"藏蒋中正"总统"文物全宗,第447—449页。

29.《事略稿本》(1932年9月24日)

二十四日

公仍在牯岭,早起读《孟子》,作进剿赣南计划曰:"金家寨既克,则长江北岸'共匪'当易收拾,以后积极进剿'赣匪'可也。"上午批阅电吴铁城云:"马电悉。保安处以兄兼正处长,以杨啸天任副处长。何如? 盼复。"又电吴氏云:"马午电悉。取缔反动刊物,具征努力,甚用欣慰。以后如再有反动刊物发现,仍希随时严密注意为要。"电上官云相云:"党政视察委员王霜鼋、陈同儒及圻春县政府秘书何石佛、科长李寿农四人,干犯法纪,应予讯究,仰该军长严密派员,即将该四人获送来汉为要。"

电陈诚云:"马电悉。第十一师第六十三团团附曾孝纯,准升第六十二团团长。递遗之缺,准以李维藩升充,并着曾孝纯来见为要。"

电周普文云:"养电悉。留德学生既有缺额,即以杨安国递补可也。"

电陈仪云:"梗辰电悉。关于第九十师入军校训练高级班学额,请示于何部长酌核可也。"

……

傍晚,得外交部祃电称:"顷接顾公使维钧来电如下:密。极密。顷接顾公使维钧来电如下:舟中,钧与李顿谈东案问题,此次双方讨论报告书,能否有结果。李谓:全视日本态度如何。据彼观察,不出两途:(一)日本不允讨论东案,以为"满洲国"既已成立,对于东案关系最深。如无该国代表出席,日本不便代庖;(二)即日本鉴国际环境于彼不利,允于某条件之下,与中国商议解决办法。钧谓:日本如采第一种态度,不啻自认蔑视盟约及九国条约。国际联会应即适用第十六条,施引经济制裁。李谓:经济作战,较武力作战为尤酷。因一般民众所受痛苦为最深。现在列强自国正值多故,决不愿强人民再做重大牺牲。故国际联合会只能本其公平之主张，发表宣言，引起世界舆论之注意与评论，以待将来之变化。钧问：如日军采第二种态度，则国联将如何。李谓：须研究条件之性质，是否违背盟约与九国条约。并须规定范围，俾中日双方在此范围之内，协议解决办法，国联可以同意。钧谓：日本或出第三种办法，即日使有吉，业已抵华。或向中国访求辟［避］开国联，直接与日谈判，并提让步办法为饵，以图贯彻其所谓"中日问题由中日解决"之政策。李谓：报告书不久可公布，国联讨论在即，想贵国亦不愿堕日人之计。钧谓：覆有此项提议，料想政府亦必俟报告书公布后，再考量答复之。李谓：此次报告书，先由行政院讨论，关系重要，请贵国代表参加云云。又，此间报载：我政府派戴季陶院长赴日接洽东案，已有端倪。只要日本抛弃侵攻热河与平津，吾国对于日本在东三省之权益不加干涉云云。确否，盼示悉"等语。

公阅毕，甚恨倭人专以鬼蜮伎俩造谣。遂电外交部转顾公使云："十八日电悉。戴院长在乡，并无赴日，且恨日甚深，决无此事。且我政府无论如何，决不为此也。"晚与熊式辉、陈诚谈话后，电曹浩森云："养电悉。伪第四与第二十五军，尚在皖西对峙，则应急电卫立煌兜剿为要。"

又电曹氏云："梗巳电悉。既调驻沪第三十旅增援衢防，应电谷纪常调宪兵一团到沪接防，即归警备司令指挥可也。"电何应钦云："漾申电悉。对鲁案，如韩复榘一意进行，不服制止，则决从严制止，不必顾虑也"。

资料来源：《事略稿本——民国二十一年九月》，台湾"国史馆"藏蒋中正"总统"文物全宗，第128—133页。

30. 东京蒋作宾致蒋中正电（1932 年 10 月 5 日）

来电第 9934 号

汉口蒋总司令：密。李顿报告，日本决定信任，国联无力维持。美难即时发动。列强且欲染指中原，国事前途不堪设想。要非吾人结合贤明，团结一致，以国家存亡为己任，则国家真不可救矣。临行承嘱各节，现正相机进行。俟略有把握，宾或亲归商筹，挽救满蒙。赐教，盼常电复。宾。歌。

资料来源：《武装叛国（二十八）》，台湾"国史馆"藏蒋中正"总统"文物全宗，第 350 页。

31. 东京蒋作宾致蒋中正电（1932 年 10 月 5 日）

来电第 9934 号

歌电。大意：李顿报告，日本决定信任，国联无力维持，美难即时发动。列强且欲染指中原。临行承嘱各节，俟进行略有把握，或亲归商筹，挽救满蒙。赐教。

资料来源：《一般资料——民国二十一年（六）》，台湾"国史馆"藏蒋中正"总统"文物全宗，第 450 页。

32. 顾维钧致蒋中正电（1932 年 10 月 6 日）

来电第 10034 号

四日电。大意：报告与赫里欧晤谈情形。赫表示：对东案应尽力调停，如无效，只能由国联依法办理。并谓：居民主世界，法治精神，不可抛弃云。现定十三日，呈递正式国书。赫言：对李顿报告书未曾商议，故不能谓法政府已决定态度。

汉口蒋委员长钧鉴：巴黎来电如下：密。极密。法总理赫里欧昨晚回巴黎，今日在外部约见。渠谓：久耳钧名，此次使法十分欢迎。钧谓白里安努力东案，中国朝野，同深感荷。现由赫氏本白氏精神，对此案继续努力，实属欣幸。李顿报告书，经过委员全体同意，诚属要著〔着〕。第二步希望各国政府亦能采取一致态度，俾日方较易就范。赫总理答：视法、英、美，已商定彼此一致行动。至李顿报告书，尚及阅。同僚方面，亦未曾商议，故不能言法政府已决定态度。但本人以为，第一步尽力调停。如调停无效，只能由国联依法办理。并谓：法国对东案，并无利权关系，本人对日方亦颇多旧友，但既居民主世界，法治精神不可抛弃云。

再，国书副本，今日已面交法外部。因法总统在乡，为其子办理婚礼，下星期方能回巴黎。故定于十三日，正式呈派国书。谨闻。顾维钧。四日。等语。谨电转呈外交部。鱼。印。

资料来源：《一般资料——民国二十一年（六）》，台湾"国史馆"藏《蒋中正"总统"文物》全宗，第 148—150 页。

33.《事略稿本》(1932年10月6日)

驻日公使蒋作宾电告谓:"李顿报告书,日本虽似决定信任。而国联实觉无力维持。美国虽尚公道,亦难及时发动。其他强国,且欲染指中华"云云。公审阅良久,无任欢息。乃复电蒋公使云:"歌电,中已阅悉。现实,兄无亲归商筹之必要,望将各方情形,随时电告为盼。"

资料来源:《事略稿本——民国二十一年十月》,台湾"国史馆"藏蒋中正"总统"文物全宗,第18—23页。

34. 南京外交部致蒋中正电(1932年10月7日)

来电第10095号

鱼电。大意:转蒋公使来电,探报日本反驳《李顿报告书》内容。

汉口蒋委员长钧鉴:密。蒋公使来电悉。如下:承询日本反驳李顿报告书内容事。探闻日本以维持东北及世界和平为主眼,一须承认"满洲国"。二须改造中国。因满洲及中国不安定,危及东亚及世界和平。若满洲交还中国,将治丝而愈棼。中国内部已无力改造,并举最近山东同四川、西康互相攘夺,"匪共"遍地及两广形同另一政府以为证。又谓:该报告书越权,不应有所主张,逐条有所驳斥。对于第九、第十两章,认为不合现在事实,完全否认等语。谨需转呈。外交部电报科叩。鱼。

资料来源:《事略稿本——民国二十一年十月》,台湾"国史馆"藏蒋中正"总统"文物全宗,第334—335页。

35. 南京外交部致蒋中正电(1932年10月7日)

来电第10181号

汉口蒋委员长钧鉴:密。顷接驻日公使蒋公使作宾来电。文曰:"顷晤此间各国使馆人云:日本对于李顿报告恐不能接受,国际联盟亦无办法。势将拖延,深为中国叹息。并谓:中国值兹国难当前,尚不觉悟团结一致御侮,仍为个人私利斗争,且又无健全政府,将来列国态度,恐于中国不利云。阅之,泪从内落。宾。七日。"等语。奉谕转陈。外交部电报科。虞。印。

资料来源:《沈阳事变(一)》,台湾"国史馆"藏蒋中正"总统"文物全宗,第201页。

36. 蒋中正电韩复榘、刘珍年电(1932 年 10 月 7 日)

　　特急。济南韩主席向方兄、莱阳刘师长儒席兄勋鉴:密。顷阅沪报载,电通社五日东京电,日本陆军省对现今中国之混乱状态,其当局发表如下之谈话,反驳李顿报告书所言中国在发展之过渡期,谓:山东省有韩、刘之冲突,福建省则有主席问题。十九路军现方与当地军队争夺中,又共产军亦逞威跳梁。青海之南部及西康,且被藏军占领。四川全省亦在混乱之中,致南京政府极感困难云云。又,查上海大美晚报近载一评论,略谓:韩、刘之争城夺地,应受日本政府最高奖章。因日本藉此可昭示国际,谓中国事实上并未统一,且可加强日本进取华北之决心等语。

　　溯自胶东问题发生以来,舆论沸腾。以为际此国难严重之时,竟有同室操戈之变,痛心疾首,奔走呼号,冀能共勒悬崖之马,力挽既倒之澜。绝续存亡,间不容发。今强寇既以此耸动国际之视听,外报复大肆恶劣之宣传。倘烈燃箕之祸,必遗噬脐之忧。兄等久历行间,饱经忧患,倘希养蓄部属,以为国家干城之寄,保存元气,以振民族复兴之机也。言尽于此,幸各勉旃。蒋中正。

资料来源:《沈阳事变(一)》,台湾"国史馆"藏蒋中正"总统"文物全宗,第382—386页。

37. 南京外交部致蒋中正电(1932 年 10 月 7 日)

来电第 10181 号

　　虞电。大意:蒋公使七日来电云:此间各国使馆人云:日本对李顿报告恐不能接受,国联亦无办法。中国此时,尚不觉悟,仍为个人私斗,又无健全政府,列国态度恐于中国不利。阅之,泪从内落云云。

　　汉口蒋委员长钧鉴:密。顷接驻日公使蒋公使作宾来电。文曰:"顷晤此间各国使馆人云:日本对于李顿报告恐不能接受,国际联盟亦无办法。势将拖延,深为中国叹息。并谓:中国值此国难当前,尚不觉悟团结一致御侮,仍为个人私利斗争,且又无健全政府,将来列国态度,恐于中国不利云。阅之,泪从内落。宾。七日。"等语。奉谕转陈。外交部电报科。夔。印。

资料来源:《一般资料——民国二十一年(六)》,台湾"国史馆"藏蒋中正"总统"文物全宗,第264—265页。

38. 蒋中正致刘文辉等电(1932年10月8日)

特急。成都刘主席自乾兄、重庆刘督办甫澄兄、杨军长子惠兄、田军长颂尧兄、邓军长晋康兄、罗军长泽州兄勋鉴:密。顷因沪报载,电通社五日东京电称:日本陆军省对现今中国之混乱状态,其当局发表如下之谈话,反驳李顿报告书所言中国正在发展之过渡期,谓:山东省有韩、刘之冲突,福建省则有主席问题。十九路军现方与当地军队争夺中,又共产军亦逞威跳梁。青海之南部及西康,且被藏军占领。四川全省尤在混乱之中,致南京政府极感困难等语。其他各国表示亦对我国川、鲁等省及各处最近现状,极热嘲冷笑之致。查李顿报告书方公布于世界,其中叙述,虽未尽当,而于我国近年发展之过程,颇具相当之同情。乃日本即据我当前现状,特为抹杀一切及应施宰割之口实,以资反驳。凡我军人,受兹侮辱,其何能堪!宜如何惩忿痛艾,勠力同心,以图共挽国家之危难。务望各守原防,力避接触,迅求和平解决。勿使川战续发,以破日本之借口,而免误国之责任。川局幸甚,国家幸甚。特此电达,诚伫盼复电。

中正

资料来源:《沈阳事变(一)》,台湾"国史馆"藏蒋中正"总统"文物全宗,第387—390页。

39. 南京外交部致蒋中正电(1932年10月9日)

来电第10391号

汉口蒋委员长钧鉴:密。极密。东京蒋公使来电如下:今晤英、德大使,谈及李顿报告书。英大使谓:英政府甚尊重其报告书,将维持其审议后之结果。日本恐也肯接受,或再予一警告。因世界皆欲和平,无一国愿战者。宾询日本有无退出国际联盟意。渠谓:日政府无此意。德大使谓:余现由西比利亚回任,满洲纷乱不堪,国际列车已停,中东路亦不开车。余到东京,察日本外交部、军部似无办法。又谓:法国调查代表驻日大使,前曾亲日。现法政府与美国,因战债关系,态度改变。惟美国决不肯开战,但均谓:中国内乱不已,政府不健全,均予日人以口实,各国亦莫能为之辩解。宾。八日等语。谨呈外交部。电报科叩。佳。印。

资料来源:《沈阳事变(一)》,台湾"国史馆"藏蒋中正"总统"文物全宗,第305—306 页。

40. 南京外交部致蒋中正电(1932 年 10 月 9 日)

来电第 10391 号

佳电。大意:转呈蒋公使来电:今晓英、德大使,谈及报告书。英使谓:英政府将维持其审议后之结果,日本恐也肯接受,日无退出国联意。德使谓:满洲紊乱,日本外部、军部似无办法。法与美因战债关系,态度改变。惟美决不开战,但均谓:中国内乱不已,政府不健全,予日人以口实等语。

汉口蒋委员长钧鉴:密。极密。东京蒋公使来电如下:今晓英、德大使,谈及李顿报告书。英大使谓:英政府甚尊重其报告书,将维持其审议后之结果。日本恐也肯接受,或再予一警告。因世界皆欲和平,无一国愿战者。宾询日本有无退出国际联盟意。渠谓:日政府无此意。德大使谓:余现由西比利亚回任,满洲纷乱不堪,国际列车已停,中东路亦不开车。余到东京,察日本外交部、军部似无办法。又谓:法国调查代表驻日大使,前曾亲日。现法政府与美国,因战债关系,态度改变。惟美国决不肯开战,但均谓:中国内乱不已,政府不健全,均予日人以口实,各国亦莫能谓之辩解。宾。八日等语。谨呈外交部。电报科叩。佳。印。

资料来源:《一般资料——民国二十一年(六)》,台湾"国史馆"藏蒋中正"总统"文物全宗,第 369—371 页。

41. 上海杨虎致蒋中正电(1932 年 10 月 19 日)

发电第 11594 号

特急。

汉口蒋总司令钧鉴:密。夏奇峰来稿,李顿报告全文发表,全国议论纷纭。

沪、粤中委,群起反对,实皆不负责任空谈。查国联对华政策,在民国十年间,即与四国银团密商确定。日本侵略东北以来,国联政策虽遭打击,并未因此变更。今我国既不能武力收回东北,若对国联调停方案加以拒绝,则外交上将整个失败。峰意,国府对此项方案,宜在原则上接受,在细则修正。更闻王儒堂至汉,峰曾将所获日外部秘密文稿,送彼参考。钧应当询问之,彼必可谨带电呈。职杨虎呈。效。印。

资料来源:《沈阳事变(二)》,台湾"国史馆"藏蒋中正"总统"文物全宗,第414页。

42.《事略稿本》(1932 年 10 月 25 日)

二十五日,公早起研究,外交部罗文干部长为国联调查团李顿报告书经外交委员会讨论结果。以意见致日内瓦代表团电稿。其电稿如左:

甲:第九章十项条件。

第一条,适合中日双方之利益。不必表示异议,但可以声明,尤其应注意为中国国家生存及主权应保持之利益。

第二条,考虑苏俄利益。不必表示异议。

第三条,遵守现行之多方面条约。应积极赞成。

第四条,承认日本在满洲之利益。我方承认日本在东三省正当之利益。

第五条,树立中日问题之新条约关系。须在不损害中国主权及领土行政完整原则之下。

第六条,切实规定解决将来纠纷之办法。在和解等项下说明。

第七条,满洲自治。中国可向国联声明:当积极厉行东三省行政之改善,此项计划,含逐渐设立人民代表机关,实行中央地方均权制度,并予地方政府以宽大之自治范围。

第八条,内部之秩序与免于外来侵略之安全。此项撤除军备计划之实行,在中国虽不免有重大之牺牲,但使确能保障永久和平,中国仍愿以诚意考虑之。惟为辅助此项计划贯达目的起见,如仅由中日两国订立互不侵犯条约,而无其他多数友邦参加保障,亦终无补于事。此项计划之实行,必须附以切实有效之保障公约。

第九条,鼓励中日间之经济协调。不必表示异议,但办法及程度,须视东省问题有无完满解决而定。

第十条,以国际合作促进中国之建设。须不违背第三条件。

乙:中日直接讨论。中国可与日讨论,但自始至终,须有国联行政院或其他有关系方面之协助。

丙:顾问会议。此项办法,同人反对者最多。可声明:中国政府自行推进东省自治制度时,尽量容纳或参酌地方人民,以适当方法,表示之真正意思。

丁:保留于中央政府之权限。中国自动设定东省自治制度时,拟将外交、国税、电政、交通、国籍法、司法制度及重要官吏任免权等,保留于中央政府。此系内部计划,非必要时不必对外声明。

戊:宪警。中国政府准备派遣最有训练之宪警,维持东省。

己:外国顾问。中国愿意为改善东省政治起见,聘用外国专家为辅助。但此项专家之任免,必须依照中国法令,而不受任何条约之拘束。

庚:中日经济条约之目的:

第一目的,参阅十项原则第五条;

第二目的,我方希望任何解决办法或新条约,只限于东三省;

第三目的,内地杂居及商租,如须实行,以完全取消领事裁判权及撤退日本军队与警察为条件。关于撤销领事裁判权后,法院组织之办法。由中国政府另行规定,或包括自动酌用外国咨议;

第四目的,铁路问题。应根据门户开放政策,欢迎国际投资,谋东省铁路之整理及发达。

辛:中日和解、公断、不侵犯及互助条约。如东省问题果有办法,并能见诸实行。此项建议,当然有利无害。至和解、公断,均应由第三国人参加。

壬:中日商约。中国担任遏止抵货运动,此项建议,应视东省问题有无完满解决而定。

癸:其他。我方应主张之重要原则:

一、日本因违约侵略所得之结果,当然不能加以承认。更不能使被侵略者,因而受其损害;

二、国联行政院及大会关于日本撤兵议案,继续有效,并不因报告书而变更。故日本撤兵之义务及不能在武力压迫下谈判之原则,继续存在。所有日本撤兵之期限,应提前详确规定;

三、赔偿损失问题,应保留。

上午,会客、办公、批阅。电何应钦云:"江南要塞司令,以钱伦体为宜。钱当可即日来见,到时请考察。"电李梦庚云:"函悉。所谓东省义军冯占海、宫长海之代表赵涤华;王育文之代表王秉谦;郑桂林之代表温庭杰;傅殿臣之代表郭兆槐等,均已到京。要求接济子弹、棉衣一节,可与陈公侠次长接洽办理。"电顾祝同云:"顷据清江陈调元总指挥,漾戍电称:江都县因清查田赋,引起民众暴动。养日下午,千百成群,撞入城内,捣毁县府。该县长率警,捕获暴民二百余人,次晨又复啸聚千余人,并有殴伤官兵、抢夺枪支。经官兵开枪弹压,暴民亦有三四名被流弹所伤。现情形益烈,声言焚烧县城等语。据报告各情,颇为严重,该县县长措置失当,希即迅行派员认真彻查,极力设法抚解民众,从速遣散,毋令扩大,并不可操切从事。该案内容如何及彻查经过,并盼详细具报为要。"

资料来源:《沈阳事变(一)》,台湾"国史馆"藏蒋中正"总统"文物全宗,第105—108页。

43. 南京外交部致蒋中正电(1932年10月27日)

来电第 12643 号

汉口蒋委员长钧鉴:日内瓦颜代表来电:密。关于《李顿报告书》之程序,大概由当事双方在行政【院】中发表声明书,行政院然后将该声明书连同报告书转呈大会。但现当大会处理纠纷之际,行政院本身将不作劝告式之评誉,虽其代表个人可以为之。大会在请求十九【国】委员会起草最后建议,以便当事双方接受之前,似将举行讨论。众信日本将不予接受,但列强暨李顿调查团委员之从事调解者,仍反对以强硬办法对付日本。维持盟约之议,渐占优势。日方首先动议,侧重于中国之无政府及国际改造中国之必要,乃此两说似不足……①

资料来源:《沈阳事变(一)》,台湾"国史馆"藏蒋中正"总统"文物全宗,第347页。

---

① 编者按:原文无法辨认。

44. 南京外交部致蒋中正电(1932 年 10 月 28 日)

来电第 12677 号

汉口蒋委员长：密。蒋公使来电如下：最近日方对于李顿报告书未审议前，积极进行两种工作：

（一）极力分化北方。谣传韩将独立，冯、阎、韩、吴联合亲张，欲去汤及复辟诸说。肆意挑唆，以期分化实现。

（二）在国际造成纷乱之空气。宣传鲁、川、粤、闽、贵等省，内讧不已。随地"匪共"抢夺，莫人己助。西藏独立，藏兵已入川边。蒙人又将大举入寇。故意耸动国际视听。其用意，即为将来开会时发言地步。此间，外交团关于上述谣诼，时来询问。均经随时极力解释，并嘱各外报慎重转载。惟此项记述，欧美已有转载，应请密电各使，特加注意等语。除已密令驻使各重要使馆，随时纠正该项恶意宣传外，谨此电闻。外交部。勘。印。

资料来源：《沈阳事变(一)》，台湾"国史馆"藏蒋中正"总统"文物全宗，第 348—349 页。

45.《事略稿本》(1932 年 11 月 2 日)

二日，公仍在长沙。早起审阅外交部罗文干部长来电并致日内瓦颜惠庆代表电稿。罗之来电云："本部电达日内瓦颜代表等。关于李顿报告书，外交委员会决议各节，已电尊处接洽。本月一日，对于八章所叙事实，又经外交委员会决议一电，即于是日发出。兹将原电钞陈核阅。"其致颜代表电云：

（甲）报告书前八章，可酌量情形，声述吾方意见。大致如下：

一、报告书前八章所叙事实及其所下断语，大体上尚能维持客观的公正态度。其第四章，否认日本对于九一八事变自卫的主张，而指出其预定的侵占计划。又，第六章，叙述伪国成立之程序及一切组织状况，而断定并非由于真正及自然之独立运动所产生，乃完全由日人依赖预定计划，一手造成。以上各节，尤能明白判定，日本对于东省事件之国际责任。

二、调查团既有上述之论断，而其在第九章、第十章内所为之建议，颇有不能贯彻之处。如：日本军队之不先令其撤退、赔偿问题之不提与顾问会议等项,均与调查团认定之事实,显有抵触。

三、调查团于观察中国之政治情形及其他问题,间有尚欠透彻之处。如:中国民族主义之勃兴、国民解放运动之意义,调查团尚未能尽量明悉其内容,而误认许多国际纠纷,为中国排外运动之结果。又,调查团对于日本运用其武力政策之历史,似并未如对于中国之政治情形,予以同样之注意。如:日本蓄意侵占东省,远在俄国革命及中国发见共产党之前,而调查团认为,日本最近行动,系起于对俄、对华之忧虑,似欠明确。又,对于中国人民抵制日货运动,未能确认在日人武力侵略之下,为中国人民自然之反响,亦属憾事。

四、中国对于调查团于日本内政治紊乱,致危及远东世界和平情形,未能加以观察。如日本军阀为防止军费缩减,且欲加以扩充起见,故意酿成东省事变,扩大其势力,以致滨口与井上等被刺,币原被斥,种种事实,均未指出,殊为遗憾。

(乙)关于顾问会议。我方态度,已详前电。此事损害我主权及行政权之完整,国内一致反对。调查团虽有苦心,然我方仍应明白拒绝。否则,国内势将引起重大纠纷。

(丙)抵货问题,既因日本军事侵略所引起,只须东省问题先有总解决办法,此事即可迎刃而解,不可交国际法律机关也云云。

公审阅毕,叹曰:"余信正义公理,必有克服武力强权之一日也。然我充实国力之基本计划,不可须臾或缓矣。尤愿吾国人之早自醒悟焉。"上午批阅后,往长沙民众运动场,参加开幕典礼,施以训词。十一时,由长沙出发,经圣经学校,入校参观,对教职员学生训话,午食于该校。下午一时,乘车经易家湾下摄镇而至衡山,时已五时半矣。巡视南岳市,访民众风俗。晚宿于天柱峰下之圣经学校中。临睡言曰:"今日途中望见岳峰,雄秀绝伦,夕阳对映,尤觉妩媚可爱。夜宿于此,幽靓恬适,神为一清。吾中华江山,诚可宝也。余必力为保全,不使其有一尺一寸之失焉。"

资料来源:《事略稿本——民国二十一年十一月》,台湾"国史馆"藏蒋中正"总统"文物全宗,第5—7页。

46. 南京罗文干致蒋中正电（1932 年 11 月 5 日）

来电第 13375 号

汉口蒋委员长赐鉴：顷接日内瓦颜代表来电。译意如下：因美国及国联中主要会员国，尚未有与日本争议之准备。最后解决，又有延至来年之趋势。下列程序正在考虑中。报告书既提出俄美两国非国联会员，因有提议召集凯洛【格】公约签字国会议，讨论报告书者。该会关于解决办法之决定，再由国联大会予以接受。因美国反对召集九国会议，故有此项程序之提议。如此，大会将于十二月间通过三项决议：

一、接收报告书所查此节。

二、对于"满洲国"不予承认，并不与合作。

三、国际间与中国之合作，俾正满洲问题未有解决之前，扶助中国国民政府。倘日本亦请求加入合作，则将告以须先接受李顿报告书方可。

行政院将于廿一日开会。台维斯谓：俄国对日本频送秋波，意正加压力于中、美两国等语。

谨闻。罗文干叩。支。印。

资料来源：《沈阳事变（一）》，台湾"国史馆"藏蒋中正"总统"文物全宗，第355—356 页。

47. 外交部致蒋中正电（1932 年 11 月 7 日）

第亚 6570 号快邮代电

汉口蒋委员长赐鉴：本部电达日内瓦颜代表等。关于李顿报告书外交委员会决议各节，已迭电尊处接洽。本月一日，对于前八章所叙事实，又经外交委员会决议一电，即于是日发出。兹将原电钞陈核阅，即祈检收。外交部。虞。印。

资料来源：《一般资料——民国二十一（九）》，台湾"国史馆"藏蒋中正"总统"文物全宗，第 380—381 页。

48.《事略稿本》(1932 年 11 月 16 日)

十六日,公早起。考虑各项:

一、各省保安处,公安局与团练处,三者之系统及组织,应研究规定。

二、组织训练处或检阅处,以容纳失职军人。

三、长江水警统一计划,应速拟订。

四、令第八十九师与第十三师,派队到顺河集、张店会剿残"匪"。

五、发第十三师与各部之款。

六、查第八十师人枪数目。

七、令卫立煌速集中部队。

八、方策可任保卫训练处主任。

上午,会客、办公。批阅审查外部罗文干部长转来关于国联报告之第三度讨论往来电文。罗文干来电云:接顾代表本月九日所发电,详述国联方面讨论中日问题假定之程序,计共八节。当即于本月十一日,提交外交委员会,缜密讨论。同日,覆电顾代表在案。兹特钞录全份,送请查阅。仍请随时密示机宜为祷。颜惠庆日内瓦来电云:现在考虑中之程序如下:

第一节,行政院于二十一日开会,但其责任,限于将各项文件,包括中日双方之书面意见等等,一并移交大会。

第二节,日本不承认大会之权力。是以其意见,将在行政院会议发表。届时,李顿调查团列席,当可请其对于日方意见,加以批评。如此,则大会可得日方之充分说明。盖向日本直接要求解释,或不能获得也。今者任日本在行政院会议席上,将其主张加以充分之辩护,理由甚是。盖将来日本如拒绝对特别委员会或大会发言者,则特别委员会或大会尽可径自进行,而不至受人责难,谓其未悉日方意见,而操切从事矣。

第三节,中国亦欲在行政院发表意见与否,未定。盖中国或藉此以免舆论完全为日本观点所占据,或宁愿在大会普通委员会发言,以便在十九人委员开会之前,获得大会之赞助。两者尚未可知。

第四节,其他政府,亦可在行政院表示意见。为此亦可请李顿调查团,按点答复。枝节无关之问题,自应撇开。盖在今日具解纠纷之权利者,惟有大会。总之,行政院会议席上之辩论,不过使本案有充分之阐明而已。会员可以谓:彼等之不愿讨论解决办法,系因事属大会权限。倘有决议案通过内容,亦止应规定实行将李顿报告及会议记录,移至大会而已。

第五节,三月十一日之决议案,请行政院将文件转致十九人委员,俾便开始工作,不必事先有大会之召集。然在大会中之辩论,亦不为无用。盖承认"满洲国"及"日满条约",均系李顿报告书事后发现之事实。而李顿报告书之拟具,系完全以盟约第十一条为根据者。且大会开会,亦可指示十九人委员会以工作之方针。

第六节,委员会将明白划分李顿报告为两部:一、所查之事件。二、调查团关于解决办法之意见。按:调查团既承认建议之价值,将受承认"满洲国"之影响,则大可乘势将此部分暂搁一旁,而专注于起首八章。就首八章,有下列结论三点:1. 行政院之决议,未见执行。2. 日本用武力代替和平方法,其行为不能以自卫为理由。3. "满洲国"并非自动之产物。

第七节,此项结论,将于圣诞节前,载入决议案之第一部。并附加宣言,不承认现状。特别对于"满洲国",国联拒绝与之发生关系,或以任何方式与之合作,尤其关于借款条约等事。决议案之第二步,建议最善方法,求争议之永久解决。含有两项问题:一为"满洲国"之将来;一为国际间扶助中国,以避免新生冲突。关于满洲之将来一层,调查团曾提议直接交涉。此意必须取消,因日本既不愿放弃"满洲国",是谈判须在军事压力之下进行,与三月十一日决议案相违反。在此种情形之下,第十章之提议,不过一种表示而已。至于第九、第十两章,必须就承认"满洲国"及日本之拒绝撤销承认,与条约之情形,加以审查。可能之程序不外下列数种:

甲、交由十九人委员会,审查之。

乙、交由委员会,会同俄、美两国,审查之。

丙、由委员会提议于九国公约签字国暨俄国,商议办理之。

丁、提议与非战公约签字国,商议办理之。

上述程序之中,似以程序乙为简易可取。至关于第二点,即协助中国一节。决议案可声明:报告书既指明中国之改建事业,系因东省及上海事变遭受困难。国联大会用是宣言,大会将坚毅努力协助中国之改建。此项方式,当予以身受侵略痛创之中国精神上之援助。

第八节,国联大会最后之报告,将由十九人委员会,根据上述商议办法所得之结论,拟具之。该报告且将包括解决争议之办法以及中国改建问题。

上述各节,尚属未定或竟为最高限度之成就,请电示尊处之反响。

外部复颜代表电云:九日电悉。所述假定程序,外交委员会认为可行。目下李顿报告书,恐难有结果。与其图谋解决而无效果,不如任其迁延若干时日,而先由国联宣布强硬政策。程序既经延长,义勇军及抵货事,可以加紧工作,藉以窘迫日人。如是,将来之解决或可较优。第一节,与此间看法相同。第二节,计划甚是。第三节,行政院开会时,我方固应任日本先行攻击报告书,但不宜令其一方参加讨论。我方意见,亦应概括说明,尤注重报告书内之事实。撤除军备问题,最好能不提及。在大会内,我方意见应详细说明。对于日本所辩各节,尽量驳复。第四节,他国及调查团发表意见,谅必于我有利。讨论解决办法之权,专属大会,正与我方所见相同。第五节,大会讨论一节,自属必要,并于我有利。第六节,三项结论甚好。第七节,不承认现状之宣言,我方甚为合意。决议案第二段最为紧急,但大会究竟能否通过决议案,认为直接交涉一事,违背三月十一日之决议案而加以否认。如此项决议,果能通过,则国联对于中日间问题之解决,将始终担任其责任。我方自极赞成。所称第九、第十两章,应再在承认"满洲国"等事实之下,加以考虑一节,拟请详为说明步骤。乙项似最合理,但可否将乙、丙两项合并。如是不过加入二三国,而国联对于九国条约,有正式讨论之机会。但无论如何,拒绝俄国协作,因彼之态度未明,恐妨害计划之执行。至帮助建设中国一节,须视措词如何。但排除日本一节,吾方认为满意。第八节,依照此项假定程序,最后报告书究于何时,可以拟就并通过。

下午批阅,电葛敬思云:"邦初带函已经悉。驻皖驻鄂各航队,均可即日调杭,集中训练。武汉可只留两架,为通信之用。关于行署经费及意款划购防空器具两事,并已先行电达军、财两部办理矣。"电顾祝同云:"蒸电,嘱令将自称承办江苏特税之卢殷民,密拿严办。想已遵办。现该卢殷民,竟敢来文申诉筹备情形,呈报各项章程,冀图影射朦骗,实属不法已极。望再严饬拘拿,务获究办,以儆刁滑,并盼电复。其递呈各件,即付航快寄阅。"晚审阅靳宗岳条陈,称为甚有见解,乃一不可多得之士也。

资料来源:《事略稿本——民国二十一年十一月》,台湾"国史馆"藏蒋中正"总统"文物全宗,第55—61页。

49. 南京外交部致蒋中正电（1932 年 11 月 19 日）

来电第 14840 号

汉口蒋委员长钧鉴：密。东京来电如下：十七日电悉。日本意见书，今日报纸已略载大概。绪言谓：李顿报告仅有两点满意：一认中国现属无政府状态；二排货系受政府奖助。第一章谓：中国在国际法上不成为国家，徒有广大地域之名称，不能适用领土不可侵犯之原则。第二章谓：满洲向未受中国本部支配。第三章谓：日本行动，未逾自卫范围。锦州炸击，亦为海牙条约认许。第四章谓：伪组织系出东省民意，若因有日军，其革命结果难以承认。然埃及、希尼亚独立，均系藉外国力援助。第五章谓：报告第九、第十两章，若从事实上而求解决，无一顾之价值云云。俟公布后，再将全文邮寄。宾。十八日谨电转呈。外交部电报科叩。皓。印。

资料来源：《沈阳事变（一）》，台湾"国史馆"藏蒋中正"总统"文物全宗，第360—361 页。

50.《事略稿本》（1932 年 11 月 24 日）

二十四日。早起巡查特务团团本部而回。静坐记事，阅外交部转来蒋公使作宾报告日本对国联意见，谓：日本对李顿报告，仅有两点满意：一、认中国现属无政府状态；二、排货系受政府奖助。至其对第一章之见解，反对理由谓：中国在国际法上不成为国家，徒有广大地域之名称，不能适用领土不可侵犯之原则。第二章谓：满洲向未受中国本部支配。第三章谓：日军行动，未逾自卫范围。锦州炸击，亦为海牙条约认许。第四章谓：伪组织系出东省民意。第五章谓：报告第九、第十两章，若从事实上而求解决，无一顾之价值云云。阅毕，愤然言曰：倭寇之横暴如此，即国联不加制裁，吾必以中华之正气，独立与之周旋也。

上午会客、办公、批阅。电陈立夫云：养电悉。据周拯电告，胶济路党部中央组委会拟仍旧委，换汤不换药，实悖改隶中央之本旨。恳请仍前呈荐各员发表等语。特转电核办，并希迳复为荷。

电刘峙云:近来豫南各民团游击队等,迭呈给养未发,申请救济维持。查本部前次核定河南预算,本有商城及七县民团经费,共五万五千元,并未核减。仍准在临时费内,开支三个月,何即遽停发给。希即查明,照案发放。俾资维持,而免滋扰,为要。

电张钫云:哿电悉。闻"剿匪"部队于收复"匪区"之内,仍有就地筹饷情形。劫后灾民,綦感痛苦。使所传果确,不唯大悖"剿匪"救民之本旨,适足迫民以变匪。务请切实严禁,切实整顿。如实因军费不敷,请将最低限度之数目开陈,当可酌量增加。关于游击队给养,本规定在河南预算临时门内开支,并未核减。除电豫省府照案拨发外,希迳与经扶主席商拨。急赈事务,在三省内,均应由三省自筹自办,河南本有赈灾委员会,闻募款逾二百万,望即与省府妥商,即从募款开支。现豫南特设善后委员会,已委兄为委员长,尤盼从速负责妥办。至第二步救济方法,则为农赈。本部农村金融救济处,虽初告成立,亦正积极赶办以谋协助也。

下午会客,接见部员二十余人。批阅,电顾祝同云:养电悉。彻底整理水警详细办法专案,盼即从速寄来。所拟计划,最好将苏、浙内河、外海之水警,设法彼此打成一片,藉便统筹而宏实效为要。

电鲁涤平云:养电悉。贵恙渐痊,甚慰。据墨三电告:苏水警原分外海,内江两厅,复经合并为一。现时整顿办法,一面严办不法警官,一面精选负责人员。并对警兵只开不补,以为厉行淘汰张本等语。浙省内河、外海之水警,亦盼积极整顿。最好能将苏、浙所有内、外水警,彼此打成一片。望本此旨,拟具计划,寄呈阅核为要。

电陈诚云:马电悉。第十一师修筑永丰至安乐汽车道路,既坚且美,军民交利。希对该官兵,传谕嘉奖。

晚与杨振声、唐擘黄二君谈教育。批阅积案,凡五十件,至深夜始睡。

资料来源:《事略稿本——民国二十一年十一月》,台湾"国史馆"藏蒋中正"总统"文物全宗,第85—87页。

51. 军委会北平分会致蒋中正电(1932年11月24日)

来电第15444号

南京军委会汉口蒋委员长钧鉴:参谋本部、军政部勋鉴:密。据海拉尔苏

炳文寒无线电称:谨将日方摘和来电及应付办法,谨陈如次:

(1) 长春来电,苏司令炳文钧鉴:关东军司令官因与阁下有交涉,派交涉员于十一月五日,至俄境妈子罗夫思卡牙站。希望彼时贵处亦派交涉到该站为盼。关东军小机参谋长。冬。

(2) 哈埠来电,苏司令炳文勋鉴:今与司令接洽意见,遵照关东军司令官命令,职官任为兵权委员长,率同宫崎少佐等委员,定于本月八日,乘坐飞机赴至满洲里西方马支埃斯科牙站。爰请司令妥派代表,责成至该处相与接洽,如司令亲自东驾更好。吾等二人素属司令旧□,知司令心怀畅达,故必将为司令有所尽焉。即希洞鉴吾等诚意所在,切勿生虑。允予从速接洽,并祈示知贵代表姓名为盼。驻哈尔滨日本特务机关长小松原叩。

(3) 小松原乘飞机于真日过海,赴马蹄页子站。并闻向苏联宣传:此次日方应我请求,故派员摘和等语。其随员等亦分乘飞机两架,过海赴俄。

(4) 查日方求和各电,此间向置未理。惟恐淆惑观听,除向苏联严重声明:我方决无对日言和之意外,请钧会速向中央宣传,庶免误会。

(5) 据确报,日本因李顿报告书中谓:"满洲国"之成立,非出民意。因此关东军小矶参谋长于本月一日来江,强迫各县法团,出具拥护"满洲国"证明书,业由伪省长韩云阶捏造交出关。奉、吉两省,亦采同样办法。查日人此举,原拟欺骗国联,倘不加以辩明,揭穿黑幕,深恐远道传闻,以伪乱真。况国联开会在即,上述四、五两项所关尤重。万祈钧会火速迳电国联,力予更正,藉明真相,无任盼切。

(6) 马主席率骑兵千余人,由西南已抵扎兰屯,文即将前往晤商一切等情,谨电奉闻。军委会北平分会叩。印。

资料来源:《沈阳事变(二)》,台湾"国史馆"藏蒋中正"总统"文物全宗,第434—437 页。

52. 孔祥熙函蒋中正赴美考察实业与联络邦交经过情形(1932 年 11 月 24 日)

介石吾兄委员长钧鉴:抵美以后,曾三次上书详陈一切,想荷鉴及。前月在纽约略作勾留,旋至华府,小住十日,月初复返纽约。本拟从速离美赴欧洲,乃以此间尚有要事正待进行,遂将行期展缓。缘此次在美,拟以考察实业与联络邦交二者同时并进。近因国联开会为期已届，美国又在总统改选之时，各方接洽，正关紧要。故尤须极力宣传联络，以资鼓吹而助声援。弟于抵华府之翌日，即晋见胡佛总统。值其出京竞选，正欲首途，特谢绝他客，拨冗接见。虽谈话不过半小时，然于增进两国邦交，彼此均有极诚恳之表示。弟在谈次曾为吾兄贤伉俪致意，并代赠近影一帧。胡佛于临别时，亦嘱弟转为问候。嗣后，历访国务卿史汀生及商务、农务、劳工各部部、次长，并承史汀生诸人先后设宴招待。

关于东三省问题，史汀生本素主张积极援助。近以中国内争迭起，又值美国选举正忙，似不免稍存疑虑。经弟迭次婉为辨明，幸能予以谅解。此外，尚晤见多数国会议员及新闻记者，相与倾谈，均极融洽。复前往华盛顿陵园及欧战阵亡将士公墓，致花圈表敬意。报章为之宣布，颇得一般民众之同情。又经商同使馆，开午餐会，招待外宾数十人。开茶会一次，招待外宾百余人。政界要人，居其半数，席间畅叙，备极欢洽，咸称为中国外交界，数年来未有之盛举焉。迄由华府返纽约，则大选已届，民主党罗斯福，卒获当选。弟意，美国对于远东，素来主张维持和平，开放门户。无论何党秉政，宜不至多所变更。惟罗斯福关于东省问题，未尝明白表示意见。外间遂有疑为意存消极者，加以日人乘机离间，故作攻击史汀生，欢迎罗斯福之论调，以耸听闻。而美新闻界复偶流露一二不利于中国之言辞，一般舆论遂不免为所淆惑。

窃以值此危疑震撼之秋，一方面应深入民众团体，极力鼓动，以博舆论界之后援；一方面应与民主党要人曲意连欢，以树将来邦交上之基础。故旬日以来，先后出席于美国外交政策之辩论会，讨论李顿报告书问题。对于美人费斐及日人荒木之言论，多所诘难，甚得会场之赞许。出席于中美协会之午餐会，演讲东三省及上海事变经过情形，与苏克次启等反复辩论，亦终使之屈服。出席于李君国钦招待美国各界人士之宴会，演说中国最近建设计划，闻者均极感满意。出席于太平洋协会之晚餐会，说明东省问题与世界和平之关系。在座诸人均表赞同。又中美文化协会、中国学生会及侨商团体，亦曾迭次招请演说，均为剀切开导，无不感奋有加。现正与之商洽，合组永远宣传机关，俾收通力合作之效。但以所需经费尚待筹维，未能亟谋发展，深以为憾。此外，随时接见各界人士，并常与工商界各领袖晤谈，均相机力予宣传，冀获稍收微效。即内子维身体间有不适，亦常力疾参加，所为助力，正复不少。此间深通东方事情之新闻记者，如苏克次启、费斐连仁诸人，在言论界颇具势力。弟以其非设法羁縻,常易发生反动,故对于彼等,或以友谊劝慰,或以正义相绳,冀可渐谋合作。近日彼等持论亦多有所顾忌,此则弟之所堪引以自慰者。至民主党要人,弟与之直接、间接,多略有关系,来美以后,常竭诚相与周旋。如伯克、何士伦等,近来过从甚密,颇闻罗斯福对于远东政策,不愿有所纷更。将来政府人选,限时尚未确定,若能多得二三表同情于中国者,加入阁员,嗣后外交进行,必更顺利。此亦弟近来所努力,以图维者也。

考察实业一事,为此行使命所在,自未敢稍涉疏忽。前在华府曾督率随从人员,逐日前赴实业。有关各部分,分别调查其组织内容及行政计划,并参观商务部之标准局、特许局,农务部之农业推广局、中央农民局,劳工部之救济失业各机关。凡此数者,均与美国事业发展关系甚切,故研究不厌求详。回纽以后,复先后考察当地之美国精糖工厂、证券交易所、物产交易所及各大银行,更前往波提姆儿市,参观毕兹列们钢铁工厂。前往赫德和市及纽合芬市,参观柯得兵工厂及温彻思德兵工厂。以上各处,均属规模宏大,组织精密,设备完全。在美国工商业中,声望卓著。一经研究,始知美国生产能力之雄厚,及此次经济恐慌之由来,实非偶然也。

盖此次经济恐慌,虽遍及于世界各国,而美国受害实为最烈。言其远因,则以美国当欧战之后,竞用合理化之技术及大量生产之方法,力求生产增加。然货物之销场,在于海外者,则以各国关税提高,币价跌落,后进国之工业,渐趋发展,既不能尽量推销。其在于国内者,又以机器代替人工之故,而工人之失业日增。以农产滞销之故,而农民之购买力日减,卒至物价不能维持。农、工各业均陷于生产过剩之状态。乃复有近因乘之,遂以促其恐慌之暴发。盖当其盛时,国内各公司股利甚丰,所有全国游资,均竞投之于股票,股价因之大涨。迨至物价跌落,股利顿减,遂又群起而以其股票出售,于是股价大跌。交易所顿起恐慌,而金融界继之,而全国工商界继之。恐慌之现象,乃成燎原之势,无法使之扑灭矣。

综计三年之中,美国物价跌落,平均几及二分之一。雇工之失业者,增至一千二三百万人。工商界之破产者,达二十二万余家。人民收入减少几及其半,所蒙损失以数百万万美金计。现在农、工阶级之流离失所无以自活者,不下数百万家。其恐慌所及,范围之广,影响之巨,盖亦可概见矣。三年以来,美国政府怵于民力之凋敝,乃积极设法力图补救,如为调剂农产贩运,则有农产交易法之公布。为改善农民经济,则有中央农民局之设立。为援助产业复兴,则有产业资金借贷机关之创设。为维持货物价格,则有何利士毛得关税法之制定。为防止生产过度,则有限生产数量之指导。为增加工人工作,则有公共事业之扩张。为赈邮失业工人,则有公共救灾机关之组织。凡此数事,皆由政府倾注全力以赴之。惟时值创巨痛深,挽救究非易事,辗转迄于近日,始获略有转机。

据最近统计,其国内物价之提高,失业之减少,工作之增进,尚不过百分之二三左右。欲求恢复三年以前之原状,前途正极辽远也。弟就美国此次之恐慌,加以研究,方知一国之致力于经济之发展也,必先兼筹并顾,思患而预防之。如增加生产数量,必使之与人民消费能力互相适应。改良生产技术,必使之与劳工职业无所妨害。又农业之发达,必求与工业进步同时并行。分配之公平,必谋与资本增加互为表里。夫而后事不偏举,人不偏废,物得其用,价得其平,国利民福,交受其利焉。总理三民主义、实业计划虑远思深,实为独具卓见。今日欧美各国,尚未能庶几及此。正吾人借助他山,自相攻错之时机也。久未修候,辄将近日工作状况,暨管窥所及,拉杂奉陈。伏希酌察,无任企幸。专此,敬颂钧安。

祥熙

十一月廿四日

资料来源:《一般资料——党国先进书翰(一)》,台湾"国史馆"藏蒋中正"总统"文物全宗,第209—223页。

53. 军事委员会委员长行营秘书长办公室呈文(1932年)①

国联大会报告书草案②

国际联合会调查团对于中日问题报告书节要

第四部:建议之叙述

本部系叙明关于此次争执事件,大会所视为公允、适合之建议。

---

① 编者按:"国史馆"对该档案的提名摘要是"军事委员会委员长行营秘书长办公室呈九一八事变国联调查团报告及各方意见及外交委员会委员对于李顿报告书意见",原文档顺序错乱,已对文档段落顺序进行调整。

② 编者按:原文缺失。

第一节

大会之建议系注意本案件异常特殊之情形,并以下列各项原则条件及观念为基础:

一、本争执事件解决之办法,须遵守国联盟约、非战公约及华盛顿九国条约之规定。

查盟约第十条规定:联合会会员,担任尊重并保持所有联合会各会员国之领土完全,及现有之政治上独立,以防御外来之侵犯。如遇此种侵犯,或有此种侵犯之任何威吓,或危险之虞时,行政院应筹履行此项义务之方法。

依照非战公约第二条,缔约各国互允,各国间设有事端,不论如何性质,因何发端,只可用和平方法解决之。

依照华会九国条约第一条,除中国外,缔约各国协定:尊重中国之主权与独立,暨领土与行政之完整。

二、本争执事件之解决办法,须遵守一九三二年三月十一日大会决议案,第一、第二两节。该议决案条文,已见本报告书中。大会在上述决议案内,认盟约所载各项规定,对于此次争执,完全适用。尤以关于:

(一)严格尊重条约之原则。

(二)国联各会员国间所成立之尊重,并保持所有联合会各会员国领土之完整,及现有政治上之独立,以防御外来侵犯之保证。

(三)国联各会员国间成员,所负将一切争执,由和平方法以求解决之义务。

大会曾采用一九三一年十二月十日,彼时在职之行政院主席宣言中,所定之原则。并回溯行政院十二会员,于一九三二年二月十六日,致日本政府之申请书中,曾重申此项原则。宣言:凡轻视盟约第十条之规定,蹂躏国联会员国领土之完整及变更其政治独立者,国联各会员国均不能认为有效。

大会曾申述意见,以为上述处理国际关系之原则,及上述以和平方法解决国联各会员国间所发生争执之原则,实与非战公约完全符合。大会于尚未采取最后步骤,以解决此项交其处理之争执事件以前,曾宣告上述原则规定,负有一种必须遵守之性质。并声明:凡用违反国联盟约及巴黎公约之方法,所取得之地位、条约或协定,国联会员国均应不予承认。最后,大会并郑重申说:如由任何一方用武力压迫,以觅取中日争执之解决,实与盟约之精神相违。并回溯一九三二年九月卅日及十二月十日,经当事双方同意之行政院所通过之决议。

三、为使中日两国间得以尊重上述各国际义务为基础,树立一种能垂诸久远之谅解起见,解决争执之办法,须遵照李顿报告书中所定之十项原则。即:

(一)适合中日双方之利益。双方均为国联会员国,均有要求国联同样考虑之权利。某种解决,苟双方均不能获得利益,则此种解决,必无补于和平之前途。

(二)考虑苏俄利益。倘仅促进相邻二国间之和平,而忽略第三国之利益,则匪特不公,抑且不智,个能非求和平之道。

(三)遵守现行之多方面条约。任何解决必须遵守国联盟约、非战公约及华盛顿九国公约之规定。

(四)承认日本在满洲之利益。日本在满洲之权利及利益,为不容漠视之事实。凡不承认此点,或忽略日本与该地历史上关系之解决,不能认为满意。

(五)树立中日间之新条约关系。中日二国如欲防止其未来冲突,及恢复其相互信赖与合作。必须另定新约,将中日两国之权利利益与责任,重加声叙。此项条约,应为双方所同意之解决纠纷办法之一部分。

(六)切实规定解决将来纠纷之办法。为补充上开办法,以图便利迅速解决随时发生之轻微纠纷起见,有特订办法之必要。

(七)满洲自治。满洲政府应加以变更,俾其在中国主权及行政完整之范围内,获得高度之自治权,以适应该三省地方情形与特性。新民政机关之组织与管理,务须满足良好政府之要件。

(八)内部之秩序与对于外来侵略之保障。满洲之内部秩序,应以有效的地方宪警维持之。至对于外来侵略之保障,则须将宪警以外之军队,扫数撤退。并须由关系各国,订立互不侵犯条约。

(九)鼓励中日间之经济协调。为达到此目的,中日二国宜订新通商条约。此项条约应有之目的,为将两国间之商业关系,置于公平基础之上,并使其与两国间业经改善之政治关系相适合。

(十)以国际合作促进中国之建设。现时中国政局之不稳,既为中日友好之障碍,并为其他各国所关怀。因远东和平之维持,为国际间所关怀之事件。而上述条件,又非待中国具有强有力之中央政府时,不能满足。故其圆满解决之最终要件,厥惟依据孙中山博士之建议,以暂时的国际合作,促进中国之内部建设。

第二节

本节所载各项规定,系构成大会根据盟约第十五条第四节所作之建议。

大会既确定解决本争执事件,应予适用之原则、条件及观念。爰建议如下:

一、兹因满洲主权既系属诸中国

(一)鉴于日军进驻南满铁路区域以外,及其在铁路区域以外之动作。既与解决本争执事件应予遵守之合法原则不相符合,而在及早期间成立一种与各该原则互相吻合之局势,又在所必要。大会建议,此项军队应予撤退。鉴于本案件之情况,嗣后,建议会商之第一目的,为从事组织上述之撤兵,并决定其方法、步骤及期限。

(二)鉴于满洲地方特殊之情形,及日本在该处特殊之权利利益,以及第三国之权利利益。大会建议,于一合理期间内,在满洲成立一种之组织。该项组织隶属于中国主权之下,与中国行政完整不相违背,并应具有甚大范围之自治,与当地情形相适合。同时,应注意多方面所订之各种现行有效条约,日本之特殊权利利益,第三国之权利利益,与就概括论第一节两项所述之各项原则及条件。至中央与地方政府权限之确定,暨中央与地方政府之关系,由中国政府以宣言方式行之。该项宣言,具有一种国际承认之效力。

二、兹因除甲、乙两报告书所讨论各问题外,调查团报告书在上述第一节两项所订解决本争执事件之原则及条件中,既提及某某其他各种问题、各该问题涉及中日方良好之了解。此种了解,实为远东和平所维系。大会建议,当事两方应以各该原则与条件为基础,将各该问题解决之。

三、兹因实行上述建议之会商,既应由适当机关进行之。大会建议,当事两方依照后开方法开始会商,并请当事各方,向秘书长通知,就关于其本国方便而言,是否以对方亦应接受为唯一之条件,接受大会之建议。

当时双方进行会商时,应由大会照后开方法所组织之,委员会辅助之。

大会兹邀请每一国政府,一俟接到秘书长通知,当事国业已接受大会建议之后,立即派定委员会委员一人。秘书长并应将当事国业已接受大会建议一事,通知美国及苏俄。各该国如愿意指派委员会委员,并应请其各派一人。秘书长在知悉当事双方业经接受大会建议后一个月内,应采取一切适当步骤,开始会商。

为使各会员国于开会后,得评判当事各方,是否遵照大会建议起见:

(一)委员会无论何时,如视为适当,对于会商情形,得缮具报告。而以关于实行上述甲、乙两项建议之会商情形为尤要。关于甲项之建议,委员会无论如何,在开始会商三个月内,应缮具报告书。各该报告书,并应由秘书长分送会员国,及在委员会中派有代表之非会员国。

(二)委员会得将与解释报告书第四部分第二节有关之一切问题,提出于大会。

大会应依照盟约第十五条第十节,并以通过本报告书之相同情形,予以解释。

第三节

鉴于本案件特殊之情形,故所作之建议,并非仅从事恢复一九三一年九月以前存在之原状,亦非维持并承认满洲现在之制度。盖维持并承认满洲现在之制度,与现存国际义务之基本原则,及两国良好之了解,不相符合。而二国良好之了解,实为远东和平所维系。国联会员国之通过本报告,意在遏制,采取任何行动性质近于妨碍或延宕本报告书所建议之实行。而以对于满洲现行制度一事,为尤甚。无论在法律上或事实上,各该国均应继续不承认此种之制度。各该国对于满洲之时局,意在遏制采取任何单独行为。在各会员国及与本事件有关系之非会员国间,应继续采取一致动作。至关于签字九国公约之国联会员国,应回忆依照该条约之规定:无论何时,遇有某种情形发生时,缔约国中之任何一国,认为牵涉本条约规定之适用问题,而该项适用宜付诸讨论者。有关系之缔约各国,应完全坦白,互相通知。

为极力便利在远东成立一种与本报告书建议相符合之局势起见。兹训令秘书长,将该项报告书抄本,分送签字非战公约或九国公约之非国联会员国。并向各该国声明,大会希望各该国赞同报告书之见解,在必要时,并与会员国采取一致之行动及态度。

大会报告书草案①

外交委员会委员对于李顿报告书之意见

叶委员楚伧意见

国联调查团报告第十章建议,乃基于第九章所揭之解决原则者。第九章解决原则,首先认恢复原状为不可能,即表示其以为日本武力造成之事实所屈服。因此之故,调查团为迁就事实计,至有顾问会议之建议。吾人认为,就顾问会议之组织分子与其任务论,显与其所揭示之"无背中国领土及主权完整"

---

① 编者按:原文缺失。

意义相矛盾。且此项建议，已引起我国几已一致之反对。故关于此点，似应就理所不可通，事所不可能，在中国正当之立场，作鲜明之表示。希望国联采用更其有效与合理的途径，或变更其名称组织与任务。

于此似可表示，调查团报告，即于九一八日本行动，为一种精密预备之计划，并非必要的自卫。此事件之发生，自与东三省治安设备无关。但中国为更善的努力起见，愿自动作一切充分适用的设备，使其能力等于建议书中之特殊宪兵。此种设备在进行期内，在认为必要时，亦甚愿延致国外军事战斗人才，以备顾问。

于此似可表示，中国认为东三省政治之症结，在一部分过去的特殊制度之存留，不在急求新兴的特殊制度之创立。中国极愿应调查团友好的企望，使东三省一切政治制度，与内地各省同在一个进步的水平线上，推行自治。中国并将于教育等多方面，推进真正自治之实现。在此推进期内，中国并愿制定一种过渡办法，使在最短期内成立一自治完成以前之初步规模。

于此似可表示，中国愿在无背领土主权完整范围以内，本永久和平精神，重申历来对于国联之忠实态度。在国联公道权衡之下，解决中日间双方同意提出之问题。尤其关于铁路、矿产等，愿本机会均等、经济合作的精神，开发未来的产业，扫除过去的纠纷。

但尚有一重要前提似应表示者。无论中国接受建议至若何程度，经调查团已经指出，而与国联盟约、九国公约显然违背之事态。如：伪国之存在、日本在东三省无限制的军事行动等，须先消歇，乃有正当和平之途径可循。

贺委员耀祖意见

绪言

举世期待之调查团报告书业已发表，节要详加研究，览其观察深刻，持论精密，斟酌句词，煞费苦心。此对调查团全体，尤其对于雷顿[①]爵士，不惜表示钦佩及敬意者也。

报告书之全部大列之为下列三项：

一、叙述中日两国在东三省之权益，第一、二章。

二、考察事变之前丛生之争议，并叙述事变后之经过，第三章至第八章。

---

①　编者按：即李顿。

三、提出解决争议之意见,第九、十章。

一、二两项之叙述颇多公允、适当。间有未及深究中日历史关系,及误解中国之立场者,应加辨明纠正。三项则关系巨大,原则之可否承认,固非此一二人所能决定。兹仅就其细部,叙述意见。兹仅定承认其原则应如何,附以条件加以限制,最后述对于全般之私见,以为结论。

以下所叙,仅归纳一部分之意见,且为我等军人立协之观察间,有偏于过激或与法理龃龉者,应由外交当局权衡国际之关系,伸缩损益,及深通法学者之根据法理,斟酌词句。务求不丧国体,能利用该书之结论,为收回东三省之阶梯可也。

一 报告书中须加辨明者三,纠正者二

(一)对于中国纠纷原因之误解

该报告书谓:"日本因中国近年政局纠纷,此受损失较之其他国为巨。"实则中国近年之战乱,无一不有日本为之鼓动操纵。且日本朝野,莫不希望中国之分裂,以便坐收渔人之利。此种事实不胜枚举,以田中之奏章之自白,最为详尽。调查团未能认识此点,殊为可惜。此应辨明者一也。

(二)对于排外之误解

查排外有蠢动而无理智之性质,在以前不识国际情势,间有发生排外之举动。民国以来,仅求外力压迫之解放,民族合理的生存。常以正常之手段应付,未闻有越规之举动。乃该调查团以我国之国民运动及经济绝交,谓排外,实属遗憾。意者,调查团诸君之祖国,均未脱帝国主义之面目,均身受若果"不合作"消极抵抗之痛苦,不觉深恶之,而故作以违心之论。虽然举世瞩目之调查团诸君,或不如是。此应辨明者二也。

(三)对于经济抵制之误解

我国对日之经济抵制,由于日本之暴力压迫而起征之事实,绝无可疑。此等国民爱国之心,政府固无法制止。国民党为中国之政党,国民党员为中国之国民先觉。对于压迫中国之国家,当然有一致反抗之责任。若谓中国国民之对日经济抵抗为不合理,则无异奖励日本之武力侵略为合理。若以中国国民无法消极之经济抵抗,而调查团尚曰:"是否合于睦谊,抑或于条约义务不相抵触……应及早加以讨论,并以国际条约加以规定。"然则,强国以暴力压迫弱国之是否可用'积极之武力抵抗',亦须有"睦谊"及"条约义务"之顾虑,且亦应规定于"国际条约"之内耶。此节似属调查团之因果倒置,且属于逾乎情理之失言。此应辩言者三也。

（四）将中日二国与东三省对立之纠正

东三省之为中国领土,调查团报告书内一再确认。乃该书第八章中有曰:"深信中、日两国在满洲之经济利益……应入于互相合作之途,不应发生冲突。"第九章适当解决之条件,首列"适合中日双方之利益"。按东三省既属中国领土主权之行使,凡东三省之经济,即中国之经济。中国之利益,亦即东三省之利益。而日本则夺人之利益,以为利益。掠人之经济以为经济。有宗主权之中国,犹有保护权之严父,东三省为其子,而日本则强梁也。乃谓严父愿与强梁合作,而瓜分其子之财产。中外古今,岂有是理。调查团以东三省之土地独立于中日两国以外,先入为主,而有是先后矛盾之语,不禁怅惜之至。此应纠正者一也。

（五）日本在东三省驻兵数目之纠正

"……约有一万兵士保护该地……有增兵至一万五千之权。"查日本之获得护路驻兵权,根据于《朴资茅斯条约》,其中规定每吉米为一十五名,而一九〇五年中日满洲善后条约中,并未予以承认。又按南满路及其支线合长为一千一百十一吉米,其最大驻兵限制为一六四五〇名。而安奉路之改筑,在《朴资茅斯条约》订立之后,当然不能援以为例。除去安奉路之二百四十二吉米,实应驻兵不得逾一二八七〇名。乃二十年夏,东北各机关之调查为二八一一七名,且其非正式之部队,遍布东北各地,总计不下七八万名。而日本之所宣示于调查团者,谓一万名,必要时可增至一万五千名,谬误实甚。是应纠正者二也。

二　三项之中应驳斥者三,应限制者三,疑问者四

（一）东三省成立自治政府,应驳斥也。

东三省之于我国,该书一再承认为我国之领土,且从种族、文化、国民性情各方面与山东、河北无异。而日本尚敢虚弄策术,以无赖之口吻妄造"满蒙非支那领土"（见田中奏章）之与竭力图谋使其脱离中国。若任其自治,则日本将更有所借口,且将更易于施其抢夺之恶计,使东三省完全脱离我宗主权也。况中国边疆,尚有蒙古、新疆、西藏等地与内部之关系,尚不如东三省之密切。种族、文化、风俗习惯异于内地,则更可援例藉口施行自治。彼帝国主义者日夜窥伺于旁,离间拨弄。行将见我国边疆,逐渐脱离我国之主权而去。是实违反国联盟约、九国公约之精神,不可不驳斥。

（二）"不能恢复原状"，应驳斥者也。

第九章有曰："此次冲突，原系发生于去年九月前所存在之各种情形之下，故今日另将各种情形恢复原状，亦复使纠纷重见。是仅就理论方面着想，日本估计局势之真相者也。"聊聊［寥寥］数语，竟将以前国联历次决议之日本军队退入铁路界内，恢复九一八以前状态，及我国忍辱至今，希望国联主持正义之希望，完全推翻。盖九一八事变，在日本为暴力侵略，在我国为尊重国联盟约，提请公断。国联为保持威信、维持盟约计，自应先以劝告，令退出以暴力侵占之地域。日若不从，再利用进一步手段以行制裁，方为正当。乃国联之数次决议，不值暴力之一顾，反扩大范围，扰及平津、淞沪。国联吞声忍气，视若无睹。国联之失败，莫有甚于此者。今者变本加厉，助纣为虐谓曰："……恢复原状，徒使纠纷重见……"是无异国联自陈以前数次决议为不合理，而奖励暴力侵占为合理也。

要之，"恢复原状"为前提，继之以交涉解决纠纷。若临之以暴力，而使之进行交涉，则中国非战败国，焉能承认。况在暴力压迫之下而进行交涉，则日本之所谓利益，将予取予求，无限扩大。是应驳斥者二也。

（三）顾问会议组织应驳斥也。

东三省之土地为中国领土，东三省之人民为中国国民，则其行政之顺序及组织自应由中国政府统制之，不容他国之干预。乃决书有曰："召集顾问会议，讨论并提出详密之建议。设立一特殊制度，以治理东三省。"及检其组织之方法，则曰："此项会议可由中日两国政府之代表，暨代表当地人民之代表团两组，组成之……"是日本之暴力侵略东三省，不但不负应有之责任，反因此而得干涉东三省内政之权。日本以暴力临之，则所产出之自治政府，与今日之傀儡相去几希。

况日本规定方法所选出之人民代表，当然为居住当地之日本人（伪国以居住东三省地域内之日本、朝鲜、白俄人均为伪国人民），或为被日本所利用之伪国傀儡。此种复杂分子所成之会议，决不能推诚相见。是又意料而隐然，以所谓东三省自治政府之产生机关自认。未知调查团究任东三省之统治权属于何国？如曰属于中国，则决不能容有此非驴非马之机关，启列国干涉我内政之渐。是应驳斥者三也。

（四）所谓"承认日本在满洲之权益"应加限制也。

日本之所谓"满洲权益"，无不横取豪夺而得之。依国际平等之立场，九国条约之精神,如此次不宣而战,则前此以正当手续所订之中日国际各条约,吾国可宣言废弃,概不承认。即退一步言,接受该书所举之条件,承认日本在满洲之权益,以图迅速解决纠纷。然则我未经承认之"二十一条",是否须追认之耶。现在日本以暴力侵占,逾乎"二十一条件"以外之利益,亦必强我承认耶。且"二十一条"内涉于蒙古、山东、汉冶萍之利益,我亦能承认否耶? 未经我国承认者,是否可施行追认。未经条约确定者,是否可加以保障。凡此种种,固属于将当交涉之冲者,斟酌情势,权衡轻重而核夺。要之,不能不加以限制者一也。

（五）居住权之范围应加以限制也。

居住权者,为"二十一条"所要求,而至今未承认者也。与居住权连带之领事裁判权,乃吾国要求废除不平等条约之一也。如规定完于中日新约,则无确定其承认增加其保障,使日本之武装移民横行。东北不出十年,东三省则名存而实亡。况领事裁判权,我国已进行撤废,如日本藉口该地特约而独行保留,则总理之遗志,将无达成之期。再者,遍览"二十一条",其所要求之居住权,仅及于南满、东蒙。而该书则妄加以"吾等相信若不附以领事裁判权,中国愿将现在有限制之居住权推及于东省全境"之论断。该团不免逾越其任务,而吾国当交涉,不得不加以限制者二也。

（六）顾问监督之额数及权力宜有限制也。

依该书所叙,则将来东三省自治政府中,行政、司法、警政、财政所有各机关,无不有外国人员□□其间,而日本人将占多数。但吾国聘佣外国人员之经验,虽西洋人之服务海关、警务各机关,克尽厥职,有可称道,而尚有滥用职权、虚糜国帑之嫌外。至日本人员,则无处不表示偏狭之见解、岛国之气度。而中国历次内乱,无不有日本顾问从中作出,亦尤可痛心者。九一八事变当时,占领沈阳兵工厂者,该厂所佣之日本技师率之。占领讲武堂者,该堂所聘之日本教官率之。占领航空部者,该部所解雇之教官及技术人员率之。甚之,九一八之首魁本庄繁,拥立溥仪之首魁土肥原,莫不曾任东三省政府之顾问。我国受外国顾问之赐,无复有加。而该团尚曰:"在新政体草创及施行期内,掌有广泛权限、顾问权限当在宣言中规定之。"岂非将沦东三省于国际共管,或日本统治不止。是则,不得不于交涉之时,极力限制者三也。

（七）自治政府所具之宪警其实力如何? 是否具保卫地方制止外侮之能力。

"由外国教练官之协助,组织特别宪兵,为东三省内唯一武装实力。"无论日本驻东三省之军队,按《中日东三省善后条约》,应亟早撤退(详龚德柏《揭破日本之阴谋》书中)。而中国为行使宗主权,不能承认撤退军队,而代以国际警察。即退一步,而中日双方武力同时撤退,究竟东三省应具宪兵之实力如何。若为充足保卫地方,制止外侮,则北有赤俄,南有暴日,非有三十万常备兵不足用(仅就日本之常备兵额而论)。如是,则不但东三省财力不及,且在中国统治之下,决不容有如此巨大特异之武力,否则亦徒供日俄之任意宰割耳(若以不侵犯条约为护符,不用为此巨大力量之宪警,则于下项述之)。是则,不得不疑问者一也。

(八)中日和解仲裁不侵犯及互助之条约,日本是否能遵重到底。

日本此次暴行违反《国联盟约》《九国公约》,乃不可移之事实。经国联一再劝告,而日本逞其兽行,横行到底。在世界列强及国联视听之下,几将国际公法、国际条约完全破弃。然则对无武力之东三省,以其传统国策之大陆主义,特有三线、三港之交通。何惜乎中日间不侵犯互助之条约,而不再破坏耶。其所谓"和解委员会"、"公断庭"者,如不为日本侵略保障之机关,则日本固随时可一蹴去之。堂堂国联,至今威信堕地,自保不暇,安有保证日本遵重此种条约之能力。是不得不疑问者二也。

(九)南满铁道及关东州是否归还东三省自治政府。

日本之在东北,以关东州为侵略之根据,以南满铁道为侵略之先锋。该两地方,在东三省区域内,几为一独立强有力之国家。若不能归还所谓"东三省自治政府",则肘腋之间,强梁逼处。东三省政府,决不能一日安枕,而在日本根据条约,又为侵入满蒙之立脚点,决不能轻轻放弃,未悉该团以何法善其后。该团之宣言,固以"解除冲突之原因"为要旨,如此以强国之一足,深入他国之心腹,而谓解除冲突之原因者,吾恐适得其反。是不得不疑问者三也。

(十)中日铁路合作能否不蹈以前中日合办各事业之覆辙耶。

合并中日两国之铁路业务,平均利益之原则。在理论上,我似无可非议。但在事实上,日本以统治之资本、灵活之手段,遂逐次蚕食,行将见东北数年来惨淡经营之铁路网,全为日本一手支配。以往之中日两国合办事业之结果,可为殷鉴。况南满铁路根据条约,收回有期。若从新协定,则无异与日人以无期占有之利。调查团之偏袒日方,于此点颇为显明。是不得不疑问者四也。

结言

报告书九、十两章,乃调查团依以前之观察,陈述认为可以解决中日冲突,并预防以后类似此种冲突之发生。其持论之要点有二:

一、中日之争议,以两国人员所组织之顾问会议解决之。其实,不外仍任两国之"直接交涉"。

二、东三省以自治政府统治之,而各种机关加入多数外国顾问,以特别宪警保持治安。而撤退一切武力,其实无异"国际共管"。

中华民国国民根据以上之提议,因其观察之不同,将有下列二种意见:

一、认为东三省已为日本之囊中物,我国因以武力收回,决非易事,则该书"保留中央政府权限"内所述,关于外交权长官任命、训令权,及海关、邮政、盐务权、印花税、烟酒税、行政权均得收回,已不可不为暂时的满足。

二、不认日本以暴力夺取占为己有,则该书所述"东三省自治"、撤退中国军备、"无行之国际共管",均不能承认。希望国联之主持正义,实行负责,而且为进一步之裁制。

吾等为中华民国国民之一份子,爱国不后人,尤其为身负卫国保民重责之军人,固不能承认日本之暴力占领东三省为合理,则当然不能以一项之办法为满足。然我国目下之武力,既不必能一举而夺回东三省,一般主战者所谓"战亦亡,不战亦亡。与其不战而亡,焉如一战"者,仅属国民爱国兴奋之口号,非慎于谋国者所应具之意志。至国联之决议,不值日本之一顾,威信堕地,无法裁制,枉论进一步之办法。观其此次报告书九、十两章之言词闪烁,意见模棱,不敢开罪日方,不使强我牺牲,亦已情见势相形绌矣。然则武力既不可恃,国联又不可望,迁延时日,徒使日本之经营东三省,与日俱进。而吾国收回之希望,日益淡薄而已。时势所演进,或已令吾人不得不于附有条件之下,同意于调查团报告书所提之原则。其条件惟何? 曰:

一、以恢复旧状为前提。

二、日本如以信诚相见,不反对直接交涉,其组织法及步骤应斟酌。

三、东三省之自治,应依总理建国方略之顺序,使之自然演进。

四、于不十分妨碍我主权,及不背国际现行多方面条约之精神,可以承认日本在东北之利益。("二十一条"可否承认,或保留其一部,应斟酌)

五、居住权及其附带之领事裁判权,依"二十一条"之要求,亦仅限于南满及热河。但领事裁判权待全国达废止之时,应亦随之废止。

六、东三省政府之建立及设施,有领土权之中国中央政府,自有权衡(以治安维持之权为尤然)不能委之于绝无根据之顾问会议。

七、关于中日直接交涉之会议(该书之所谓顾问会议),其组织法可以接受,但人民代表应指明为,事变前东三省各地方团体所推选者,而其推选绝对不受日本武力之干涉。(是否可容许外国人员之参加,应斟酌。)

八、顾问名额及权力,应予限制,并保留政府有随时黜退之权,或附以逐年减少名额之办法。

邵委员元冲意见

对于国联调查团报告节略第九、第十两章之意见

一、建议与事实观察之矛盾

调查团报告书欲努力于中日纠纷调解。故其前八章之叙述中,时时有关于日本应负责任之事实之说略。(如第四章叙,去年九一八之事变,日军有预谋准备及非为必要之自卫。又,第六章叙称,构成所谓"满洲国"之日本责任。)及承认东北在中国地方政府之设施,已有相当之进步。(如第二章叙述,东北在张作霖、张学良统治时代,关于人民之利益,其经济富源之发展及组织,较从前确有显著之进步。)说明东北人民并无独立之需求与运动。(如第六章称,在一九三一年九月以前,满洲毫无闻有独立运动,其所以有此运动者,乃日本军队在场所致也。)日本非分□要求,为妨碍中国主权。(如第三章称,日军要求东北特殊地位,与中国主权冲突,并与国民政府之政策亦不相容。)日本不变更其政策与中国接近不可能。(如第七章称,两国间政治关系一日不圆满,以致一方采用武力,一方则采取经济抵制力量以抵抗时,则一日无接通之可能。)乃仍放弃国联大会之历次决议,而只求调解之成立。中日两国之关系能勉强恢复,及国际间门户开放之原则下,相当限制日本在东北之权利。故其第九、第十两章所建议之原则及办法每多不叙,与前八章所调查之事实及观察相矛盾,而成一变相的国际共管东北之方案。此其大概也。

惟其所建议之办法,为一变相的国际共管东北。故虽在观察上,已承认于九一八以前之数年,东北之政治、经济已有相当之进步,及东北人民并不要求独立,乃仍悍然以恢复原状为不可能,而主张所谓满洲自治,并设置所谓"顾问会议"。而此等办法之实行,并须由中国政府宣言承受,并被认为对中国政府,有国际协定之约束性质,则此后东北之断送,将由被日本强劫以去之盗劫行为,而为中国自愿承受国际共管之合法事实。此万不能容受者也。

且此等极显明之日本以武力强劫东北,违反国际一切约束之事实,尚认为不能恢复原状,而须置之于变相的国际共管之下,则此例一开,以后任何强国皆得模仿日本之行为,对中国任何区域加以武力的侵略,而结果则由国际决定,使中国承受此变相的国际共管之办法。则影响所及,数年以后,中国全境非划分为若干变相的国际共管区域不止,则中央政府,将来纵使尚能保持一统治全国之虚名,而实际上至多成为一东周之皇室而已。

基于以上理论、事实及利害之观察,认为报告书建议案中之东北自治及设置国际的顾问会议制度,关系于中国前途之生死存亡,决不能稍事让步。且即以对全国国民整个热烈之情绪而言,中央若对此重大之点,加以迁就,亦适以引起国民对中央强烈之反抗。恐乱事一发,收拾愈难,非国家之福也。

除东北自治及顾问会议之两点,绝对不能迁就外,其他原则及办法,均尚可酌量修正。若国联能容纳修正案固佳。否则,宁使东北照现在之情势暂时迁延,而努力于实际有效之方法,以待事实之变化,使日本不获得法律上之根据,始终为侵扰之行为,并疲于奔命,引起其内变,并酝酿国际之变化也。

二、对于第九章中十项原则之修正及意见

(一)适合中日双方之利益。(补充)尤其应注意中国国家生存,及主权上应保持之利益。

(二)考虑苏联利益。(意见)大体赞同。

(三)遵守现行多方面之条约。(意见)赞成。

(四)承认日本在满洲之利益。(修正)承认其合法之利益。

(五)树立中日间之新条约关系。(补充)须在不损害中国主权及领土权、行政权完整之原则之下。

(六)解决将来纠纷之有效办法。(意见)就提出办法作实际之研究,再行分别决定。

(七)满洲自治。(意见)坚决反对。

(八)以宪警维持地方秩序,而撤退其他军队。(修正)可划定特定区域,驻扎国防军队外,其他地方之治安,可以严格训练之宪警维持之。

(九)成立中日间经济协调。(意见)有条件有限制的赞同。

(十)以国际合作促进中国之建设。(补充)须在不损害中国主权之原则之下。

三、对于建议之修正案

（一）东北问题之处置，必须于国联盟约、非战公约、九国公约之规定，及不损害中国主权及领土权之原则之下。

（二）依条约之修正及解释，承认日本在东北合法之利益。

（三）中日间新条约之修订及经济协调之成立，应在不损害中国主权及领土权、行政权之原则之下。

（四）对于将来纠纷之解决，得订仲裁条约，设置仲裁委员会，以解释条约上之争议或其他纠纷。

前项仲裁委员会，必要时，得延请第三国人员加入之。

（五）中国中央政府可在东北划定国防，以配置国防军队外，其他地方治安之维持，由地方政府严格训练之宪警担任之。

（六）赞同在不损害中国主权领土权完整之原则下，以国际合作促进中国之建设。

（七）为政治改良及经济社会建设。只需要得由东北地方政府，自动聘用国际之专门家为顾问。在指定之工作范围下服务，但不得干涉行政。

（八）中国政府郑重声明：要求保留自去年九一八以来，日本对东三省及淞沪，所加之种种侵略破坏行为之损害赔偿权。

罗委员文干意见

对于国联调查团报告书为理论的批评，易谋解决的应付。虽若谋应付之方，非先明了国际、日本及我国情形不可。

一、国际情形

自东北问题发生后，各国不能迳与日本以条约上之制裁。在表面上，虽曰不明了远东情形，须派员调查，骨子里实因不欲开罪日本，而予以敷衍。否则，可照前数年希腊与保加利亚，及最近保尼维亚与巴拉哇间之纷争处理办法案例。自报告书后发表后，认该报告书为完满者，只有一美国。认该报告书为不完满者，只有一日本。其他如英、法、德等国之舆论，均毁誉参半。至国联会员中，其各小国则深恐，此恶例一开，本身亦蒙其影响，故对报告书之建议，深予怀疑。其各大国则多仅以能维持远东和平及国联体面，于为愿已足。故各国政府尚无明确表示，将来大约恐仍持其调停态度。小国不满意而无实力，大国不满意而不肯牺牲，从井救人，故以今日之国际情形而论，日本苟能就范，接受报告，则各国亦将得了且了。日本苟不就范，则国际间未必能默尔而息，而国际上首先发难者当为美国,斯时中俄两国苟能有最后之决心与准备,美国必有露骨之表示。美国态度一有决定,美法两国证诸一年来之往事,殆不得不随其后,天下将从此多事矣。

二、日本情形

日本为贯彻其大陆政策及积极政策起见,其目的固不仅吞并东北为已足。故就其军事方面观之,关于东北问题之解决,若依照李顿报告,日本必不肯就范。然就其财政方面观之,则经济困难,几濒破产。倘与之旷日持久,有不能不就范制者。若仅欲及外交以牵制之,则以日本之趾高气扬,诚如荒木所言:东省问题,日本决不准他人干涉。故国联或美国,苟全赖李顿报告,而无其他方法之制裁,实不应以范围之也。

三、我国情形

以我国今日之实力论,若欲以武力收复失地,事实上实不可能。将来万一遇国际战争,或尚有参战之可能性。现在之抗日武器,惟有义军及抵制日货。而国人对于东省解决之希望,如此其奢;抵抗实力,又如此其小。故将来东省问题之解决,日本肯否就范,外国肯否援助,全视我义勇军及抵制日货之持久性。而以上二者,果能再接再厉,条件必较现李顿之报告为优。不然,我国政府对李顿报告即允全部无条件接受,恐亦无效。国联大会开会,对日本势必坚持更利于彼之解决。国联或将挟我俯就,以求了事。彼时欲求今日报告之结果,亦不可得矣。

国际、日本及我国情形,既经明了,期可进而谋应付。应付有一成不变之方针,亦有随机应变之方法。

(一)方针:方针有四(见月前演说词)。

1. 绝不能以我国之尺土寸地让与他人。

2. 谈中日亲善,绝不容有"满洲国"之存在。

3. 谈中日关系,绝不容有"满洲国"之参加。

4. 维持远东和平、国际条约及我国之主权。

(二)方法:应付方法,故应视国际潮流、日本态度及我国实力而定。尤要者,应看日本来势如何。日本对于国联所持态度,不外左列两种:

1. 蔑视国联。现在日本朝野,皆非难报告。外部起草痛驳,军部声明枪头政策。此果见诸实行,则日本必开罪于世界,或因此而引起第二次之世界大战。此时,我国应付方法非复对于报告书之批评与接受之问题,而为准备军事,参加大战之问题。我国绝不能再如日俄战争时之采中立态度,欧战时之采参而不战态度。并欲随世界大势,而取得优越之条件,如欧战时之比利时,则断非袖手旁观而所能办到。

2. 敷衍国联。若日本不致强横,乃尔抹杀一切,实行荒木所称之枪头政策,而对国联仍虚与委蛇,此时我国应付之方法,应视其对报告书态度如何而定。若日本对报告书全不接受,则我国只对于绝对有利于我者及关系我之主权及国际条约之威严者,则主张之,其他不提;暗中从事挑拨离间,使日本孤立,以引起国际纷扰。如日本对报告书一部接受,一部驳斥,则我除对于最有力及最不利于我者,须绝对坚持外,其他无大利害者,则空言提及之;设法拖延,使我义军、抵货继续收效,致日本于经济破产。如日本对报告书全不接受,我国则最感困难。此时只有对于绝对不能接受者,始能坚持力争,其他恐不能不就国联之范,方不致国联视我为绝物。至报告书,乃五委员所制成。闻初稿与现在发表者,颇有异歧,与法国助日大有关系。现在法国态度已有变更,报告书之建议,英美委员对之,似尚非完全同意。其他德意委员,亦无欲坚持到底者。故纵日本全部接受,我国仍有措置之余地。

由是观之,解决东省问题最有利于我方者,厥为日本退出国联,引起国际纷扰。盖不如是,不足以免去国际之调解性质,希冀有收回法律上权利之一日。我国处此,即应一面准备军事,一面挑拨各国,且或于无害我国主权之条件之下,与英美以权利,以促成此局面。苟不能引起日本退出国联国际纷扰,则抵货与义军应进行□□,外交方有后盾。

总言之,日本之强横,如能使其在国际愈孤立,使其经济愈破产,则我国将欲有利。故我国对于报告书,固无须失望,怨天尤人,亦毋须色喜,再事倚赖。应持以镇静,坐观变化,假以时日,当尚有较好之机会。至九国会议,假使日本不更多行不义,国联束手,美国未必召集。即召集,而其解决之道,则又恐与此次李顿报告之建议,相差无几耳。

报告书内容审查结果约可分为五款[①]:

(一)利于我者,我应主张之。

(二)不利于我者,我应拒绝之。

(二)互有利害者,我应斟酌利多害少者,采择之。

---

① 编者按:原文无第五款。

（四）无利无害者，我可敷衍之，搪塞之，说明之。详陈如左：

1. 绪言"概念"第二段，有"不坚执已往行动之责任"句。果如此，则日本一年来之行动，是谓无责任。以后即照下句所称"特别□□于寻求防止将来再发生此类行动"之方法，国联果有保证乎？国联果能相信日本之武力政策，专仅为东省之争端而起乎？对于我东省、上海此年来之无辜损失，其谁负此责任耶？此点我不可不争。

2. 报告第一章有足议者数端：

（1）中国政象不安，足以胁迫世界之和平，构成世界经济之不景气。其于原因、结果，关系相去甚远。世界和平之胁迫及其经济不景气，实□因于欧战。今以其罪加诸中国，实足淆惑观听，我不可不说明。

（2）报告书详述我国百年来政况后，其结论谓：即此可知分离之中国现状，仍具有威权。虽亦有谓我重家族或地方观念而不重国家观念之批评，然同时亦谓我中央政权并未否认等语。是证明我是有组织之国家。此点是于我有利者。

（3）"共匪"真相报告书，过甚其词。然反驳之莫如事实，现"共匪"渐告肃清，则其说不攻自破。

（4）中国排外运动之过当。报告书不深责外国对我压迫之经过，而责我之排外，唾面自干，恐求之于国际政治法律史也。此点应予说明。

（5）国际合作，中国无时不欢迎，但日本之武力胁迫，我所反对耳。此点亦应说明。

3. 第二章谓：目下满洲之属于中国，已为不可变之事实。又谓：张作霖屡次宣告独立，并非表示与中国分离。不过参加内战，是皆于我有利。至谓"我滥用私人，官僚腐化及行政窳败，此是事实，我则正宜反省，毋须辩论。惟本章末段谓日本在东省有各种之军事上顾虑，则未免杞人忧天。日强俄弱，且俄之"赤化"宣传，只我穷瘠之省份，受其影响。东省地广民富，人人安居乐业，九一八以前，未闻东省有"共匪"也。此点不可不加以说明。

4. 第三章所称：解决不断纷争之两条件：其一，出于双方自由志愿，并同意承受。其一，出于双方在经济、政治事项上，曾经详细考虑之合作政策。足见李顿报告，虽未下明显之断语，亦知日本对我方之无理要求。盖一九零五年及一九一五年之条约并各种铁路合同，皆与上述两条件抵触。本章末段谓：日本军人竟不能忍耐，用武力解决悬案等语。无形之中报告书已对日本加以谴责。是此章,于我为有利者。

5. 第四章对九一八之事实认定则"可知日方系抱有一种精密预备之计划,日方之进攻及其时候之军事行动,实出中国方面意料之外"。"铁路即使受有损害,但事实上,并未阻长春南下列车准时之到达。且即就铁路损害之本身而论,实亦不足以证明军事行动之正当。"其结论曰:"是晚,日方之军事行动,不能视为合法自卫之办法。"此种论断,是报告书以最明白之文字,判定日本之罪,而未处以刑耳。其为最利于我方,毫无疑问。至此后之日本军事行动(长春、吉林、锦州、嫩江)皆有正确之调查。虽天津市变真相未明,哈尔滨被占及去年八月底与今年初间,及此后中日之军事行动。报告书自谓:无法叙述其确切之状况,或未能遽断其将来之变化。然其认定日本为戎首,则已甚明。故此章之调查,不可不谓为公正。吾人不能不感佩者也。

6. 第五章虽无论断,但细译其文辞口气,是明白勉励吾人抵抗,以求自救。报告书谓:"上海事件结果,使中国抵抗之心愈坚。散处满洲抗日之军,闻上海消息,精神为之一振。"是虽未定日本之责任,但已明认我之抵抗为合法,日军进攻上海时,曾屡自称为防卫行动。今报告书对此章叙述,是于我为有利。

7. 第六章第一部谓:"在一九三一年九月以前,满洲毫未闻有独立运动。其所以有此运动者,乃日军队所致。"又谓:"以各方面所得之一切证据而论,本调查认为,'满洲国'之构成,厥为日本军队之在场及日本文武官吏之活动。若无此二者,新国决不能成立。基此理由,现在之政权,不能认为由真正及自然之独立运动所产生"等语。此部之论断,于吾人为最有利。日本之阴谋侵略手段,此后天下皆可共见。第二部述"'满洲国'号称之刷新政治计划,并非独创。此种计划,已多见于中国政府计划之中",尤为于我有利。报告书更谓:"并无征象足以证明,该政府在事实上能实施改革。"又谓"其重要之政治行政权,则仍操诸日本官吏及日人顾问之手。该官吏与顾问,已渐受胁迫,遵照日本当局意旨行事,日本当局有运用其绝大力量之方法。"报告能将傀儡情形,举笔直书,其勇气实有足称者。第三部,详述东省人民对"满洲国"之心理,谓"此所谓'满洲国'者,在当地华人心目中,直是日人之工具而已"一句,则将来各国,不易敢继日本而承认"满洲国"矣。

8. 第七章,似责备国民党及政府之主使抵制日货。同时谓:"是与现代民族主义相混合。"并谓:"调查团并未提议,谓政府机关抵制援助,经济绝交之运动,系属不正当之事。"且谓:"专对一国之抵制,是否合于睦谊,抑或与条约义务不相抵触,乃系一国际之问题,不在调查团调查范围之内。"是明白证实,其不负此问题调查之责任。结论一面谓中日经济接近实有必要,但一面又谓"两国政治关系一日不圆满,以至一方采取武力,一方采取经济抵制力量以相扼持,则一日无接近之可能"等语。其意明谓,经济绝交与武力侵略同一性质。简言之,此章纯是敷衍文章,无关痛痒。东省问题一日未了,吾人一日抵制,且应再接再厉,至日本经济破产而后已。武力压迫之取胜一时,经济压迫将取胜永远。东省存亡在此一举,国联苟有以责我,不妨供认不讳。国联果有方法以制裁日军武力,则吾将如报告书所言"能发之,亦能收之"。此乃消极之防卫,非积极之罪恶,历决抵制。历史报告书有表可以证明,十次有九为对日。而无次不是被动。彼外人愈畏抵制,吾应愈以此为武器,待其反省。

9. 第九章称:"尔信中日两国在满洲之经济利益,就其本身,离开近年来政治事件而言,应入于互谅合作之意,远不应产生冲突。"假使日本果能离开政治侵略而言经济合作,中国何尝不愿至门户开放。吾国于九国条约早经承认,报告书对于此章之意旨,似无非又是如前章"抵制"之敷衍,文字无关痛痒。吾人应予说明,以正观听。

第九章吾人应注意者,有下列各端:

(1)调查团认东省问题为复杂。故曰:"解决办法仅持褒贬,不足以达此目的,必需从事于调解之切实努力。"是本章之所谓解决原则及条件,皆本欲调解精神,而非下法律之裁决。吾人批评此章,只宜审度其条件,是否于吾有利,是否认其条件,为可以解决吾之争端。若专为法律的争论,则此章句句皆有可议者。

(2)东省特殊情状,确与中原不同。报告书叙述各端,非皆毫无根据。即使恢复九一八原状,而不加整理,则九一八事变,年年可以重见。此可断言日本侵略固属不当,然二十年来之东省政治,促成今日之恶果,亦不可不自承认。故报告书谓:"若仅恢复原状,并非解决办法,此乃事实,无可讳言。"

(3)维持"满洲国"之不可能,报告书言之甚详。此点于我有利。

(4)国际利益及苏联利益,均应注重。此层我亦无可异议。

(5)十项原则第四项"承认日本在满洲之利益",只应问其是否正当。第七、第八,东省自治及撤兵两项,最关重要,国人多非难之者。惟东省地势、人情、历史、风俗,无一不与中原有异。均权之制,早应实行。(报告书用"自治"

二字,易生误会,应改正。)至撤兵一层,果能中、日、俄能定互不侵犯条约,则是于吾有莫大利益。不特东省人民可减少负担,即内战亦可避免。此十余年历史,足以证明其更大之利益是日本之积极政策,将自消灭南满公司。如无政治性质,无驻路军民,则日本所得之经济利益,以与我勤苦之山东移民竞争,必归淘汰。第十项国际合作,中国早不反对。国人所畏惧者,乃共管耳。故以大体言,十项原则,吾国应研究者,乃其实施之方法,以原则本身言,尚无大害。

10. 第十章。调查团因欲面面顾到(1)保存中国有名无实之主权。(2)保存国联处理中日问题之体面。(3)保存九国条约、非战公约之威严。(4)保存日本特别经济利益之主张等,遂有不伦不类之建议。吾人与其批评之、反驳之,不如自定主见,以为将来争议之地步。果日本从事武力政策,则此章建议,将来实无讨论之机会。吾人可静待时机,求他日之法律根本解决。如日本慑于国际形势,肯从容交涉,国联有权处理,则吾人应对建议提研究如下:

细译报告书本章之建议,于文字之外,另有用意。故吾人反对之、赞成之,先应审查其用意之所在,视其能行与否。

(1)顾问会议及宣言。此手续之建议,调查团用意,无非因此既已否认"满洲国",开罪日本。于是,乃代日本及"满洲国"想一下台地步。故东省制度,由此会议决定,地方人民得派代表。赦免叛逆首犯,多用日本顾问。同时,又对中国造假面子,俾其得于会议决定后,有宣言之权。又欲避免国联无权处理之攻击及送人情与九国,提议转送国联及九国,俾其表示知悉。一面又恐白俄及其他少数民族之居留东省者,赞成"新国",特给予保护及被□权利。一面又恐日本特别警察及铁路守备队仍留东省,将来再滋生事端,故命其退出,同时我亦不得驻兵。又恐我国官吏之暴征苛敛,混乱金融,及日人之把持经济,影响外人利益,乃提议由国联指派顾问,监督警察及税收机关。以上种种,调查团之用心,可谓良苦。故我方关于改良东省政治各点,除由我自动外,皆可赞成。惟"满洲国"下台地步,我应坚持不让。

(2)中日利益条约。此建议完全为"二十一条"及各合同之变相。调查团加以修正,以为两方下台办法。至其修正各点,亦有足供研究者。果能循此交涉,亦是解决"二十一条"之纠纷。查此约我签字手续完备,历年反对理由,皆从政治立论,使不应废弃,重订新约。将来东北问题即告解决,而此约仍成恶案。不特中日争端不决,日本若诉诸国际法庭,吾必败诉。斯时恐照建议之条件,亦不可得,故我应利用建议,进行交涉新约。

（3）中日和解、公断、不侵犯及互助条约。此项建议，其能行与否，根本前提是东省问题有无解决办法。果有办法，并能见诸施行，则此建议当然是有利无害。

（4）中日商约。此建议亦应视东省问题有无完满解决而定。不然抵制日货运动，只应严厉进行。

对于建议之具体修正条款如左：

（1）根本反对顾问会议，应提议如日本依照国联决议撤兵及取消"满洲国"，我可停止义勇军行动及日货抵制。

（2）东省政治，由中国自动改善。东省均权制，由中国自决。东省民意，由中国自行咨询。

（3）如日本撤退所有警察、铁道军队，将南满铁路公司改成商业性质公司，及中日订互不侵犯条约后。中国可自动不设置驻防军队，东省纯以宪兵维持治安。

（4）外国顾问之聘用及支配，由中国自定。其权限及年期，由中国自定。

（5）保护少数民族利益，由中国自动。

（6）关系日方利益新条约，由中日酌定。

（7）居住权，应与领事裁判权交换。

（8）法院由中国斟酌聘用顾问。

（9）铁路利益，中日订立合并办法。

（10）和解、公断及不侵犯条约，由中日交涉订定。

（11）中日商约，由中日交涉订定。

以上各款，如国联能调处使日本就范，随时可开始交涉。至交涉方式，则山东问题、上海问题皆有成例。由中立国参加或列席，以便调解。

总言之，按照报告书建议，东省之名存实亡，现在名亡实亡为优；变相国际共管，较现在之日本武力独占为胜。而苟如此，吾人便即自甘束缚，尽行接受，则此后相援成例，固属可虑。且或因此引起国内反对，内争又起，则尤可虑。

虽然，外交之胜败，常以内政为转移。假四川、山东等内战继续而起，义军无援，抵货停止。俾将来日本有所借口，无所畏惧。此时国联将爱莫能助，即令今日报告书之建议，亦未必可得。我国人之不满国联者，究不如反求诸己。

报告书内容审查结果约可分为五款①：

（一）

（二）

（三）

（四）无利无害者，我可敷衍之下，加"搪塞之、说明之"六字。缮本漏去，请补上。

居委员正意见

报告书之内容，除对确切不易之事实。如去年九一八以来，日军之行动不能认为自卫，及日人一手包办伪国等数点，加以肯定，差强人意外。（以上二点，罗部长及颜代表所发表谈话，皆已提及。）其余不少可议之处，举其大者：

一、侵害中国主权。东三省之为中国领土，为调查团所确认，且不惮再三言之。解决东三省问题，应以不背国际条约之文字精神，及不侵犯中国主权为条件，为中国政府所持之信条，同时亦为调查团所采纳。明乎此，则凡关于东三省地方行政机关之如何组织，自当完全取决于中国政府，任何国家无干涉之余地。但观报告书所建议：为满洲而设之自治制度，明白容许日本干涉中国之内政，实无异将中国领土之东三省，改为中日两国共管。与尊重中国之主权独立及领土行政完整之原则，实属大相径庭。尤可异者，调查团一面确认东三省人民为完全之中国人民，一面又建议关于东三省之自治一部分人民代表，须由日本所规定之方法，选举之，岂非矛盾之甚乎。

二、违背国联决议之精神。东三省无端被日本侵占，中国诉诸国联，国联历次决议限令日本撤兵，并速行恢复两国间通常之关系。日本不惟不听，反将侵占区域日益扩大，且制造伪国，以作其工具。此等事实世界共知，非独中国之耻，抑亦国联之羞。调查团既受国联委托，来远东实地调查，在理自应遵照国联历次决议之精神，建立一公平之解决。今观报告书所述，对于日本之违反国际条约国联决议，无一语道及。乃反建议一种特殊制度，容许日本干涉东三省之行政，以治理东三省。是不啻以日本之侵略行为未得法律根据，乃为之制造根据。查本年三月十一日，国联大会决议"联盟会员担任尊重并保持所有联盟各会员，领土之完整及现有政治上之独立"。又言"凡轻视盟约第十条之规

---

① 编者按：原文（一）（二）（三）及第五款无内容。

定、蹂躏联盟会员领土之完整,及变更其政治之独立者,联盟各会员均不能认为有效"。调查团所建议之东三省特殊行政制度,实不能不谓为变更政治之独立也。调查团自述其建议之理由,以为"一种满意合式之制度,必须就现有制度改进"。夫调查团既已承认所谓现有制度者,完全由日本侵略行为所造成,而又欲根据之,以改造一满意合式之制度,实为报告书之最大瑕疵。信如所言,则日本之承认伪国,亦为一种现有制度。乃报告书中述及此事,则又谓:"假令日本,在日内瓦方面尚未考虑本报告以前,已经承认'满洲国',此为不容忽视之可能的事实。吾等工作决不因此而丧失其价值。"何以明乎此,而独昧于彼乎。

三、评论失当。调查团自谓其任务,并不在案件上作辩论。又谓:"仅恃褒贬,不足以达其目的。"故对于九一八之事变,虽明言"日方之军事行动,不能视为合法自卫之办法",而始终讳言其责任。但独对于"发端乎民族情绪"之抵制日货运动,以为"中国政府应付责任"。两相比较,不惟自乱其例,亦不能不认为评论之失当也。

顾委员孟余意见

顾委员孟余意见(译文——原文系英文)

查国联调查团报告书,虽有诸多使人不满意之处。然余深信,中国政府应以友谊精神视之,并应避免表现我方吹毛求疵之批评。我方对报告书,可于保留之下,大体上接受之。余之见解,系基于下列两种考量:

一、中国与国联立于统一战线,方为得策。盖国联调查团报告书,根本不利于日本。故日方之反对,自在意中。我方正可因利乘便,巩固国联之地位,让日本单独应战。

二、除就国际关系言,我方应有因时制宜之政策外,余之主张,复根据于中国本身之利益。盖我方在东省之利益,厥为政治或经济。以政治言,我方现有政策,纯系消极性质。其目的在阻止任何中国或外国军阀,利用东省为根据地,以侵入中国本部。调查团建议将"该地方所有武力、包括任何特殊警察,或护路军,无论其为中国或为日本者,一概予以撤退",另组织一种特别宪警,以继之。此亦并不违反我方现有之政策。

再者,东省经济异常重要,实超过其他一切之考虑。良以东省为中国过剩人口之出路,为中国煤铁之渊源,且为中国其余部分之仓库。调查团注意东省经济之发展,实与我方之利益之相符合。因此,我方应与国联步伐一致,不应对其调查报告书,表现非必要之反对。

报告书亦含有可反对者数项。兹略述于次:

(一)顾问会议

调查团建议召集一顾问会议,由"中日政府之代表及代表当地人民之代表团两组,组成之。该两代表团,一由中国政府规定之方法选出,一由日本政府规定之方法选出之"。该调查团既承认,东省仅系"中国长城以南之延长区域"。又该调查团复承认,"'满洲国'不过为日本诡谋之结果","非由真正及自然之独立运动所产生"。由是可知,由当地人民分组代表团两组之提议,显无正当之理由。且在现状之下,由日本政府规定方法所选出之代表团,不能代表当地人民之真意,亦属显而易见。

(二)将居住权及土地商租权扩展至东省全境,附以治外法权原则上之变更。

调查团于此显系自相矛盾,而在报告书其他部分中,该调查团又承认治外法权之弊病,以为宜予取消。此项建议若经采纳,其破坏中国之完整暨主权,实非浅鲜。中国不能予日本以此项权利,而同时仍为自主独立之国家。此项建议,事实上势将益增纷扰,而造成较一九三一年九月十八日以前,尤形恶劣之局势。

调查团关于东省铁路之建议,可总括如下:

(一)中日两国人民之协作。

(二)中日两国人民,铁路利益之混合。

(三)撤退护路军,而使南满铁路为一纯粹之商业机关。余对于此项广泛之原则,表示同意。

(四)以上系根据调查团报告书节要立论者,至于较为完满之研究,当俟报告书得窥全豹时,方属可能。

何委员应钦意见

吾人对于国联调查团报告书的研究,似应分为三点:一、报告书对于东案的观察及评判如何? 二、报告书对于东案所建议的解决方案如何? 三、吾人对于报告书应决定的态度如何?

一、报告书对于东案的观察及评判

报告书从第一章至第六章,吾人暂从摘要研究。如第一章对于中国现状的认识、批评,于失望中寄以甚深之同情。第二章叙述东北的现状,虽承认若无日本之活动,满洲不能引诱并吸收如此巨额人民。但同时确认,目下满洲之属中国,已为不可变易之事实。第三章叙述九一八事变前中日之争执,而致感慨于日本在东三省取得权利之优异。特指出日人"解决一切中日悬案,必要时用武力解决"等口号,足为日人侵略东北,实为预定行动之确证。第四章因断定日本对九一八事变,"系绝有一种精密预备之计划,以因应该国与中国方面万一发生之敌对行为"。并就中国当时"对于日本军队并未作一致进行,或曾经许可之攻击",以及"出之意外"的情形,以为"是晚,日方之军事行动,不能视为合法自卫之办法"。实足证明,日本对九一八事变应负之责任。第五章叙述上海战事。第六章指出,九一八后的满洲局面,其"组织"与"运动",确为"一群日本官吏"的"图谋"与"实施"所造成。凡此符合事实之公正忠实的观察与评判,吾人当然表示满意,无复异辞。

惟第七章对于华人之抵制日货,该调查团声明"非法运动,在所不免",以"中国政府,因未曾充分制止此种举动,且对于经济绝交运动,并曾予以某种直接援助之故,应负责任",不无可议。但其结论,已说明"中国人民,在不以越出国家法律范围之条件,其个人拒绝购买日货,或以个人行动或团体行动宣传此项意见之权,吾人可予否认"。即所谓"中国政府应负责任",亦经声明,"并未提议所谓政府机关援助,经济绝交之运动,系属不正当之事。但仅愿表而出之者,即官方之鼓励,不无含有政府之责任耳",是"责任"云者,含义不过如斯。而末节更明言:"然而,单独对于某一国家之贸易,实行有组织之抵制,是否合于睦谊,抑或与条约义务不相抵触,乃系一国际法之问题。"可见上节所称"非法"二字,亦不过属于国内法范围的解释。故将此节详细研究,亦殊无重大的意义也。

二、报告书对于东案所建议的解决方法

由上分析,调查团对于东案的调查,及其由调查而作成之报告书。其忠实公平,在理论上,殊无可以訾议。即批评中国现状,吾人果虚心受善,只应引为诤言。独至第八章以后,调查团蔽于现实,怵于强暴。其希望中日合作,维持东亚和平之热心诚意,固可感佩;其为国联设想,亦至可谅。然而迁就事实太过,故第九章提出"解决的原则及条件",开始便有"问题复杂,现在吾人可对于过去之感想作一结束,而集中注意点于将来"之转语。因而主张不宜恢复现状,谓"今日如将各该情形,恢复原状,亦徒使纠纷重见。是仅就该案全部之理论方面着想,而未顾及其局势之真相也"。基此概念,故所提之十个条件,即所谓解决本案的原则。更由此原则,而得到第十章总结之"审查意见,及对于行政院之建议",而有所谓"顾问会议"之主张。遂至办法与理论,有根本矛盾冲突之憾!

平心而论,调查团不幸一再延误,使东案至今日,益陷于使国联无法解决之困境,则国联为保持其威信,除毅然采取第二步有效的制裁方法外,所谓"和解",亦只有一面以理论,彰是非,明责任,保存国联主张公道,维护正义的面目;一面谋事实的解决,以完成国联排难解纷,维持和平的使命。是调查团之建议,何尝不具苦心。故吾人即万分迁就,亦有未能默尔者。调查团因不否定日本在东三省之"特殊权益""特殊事实""特殊地位",故在原则上承认日本在东三省之利益,肯定"日本在满洲之权利及利益,乃不容漠视之事实。倘某种解决不承认此点,或忽略日本与该地在历史上之关系,亦不能认为适当之解决"。而在第八章中,有"深信中日两国在满洲之经济利益,就其本身,离开近年来政治事件而言,应本于互谅合作之途,不应发生冲突。欲求满洲现在富以及将来经济能力之充分发展,双方修好,实为必要"之劝告语。

夫日本在东三省,是否果如日人主张之所谓"特殊权益""特殊事实""特殊地位",尚是问题。即让一步言,亦只是限于经济的范围,而不涉于政治的范围。在调查团眼光中,对此亦非无明确之分解。故第八章详述日本在满经济利益,而建议在东三省组织特别行政制度,亦明言"但吾人仍承认满洲在日本经济发展上之重要性。日本为该国经济发展之要求,必建设一能维持秩序之巩固政府",而"不主张日本因经济关系,而享有经济甚至政治管理权"。是调查团既承认日本在东三省的地位,其仅属于经济"的关系,而不容涉及"政治"的范围甚明。乃何以建设"满洲自治",其产生不求之他种比较合理而为华人易于接受之方式,必使日本对此政治根本组织,得与中国有同等权力之参加。此乃明明违背国际盟约与各种公约,及破坏中国领土主权、行政完整之条件,亦与报告书之前提,大相径庭。且"顾问会议"的期限,亦无明确之规定,此实吾人不能不表示遗憾者也。

但理论还是理论,事实还是事实。今日吾人果有办法,固不难仗义执言,以矛攻盾。对于调查团所提示之原则及建议之方案,除经济部分,当可量予接受。其他部分,不独涉及日本参加政治组织的条件,应根本反对。即对于外国顾问广漠之权限,亦势必拒绝。无如国情如此,国力如此,若徒唱高调,据理力争,非曰不谈,而实无济。结果,不但不能博得国联之谅解,或转失国联之同情。纵观国际形势,回顾东省现情,此种态度,是否协宜,实为疑问。且日本势成骑虎,恃其强盛,伪国承认,欲罢不能。报告书各种建议,即使我能忍受,而日阀方欲蹴之使碎,全部推翻。是东省运命,终付之未来不可预测之复杂变化中。就我方利害言,或亦不如听其武力占据,留作东方之阿尔萨士、罗林[①]。转较忍痛解决,使东三省地位,强受国际条约束缚,而永远沦为变相的国际共管之东方自治领尤为有利。由上研究,而吾人今日对该案应采取何种态度,自有途径可循。

三、吾人对于报告书应决定的态度

今日国际及国内情形,以及解决东案之趋势,即如上述。故各方意见,颇有主张政府对报告书暂持沈观态度,不须表示,而只令出席代表团临机应付者。此其用意,亦不外本诸上述理由,及不得已忍耐之苦衷,亦有对其建议表示愤慨,主张强烈的反驳,或沈默的自决者。人同此心,谁曰不宜。故应钦以为,据理力争作强烈之反驳,固可不必,亦且无用。然若全无表示,在日本且不能受者,而我俨同欣然受之。非独无以平国人之悲愤,难免于国人之责备,实亦有亏国家之地位与尊严。再四思维,谓宜于表示之中,寓圆活诚恳之意。其提出之意见范围略如左:

(一)对于报告书理论部分——第一章至第六章,应表示全部接受。并致感佩于调查团持论之公正,及其对国联服务之忠实。

(二)对于报告书建议部分——第九、第十两章,应要求部分的修正。即对于日本在东三省合法条约上经济利益的承认,及中日两国在东三省、在相互谅解下经济合作乃至"满洲自治"的建议,无妨表示条件的接受。但对于中日共同参加组织之"顾问会议",则应表示希望采用比较合理、为中国易于接受的方法。

(三)根据门户开放政策,欢迎国际在东三省合作投资,但希望缩小"顾问"权限,适合总理"权操自我"的原则。

(四)最后,仍对国联为诚恳、信赖到底之表示。除希望容纳意见外,一切仍听国联公正之解决。

---

① 编者按:即法国之阿尔萨斯-洛林。

此为应钦对本案研究之意见,以为如此表示,对内、对外,方可面面顾到,余地亦多。最后希望,仍在中国本身之努力。国联终不可恃,诸事须求自决。此为国人研究东案一致之结论,兹亦以此为本案研究之终结。言念责任,应钦亦为中央负咎之一人。但有忏悔已往,奋斗将来而已。

二一年十月十一日

资料来源:《沈阳事变(二)》,台湾"国史馆"藏蒋中正"总统"文物全宗,第73—125页。

54. 吴铁城电陈蒋中正本日国际重要消息
(1933年4月28日)

急。南昌蒋委员长钧鉴:本日国际重要消息如下:

(一)美对南洋委任统治岛问题,未甘恝置。俟石井抵美,将予讨论。据华府意见,不仅对日在名义上主权,将加争论。即退出国联后,是否任其继续管理,亦将加以研究。

(二)美代表台维斯在军缩会上露骨表示,废除侵略武器,设立连续监察,并主"先军缩后安全"说。

(三)松冈废然返国,丑诋李顿待日人如印人,以自解嘲。

(四)麦唐纳离美返英。英、美首揆发表共同声明:同意恢复国际货币标准,提高物价。努力祛除资易障碍,流通国际放款。结果圆满,舆论称颂。

(五)印度政府于十月前,将为应急措置。依该国关税法第三条第五项之权限,对于英国制以外之布匹,决定实行提高关税一百分之二十五。

(六)俄报揭露日人图攫东铁诡谋,谓伪方管理权,胥操之驻哈日领森岛。一切对俄非法行动,均由其鼓动云。

(七)日本由热河方面,移军三团。携有重炮至哈尔滨。并有飞机七架,将续往。其目的地未明。

谨闻。铁城叩。俭。巳二。印。

资料来源:《一般资料——民国二十二年(十一)》,台湾"国史馆"藏蒋中正"总统"文物全宗,第86—88页。

55. 驻英使馆呈蒋中正文(1934 年 6 月 15 日)

职　杨永泰呈二十三年六月十九日

姓名或机关:驻英使馆

来文月日:六月十五日

来文摘要:英下议院辩论远东问题之摘要:英下院辩论远东及军缩问题,首由工党左派议员发言:一、叙述李顿报告书公布后,远东情势之发展。二、力斥英政府之无能,及其游移软弱政策之为害。

最后,又提出下列三问题,由西门外相逐款答复如次:一、英国是否仍遵守去年三月国联之决议,而认日本在满洲、热河之地位,为破坏九国公约? 西门答:当仍遵守。二、英国是否抛弃其依九国公约及国联盟约十条,所负尊重保全中国领土完整及政治独立(包括满洲)之责任? 西门答:查该约仅言尊重,并无保全之规定,且盟约第十条,亦非专为中国领土完整而言。吾人究未曾与中国订结保全其领土完整,政治独立之任何条约。以上为西门开始之论调。最后又云:关于此点,在吾人及他人仍同受该约拘束时,吾人当竭全力维护之。三、英政府是否准不与日本订定何种条约、协定,或成立何种谅解,以符九国公约第二条之规定? 英政府是否,或竟并该条而抛弃之? 西门答:决不抛弃此第二条,但该条并无各问题中所指之规定。

摘录各报(英报)纪载如次:

一、英国各报,最近极注意者:1. 日内瓦所开之中国合作委员会。2. 英外相在下院,关于九国条约最低限度意义之解释的演说。

二、此间对仅属实际上便利而通邮,将得中国同意一节,表示满意。

三、工党周刊,对中国或将同意通邮、通车一节,颇为震动,以为恐有承认"满洲国"之嫌。

四、工党周刊,又著有社论一篇。其结论为俄、意、法、美,均将反抗东方之横行者,以维护国际法律。此为英国领导以重振各国之又一机会。

拟办:呈阅。

资料来源:《一般资料——呈表汇集(十一)》,台湾"国史馆"藏蒋中正"总统"文物全宗,第46—47页。

56. 吴铁城致蒋中正电(1935 年 3 月 23 日)

职杨永泰呈　廿四年三月廿三日						
来电号次	姓名或机关	地址	来电日期	来电摘要	处理办法	批示
3664	吴铁城	上海	三月廿一	本日国际重要消息如下： 1. 法向德抗议重整军备，并请国联处理。意相邀英在巴黎开英、法、意三国会议。 2. 法政府应苏联请，派外相赖法尔赴莫斯科，英艾登有同行说。 3. 英否认德国重整军备为已成事实，将以此为谈判根据。 4. 柏林作空军演习。 5. 英空军预算临时增加三六八万镑，合计二三八五万镑。 6. 阿比西尼亚集中军队，拟抵抗意军。	复悉	悉
3794	吴铁城	上海	三月廿二	1. 法总理痛诋德重整军备，请国联召非常会议处置法议会，通过信任内阁。 2. 德拒绝接受法、意抗议。 3. 华府观察，认德将索还属地，连日本代管各岛在内。 4. 李顿称：日、德确有联合攻俄势，东欧公约为集体和平所必要云。	复悉	悉

资料来源：《一般资料——呈表汇集(二十二)》，台湾"国史馆"藏蒋中正"总统"文物全宗，第 50 页。

57. 张学良致蒋中正电(1935 年 4 月 2 日)

委员长钧鉴：哈斯昨日来鄂，本拟赴川进谒钧座，嗣以旌节赴黔，遂尔中止。持有报告函一件，嘱为转陈。兹谨检同原件，呈奉钧阅。专肃，敬请钧安。附呈原函一件。

张学良谨肃

一日

附件：

哈斯呈蒋委员长报告函

介石上将军勋鉴：

敬启者：鄙人此次以国联行政院中国技术合作委员会秘书资格，而受国联秘书长爱文诺先生派遣，莅华作短期之游历，其目的在研究贵国建设成绩及技术合作状况，并拜访国民政府当局、全国经济委员会负责诸公，及其余工作人员，以期根据技术合作之近况，及四年以来所得之经验，而为国联与中国技术合作将来进行之商榷。

鄙人于本年正月下旬抵华之后，曾于上海、南京等处，先后拜访国民政府行政、立法两院院长，全国经济委员会常务委员孔庸之、宋子文二先生及秘书长秦汾先生，建设委员会委员长，实业、教育、交通三部部长，禁烟委员会委员长兼内政部卫生署署长，行政院数部次长及高级官员，即经济委员会、审议委员会委员而担任与其余建设机关联络者，如钱乙藜、丁文江先生等，藉资领教。深觉晤谈之间，竭诚讨论，获益甚多。屡蒙秦汾秘书长特别照料，尤深感谢。然为欲彻底明瞭地方建设情形起见，在时间许可及中央当局同意范围之内，觉有向各省建设当局就地请教之必要。因是迄今以畅游山东、河北、山西、陕西、河南、湖北诸省到处，咸蒙地方当局尽情款待，实深感激。华北各省主席、北平军分会委员长何敬之先生、太原绥靖主任阎百川先生等，均曾先后领教。尤望能于四月底离沪返欧之前，赴湘、赣、浙、苏诸省考察，更于南下之便，拜访粤桂当局，藉亲教益也。以一外人而观察中国建设，行止匆匆，走马看花，其所观察自难免肤浅之病。所以鄙人经过各省，所做工作，只限于领教、观察及研究。然此次旅行所得感想，可云甚佳，今请为我公言之。

敝人第一次来华乃在民国二十年至二十三年。重游中国，中间因环境关系，临时奉命，参与上海事变领事调查团工作。旋又奉命为李顿调查团秘书长，因事未克达到原来研究中国建设之目的。今年复履华土，颇觉四年之间，中国进步之速，出人意料，既惊且佩。盖庐山面目，或须外人乃能见其真相也。中国年来之进步，以鄙人能见者，约有二端：

其一，关于物价方面，而为人所共见者，为政治、行政及经济之统一化。中央政府因其绥靖工作之成功，使中央地位日趋巩固。全国经济委员会，因其能在实际上扩大为地方谋利益之范围，又使其声望日益显著。其余建设机关莫不如是。至少数省份，与中央未能完成一致，乃属天然演进中临时之现象乎。至于统一事业,因公路交通之发展,已成如水就下之事,非任何障碍所能阻其前进也。

其二,关于心理方面,则较难言。当国民革命政府成立之际,领导建设及执行人员虽有努力建设,使中国经济技术追从近代国家之决心,惟对于事业之困难,未予相当之注意。而其技术之知识及建设之计划,又未能适应于国民之需要及国家之能力。目前中国中央及地方当局,尤其新晋青年之主持建设者,多富于学识、勇于进取之士。孰知困难所在,复能坚忍进行,穷干苦干,量力而动,故成效易见。既能达到经济技术近代化之目的,复能顾及国家之特性及原有之国粹,以视昔日之褊尚高谈,诚有天渊之别也。

夫以中国建设事业之重大,国联与中国技术合作所能惠及中国者,其量甚微。所以国联与中国技术合作成功之条件,在乎不存过奢之愿望。至于技术合作之方法,当视合作事业之性质及其目的,以决定之,不能尽同。

例如国联遣派来华之专家,有作较长之居留,而服务于某一机关者;有作短期之旅行,以备对于某种问题之咨询者。又如中国派遣出洋研究或见习之专家,可由国联给予充分之便利。对于行政有关之技术问题,亦可托国联技术机关代为研究,以为参考之资料。凡此种种办法,应时制宜,不一而足。惟其目的则在帮忙中国培养技术人才,及使中国专家利用外国所得之经验,以期有补于中国之建设也。

国联与中国技术合作,既严守中国政府与国联行政院原来共定之原则,则合作之进行,自然绝对不能干涉中国内政之设施及外交之关系,复不至引起任何人之不满。所以按照鄙人所知,各方对之均称满意。各方当局之以热烈之辞,赞扬合作之结果,尤令鄙人感激无已。至其所惠之指导,鄙人尤当志之不忘,以为改善合作方法之资料。犹有进者,国联得以参与中国建设工作之末,可以证明国际对于中国复兴事业之注意。此种合作如能保持原来面目,继续进行,前途自属无可限量。鄙人深信中国建设之进步,及合作结果之完满,必能使国联当局本诸过去之热诚,竭其能力之所及,继续或扩大合作之事业,以副中国之属望也。以目前情形观之,在最近之将来,技术合作似仍应集中公路交通与办水利、公共卫生或改良农业各种事业。国联各技术机关,此后当竭其绵薄继续效劳,或代介绍外国专家,以供选择来华服务,或便利中国专家出洋考察实习。凡百措施,一如中国政府之命是听。盖于进行方法,当本过去成例,与经济委员会秘书长及审改委员会随时商榷。根据往日习惯,国联与中国技术之合作,系以全国经济委员会为对手,复以该会为媒介,而与其他建设机关谋合作。此法行之已久,尚称利便,似无更改之必要。

以上观察,鄙人拟于离华返欧以前,向全国经济委员会常务委员、国民政府当局诸公躬亲报告,藉资领教。及对于我公,亦原拟抵汉之后,晋谒崇阶,躬亲报告,并祈指正,及代表国联秘书长爱文诺先生代致敬意。讵意关山远隔,跋涉为艰,实非短时间所可趋。事与愿违,只得以书达意,敬祈赐察并惠指正。素仰我公对于技术合作热心赞助,如蒙复函指示,鼓励进行,则幸甚矣。耑此,敬请政安。

哈斯谨上
汉口
一九三五年三月二十九日

资料来源:《一般资料——民国二十四年(二十)》,台湾"国史馆"藏蒋中正"总统"文物全宗,第31—41页。

58. 吴秀峰呈蒋中正文(1935年4月10日)

吴秀峰报告:放洋已近,附呈委座函,请代陈。嗣后,尚望时赐教言。附上委座函)拟酌覆。

另,上委座函,拟为摘要列呈,并拟酌予嘉许。在欧调查所得,如能随时见告,极乐所闻。(此系其自请)

蒋委员长钧鉴:

敬启者:自民国十八年,偕国联秘书长爱文诺先生,在京晋谒崇阶后。年来,屡次因公返国,辄以未获重聆钧诲为怅。今年一月,复偕国联代表哈斯先生,回华视察国联专家工作情形。曾于舟中,本迩来研究所得,草就一国际政治报告,题为"国际政治与远东问题及我国外交之出路"。早经奉寄钧座行营杨秘书长畅卿先生,请其转呈钧鉴,并乞赐见,俾面陈一是。旋奉杨秘书长来电称:钧座今因巡视"剿匪"各地,行止无定。容待稍缓,再约赐见地点等语。秀峰旋亦偕哈斯先生离京,赴鲁、直、晋、陕、鄂、豫等省考察建设情形。途中曾由开封电杨秘书长,代询钧座赐见时间地点。去月廿七抵汉,即奉杨秘书长电称:钧座已飞贵阳,关山远隔,未能晋谒,藉以面陈国际情形,至以为怅。秀峰偕哈斯代表,目前方从湘、赣、浙、苏考察返京。拟于本月廿日离沪,径赴粤、桂两省完成考察工作。至五月十二日,即由港,登轮返欧矣。

秀峰供职国联,于斯七载。对于我国与国联之关系,及我国在国际之地位,知之颇详。此次归来,甚愿向中央当局躬亲报告,并供垂询,以尽党员国民之天职。如蒙钧座于本月念日以前,示知赐见地点,秀峰仍可依时趋谒,藉亲教益也。

尤有进者。近来世界政治之变迁,每能影响于远东之大局。中央为应付外交之便利,似不可忽略世界政治之近况。夫世界政治之变迁,虽非常人所能预料,然变迁之痕迹,自有一定之因果。吾人平日果能就地观察,细心研究,当可预知其变化所循之轨道。秀峰忝属国联政治部秘书,日常工作即为研究世界政治,而以远东问题为中心。故观察世界政情,以时间、空间而论,均较他人为便利。如蒙钧座不弃,窃愿对于世界政治员调查研究,随时报告,以供参考之义务。不悉钧座以为如何? 敬祈示覆为荷。嵩此冒渎,并颂钧安。

附履历表一。

二十四年四月十日

吴秀峰谨启

通讯处:南京高楼门二十八号国联办事处或日内瓦国际联盟

附履历表

吴秀峰,广东增城县人,年三十七岁,法学博士及巴黎政治专门学校外交科毕业,曾著《中国与华盛顿会议》及《中山先生生平及其主义》等书。民国十七年,到国联秘书厅供职,现任国联政治部秘书。民国廿一年,奉命充李顿调查团秘书,屡任中国国民党驻法总支部执行委员。现任驻法总支部监察委员,及中央宣传委员会驻欧特种宣传委员。

资料来源:《一般资料——民国二十四年(二十一)》,台湾"国史馆"藏蒋中正"总统"文物全宗,第 157—163 页。

59. 国民政府军事委员会委员长行营第四处第三科收电(1935 年 9 月 8 日)

来电第 7267 号

自南京发。成都委员长蒋钧鉴:务密。部中迭得情报,大致谓:罗斯此来,谋与日本合作,对中国作经济的瓜分。故密电驻日武官萧叔宣,令注意其言行,随时密报。顷据该武官电称:罗斯一行四人,昨午抵东,日财政次长出迎。罗对记者谈:赴华调查经济,拟予助力。惟中国货币问题,较贸易尤为紧要。英国对于此等问题,愿与日本协力解决。来周,当与外交、财政两当局,并民间有力经济家会谈。余尤欲知日本就经济上,如何观察中国。故关于此点,尤欲与日本恳谈。并以自己调查所得,以讲对策,不以李顿报告书为凭也等语。外交部亦曾电蒋使,妥为招待。罗斯详情,蒋使当报告等情。谨电转呈。职杨杰、熊斌叩。庚二。御。印。

资料来源:《对英法德义关系(二)》,台湾"国史馆"藏蒋中正"总统"文物全宗,第234—235页。

60. 南京杨杰、熊斌致蒋中正电(1935年9月8日)

来电第7267号

庚二御电。摘要:据□□宣电称:罗斯一行四人昨午抵东,日财政次长出迎。罗对记者谈:赴华调查经济,拟予助力。惟中国货币问题,较贸易尤为紧要。英国对于此等问题,愿与日本协力解决。来周,当与外交、财政两当局,并民间有力经济家会谈。余尤欲知日本就经济上,如何观察中国。故关于此点,尤欲与日本恳谈。并以自己调查所得,以讲对策,不以李顿报告书为凭也等语。谨转呈。

成都委员长蒋钧鉴:务密。部中迭得情报,大致谓:罗斯此来,谋与日本合作,对中国作经济的瓜分。故密电驻日武官萧叔宣,令注意其言行,随时密报。顷据该武官电称:罗斯一行四人,昨午抵东,日财政次长出迎。罗对记者谈:赴华调查经济,拟予助力。惟中国货币问题,较贸易尤为紧要。英国对于此等问题,愿与日本协力解决。来周,当与外交、财政两当局,并民间有力经济家会谈。余尤欲知日本就经济上,如何观察中国,故关于此点,尤欲与日本恳谈。并以自己调查所得,以讲对策,不以李顿报告书为凭也等语。外交部亦曾电蒋使,妥为招待。罗斯详情,蒋使当报告等情。谨电转呈。职杨杰、熊斌叩,庚二。御。印。

资料来源:《一般资料—民国二十四年(五十一)》,台湾"国史馆"藏蒋中正"总统"文物全宗,第111—113页。

61. 钮永建致蒋中正电(1937年11月8日)

前奉令赴松江各属,指导士绅协助军事工作。并于九月十七日,荷蒙赐见指示方针,至为荣幸。翌十八日赴松,至十月二十四日返都。所有经过情形,已以书面报告果夫同志,当已转陈聪听。见闻所及,对应办事宜,略有愚虑。兹另纸写上,伏祈察核。此后应否继续前往松属,或另担他项任务,敬听指麾。

视察松江各属后之管见:

一、此次战事,精神方面,我实远优于敌;而物质方面,则不免有所吃亏。其最大者,莫如空中势力。敌机所扰及,物质损失固甚重,而因此妨碍有形、无形之种种工作,最为重大之打击。宜于最近时期内,以最大速度,筹组优倍于敌之空中势力,为根本制胜之计。而积极、消极之防空建设,亦当置重,固甚明也。

二、国家之基本产业,为土地、人民二者,均不容丝毫放弃。必须挖壕筑垒,以土地守土地;又必须组织训练,以人民护人民。然不得已而有阵线移动,则土地上可暂时放弃,而必不可放弃人民。此次战线上所俘之敌军,多有吾东北及北省人在内,平津及宝山人,亦多有之。人民而为敌所利用,此金、元、满清之所以吞噬宋、明也。夫土地为不动产,固无从变迁;人民为动产,乃极易移动。吾人置其不可动者,而移其可动者。即有损失,仅失其一,而尚存其一。他日所失之一,亦不难回复。故战时民众之处理计画,除收容难民,为国家当然任务外,其战区及后方准战区人民,所有壮丁及能胜劳作者,固应组织训练,协助军事工作。并照常经营生产,与军队同进退。其老幼妇女,无补于军事者,应为有计画、有组织的疏开运动。此项计画,必须有大规模之彻底办法。

至后方与内地人民被敌空军轰扰所损之生命财产,为振起人心主张公道计,亟应饬下各省市,对于被害之生命财产,一律查明登记,分别为温慰救助之。

三、战区应处理之民众,动辄数万、数十万。沿边沿海各区,无虑数千万至万万人。最好战于境外,其次画地坚守,效死勿去。古今治军者,多主攻势,吾人欲彻底解决此次战局,终须从攻势着想。应于坚守及应付现局以外,同时估计敌人最后进行力之程度,及早筹办一批最精锐的大力量。预定适当时期,实行超敌力之大攻击,所谓最后之胜利,方能确有把握。就军事原则,吾人原尚未至对外开战时期。此次战争,为对外族压迫之一种革命,战争不但应自处于攻势,而并应辅以游击战及奇袭行动,兼采种种革命战术,方适合性质。不宜偏重守势及持久战之正规战术,而发挥吾人优点。

四、欲筹办上项实行大攻势之伟大力量,当然需要大批之兵士、武器、技术人才,各级将校,其他种种军用品。在现在情况之下,当然不易办到。虽然大量之壮丁为军队基本，固吾所自有。又国内外之同情，亦吾所自有，国联申请之胜利，仅其最初之见端。此后之进行愈密，协助愈力，更不难逆睹。

　　五、此时最要之事，厥为财政。敌人本年度预算，军用费用业在五十万万元以上，尚有加无已，将来最少必作一百万万元至二百万万元。吾人不能得到最后胜利，虽决不会像宋、明之全部被吞于外族，然使由列强居间而幸存，即必不能免一笔大赔款，所谓一百万万元至二百万万元之数。加以吾自用之经费，及战后仓库之填补，无虑又须一二倍。是知此次战事结束后，吾国无论如何必须担任数百万万元之冤债。其他惨淡之结果，更不待言。所以吾人急须自始即须预备数百万万元之牺牲，以应付此次战事。

　　此种生死存亡之大战，必须赌数十年或百年之人力、物力以争，更必须合全世界之人力、物力以赴。对于经费，不能以金融常理筹措，应以国家基本产业之土地、人民及全世界可能之力量为筹措之基点，并以革命之精神为筹措之努力，方为合理。吾国人口四万万，土地四千万方里，如每人担任十元至一百元，即可担任四十万万至四百万万元。土地每方里担任百元至一千元，亦可担任四十万万元至四百万万元。两部可高至八百万万元。即退一步而就其最少限度十分之一计，亦得八十万万。以此为第一期筹措之标准，以其半数发行公债，分十年或二十年偿还，亦不难办到。以吾战争目的之正大，此种债券必然的可得国内外之欢迎。只在吾战事之有力，政治之有能及经济事业之有办法，必然迎刃而解也。

　　六、上条所筹之款，以公债、现款用之于外，以法定纸币用之于内。以愿聘各国技士，购买各国精械，组织攻势军队，处理战区民众，训练后方民众，发展农工，开发扩土，不虽应时进行。吾国军队超过敌军一倍以上，先予敌以大打击，既不可能，即应在第一线期以若干时间之苦战，俾以余裕组成第二期力量，为补充及持续之用。再期以若干时间之艰苦相持，俾以余裕组成第三期必要数量之精锐部队，以取最有力之大攻势。庶军事上，可以立确有把握之成算。而执世界和平之牛耳，亦吾党早经预定之程序也。

　　七、吾人为全民族大牺牲之长期抗战，俾敌人陷入于消耗战的陷阱中，而不能自拔。此为敌人最危险之事实，敌人所深惧。为减少敌人战力，及发挥我革命精神计，使用敌人内部崩溃之攻心策。同时，不许有鼓励或唤起敌人敌忾心之言语行为。最近各地新闻杂志，确能注意攻心策。但亦少有掇取敌人弱点，加以刻毒之讽刺讥笑。然实际上无益于吾军，徒以激起敌国军民之愤慨奋励,此应加以检点。古兵法有收拾敌国人心,转变敌人思想,及怒我怠寇之道,亦多术矣。此宜注意者也。

八、吾国处积弱之势,尚有无穷之希望者。惟地大物博人众,故列强亦惧我之地大物博人众。九一八事变中,李顿调查团虽反对日本之侵略,然其报告之结论,公然主张东四省独立,犹此意也。吾人决不容失去国土之一部份,致失去此地大物博人众之固有资格。所以必须以自力踏到东四省,东北方面必须以有力之部队,或有能之人才,占有相当军事地位,以贯澈恢复失土之本旨。吾人欢迎外力协助,但亦须以国力为中心,为之主体。所以,吾人必须及早筹办最后一批之最精锐的大力量,庶杜喧宾夺主之弊,以完成最后胜利。以上八条,用敢絮陈,谨祈察核。

资料来源:《一般资料——呈表汇集(六十)》,台湾"国史馆"藏蒋中正"总统"文物全宗,第67—72页。

62. 宋子文致蒋中正电(1938年9月9日)

内容摘要:

接巴黎沈德燮二日、三日两来电称:

(甲)兹已得英、法名人李顿、思豪、台维斯等爵士,萨脱、裴克柯缔等诸先生同意,准备署名组织委员会。其任务:(一)募捐;(二)组织国际空军,送往被侵略国,保护非军事城市;(三)与驻在国民政府,商订使用国际队办法;(四)担负国际队一切费用,惟油料及弹药,由驻在国政府供给之;(五)国际队先派往中国服务。

(乙)上述之委员会,将来成立后,其常务委员,由法前空军部长柯缔、英议员裴克及拉西曼先生等担任之。将来国际队出发中国时,由柯缔先生、台维斯爵士率领前往,以资慎重。并事宣传及唤起世界同情,我国人士之注意。至美国名人之参加,曾由台维斯爵士,于上月感日前往征求,尚未得到完满结果。

(丙)国际队之组织,分英、法、美、捷四队。各该国人自为队长,机师聘现任法国航线总试飞机师马迈,欧战时曾击落德机十七架,为总队长。并聘法空军少将马年总率之,人员共约七十二人。马年将来服务于我总司令部,担任传达命令及联络工作。

(丁)预算暂时美金二百万元。以一百万元购飞机,三十万元为国际队人员死伤等保险费用,六十万元为购置卡车无线电等。一切应用物品,及国际队人员六个月之薪金,七万元为往来旅费,三万元为预备金。

(戊)因拟聘之机师,均系现役飞行员。为免受各该国政府之阻碍,及应付一切费用计,多数意见,非有现款美金六十万元在手时,不愿先行成立委员会,对大众公布其使命,及进行募捐。现计至本月底止,由法、捷两国私人方面,可得到美金二十万元,尚短四十万元。拟向英美友人设法,一俟款齐,即公开募捐成立国际队,购买应用品等工作。

(己)法驱机二十四架中所缺之十九个机关炮,经李先生与法殖民部长面商后,或可准许出口。并请钧座速购灵驱机,以备国际队将来补充之用,职德叩。二日。

拟办:存系不摘由

批示:

内容摘要:

(二)①二日电计达。国际队组织无期,其所不能开始者,因缺现款美金六十万元,现仅有十万元,所差尚巨。愚见如欲其速来,须先假以现款。钧意如何,盼复。职德江。各等语。查国际空队,确有从速成立之必要。俾我国可得技术优良及有主义之国际义勇队多人。至所需飞机,查有现在昆明之法国地瓦丁驱逐机,本拟为庸兄雇聘之法飞行员所用。惟此类人员技术薄弱,以金钱为目的,决不可恃。现拟将此项飞机,暂假国际空队应用。一俟其款项募集,当可由其自备飞机。应否令其自行筹足美金三十万,另由我方借拨三十万,期早促成之处,统乞核示。

批示:待其款六十万筹足后,再行成立可也。

资料来源:《一般资料——呈表汇集(七十五)》,台湾"国史馆"藏蒋中正"总统"文物全宗,第57—59页。

63. 重庆王宠惠电蒋中正(1939 年 10 月 14)

来电第 52 号

委员长蒋:成都。盥密。本日据驻英郭大使,转李顿爵士陈钧座电一件。

---

①　编者按:原文无第(一)项,照录。

译称:兹值中华民国成立之二十八周年纪念,英国国联同志会、执委会谨向勇敢之中国人民献其最热敬意,对中国人民为公法奋斗之毅力及其抵抗侵略,深致景慕。并因最近胜利,对中国军队之统帅,敬致贺忱等语。现正为钧座拟电复谢,谨此电陈。王宠惠叩。寒。印。

资料来源:《对英法德义关系(二)》,台湾"国史馆"藏蒋中正"总统"文物全宗,第 452 页。

64. 谭伯羽、温毓庆、杨宣诚等呈蒋中正文
(1941 年 3 月 21 日)

报告者	原来报告 时间地点	内容摘要	判断或 拟办	批示
温毓庆	三月十八日 莫斯科发往东京外相电	(五)十七日,西特使对洛族夫斯基说明:我方为使此次交涉容易及迅速解决起见,对交涉事项之范围自动的极力缩小等语。后即将我方提案全部提出,其中之(五)关于我方希望开设新渔区,则依照来电予以指摘。(因空袭停电,未能侦收。)	谨按:此似为敌亟欲解决日苏渔约,故愿缩小范围。	
谭伯羽	三月十八日 柏林电	巴尔干近况与美国对欧战态度。 (一)今日报馆消息,德军即将攻希,德、希邦交即将断绝。英军在希登陆,德初不承认,进乃证实。		
温毓庆	三月十八日 罗马堀切发往东京外相电	(二)据截获敌电,十八日罗马各报载称,义南常置委员会,数日前即已开始就两国通商事,举行会议,双方已于十六日在最后议定书上签字云。据闻除贸易协定外,并将关于付款财政及运输等,一一详加规定矣。		
杨宣诚	三月十四日 华盛顿郭德权电	(三)据军方息,设土耳其在巴尔干助英作战,则德苏战争亦将发生。按:苏联在巴尔干之目的,为拉拢土耳其,俾其确保达旦尼尔海峡之安全。苏联固愿助土,不将海峡让人,但恐不至因土助英,而即对德发生战事。		

报告者	原来报告 时间地点	内容摘要	判断或 拟办	批示
戴笠	三月十五日香港电	(四)英内阁初不愿美国参战,因深恐战后对英之接济,势将减少或中断。但自派往美国调查军火生产之李顿返国后,内阁已不再坚持往昔之主张。盖据李顿之报告,美国目前尚在扩大军火制造厂及其他设备,真正之大量军火制造,须在明年春季后,始能实现。纵美不参战,亦谈不到大量军火接济,英国已正式要求美国,于希特拉进攻英伦时参战,罗斯福已接受英国所请。		
王芃生	三月十日上海电	(五)据沪美总领事馆密息,该馆于本年一月中旬曾接美政府密令,谓美国有于本年四月间,参加欧战可能。该馆已拟定在华美侨撤退办法,并已对在宁美侨通告紧急撤退办法。		
杨宣诚	三月六日上海穆兰池电	丙、英美对太平洋之态度及日英动态 (一)美人民及行政代表,现对西太平洋之基本见解如下: 美国必须以武力,解除日本对英之威胁。美国并须于德国海军尚未组成前,发动反日战争,以免德国协助敌在太平洋作战。惟发动日期,英美人民之见解并不一致。英驻美大使哈利法克斯希望最近九至十二个月之时期中,避免与敌冲突。并认为美国军事工业及英国自治领之工业于一年后,始可发展至最高程度。故最近须避免与日冲突,减少美对英之援助,而影响英国抵抗德国能力。因德国今年春夏季,恐将积极活动。		
戴笠	三月十四日华盛顿电	(二)周鲠生谈美军备欠缺,秋前无法助我。		
杨宣诚	三月六日上海穆兰池电	(三)美政府为将来扩大对日限制起见,故决定在沪成立一个特种监督委员会。该委员会之目的,第一,为监视在沪美商活动,免美国货品直接或间接授予德人。该委会将来可对日本作同样限制。第二,应以各种可能方法,在上海市购买大批军事价值之金属物质及其他军用材料。		

报告者	原来报告时间地点	内容摘要	判断或拟办	批示
王芃生	三月十二日上海电	(四)倭于二月间曾秘密于英国谈判,请英牺牲中国,停止一切援华行动,封锁中国对外出路,俾其解决事变,则愿停止南进,并予英国以保证。英国曾表示同意,美国对此极端反对。		
龚德柏	三月十七日报告	(五)《大阪每日新闻》曾载德富苏峰论文,谓:"英现正诱日脱退三国同盟,日本对于此项阴谋,应特别注意"云云。是英正在诱敌脱盟,其交换条件,当然为英迫使中国对敌屈服。		
戴笠	三月十六日香港电	(六)荷印渣华轮船公司,顷奉令由四月一日起,该公司所有船只一律归美国管理,专门行驶美国及荷印间。该公司原来航线,由英国调用行驶华中、华北之轮船接替。		
戴笠	三月十四日仰光电	(七)仰光海滨路,为进出口船只停泊地点。各重要机关,均设于此。目标甚大,现各机关正开始疏散中。		
戴笠	三月十七日新加坡电	(八)马来亚英军于三月初旬,举行大规模之演习。结果下列诸电,似可注意:一、基本战略系防御的,而非攻击的;二、海军除封锁听音探照等勤务外,并未真实参加演戏;三、对敌人强行登陆及火车交通等,未能控制;四、对于巷战与防范第五纵队,特别重视。		
戴笠	三月十六日新加坡电	(九)英国对马来亚之军事布置,首脑部决置于吉隆坡,俟战争爆发后,海峡殖民地总督及其附属机关均将迁往该地。查吉隆坡为马来联邦及雪兰莪首府,交通极为便利。(据敌方情报)		
戴笠	三月十六日新加坡电	(十)顷由敌海军某要员方面探悉,星洲敌侨未积极撤退,系因正式命令撤退,无异以战机通知敌国。现敌方已准备拘捕旅居中、倭、港、越、泰各地之英侨,以交还在英属各地被捕之倭侨等语。	拟摘知英方	
戴笠	三月十三日新加坡电	(十一)三月四日,敌轮由星洲运去汽油一万八千吨,现尚有大批待运出口。星洲政府深恐因禁止汽油出口,而引起战争,故已忍痛放行。		

（续表）

报告者	原来报告 时间地点	内容摘要	判断或 拟办	批示
王芃生	三月十三日香港函	（十二）港方因局势日趋严重，本月十一日，又颁布"舟楫律"，凡商船、渔船上人员未得移民局或警政司特许者，一律不准登陆。又，港方现已开始调查自用汽车，以备将来征作军用。		
戴笠	三月十七日西贡电	丁、泰越合约之秘密条款及敌方策动。 （一）泰越合约除业经公布之四条外，顷据法方消息，尚有下列之规定： 越方割让泰国各地，除行政权由泰接收外，日方应有设立医院、学校，经商，居住之自由。至于北圻方面，法军全部撤退，由日军驻防。惟行政权仍属法国，法人并得享有设立学校、医院，经商，居住等绝对自由。又南圻之米粮及树胶，全部许日方专利收买，并许日方在南圻驻军一万二千名及自由使用西贡机场。		
杨宣诚	三月十三日西贡电	（二）越督已换文人巴让斯继任。刻巴让斯在法，尚未到越。		
杨宣诚	三月十四日西贡电	（三）敌在北圻积极进行政治工作。（A）对华假作亲善，遍贴汪逆照片。取缔侨校反敌书籍，限令一月内改善。（B）对越派遣许多调查团，对于军事、政治、经济各项调查无遗，准备接收全越。		
温毓庆	三月十六日东京近卫河内电	（四）据截获敌电判断，敌正要求在越南某地设领馆，越方则以在台北设领为交换条件。		
戴笠	三月十日香港电	（五）敌近派前天津敌领馆职员伊藤往越南，据谈称：此次奉令前往越南，负责拉拢越南华侨，嗣后对越南或其他南洋各地之华侨，除系中国特工人员外，将一律与以优遇。且倭军目前对中国沦陷区内之民众，亦已改变作风。		

资料来源：《一般资料——民国三十年（一）》，台湾"国史馆"藏蒋中正"总统"文物全宗，第94—100页。

65.《困勉记》卷六十七
（1941 年 7 月 1 日—1941 年 8 月 31 日）

《困勉记》卷六十七至七十九　民国三十年七月至三十二年八月

蒋中正总统《困勉记》　浙江奉化王宇高(墉伯)王宇正(垣叔)同编

卷六十七　三十年七月至八月

七月一日,闻德、意、罗三国承认汪伪组织。曰:"如此,则应断然与德绝交矣! 如德不至此,则其国民之感情与学术,皆足为友,尚宜忍耐;今既至此,若再不与绝交,则国格有损矣!"二日,会商对德绝交文稿,曰:"此时尚有人以为只要召回驻德大使,而不必发表正式绝交宣言,则可在德、意与英、美之间,左右运用者。殊不知如此,则国格丧失,使英、美视我为投机取巧者。四年来对国际道义之标榜,消失于一日矣! 且倭之要求德、意承认汪伪者,其用意,不在增强汪伪之地位,实欲求德介绍,使我与汪伪合流也;若不澈底与德绝交,明白表示,则倭之妄想,更不可思议矣! 又,我明白与德绝交后,使倭对德之要求,不能逃避,必强之履行三国盟约,早入世界战争漩涡矣! 是以此时对德绝交,应立即宣布,不可有丝毫徘徊犹豫之意焉。"

三日,得顾祝同电。曰:"墨三之无能不力,不胜愤痛!"四日,闻德、意驻倭二使访松冈,谈话至一小时之久,曰:"乃知倭北进攻俄,尚须相当时日,决非数日内所能发动也。"五日,得德、意、倭三国同盟密约签字之件。曰:"详察其内容,倭乃任南进之责,应即转告罗斯福。"又曰:"倭此时南进,若直攻滇、缅,则气候与地形皆不利。余料其必先攻荷印,阻绝英、美联络,然后再攻新嘉坡①也。但我应速抽在长江两军,到滇为预备队,并令在缅甸物资速疏散,以为准备"。六日,得松冈致其罗马全权代表电。曰:"可知彼三国同盟密约,经过长时期考虑而不愿签订者,今经我对德绝交宣言之次日,乃不得不强勉签订,而陷入漩涡矣。"七日,研究俄情。曰:"俄对我仍无丝毫诚意。惟对倭不取攻势,以待敌之来攻一点,总算对余言明,乃其实情耳。"八日,研究美态。曰:"美不肯贷我轰炸机,其必为倭留余地,勿使我以美机炸倭,免触其怒,此罗斯福之错误观念也。"九日,曰:"美、俄对我,皆无诚意,而我乃与之直交情报,亦热心太过矣!"十日,曰:"美、倭

---

①　编者按:今译"新加坡"。

此时必有交涉未妥者,故倭尚不敢北进攻俄,而美亦不肯贷我轰炸机也。"

十一日,研究中俄互助问题。曰:"必须英、美共同参加。否则,只可无文字拘束的合作。"又曰:"中、英、美、俄合作,应力促英、美发动,使我国在世界战争中与和平会议中,皆列于战斗员正式地位。此最关重要,必运用全力以促成之。"十二日,闻俄总顾问探求,由赤塔飞机直航延安。曰:"可知前报有俄机到延安数次者,非妄报也。彼今且欲我明许其助匪矣,悲愤曷极!应即严拒之。"十三日,又研究中、英、美、俄合作问题。曰:"中国加入英、美、俄集团后,如何始能不被遗弃。"十四日,得宋子文电。曰:"美国态度消极,而子文又不明事理,令人心神闷苦!"十五日,闻敌有运输舰十六艘,由台湾南驶,又闻敌铁路全供军运北进。曰:"南进为姿态,北进为事实乎?"十六日,令考选海军人员,加入英舰队。十七日,研究全局。曰:"时至今日,倭寇已非单独解决中国问题,或仅征服中国,所能达其独霸远东之目的。美、英、俄在远东实力,对倭已完成包围之势。故敌作战目标,不能不完全改变。我四年抗战,险阻艰辛,坚持不拔之效果也。然此后政治、内政、外交之困难,必甚于过去耳。"十八日,属何应钦暂缓赴滇。曰:"待倭国新阁员名单发表,及其动向明确后,再行为宜。"

十九日,研究与拉铁摩尔谈话要旨。曰:"甲、询问美国对远东与倭国之政策;乙、战后对世界改造之主张;丙、对满蒙、新疆之意见如何?"二十日上午,与陈纳德顾问,商谈美国空军志愿军。下午,与拉铁摩尔谈已。曰:"乃知俄德战争未开始以前,美国务院与倭大使野村密商中倭问题,欲以李顿报告书为解决东北问题之张本。幸俄德战争发表,此阴谋始息。呜呼!险矣!美国之甚不能信任者,乃如此乎?"二十一日,党政会报已。曰:"吴国桢市长乃亦推诿塞责,可痛!"二十二日,开行政会议及经济会议毕,曰:"机构与人事太不健全矣!"又曰:"国事之不能健全,在于事事之不能上轨也。凡事之不能上轨,在于人心之糊涂,不能循规蹈矩,而致南辕北辙耳!呜呼!今日文武干部,欲求其事理清楚,不越轨范者,十无一二也。奈何!"二十三日,闻敌枢密院待命召集会议,审查及覆议重案。曰:"此必为覆议俄倭中立协定废弃案。然而,此又何必要先宣传,是彼无攻俄之决心乎?"

二十四日,闻美决派军官团来华,正式援助。而其团长,即为中、美、英、荷联防会议代表。曰:"如此,则中国正式参加太平洋各国联防,是余之惟一目的达到矣。"二十五日,与郭泰祺谈已。曰:"余决对倭侵越南事,发表声明,保留我国自卫之权。"又曰:"倭强逼法越,而侵占海空军基地,法已屈服承认,此即彼三国同盟密约实现之初步,美必更加刺激矣。"二十六日,曰:"美国至今方决心援华,其轰炸机亦签借矣。"二十七日,敌机百余架袭成都。曰:"此为彼最后示威之举乎?"警报中,审阅中英军事合作商谈之记录。曰:"我方代表所言,乃无条理、无计画,可说杂乱已极。何吾国人竟拙劣至此,焉得不为人轻视耶?呜呼!如此国家、如此部属,岂能希望建立新时代之国家,而得到独立平等之地位。言念前途,忧愤苦痛,不知所止!"二十八日上午,自黄山渡江,遇雾遭险,折回黄山,敌机又五批来袭。二十九日,敌机又终日来袭,在防空洞,研究敌情。曰:"倭之攻俄政策,是否因英、美压迫而变更?若英、美不加压迫,则此时倭、俄或已开衅。至少其中立条约,必已宣告废弃,今乃为英、美压迫而停顿矣!"三十日,敌机又来袭。曰:"敌机连袭已有四日,民心恐将动摇也!"三十一日,研究战后收回外蒙、新疆计画。

八月一日,研究全局,曰:"倭对俄兵力,必已集中,而乃受英、美经济压迫之影响而停止,且德攻俄,并无如预期之胜利,以后德在全局形势上日趋不利时,倭或不得不改变政策,脱离轴心,而与英、美、俄妥协。如此,则倭对俄之全体动员兵力,回戈攻华,吾国危矣,故此时非进行与英、俄缔结同盟不可!"二日,曰:"敌国受英、美经济压迫,其舆论并不愤激,而其政府犹望妥协也。"三日,研究阎锡山态度。曰:"阎之通敌,几乎已成公开,但其利害心重,决不敢实行也。"四日,研究龙云态度。曰:"龙对中央军入滇,乃藉辞推托,以冀延缓,余惟有以诚心处之,使彼觉悟耳。"五日,研究英、俄态度。曰:"英、俄对我之无诚意一也。呜呼!亦何足怪哉!"六日,面授商震,与英交涉具体计画。又属英武官戴尼斯,从速决定一切。曰:"对英交涉,余先示以事实与所可能之计画,又以我所希望者,提出要求,而出以至诚感之,想英乃不能不以诚应我乎?"七日,与顾孟余谈已。曰:"彼已允就中大校长职矣。"八日,闻美政府对中、倭、德、意人民之存款,忽又解冻,曰:"不知其何故?美国真变化难测,可虑也!"又曰:"英、美对倭侵暹,只知著[着]急空言,而不与暹以互助实力保证,暹必为倭所佔,从此滇缅路更危矣。可痛!"

九日,研究英海长谈话。曰:"彼称,德倒后,倭自不战而服,此乃英、美当政者一般之心理。故时时对倭存妥协姑息之意,而不思中国之牺牲与苦痛,能久受与否。美总统至上月杪,始批发贷我轰炸机,而其数之少,只六十余架。英对余出诚心之军事合作办法,至今仍未音讯,而我正连日受敌机之惨炸,苦痛日加。呜呼!可悲也!"十日,曰:"英、美自私自利,对我抗战之困苦与牺牲之大,漫不在意,然其对荷、印与苏俄,则明白保证,不许倭寇侵犯,而独对我国,始终不提一语。所谓贷款合作,皆无一毫诚意。总之,利用我之牺牲,以保全其安全而已。思之愤慨曷极!"十一日,曰:"敌机连日夜惨炸,人民不堪苦痛,而政府全部工作,亦几停顿,可虑孰甚!"十二日,在防空洞修正八一三告书。曰:"今年告书,如不按时发表,则敌寇必以为余已被轰炸之故,思虑精神,皆萎顿矣! 故余必仍按时发表,但苦则苦矣!"十三日,闻英缅人员包围美国公路考察团,强荐英人为该路督办。曰:"美国人不察其狡计,竟为其所迷矣,余必坚决拒绝之。"十四日,令严防敌用伞兵复扰陪都。

十五日,研究罗、邱世界和平宣言。曰:"此宣言虽未列远东问题,余则甚望其能如余之预期,先解决倭寇也。"十六日,研究敌情。曰:"敌机此次袭川计画,本定自上月二十七日至本月七日,昼夜不断,连炸十日,使我军民精神萎顿,消失敌忾心,以达其收降目的。幸三十一日至七日,天时阴雨,乃迫使彼整个计画,分为二段。然最后六日之激烈,彼以为可达其任务。故彼在上海发言人,又发劝和论调,不料我发表八一三告书,予以当头一棒,敌始猛省其为愚。故此次告书,其效力大于五十万兵力而不止也。"十七日,与郭泰祺谈英、美外交毕。曰:"英美联合宣言,独提援俄而不及中国,此乃白人传统之观念,总以我黄人为不能与之平等也。可痛!"十八日,党政会报已。曰:"此次会报,以研究防空缺点为主题也。"十九日,宴美国运输考察员安司旦等。曰:"席间吾妻以英、美非真民主、无公道,而痛斥之。呜呼! 诚非得已也。"闻第三十六师已①西昌。曰:"如此,则西康与云南之局势已定。刘文辉、龙云之阴谋,当可打销于无形矣。"

二十日,与张群谈英、美政府心理。曰:"英、美政府最近处置,可谓卑陋已极。而其对倭姿势,不许南进攻暹,亦不许北进攻俄,而希望其维持现状。所谓现状,就是专攻中国。希望倭如继续不断专攻中国,则自无力南进北略,即等于和平。此心理与政策,无论英、美、俄皆无二致,不仅以华为壑,而且贱视有色人种,必使之自相残杀也。呜呼! 痛哉!"二十一日,与左舜生谈已。曰:"余痛斥各政党之害国,不得已也!"二十二日,闻俄拒绝我观战人员。曰:"俄至今对华尚无丝毫诚意之表示也!"晚曰:"今日心绪抑郁恍惚,不能收敛专一矣!"二十三日,敌机又以百余架来袭。曰:"敌机近又对我后方遍地滥炸,尤其炸我沿江运船,使我前方接济困难,更可虑也!"二十四日,党政训练班第十六

---

① 编者按:疑漏"至"字。

期开学,训话毕,闻美、倭仍秘密进行妥协。曰:"倭果为美威胁,而不敢攻俄乎?"二十五日,与俄顾问谈已。曰:"俄、倭本定二十二日签订满蒙划界协定,届时未发表,或临时变卦乎? 此则于我国之危机减少不尠也。"

二十六日,研究邱吉尔演讲。曰:"其主旨,在由英、美联合,迫使倭寇就范,此罗、邱会议著[着]重远东政策之表现乎?"二十七日,闻罗斯福公布派军官团来华行期。曰:"此美、倭谈判破裂之明证乎?"二十八日,与郭泰祺、拉铁摩尔谈已。曰:"英、美对倭,仍系威胁,而无作战决心也。"二十九日,与美大使谈已。曰:"数月以前,倭野村请美总统介绍,商中、倭和平事。美总统属彼自向中国直接提议,此乃美不愿介绍,亦不愿保证,以倭为不可靠乎?"三十日,在黄山防空洞东口树下,开军事会报,时上午十一时五十分也。当十一时,敌机第一批炸小龙坎去后,第二批尚未进入市空。公于会报中,讲军事近状,忽闻机声,忽又不闻。公曰:"此恐敌机在最高空投弹也!"即率各同志入洞,约十分钟,未闻机声,而只闻炸弹连续轰炸洞之周围,洞门为崩土堵塞矣。因念夫人在北洞口茅屋读法文,即由洞中往北洞口,夫人方入。炸毕,出视。死内卫班长、侍卫二人,伤卫士四人。曰:"今日之危,甚于二十七年武昌省署,去年柳州羊角山。盖三面洞口皆被炸中而堵塞,幸山岩甚坚,洞基甚固耳。"三十一日,敌机又终日来炸。曰:"我国受敌机如此不断惨炸,而乃不值美国之一顾。对英、对俄供给飞机,惟恐不及,而对华则迁延却顾,能不令我国民兴悲乎?"

资料来源:《困勉记初稿(七)》,台湾"国史馆"藏蒋中正"总统"文物全宗,第 1104—1115 页。

66.《事略稿本》(1941 年 7 月 21 日)

上午莅军事委员会巡视后,回曾家岩,会客十五人。

电莫斯科邵大使力子,译转史大林,贺其兼任统率。电曰:"欣闻阁下亲任贵国国防人民委员长,以举国共戴之领袖,膺统率全军之重任。遂听之余,无任欣贺。我中苏两国,唇齿相依。在今日更立在反抗侵略之同一线上。中国抗战军民誓必竭其全力,共同奋斗,尽应有之责任,以达我两国同舟共济之使命。深信东西侵略国家任何野心与暴力,在我两民族反侵略之伟大力量前,必完全粉碎。谨代表中国军民诚恳致贺,并祝贵国胜利。"

电成都张主席群曰:"对于四川省各县屯粮豪绅,应设法侦查,照律严惩之,则粮食管理方可有效也。务希严格执行为要。"

正午召集党政会报,对重庆市市长吴国桢推诿责任,痛斥之。

下午,阅《明儒学案》,并录书中语:"心本无事,而贯天下之事;心本无物,而贯天下之物。此一贯之旨也。"

观察俄国战局曰:"(一)俄准备在莫斯科守城,是其战况紧急可知。(二)板垣今日由东京匆匆启程赴朝鲜履新,其将发动攻俄乎?"

晚回黄山,知夫人病渐愈,甚欣慰。

记与拉铁摩尔谈话之感想曰:昨与拉铁摩尔顾问谈话,始知德苏战争未发生前,美国国务院方面,曾与倭驻美大使野村秘密洽商解决中倭问题方针,而即以当年李顿报告书为解决东北问题之张本,势在必行。幸德苏战起,此种阴谋始告平息云。可知对美国亦不能完全信任,但即使此奸计得以实现,亦不过美国被倭所欺,徒丧其在国际上信义而已。

公曰:于高级干部中,欲求智虑忠纯,不私不苟,而识大体、顾大局者,几不可多得。甚矣,对国事托付之难也!

资料来源:《事略稿本——民国三十年七月》,台湾"国史馆"藏蒋中正"总统"文物全宗,第42—43页。

67. 孔祥熙有关美日谈话问题致蒋介石电
(1941年11月26日)

介兄钧鉴:近日外间对美日谈话事,颇多揣测,想正在廑注之中。病榻沉思,证以平日耳闻目睹美国情形,愿贡所知上供参考。美人主持正义,喜抱不平,对日向少好感。益以日阀频年在我暴行,就人道主义言,对日更加增恶。最近美国某调查机关,曾以对日作战测验民众心理。结果赞成者,已占最大多数。惟美国人士囿于传统孤立政策,对世界纷争,向抱置身事外主张。自上次参加欧战,徒受损失,国会更有《中立法》之宣布,非战心理,全国一致。此次因希特拉并吞蚕食,几霸全欧,美国与英,既有同文同种之谊,不能不怀唇亡齿寒之惧。罗斯福总统主持正义,反抗侵略,然亦仅能于物质上,予民主国家以援助。且因所贷之款,全数仍在美购买军火。发展美国生产,工商业均蒙实利,故能获得全国之赞同。就美日谈话言,谓美将如何让步,固无其事。若谓美将诉诸武力,亦为肤泛之论。

盖证以美国会近对延展国民兵役一年一案,仅得一票之多数而通过,可见美人对战争之反对。况现对英苏之加紧援助,国内反对者,已认为过举。如再在太平洋有所举动,将被视为两洋同时作战,人民必加反对。至日寇方面,则素怀惧美之心,盖深知美陆军虽弱,海军则质量均优。所谓南进北进,均虚张声势,缓兵以伺机会。必俟德在大西洋获得战果,或苏联欧洲部分尽被征服,始为其逞火打劫之时。

太平洋方面,美不先发,日必不动。日内阁历届所布外交政策,均隐具此种态度。最近东条之议会演说,亦含恫吓性质,色厉内荏,作用仍在对内。此次来栖使美,罗斯福、赫尔各与长谈。结果虽未可知,而双方之互具诚意,可以想见。盖英美因苏联失利,亟冀日之退出轴心,以孤德势。日寇则困于封锁冻结,希图脱此桎梏。但双方既均自居于泱泱大国,各争体面,美国既不能自食其言,以牺牲中国,日寇亦不甘作过分之让步。以弟揣度,或将以我东北问题为条件之中心。忆弟在美与罗总统谈话时,渠曾称:日本对满处置,堪称巧妙,组织伪国,示国际以无领土野心。更以满洲人之清逊帝为其傀儡,以圆民族自决之谎。中国除驱逐日军出境外,无收复方法。长此以往,窃恐各国为对满贸易关系,将趋于承认伪国之途。至此,美亦将无从阻止等语。

观此,可觇其心理。美日谈话之始,美曾表示,涉及我国时,当先征询意见,则对东北问题,吾人亟应预筹对策,设美来询时,有以应付。前在南京审议宪法草案,弟因外蒙、西藏对外关系在有无之间,东北复有傀儡组织,欲谋树立我国家之完整主权,进一步再图收复民心,完我版图,须筹逐步有效办法。曾主张仿英自治领制度,于领土一节加以规定,保留宗主权,而许其自治,庶得应付暂时环境,而免名存实亡之讥。且一俟中央权力巩固,不难随时改回省治。惜当时仅为建议,未及实行。东北问题在我当然以收复为不移原则,美方如欲迫日交回,非以实力助我不成。否则,日方前既曾迭向我表示,伪满事可作悬案,今似不妨采此方法,言明将来由人民投票表决。李顿调查团报告书即曾有在国际公正监视下投票以表决之主张。东北处敌伪淫威已久,人心思汉,敌军撤退之后,我稍加运用,投票结果必于我有利。思维再四,此外似更无较妥之方。因兹事对内对外,关系颇巨,用敢缕述奉陈,仍请采询众意,或有他策。吾兄睿谋深算,当早计及。一得之愚,伏希垂查,敬颂钧绥。

弟祥熙谨上
十一月廿六日

资料来源:《全面抗战(十七)》,台湾"国史馆"藏蒋中正"总统"文物全宗,第 120—125 页。

68. 拟授友邦人员勋章勋绩事实表：
李顿伯爵(1942 年 7 月)

拟授友邦人员勋章勋绩事实表

	拟授友邦人员勋章勋绩事实表					
姓名	原文全名：Earl of Lytton 中文译名：李顿伯爵					
出生年月日	66 岁	国籍	英		性别	男
住址	现在	18. Chester Street. London S. W. 1				
	永久					
经历	海军部 Civil Lord 1916,1919—20； 海军部额外议会秘书 1917； 印度部次长 1920—22； 印度总督 1925； 国联东北调查团团长 1932。					
勋绩	在调查团报告书中,斥责日本九一八军事行动,不能认为合法之自卫手段,并断定满洲伪政府不能认为由真正的及自然的独立运动所产生,屡为我国伸张正义。					
引用条款	第七条第一款					
原请机关 审核	机关名称	驻英大使馆				
	长官姓名	顾维钧				
	考语	为我国伸张正义勋劳卓著				
	请授勋章 名称绶别	景星甲等大绶				
外交部审核	如拟		拟授勋章名称及等级		景星甲等大绶	
稽勋委员会 审定			拟授勋章名称及等级			
国民政府核定			颁给勋章名称及等级			
备考						
中华民国卅一年七月				（原填表机关盖章） 外交部印		

资料来源：《颁赠海外勋章(十一)》,台湾"国史馆"藏蒋中正"总统"文物全宗,第 46 页。

附录:《日寇侵略之部编案纪要初稿(合订本)》之"贰、沈阳事变"

贰、沈阳事变①

目　录②

---

　　① 编者按:该附录资料的来源是选自《日寇侵略之部编案纪要初稿(合订本)》,收藏于台湾"国史馆"《蒋中正"总统"文物》全宗,入藏登录号:002000003218A,数位典藏号:002-110500-00009-002。《日寇侵略之部编案纪要初稿(合订本)》的内容分为1. 济南惨案;2. 沈阳事变;3. 淞沪事变;4. 日寇侵扰热河;5. 送肇事端;6. 卵翼傀儡;7. 汪伪组织;8. 八年血债等八个部分。本文献集节选了第二部分"沈阳事变"。

　　② 编者按:该目录与页码均按文件原文予以标出。

一、日寇制造沈阳事变图我满蒙

"在中华民国满蒙地方谋求发展",是日寇田中对外侵略政策的第一步骤。"使满蒙成为日本人安居之地",是田中对华外交的原则。而凭借武力来攫取我满蒙,则是实现其侵略图谋的唯一手段。因一九〇四年之日俄战争,帝俄惨败后,日寇即取代了帝俄在满洲的特权,但自知一时无法取得独占之地位,于是着手培植亲日份子,供其操纵利用,以为侵略者之帮凶,张作霖即为其一手培植之一人。不意张作霖自权力日张之后,仅与日寇虚与委蛇,采取小事装含糊,大事不让步之政策。日寇也以同样态度,支持张作霖为"东北王",不愿他过问关内的政事。迨国民革命军兴,当我中央政府尚无暇顾及东北之时,日寇屡欲乘机要挟张作霖允其对满蒙有更多之特权,但均不得要领。民国十七年五月,济南事变发生后,由于蒋总司令英明果断之行动,继续率师北伐,迨至津、京即将收复之际,日寇竟于五月十八日,发出令人几乎误认满洲为日本之一省、视满洲为禁脔之觉书,并对张作霖多所威胁,张未尽为所动。日寇恼怒之余,致有皇姑屯谋炸张作霖之事件。

张作霖之被炸,系六月四日上午五时三十分。主其事者,为关东军高级参谋河本大作大佐。日陆军部于得意忘形之余,于四日上午十时三十分,首先发表消息。其后自知阴谋泄露,于六月十二日发表调查结果,诿为革命军之所为,但已无人置信,是诚所谓欲盖弥彰。

张作霖死后,张学良受蒋主席(民国十七年十月十日就职)精神之感召及其父仇之影响,卒于民国十七年十二月二十九日,宣布东北易帜,归顺中央。而距此七个月前之济南事变亦在日寇无所藉口之下,终于民国十八年三月二十八日正式协议签字,五月二十日于日军撤兵完毕而正式结束。至是,日寇之侵略行为虽未得逞,但其觊觎野心未曾稍戢。

民国十八年七月,中苏因中东铁路问题,初则发生争执,继则武力冲突,终而外交相持不下,迄民国二十年乃作无限期之延搁。日寇在此时期内,遂作积极侵略之计划与准备,"以武力解决满蒙问题"之主张,尤为黩武专横的日本军所高举。

二、事变前夕骚扰寻衅层出不穷

(一) 万宝山事件

万宝山位于吉林省长春之北,民国二十年,该地农民将所租荒地,转租与鲜人种植。未经政府核准,擅引鲜人入境,因鲜人强掘沟渠,毁坏民地,引起当地农民与鲜农之纠纷,日领竟派警干涉;七月一日,日警为祖护鲜农,遂向民众开枪,遂致益滋纷扰,但彼此未有死伤。二日,华农出动填沟,日警复向我农民开枪射击,致死伤无算。(见资料20015676,20009456)①

1. 我对万案义正词严:万案发生后,日寇又在朝鲜境内,鼓动排华暴行。我外交部除先后与日领交涉及提出抗议外,并专就万宝山事件,于七月二十二日照会日本代办,其要旨为:"万宝山非垦居区域,鲜农不得前往,地方官有保护外侨之责,日警不得擅入内地,应由日代办转饬即将日警撤退,谕令鲜农退出。"并声明:"鲜农在该地即无垦居权利,租约应根本取销,其挖沟筑坝等侵害行为,鲜农亦应负责;如鲜农承租确属善意,所受损失,可责成当事人补偿。此种契约补偿问题,即由驻吉特派员会同日领,持平调处。否则,按照司法手续解决。"(见资料20017609)是我方对于处理问题,均一本我国文化传统,而以情、理、法兼顾,日寇自知理、法均屈,虽一度反向吉林省政府要求赔偿,然鉴于朝鲜境内排华暴行过当,遂于八月八日,将掩护鲜农强行筑坝之日警,无条件撤退。

2. 日纵朝鲜暴行排华:当万宝山事件发生后,日寇竟在朝鲜境内发动对我侨胞不利之恶意宣传,鼓吹暴动。据仁川华商会七月五日发电呼吁:"日报鼓吹万宝山事件,本埠鲜人,于江日起,发生激烈暴动,各地华商店铺,货物器具,抢毁殆尽。并惨杀侨胞,有剜心剖腹者,甚有剁成肉酱及威逼投海者,死伤约计数千人。种种惨酷,中外罕闻,财产损失,不计其数。日警阳示保护,阴实故纵,每尾暴民之后,俟其暴行已过,始假意驱逐。一切交通,突然断绝,十数万侨民,危急万状,引领待救,乞赐援助。"(见资料20009368,20009392)我全国军民,于获悉此项噩耗后,纷纷通声援,并请政府迅向日政府提出严重交涉,立即制止鲜人暴动,救我同胞,山东福山、烟台等地五十六团体及民众并沿派

---

① 编者按:附录中所出现的"(见资料……)",判断应为原作者撰写此文时所参考之资料及其编号。下同。

船只前往仁川等地,搭载难民回国,复电交通部再令派轮驰往协救。(见资料 20009403,20009456,20009478)

3. 忍辱负重安内攘外:王外长正廷七月九日电呈蒋主席,略称:"迭据朝鲜各领事电告,鲜人仇华暴动,极为严重,损害颇巨,当先照请日代办,迅电日政府切实制止,并保留调查后提出交涉权,一面电令驻日汪使(荣宝)向日严重交涉,并电驻鲜各领事,妥为抚慰,顷据汪使七日来电,据日外务省称:鲜督虽未到任,仍有负责代理人,决不推诿等语。拟俟调查损害详情到部,再提解决办法。"(见资料 20015676)王外长七月十日又电称:"据汪使八日电称:顷晤币原(日外相),彼表示十分歉忱,谓在今日日本领域内发生此种事件,真堪痛心,己严令镇压,刻已平静,务请宽怀;至保留交涉权问题,彼微露相当恤金等语。昨已电令汪使亲赴朝鲜各地抚慰侨胞,视察被害情形,俟报部后即约定办法,提出交涉。"(见资料 20015782)七月十六日,朝鲜记者金利三,因鼓动排华,遭受该因人士之责难,自动发表谢罪文字,并亲至吉林向我道歉,被吉林日领事所刺杀。至是,日寇蓄意制造暴乱之阴谋,已属昭然若揭。此时我国"剿赤"战事方酣,两广事变后起,加以苏、豫、鄂、皖等省空前严重水灾。蒋主席忧国殷切,秉先安内再攘外之宗旨,鉴于各地民情愤激,为免对外事态愈益扩大,于七月三十一日,特电中央党部丁秘书长(惟汾)及国民政府叶代文官长(楚伧):"据宋部长子文、张市长群,漾、未电告:日人包藏祸心,正思乘隙以逞,而薛笃弼、陈友仁、刘纪文等,又正在日活动,诡谋可知,现在各地反日援侨办法,实有审慎将事之必要。若中央地方党政各界,步骤不能一致,势必授人以柄,徒益纠纷,况反动之徒,惟恐不乱,难保不混迹各地,鼓煽风潮,发生意外。所有各地现定办法中,易引起纠纷者,原为检查与处罚。沪市正向各方接洽,以期纳诸轨范。各地未必明瞭中央意旨,万一意气用事,或受人煽惑,自乱步伐,将必增加外交应付之困难。请即转令各级特别注意,不为苛求,如有不轨行动,应即取缔,以免为反动派所利用,藉安人心而防意外。"(见资料 20024215)中央党部于八月三日,电令各级党部:"……尤须遵照中央颁布之对日运动方式,劝告商界自动抵制,其有故惹是非、行动不轨之份子,须立即惩处,以安人心。总之,吾人对于日人之横暴,须以坚忍不拔之决心,群作彻底之奋斗,党政密切合作,以免意外之发生,庶足以杜帝国主义者及反动份子连合之阴谋,俾外交得达最后之胜利。"(见资料 20018570)日寇见我力持镇静,无机可乘,遂又制造中村失踪事件,作为侵略之借口。

4. 领袖慈爱慰恤难侨:民国二十年八月,蒋作宾任驻日公使,蒋主席嘱其绕道朝鲜,致祭被难侨胞及抚恤侨民,蒋公使于二十日自汉城电呈云:"昨午后抵平壤,当赴被难侨民墓地祭奠,旋赴侨民欢迎会,宣示政府关怀德意,当众将主席特恤侨民日金一万元,交由张总领事妥为分配,侨民同深感谢……"(见资料20021778)

(二)中村事件

1. 潜探军情中村失踪:中村系日本参谋本部上尉部员,派往关东军服务。于民国二十年六月间,奉关东军密令,前往洮南侦察军情,而以农业专家身份作为掩护,我政府在其经过哈尔滨时,因洮南地方不靖,曾劝告其勿往,以免难于保护,其后即行踪不明。七月中,驻哈日领得报后,深恐中村假冒之身份被中国官署查获,难逃军事间谍之责,力图设法补救。八月初,关东军欲行武装调查,但为币原外相所阻,并电令驻沈阳总领事向中国当局提出赔偿、道歉、保证将来不发生类似事件之要求,驻沈总领事以证据毫无,无以为词,遂与驻沈阳特务机关长土肥原及驻黑龙江领事串通贿买人证,诬为中国所虐杀。八月十七日,始正式发表中村失踪。二十二日更宣称系被兴安屯垦队所杀害,并将出事时间,改为关东军参谋旅行之时间,态度转为强硬,并发出"膺惩"之咆哮,后经我国调查报告,中村系因故被拘,于拘留所中潜逃时,误被击毙,与关东军之参谋旅行,毫无关连。

2. 日方藉端扩大寻衅:自中村失踪,日方买得证人后,于九月八日,日阁决定对中村事件令军事及外交当局应有所行动,关东军更如箭在弦,引满待发。此时张学良(任陆海空军副司令)在平,已感事态严重,于九月九日电呈蒋兼总司令云:"日人于朝鲜暴动发生后,百计寻事,特饬地方文武官员竭力避免。近为中村失踪之事,由驻沈总领事严重交涉,语多挟制;东京方面,陆军人员尤为激昂,显有借端侵略状态。我方已派人前往肇事地点详查。良不能亲自回辽,万分焦急……"(见资料200110459)十二日,日寇向辽主席臧式毅提出无理要求,并增兵朝鲜,十四日,哈尔滨日领晤伯力苏俄当局,请对中村事件予以谅解。

三、日寇藉词中村事件发动事变

(一)名城沈阳首遭蹂躏

民国二十年九月十九日,北宁路局高局长报告:"昨晚十时半,日军数十人,突往皇姑屯沈阳关三洞桥(即张作霖被炸处),将道房包围,逐走工人,取出工具,拆下道轨一段,移时即在沈阳城内开炮,闻人民伤亡颇多,电报电话不通……"(见资料 20021777)又臧主席(式毅)报告:"日兵昨晚十时起,向我北大营攻击,我军未与抵抗,日兵竟入营房放火,驱我兵出营,同时用野炮轰击北大营,兵工厂、迫击炮库,并被占领,死伤待查。城内外警察各分所,均被射击,警士被驱出。无线电台亦被侵,向日领迭次交涉,乃以'军事行动,外交官不能制止'相告,并云由我军破坏南满铁路而起,实属捏词。截至午前五时,尚未停止;各情已通知各国领事,尚未表示意见。职等仍坚持不与抵抗,以免地方糜烂。"又无线电台公报:"日军已大队入城,将各机关占领,现各处电报电话不通,皇姑屯站亦被占领,情况不明。"(见资料 20021735)(以上各件均为张学良所转报)九月二十八日,吴铁城报告:"据赴沈实地调查之美武官报告:1.日军指示被破之处,路轨略弯曲有锈,如此形状,竟诬为华军破坏。2.日军借口华军三百余人,在附近高粱地向日军射击,但实地踏勘,北大营一带,并无枪炮痕迹。"(见资料 20011335)是所谓"破坏路轨、蓄意挑衅",均为日寇之所为,已属彰彰明甚,而竟捏词栽诬我军,并在其国内大肆宣传,外国通讯社亦受其朦蔽,例如路透社十九日东京电称:"昨晚中国军队拟拆南满铁路某桥梁,在沈阳城外与日军发生大冲突,日军占领北大营。"又路透社十九日北平电称:"张副司令得沈阳来电云:日军在沈阳城内扫击华军,死伤甚众……日军炮火每十分钟必有一次强烈之射击,惟华军始终未反击,张副司令已令军队将军械收藏,切勿反击报复。"(见资料 20021708)观此,则我军既决定不予反击,何来故意挑衅,固不待辩而自明。

(二)辽吉重镇相继沦胥

九月十九日,张学良先后电呈蒋主席,其要点略称:"自今晨七时起,沈阳消息断绝,情况不明。顷复据报:巧夜有日军大部,在营口北部登陆,占据交通机关,有北进模样。又接安东商会电:日军于巧午前六时,将安东各机关及警察武装,悉行解除,并占领全市。又长春、宽城子,亦有同样动作。日方借口之词,毫无根据,种种行动,情节显然,除由此间(北平)向外宣布外,请随时指示。"(见资料 20021774,20021775)同日,黄振兴报告:"日军占领辽宁、营口后,并将长春、宽城子占领,沟帮子亦有军事行动,意图断绝关内外交通。"(见资料 20021741)又同日,商震报告:"日军于今日六时占领奉天省城,荣参谋长(臻)被俘,臧主席(式毅)失踪,城内外我军,均被解除武装,南满沿线日军均已出动;驻朝鲜日军一部,亦奉令向奉天移动中;驻旅顺日本司令官本庄繁及宪兵司令又塚本等,率其部下人员,今早移驻奉天省城。"(见资料20021759)其他类似之报告,尚有多件。(见资料20010986……等十件)是日寇自捏词挑衅时起,至十九日晨六时止,在此不足八小时之内,除占领沈阳全城外,北至长春、宽城子,南至营口,西至沟帮子(锦州东北约八十公里)以及与朝鲜接壤之安东,均被日寇铁蹄蹂躏;日寇关东军司令部则已移至沈阳;即驻朝鲜之日寇,亦已越境而出。其行动之迅速,非有预谋与事先之部署,曷克臻此? 即令沈阳一地之陷落由于我军之措手不及与不抵抗所致,然则,各地之同时行动,又将作何解释? 其最令人痛恨者,则为日寇对黑龙江之行动。九月二十日,黑龙江省府转驻哈尔滨钟特派员皓电略称:"今晨八时,日领馆蹈本主事来处面称:十八日晚十时,北大营华军因拆毁满铁路轨,与日军发生冲突,双方从事会商,有就地解决之可能;请贵处迅速通知本埠军政各界,以免传闻失实,另起冲突……"(见资料20021785)是日寇因在辽、吉二省(东北当时系分辽、吉、黑三省)同时袭击我军,以致兵力不敷分配,不能再在黑龙江肇事,诚恐我方闻耗愤激,起而报复,故作是语,以为缓兵之计。嗣后,辽、吉大势已定,遂有进犯黑龙江之行动,足见日寇之阴毒险恶!

(三)暴行威胁武力侵略

沈阳事变后,由于张学良"不抵抗主义"之失策,及日寇预有部署之行动,使辽、吉二省各重要地区,于短暂之数小时内,全部沦陷,至是,寇焰益张,野心益炽,除在我沿海各地,如烟台、青岛、海州、上海、杭州、厦门,以及长江沿岸各埠,如汉口、九江、南京等地,增派军舰,施行威胁,以图乘机一逞外(见资料20011012—20013615共三十八件);并向我黑龙江、天津、锦县,发动攻击行动。兹分别列述如下:

1. 进犯黑龙江压迫马占山:民国二十年十月十二日,国民政府任命马占山代理黑龙江省政府主席,于二十一日就职。二十四日,日寇本庄繁派员赴黑龙江,要求马占山退出,由张海鹏主持,被拒。日寇遂积极图黑,于十一月三日晨,越过江桥(现属嫩江省)向我射击并掷弹,旋即退去。三日午,日机两次向我阵地侦察,泰来、五庙子(均江桥南)到日兵车六列,洮南(现属辽北省)到日机四架,并有日军改着华装,混入民众(见资料20013029)。十一月六日,蒋公使(作宾)自东京电称:"日拟歼灭马军,夺取齐齐哈尔,此事日政府前对美后对国联(国际联合会之简称以下同此),均称系掩护修桥之自卫行为,一味狡辩。"

(见资料 20013099)同日,马占山电告:"日用种种方法,图谋北满,自江日起,以修理嫩江桥为名,掩护张海鹏军过江攻击,并利用飞机大炮猛烈轰炸,势非直捣江省不可,惟有誓死力抗,一切牺牲,在所不惜,并请予以接济。"(见资料 20013237,20013346)七日,又电告:"连日激战,死伤枕藉,被迫退保三间房(齐齐哈尔南约三十公里)、大小新庄一带坚守,明知日寇武器精良,江省势难与抗,所恃者,我将士慷慨激昂,气吞河岳,占山守土有责,誓与周旋到底,请电国联设法制止"。(见资料 20013281,20024006)八日,日寇本庄司令竟通牒马占山,速将政权授予张海鹏,我驻日蒋公使于十三日,照会日政府,以本庄通牒,显属有意启衅,请日政府迅即制止。(见资料 20013345,20013396)我全国各界,鉴于马军之忠勇奋发,亦纷电蒋主席迅予支援。(见资料 20013493,20013529,20013523,20013530,20013581,20013624)十八日,日寇以多个师团向齐齐哈尔猛犯,并以飞机滥肆轰炸。民众环请马军退出,以全民命。马占山特电报告,已俯顺舆情,避免人民涂炭,于该日退出省城。日寇遂于该晚八时,侵入齐齐哈尔。(见资料 20013558,20013623,20013503)蒋主席于接获马占山报告后,见其确已尽力,特于十九日去电勖勉云:"巧电诵悉。悲愤填膺,莫可言宣。我军连日奋战,为国争光,威声远播,中外同钦,至堪嘉慰,兹已急催张副司令派队援助矣。"(见资料 20024005)

2. 扰乱天津劫走傀儡溥仪:日寇自入侵黑龙江之战发动后,为恐我军赴援,除在各地之进行威胁性之行动,并在天津实施扰乱,乘机劫走溥仪,成立伪满傀儡政权。民国二十年十一月九日,张学铭(天津市长)报告略称:"石友三、李鹤翔、张壁等,受日人指使,招集流氓,组成便衣队千余人,在日界设立机关,拟于日内在平、津、塘沽、唐山等处,密谋暴动,以便日人在国联有所借口。经与日领要求拘捕,至则业已逃走。迄晚,石等竟在中日交界处,向我攻击。"同日,王树常(河北省主席)张学铭报告略称:"今晨日军要求我方警察于交界处,后撤三百米,否则自由行动。乃我方退后,日军突发炮二十发,意图掩护便衣队,向我进攻,经以外交方式交涉,幸未生变。上午九时半,一区六所击散便衣队十余名,并有所掳获,但一区六所卒被占领。上午十一时,海光寺日军向我射击,死市民一人,并续作军事部署。迄下午五时止,共获便衣队六十余人,我方警察受伤十二名,居住华界日侨,经循彼等要求,护送至日界。"十一日,王树常、张学铭报告略称:"日领面称:昨日双方互击,殊属不幸,不如双方将防御物撤除。经答以我系为防御便衣队而设,不如在中立地由各国军队驻守,则彼此不致接触,较为妥善。日领已同意,俟商日司令后决定。"最后解决办法,由我方派便衣警察,往守日界口,防御物则俟便衣队肃清后,再行撤除。(以上见资料20013209,20013266,20013320,20013319)此项骚扰性之行动,延续至十一月十九日,双方撤除防御工事,另派武装警察站岗,并约束所属,不得任意开枪,及至交通恢复,日寇扰乱之举,始告结束。(见资料20013326—20013604共六件)实则日寇之扰乱,系为劫持溥仪,制造伪满之阴谋而来,且为日寇关东特务机关长土肥原所主持。十一月七日,王大佛在上海报称:"报载溥仪被石友三、土肥原所威胁,有赴辽组织满蒙政府意。请迅令天津当局包围日租界,搜擒石友三枪毙示众,将土肥原暂时幽禁,俟中日交涉解决时,请国联裁夺,请溥仪到开封,优待保护,免被迫胁。"(见资料20013152)土肥原则于十一月十日,于天津扰乱之中,挟溥仪至大连。十二日,王树常、张学铭电称:"津市报馆,收到由辽寄来龙旗一面,闻溥依已秘密离津。"又张学良十四日电称:"溥仪秘密赴辽后,已定删日正式复辟,换用废清朝服,以废恭王溥伟为首相,就位时,即通牒各国。"(以上见资料20013359,20013437,20013511)十一月十七日,汉口日侨竟有庆祝占领满洲,辅佐溥仪计划成功之举,(见资料20013563)惟此项计划,未为日政府所同意,故迁延至民国二十一年三月九日,伪满始在长春成立,溥仪任"执政",郑孝胥任"国务总理"。此时国联调查团正在东京,而日寇竟使傀儡登场,其后并于国联调查团报告书即将公布之际,公然于九月十五日予以承认,其蔑视国联及国际条约,可谓毫无忌惮!

3. **肆虐白山黑水再犯锦榆**:沈阳沦陷后,我辽宁政军重心,即移至锦县。(见资料20021972)十月一日,辽宁行署在锦成立,朱春霖代理主席,日寇遂开始进犯锦县,十月八日下午二时,突有日机十二架至锦县投弹约一小时,死伤民众甚多。(见资料20011849)此项攻击,日陆军部亦认为有违常轨,至少出击过早,其后一月余内,未生事端。十一月,天津扰乱之事发生,关东军欲以派兵增援名义,道出锦县,亦为日内阁及陆军部所未允,乃采取包围锦县之态势。其后,关东军终以锦县有碍满洲之治安,正式向日皇申请增兵,于十二月二十日,开始总攻锦县,我军于二十九日开始撤退,但辽宁行署仍留驻锦县。民国二十一年一月一日,张学良电呈领袖略称:"日军肆虐,有加无已,近且陆空联合,三路攻锦,情况危急万分,为发扬民族精神,自必死守;若以地势、敌我实力种种关系,终难坚持到底,无庸讳言。幸士气振奋,虽败不馁,现正激战中;倘中央能有解决办法,则此一线生机,或可保存,否则,纵全部牺牲,亦无补艰危,敬乞训诲!"(见资料 21004590)张学良此电,系因国民政府曾于民国二十年十二月三十一日,电令坚守锦县,而张学良仍欲保存实力,冀得领袖之支持而发,实则锦县守军,该时已撤退入关,辽宁省政府亦已移至关内之滦县。日寇遂于民国二十一年一月二日,占领锦县。及至九月间,日寇于从容部署之后,为扩张侵热战果,牵制我军起见,竟向我榆关进犯。(见资料 21017021,21017020,21025606)日寇侵略之野心,永无戢止。而张学良之不抵抗主义,实不啻予日寇以莫大之鼓励。

四、领袖坐镇中枢内外运筹肆应

(一)各方敦请莅京领导

沈阳事变,日本侵占我辽、吉各重要城市。当时蒋主席驻驿南昌,督剿"赤匪",在京中央各员,或以事态严重,无法肆应,除召开紧急会议,先由外交部向日严重抗议外,并由吴敬恒、于右任、戴传贤、宋子文、孔祥熙、丁惟汾、朱培德等,先后电请蒋主席即日返京。(见资料 20021719,20021706,20021717,20011034)吴敬恒等电云:"辽宁情势急迫,内外应付,诸待裁决,请即返京。"(见资料 20021737)又戴传贤等电云:"1. 此时非请主席返京,对内对外,皆不能统一领导。2. 政府只有宣示和平,从国际上做工夫,然当时当地军队,竟无一舍死之人,恐外无以启世界对中国之信赖,内无以立后代儿孙之榜样。3. 现时更赖国际援助,若主席即日回京,内外视线必然一转,利用人心之注意与转变,方有出路。"(见资料 20021782)语极沉痛。蒋主席遂于九月二十一日回京,身任艰巨。

(二)掌握原则指示对策

辽、吉重要地区沦陷,我外交部首于九月十九日,一面电驻日江代办,向日使重光葵提出严重抗议。一面电日内瓦驻国联代表施肇基,向大会宣布日寇谋我真象,要求召开行政院会议,按照国联盟约迅予必要措置;一面向英、美、法、意等非战公约签字国,正式通告日寇之军事侵略行动。(见资料 20021716,20021760)蒋公使亦于九月二十日,在汉城与宇垣晤谈,晓以利害,要求立即停止军事行动。宇垣深为动容,允为设法阻止。(见资料 20021784)日政府则深恐我对日侨有报复行动,于九月二十日,派日使馆上村书记至我外交部,说明日政府已下令加意保护在日华侨,希望我国对在华日侨亦尽力保护。蒋主席据报后,当即电令叶代秘书长(楚伧)通令各省市,切实劝谕民众力持镇静,勿生事端。并分电九江郭司令汉口何主席(成濬)负责维持秩序。(见资料20022480,20022501,20022583,20022584)九月二十一日,蒋主席回京后,召集党政军首要,研商对策,决定设立特种外交委员会,以戴传贤为委员长,宋子文为副委员长,邀请外交名宿为委员,专司对日外交之决策,领袖亦将对日决策及外交方针,先后作下列各项之指示:九月二十六日,致北平吴铁城电云:"无论日本公使代办及其他日人,汉兄(张学良)似不必直接见面,如不得已时,派员代见,使日人不能造谣离间。否则与日人见面一次,必多其一次造谣机会。"(见资料20023889)十月二十七日,致蔡元培、张继、陈铭枢电云:"……弟意,现时对外所急应表示者,即:'日本如不撤兵完毕,则我国决不与其直接交涉'之方针,此为今日外交成败,党国存亡之关键,请公等于此点有一共同精神之表现,其他非今日外交所急需也……"(见资料20023952)民国二十年一月十日,致何应钦、朱培德、陈果夫电云:"如对日绝交,即不能不对俄复交,陈(铭枢)提此案,众皆不察,且多主张绝交,是诚国家最大危机。此时我国地位,若战而不宣,尚犹可言,如绝交,即为宣而不战,则国必危亡。以对俄复交,则列强对我,不但不助,且反助日。故东三省问题未决之前,如顷俄复交,则不止断送满蒙,是乃断送全国也……"(见资料21032478)

(三)相忍为国大义凛然

民国二十年五月,在粤中央执监委员会,因与中央发生歧见,在广州成立非常会议,于五月二十八日,成立军政府,并派薛笃弼、陈友仁、刘纪文等在日活动。沈阳事变发生后,粤方不特未能团结御侮,竟于九月二十二日,电请蒋主席下野,另组政府,并电张学良、张作相等响应。此种无视大局、乖谬绝伦之主张,无异授侵略者以口实。惟蒋主席忧勤为国,为示国人以至诚,特请蔡元培、张继、陈铭枢三人携亲笔函赴粤,函中词意恳挚,内称:"最近东北横被侵略,师丧国蹙,危亡无日,……环顾国内,方激于意气之争,各走极端,悲哀曷极。……弟当国三年,愆尤骈集,过去之是非曲直,弟愿一人承之,惟顾诸同志以党国危亡在即,各自反省,相见从诚,勿使外间以为中山党徒,只顾内争,不恤国难……"蔡等三人于九月二十八日,到达香港,当晚六时,与自穗来港之汪兆铭、孙科、李文范商谈和平办法。二十九日,蔡等报告议定事项略称:"1. 钧座通电引咎,声明议定统一政府办法时,立即下野;粤方亦通电引咎,取消广州政府,停止两方相互之攻讦。2. 京沪卫成组织,立即变更,俾粤方同志能安心来京,共议统一政府办法。"(见资料20022548)随即电呈所拟双方电稿,及请核定发表日期。(见资料20022550,20011371)并建议以陈铭枢为首都卫戍司令兼淞沪警备司令。(见资料20011334,20011384)蒋主席得电后,即复电略称:"诸先生苦心调护,各同志诚意协商,至深欣佩。京沪卫戍事宜,即日照办。中应引咎,及个人去就,不成问题。惟通电时间,若与实际解决相距过远,深虑于外交、财政发生影响。请邀各同志即日来沪,详商一切,俾电文发表后,即可将商定办法实施,实于大局有益。至共同商决之事,中无不诚意遵从。"(见资料20023896)并告以电文之发表及词句之斟酌,统可在沪商决。(见资料20023899)复电请汪兆铭等即日来沪,同赴国难,请示行期,以便恭迓。(见资料20023897)同时发表陈铭枢为京沪卫戍总司令兼淞沪警备司令。(见资料20023898)陈部十九路军在赣"剿匪",亦允在粤方接防后,调驻京沪一带。(见资料20023910,20023945)足征领袖怀之磊落,及对同志之真诚!乃粤方竟以先发通电为条件,别无磋商余地。蒋主席复于十月二日,再电蔡等略称:"中国只有一个统一政府,方能救国。故前曾与兄等面定三个原则:1. 如粤中能负全责,则中央同人尽可退让;请在粤同志整个迁来首都,改组政府;中正个人下野,更无问题。2. 如粤中不能负责,则广州政府自当取消,粤方同志,即应齐集首都,共赴国难。3. 如要各方合作,更所欢迎,但必须来沪面商,方是开诚相见、同舟共济之道;舍此而以条件相威胁,非所愿闻。兄等竟忘此三原则,诚令人不解!且中央接获提议后,立任真如兄(陈铭枢)为京沪卫戍总司令,此亦渴望竭诚合作之……尚望兄等本此意与各同志恳切妥商,早日前来,俾得圆满解决。"(见资料20023988,20022571)但粤方成见甚深,仍坚持不发通电,无可斡旋。如通电一发,彼等即可来沪。(见资料20011492,20011566,20011585,20011574)蒋主席则答以:"当此外交紧急,存亡呼吸之际,不可一日无政府,倘因负责无人,万一发生意外,将何以自解?如粤中同志能朝来沪,电即夕发,若不能来,不得不慎!"(见资料20023912)及闻汪兆铭即将来沪。(见资料20011606)特去电云:"兄力排众议,毅然来沪,共赴国难。患难乃见真友,无任铭感!乞示程期。"(见资料20023913)粤方迁延至十月二十一日,始派代表汪兆铭、孙科、古应芬、邓泽如、李文范五人,率唐生智、张发奎、黄绍竑与随员等抵沪。蒋主席于二十二日往晤。(见资料20023946)南京方面亦推请李煜瀛(后由吴铁城代表)、蔡元培、张继、陈铭枢、张静江五人为代表,赴沪与会,二十七日,京、粤代表在沪举行和平会议。粤方竟提出党政改革方案,其内容概要如下:"1. 关于统一会议者:(1)统一政府会议。(2)统一党务会议。

2. 关于政治者,其重点为:国民政府主席,不负行政实责,由行政院长负责,国府主席及各院院长,不以现役军人充任。3. 关于军政制度者,其重点为:设立国防委员会及边区国防分会,委员加入文人,一切军令由国民政府行之。腹地各省平时不驻军,治安由宪兵警察维持。军队编制以师为最大单位。"剿匪"事宜临时以"剿匪"司令官任之。4. 关于财政者,其重点为:财政公开,厉行预算制度。特设财政委员会,以政府、银行界、工商界、经济学者、专家各三人组成之。5. 关于地方制度,其重点为:实现均权共治主张,划全国为若干政治区,区设政务委员会。缩小省区及权限,推行县地方自治。(见资料20012734)此项方案,不特有乖团结,亦无视于御侮之需。蒋主席获讯后,即以:提案精神,与团结对外之旨不合。此时惟有从速集会首都,应付困难,至党政之根本问题,应俟多数之决议,断无以十数人在租界内商谈,即可决定党国大计之理。倘救国出于真诚,而非如外间所识以权利及分赃为目的者。此种违反党章、不恤国难之提案,不应提出,以负党国及人民之热望。(见资料20023958)但粤方仍一意孤行,准备作战,并对华北各部队,勾结煽动,以图扰乱。(见资料20013054)且主张第四次全国代表大会,分别在京、粤两地召开;粤方出席四全大会之代表,则纷纷返粤。(见资科20013090)此时上海各大学教授、学生,及工商界、银行界代表,纷向和会请愿,咸以和会破裂,为全国莫大之危险。(见资料20013118,20013103)京、粤双方多人,虽有认为大会分开,殊不合理。(见资料20013110,20013196,20013179)但中央一本委曲求全、谋求合作之初衷,于十一月七日,终使和平会议在协调第四届中央执行委员、监察委员及候补执监委员名额后闭幕。(见资料2023156,20013169)于是京、粤双方第四次全国代表大会,于十一月中旬分别开会。此时日寇正积极北侵吉、黑。南扰沿海各地,进窥锦县。蒋主席以国难严重,愿就任国防军总司令,即日出发,盼在汪、孙两人中,请一担任行政院长兼代国民政府主席。(见资料20013548)粤方仍无视于国家之需要,而以领袖下野为前提。(见资料20013600)领袖乃以国事为重,于民国二十年十二月十五日,毅然下野回籍,并分电张学良,陈诚,刘峙,各总指挥,军、师、旅、团长等:"望各安心服务,勿以中正去留为念。"(见资料20024065,20024066,2002468,20024072)其忠于党国,有如此者! 蒋主席辞去本兼各职后,中央临时会议,遂推选林森代理国民政府主席,陈铭枢代理行政院长。十二月二十一日,第四届第一次中央全体委员会议,在京开幕。二十八日,选举林森为国民政府主席,孙科为行政院长,张继为立法院长,伍朝枢为司法院长,戴季陶为考试院长,于右任为监察院长,蒋中正、汪兆铭、胡汉民为中央执行委员会常务委员。孙科当选行政院长后,自知责任重大,难当重负,此时日军攻锦正急,乃电恳领袖迅速来京,主持大计,集全党力量,整齐步趋,以与人民共赴国难。(见资料20022455)中央政治会议亦于民国二十一年一月二日举行紧急会议,决请领袖入京。十一日,张继、何应钦赴宁波奉迎。十五日,陈铭枢赴杭奉谒。十六日,汪兆铭再赴杭访晤。二十一日,孙科复赴杭敦请。领袖遂毅然赴京,奋赴国难。二十八日,上海一·二八战事发生。二十九日,中央政治会议请领袖及冯玉祥、阎锡山为军事委员会委员,决心抗抵暴力。淞沪停战协定签字后,中央复于三月六日,请领袖为军事委员会委员长,于三月十八日就职,此后军政重心,始告统一,领袖亦愈为全民所爱戴。

(四)集中力量团结御侮

沈阳事变后,全国各界,无不激愤填膺,部分政军当局之主张,约可分为:1. 力持镇静,维持秩序。2. 先以和平外交,于内乱平定后,徐图对外。3. 反日运动,仅为打倒日本军阀某某。4. 外交上坚持原则。5. 预防日寇利用满人治满之诡计。6. 抚慰蒙旗,经营西北。7. 祈主席勿轻言引退,以维人心。8. 对日宣战。(见资料20021721、20021723—200130089,20013441等共28件)其中浙江省主席张难先并建议:1. 通令全国党员、公务员全体武装,督促民众自卫"剿赤",以便抽调军队对日。2. 请许罪犯以自新。3. 除"赤匪"外,请大赦政治犯。4. 改组政府,电邀广州同志来京,共商大计。5. 赣鄂湘"剿匪"任务,委何部长以全权。6. 严惩"剿匪"不力者,以谢国人,而振士气。7. 总座亲率劲旅,坐镇平津。8. 日人暴行,除告非战公约国及国联外,并照会各使节,适派名流,赴英美等国,唤起同情。(见资料20021930)除上述主张与建议外,几一致凛于外侮之来,缘于内争,故非全国团结,不足以救亡图存,呼吁集中全国力量于中央统一指挥之下,共谋对外,归纳各方通电大意如下:"当国家兴亡之际,殷忧实足启圣,政见容有分歧,救国原无二致。御侮阋墙,当能熟审,燃箕煮豆,所不忍睹。伏望凛皮存毛附之义,开披发缨冠之诚,勒马悬崖,同赴国难,倚天长剑,共济时艰;则三户亡秦,十年兴越,亡羊补牢,尚为未晚!"(见资料20010991-20013292共20件)同时,海内外军民,对日寇之无端侵凌,一致声讨,兹摘录二电如下:1. 甘肃省党务整理委员会通电略称:"自万、鲜惨案发生,全国共愤,我政府据理力争,以图解决;不图日寇居心叵测,不但不深自后悔,反变本加厉,大肆侵略,竟占领辽、吉,并吞我关东,警耗传来,悲愤欲绝。值此存亡呼吸之际,宜具同仇敌忾之心,务希一致奋起,背城借一,以保主权,而救危亡!本会愿率全甘民众,誓为后盾。"(见资料 20011173)2. 第十一师三十一旅旅长萧干呈领袖电略称:"日帝国主义者,近五十年来,侵夺我旅、大、台、澎,"二十一条"之奇耻未雪,济南惨案之血迹未干,乃复野心日盛,乘我国步多艰之会,始则嗾使韩人,演成万、鲜惨案,以遂其借刀杀人之狡谋,继则借口寻衅,占领沈阳、辽、吉,以逞其满蒙政策之美梦。呜呼!上国衣冠之地,岂容沦为狼虎之乡?白山黑水之间,讵能容有狐鼠之穴!属旅远戍赣陆,凛国亡之无日,爰于十月四日在泰和防次,举行军民大会,一致通过:(1)呈请中央实行革命外交。(2)实行对日经济绝交。(3)通电全国,听命中央,对日作战。(4)全旅官兵节食捐献三千元,赈济水灾。(5)请将难民加以训练,以为武备。属旅及全体民众,誓为前驱。"(见资料 20011856)其他誓为前驱及后盾与请缨御寇之通电,纷至沓来。(见资料 20021769—20021915,及 20011049—20011819)更有东北学生民众请愿团,及沪市、津市等学生请愿团,赴京请愿。(见资料 20013106—20013561 等七件)蒋主席以学生爱国热诚,固属可嘉,惟不但荒废学业,且足影响秩序,特电各方剀切劝导,各自回校,勤奋求学亦是报国之道。(见资料 20022585,20022586,20022587)此项请愿团,最初原极纯正,其后为"共匪"渐次渗入,遂有轨外行动,其目的亦转而颠覆政府,不特未得社会之同情,亦为各校多数学生所不满,故自政府派出军警护送学生离京返校后,即告平息,此外亦有发动救国捐献者。(见资料 20013501,20012729)以上为我国各方反应之概况。

五、东北义勇军抗日救国揭竿而起

由于张学良之不抵抗主义,使东北重要地区,迅即沦于日寇之手,但爱国志士,则纷纷揭竿而起,奋勇抗敌,为国家争生存,为民族争人格,虽以装备不良,后援不继,终使澎湃之怒潮,趋于平息,然其对于民族正气之发扬,实有莫大之鼓舞。特列举各路义勇军抗日概要如下:

(一)马占山喋血黑河效少康之一旅

马占山自齐齐哈尔沦陷后(民国二十年十一月十八日),即将部队撤至海伦(现黑龙江省南部)一带,继续与日寇对抗,后以遭受日寇两路夹击,衡量泰山鸿毛之义,并为徐图再举与探悉日寇侵略计划起见,于民国二十一年二月间,先后应日寇之邀请,赴哈尔滨及辽宁参加会议获悉日寇侵略之野心,遂决定再图大举,将部队暗中分布,于四月七日,前往黑河(在暖珲以北中苏边境)。十二日发表通电,报告抗日与敌虚与委蛇,日寇伪造民意与控制伪国等实况,以及再掀抗敌经过。原电末云:"……所有黑龙江军、政重要人员,先已密进到黑(黑河),即日照常工作,进图恢复,虽明知势孤力薄,然救国情殷,成则为少康之一旅,败则为田横之五百,一息尚存,誓与倭奴周旋到底。成败利钝,在所不计。惟委曲求全之苦衷,恐不为国人所鉴谅,故将经过详情电达。昔壮缪归曹,心在汉室;子房辅刘,心切存韩。占山庸愚,心窃慕焉!知我罪我,惟在邦人。临电悲愤,不知所云。"(见资料21052000)慷慨激昂之词,溢于言表。日寇自所不甘,遂约集兵力,分头侵犯,自五月十一日起,激战二十余日,马军大有斩获。(见资料21001848)但日寇则残暴成性,除滥肆轰炸外,每于侵入城区之后,复任意屠杀、奸淫,惨无人道。(见资料21001844)是日寇仍欲师其前次攻击齐齐哈尔之故伎,图使马军之就范。中国国民党黑龙江党务指导委员会见马军之受逼,于六月六日,电呈中央党部转国民政府略称:"日军约集兵力四五万众,分头猛攻,并以飞机前往龙镇(黑河南约二百余公里)等县,滥施轰炸,其目的在扑灭我忠勇之马军,以除后顾之忧,然后南进犯,施其各个击破手段,以达鲸吞之野心。马军虽抱必死决心,与之抵抗,无如兵力悬殊,武器窳钝,饷弹无以为继,难以持久。请速拨劲旅出关。"(见资料21000622)其后屡有激战,日寇沿呼海线(呼兰至海伦)齐克线(齐齐哈尔至克东),进犯马军,马军则以绥化、(海伦南)、克山(在齐克线上)、龙江(齐齐哈尔)为奇袭目标,并直迫海伦。此时中韩交界之临江、辑安等地,亦有唐聚五、唐玉振等部,分别迎击由朝鲜越境之寇军,日寇损失重大。(见资料21000903,21000925,21001020,21001088,21010998)义勇军李海青部亦在肇东、肇州(均在哈尔滨西)克敌,与马军呼应,使马军声威大振,主力进逼海伦。马占山于八月卅日,报告战果略称:"自六月终越过呼海路后,先后在东兴、庆城(海伦东南)、克东、通北、德都、(海伦北西)……等地,与敌激战共九次。虽未能尽职顽敌,但亦足寒敌胆,现正分头集结,即将大举进攻;边地孤军,实力终属有限,仍恳我政府迅定大计,以拯危亡,国人同心,共膺艰巨,祈鉴血诚。"再,前以电讯不通,此电稽迟月余,合并陈明。(见资料21014509)九月二日及五日,又先后报告该部克复安达(哈尔滨西北)、东兴、木兰、通河(均在哈尔滨东北)等县,并向前进展。(见资料21014560,21014577)十月九日,报告该部规复部署,分为六路向省垣(齐齐哈尔)推进,战事激烈,各路均有进展。(见资料 21020718)其后迭有战况报告。(见资料 21019472,21021717,21022086,21025456)迄民国二十二年初,日寇为侵略热河,先行大举肃清义军,马军以后援不继,无以自全,亦被迫退入苏俄国境。三月十五日,马占山、苏炳文眷属及一部份部属,由海参崴乘轮抵塘沽,三十一日,马占山电告上海市政府:决取道欧洲返国。

(二)吉林自卫军李杜、丁超与敌周旋

民国二十一年二月二日,吉林自卫军成立,李杜任总司令,吉林省政府移往依兰(原名三姓在佳木斯之西南)即与日寇展开作战。四月初,该部陈团收复方正(依兰西南——现松江省北)刘万魁部袭敌机场,毁敌机四架。七日,日重轰炸机八架于一日内四次轰炸,街市镇署及电台损害甚重,电台于十二日修复。(见资料 21005482)十一月二十八日,丁超、李杜汇报战况略称:我军先后克复依兰、桦川(佳木斯东北)、珠河(哈尔滨东南)、延寿(珠河东北)等县,据获甚丰。(见资料 21025146)民国二十二年二月九日,李杜在苏俄境内电称:"职率部抗日,苦战经年,岁初由虎林(中苏边境)退入俄境,各部先后撤退者约六千人。职自惭抗敌以来,失地未复,殉职未可,南望祖国,彷徨无计,随来官兵,思归綦切,恳速向苏联交涉,并乞拨发款项,训示途径,俾早回国。"(见资料 22050034)

(三)兴安岭救国军苏炳文力抗顽敌

民国二十一年十月一日,苏炳文、张殿九在呼伦(即海拉尔——现兴安省会)通电,就任东北民众救国军总、副司令。原电列举日寇侵略与暴行,以及制造伪满洲国,饰言民族自决之实况,并称:"……文等不敏,热血满腔,一息尚存,敢忘奋斗?爰本东北民众及将士之拥戴,于十月一日就任东北民众救国军总、副司令,并联络各义勇军,克日会师,共清妖孽,驱彼鬼蜮。所愿东北子弟,胞[袍]泽故人,敌忾同仇,共纾[纾]国难。成败利钝,非所计及。挥泪陈词,诸希公鉴!"(见资料 21019017)十月十二日,苏炳文致电国联,报告日军各项残暴行为。(见资料 21019990)十月十五日,苏部朴炳珊在拜泉(海沦之西)誓师,十九日,克复泰安镇(齐克线上),战果辉煌,二十三日,进至富海、宁年(均齐克线上)附近(见资料 21022240)十一月二日,苏炳文报告:"前在沪战残暴异常之松木师团,此次到江(黑龙江),军纪尤坏,焚杀奸淫,无恶不作,近更散发传单,将以重炮、飞机,使海拉尔、满洲里(胪滨)等地,夷为灰烬,请速向国联报告,以申正义,而维人道。"(见资料 21020852)同日,苏部扎兰屯(即雅鲁——

齐齐哈尔西北)行营报告该军兵力、战区、敌情如下:1. 满海方面,一万六千人,现在朱家坎与富拉尔基、昂昂溪(均齐齐哈尔附近)之敌战斗中。2. 朴炳珊二万五千人,在齐克线之宁年、克山、泰安等地,将敌击清。3. 肇东李海清部一万五千人,已攻克安达、满沟(哈尔滨西北)等站。4. 邓文部万余人,由明水(海伦西南)向昂昂溪前进中。5. 江省敌系十四师团松木所部。6. 马主席所部一万五千人由讷河进克拉哈站(均齐齐哈尔北),与朴部连接向宁年前进。7. 才鸿猷、邓文各部,现对呼海路之敌兵团激战中。(见资料21020897)另苏炳文十月二十七日、二十九日及十一月二日,所报战况略同,二日电中并称:"日方宣传将与文等开和平会议,均属虚造,乞向中外辟谣,免乱是非。"(见资料21022240,21020911,21020933)嗣又报告:日寇于十一月九、十日,因在腰库勒及前后库勒一带作战不利,遂以重炮、飞机猛烈轰炸,致附近村落、车站均成焦土,并屠杀百姓,其残暴情形,令人发指,请向国际宣达,以张公道。又朴炳珊于连克克山、泰安等地后,因转战二十余日,兵力疲惫,械弹亦需补充,现在讷河以南整理中。(见资料21024126)十一月十四日,苏炳文报告略称:"1. 长春日小矶参谋长及哈尔滨日特务机关长小松原,先后电约派员前往俄境洽谈,均未置理。乃小松竟向苏联宣称,系应我方求和而来。惟恐淆惑视听,除向苏联严重声明外,请向中外宣告,以免误会。2. 李顿报告书中,谓伪满之成立,非出民意,小矶参谋长二日来江,强迫各县法团出具拥"满"证明书,业由伪省长韩云阶捏造交出,闻奉、吉两省,亦采同样办法,以欺瞒国联,请速向国联说明真象。"(见资料21023824)日寇见求和诡计未逞,阴谋已露,于重新整补之后,遂于十一月二十八、二十九两日派飞机六架,将巴里木拉哈苏(扎兰屯西)间铁道炸毁数段,并派大军进犯。(见资料21025491)苏炳文等,于十二月四日发表通电略称:"本军誓师救国,两月于兹,早知兵单力微,难操胜券。徒以倭寇假借民意,淆惑视闻,不得不仗义声讨,用彰我民意之所归。自传檄以还,屡挫凶锋,正义宣传,宏效已见。倭寇见我忠勇,速变方针,遣使议和,力谋软化,甘言重币,经我严辞拒绝,黠鼠技穷,乃大增兵力,西上猛攻,激战之烈,实难缕述。我将士浴血奋战,不屈不挠,寇虽顽强,卒未得逞。更于东日起,派遣大量甲车、骑、炮,联合袭我札兰行营,并以飞机助战。我虽兵力单薄,然前仆后继,莫不一以当百,足寒敌胆。讵天不佑华,我已弹尽援竭,寇竟有增无已,复以飞机断我交通,中外旅客,咸受威胁,各站员工,同遭浩劫,地方民众,饥溺已深,倘再抵抗,无补时艰;为人道计,于江晚忍痛率所有官兵眷属、地方官吏、爱国志士及不愿作亡国之民者四千余人,退至满洲里,支晚,退向苏俄境内,即将假道回国,徐图再举,一息尚存,此志不渝。请速照会苏联,设法由海参崴返国,并请各界协助救援,无任迫切待命之至!"(见资料 21025495)

(四)朱庆澜统率东北健儿共赴国难

东北义勇军,除上述各部外,其散布于各地者,堪称所在皆是,中韩边境之鸭绿江沿岸,如长白、临江、辑安等县,于民国二十一年六月间,即有保安队及民众,纷起抗敌之报告,锦县附近义州站之日寇中村大队,被义勇军李锡如部猛击,狼狈不堪。(见资料 21000949)其他各地之零星攻击行动,可谓无时无地无之,据南满铁路局所发表之义勇军进击事件,民国二十一年七月中旬,有四百二十九起,下旬有六百三十四起,日寇疲于奔命。(见资料 21014435)九月初,唐聚五部克复沈阳以东达十余县,致沈阳四郊十余里内外,时有义勇军之活动,并攻击兵工厂、飞机场,曾焚毁日机十二架。(见资料 21014854,21014527,21015134,21018841)吉林省城(永吉旧名吉林)亦于九月十三日,被冯占海(哈绥警备司令)所部攻克,除毙敌未计外,并俘日官兵六百余名,伪长官熙洽逃走。(见资料 21016705)九月初东北义勇军,由朱庆澜统一指挥,成立辽吉黑民众后援会秘密办公,此后一切接洽及补充,统归该会办理。(见资料 21015664)十月九日,朱庆澜转冯占海报告:苦战经年,现因弹服无着,因留数旅在松花江两岸,对永吉、长春、舒兰、德惠(均属吉林省)等县之扰乱外,率队西行,以求补充,请呼吁国人,速筹弹服,以济眉急。朱庆澜当即派员携三万元,前往慰劳。(见资料 21019350)嗣后日寇一再增兵,对义勇军压力,日益加重。(见资料 21020074,21020729)。十二月十八日,贾秉彝报告略称:"自九一八翌日起,追随辽北蒙边宣抚使高公文斌,首勤国难,一载有余,大小数十战。复固守康平、法库、昌图、辽源(现辽北省南部)等县,达半年之久。十一月十八日,寇军陆空连合,大举进犯。激战七夜,孤军死战,弹尽援绝,康、法失守,高公蒙难。诚恐传闻失实,致没高公勋名,谨以血诚,哭告国人。"(见资料21027006)十二月十九日,朱庆澜等电呈军事委员会称:"国联无力解决东北问题,非我自决,不足图存。义军转战经年,愈接愈厉,倭寇乘国联之缓慢,竭全力以来攻,我军前途,异常可虑。兹谨拟根本解决办法,建议钧会,并请何叙甫、严宏基二君,趋前说明,敬乞鉴核!朱庆澜、马占山、丁超、李杜暨东北义勇军各军团总指挥、全体将士同叩。"各军团总指挥分别为:彭振国、王一华、唐聚五、刘桂棠、刘振东、熊飞、何清明、李忠义、冯占海。(见资料 21027026)其后我义勇军与日寇仍时有接触,并曾克复抚远、饶河、虎林(均在中苏交界)等县,江船过富锦(佳木斯东)后,须换青天白日旗,复在苏俄境内训练,以图再举。(见资料 22036274,22039947,22010678,22010655)虽终以军实不继,未能成其大功,然其可歌可泣之义勇事绩,实足以说明我中华儿女不屈不挠之民族精神。

六、国联处理沈阳事变荆棘丛生

(一)国联令日撤兵美国投鼠忌器

沈阳事变之翌日,我驻国联代表施肇基即向国联行政院提出:日寇侵略,请求仲裁。自九月二十一日起,连续举行院会,至三十日休会,并定于十月十四日续行开会。此次会议中,中日双方代表均表示,不使事态扩大;惟施代表力促日寇先行撤兵,日代表亦允电东京请训。乃美国国务卿史汀生致电国联秘书长,请勿对日过用压力,以免币原政府制止军人发生困难,仅希望国联居中斡旋,直接谈判。日寇见有美国之同情,遂拒派员就地调查,我国乃请派员协助商讨撤兵日期,作为让步。经院会决议:"日本占据满洲各地驻军于十月十四日以前撤退,恢复九一八以前状况。"(见资料 20011849)

蒋主席于十月二日,以:"日方撤兵,我方应有预备,请即派定军队、长官接收各地,切实维持治安。"并电嘱张学良即时准备。(见资料 20023907)十月三日,我驻日公使蒋作宾亦电呈蒋主席称:"国联最后声明,我方如已接受,现距十四日为日无多,对于日军撤退时,如何维持治安,及如何进行直接交涉,似应即早准备,以免对方有所借口。再,满蒙独立企图,尚未停止,对方似有以地方未静,未能即时撤兵,向国联说明之举,并请注意。"(见资料 20011540)张学良仍以情势危急,请予设法缓和。蒋主席于十月六日谕示:"目前情势危急,非只东北为然,苟有缓和或解决途径,自当尽力。外交部已电蒋公使告以尊处已派张作相、王树常准备接收,嘱其通知日政府转令前方与我接洽,如日方于接洽之际,有所表示,自可迎机与之谈判,否则我愈着急,彼愈蛮横,不特无补危机,且恐益陷绝境!至日军届期延不撤兵,或更有暴行,自在意中,我方如何应付,正研究中,并须视国联如何决议而定,盖国联虽不可尽恃,亦非尽不可恃,中央之所以尽力使国联爱解决之责者,因维持中国在国际之地位与减少日本之压迫。日本一面声明不接受第三者干涉,一面仍不敢不接受国联之决定,则知日本对于国联亦甚顾忌。对于美国,中央正在尽力进行。"(见资料 20023915)乃日寇鉴于美国投鼠忌器之政策,气焰益张,币原政府已无力控制,十月八日,日机竟大举轰炸锦县,死伤平民甚多。史汀生始怒责币原无信,币原亦正式承认无力控制军人越轨。是国联对沈案之处理,起初尚能维持原则,后受美国政策之影响,以致功败垂成,更促使日寇之嚣张,至堪惋惜。

(二)日拒撤兵要求不惜与世为敌

日机滥炸锦县之次日(十月九日),我代表即向国联行政院要求提前开会,国联行政院遂于十三日开会,至十月二十四日止,前后举行院会及五国小组委员会(英、法、德、义、西)多次。其重要发展为:1. 美国参与国联。美国虽非国联会员国,但为幕后策动者。惟以美国政策,举棋不定(主张国联勿过用压力、中日直接谈判、引用非战公约而不由美国发动),乃与日寇以可乘之机,使国联斡旋,趋于黯淡。2. 考虑对日经济制裁,因未经美英政府之同意,仅如昙花一现。3. 对日限期撤兵,因美国认为过于强硬,未能实施。4. 日寇提出撤兵条件为:中日先商基本五条件。此五条件不在院会中讨论,仅由中日先行商讨,其条件为:(1)中日互不侵犯;(2)中日互相尊重领土主权之完整;(3)中国禁止排斥日货;(4)中国保护日侨;(5)中国承认日本条约权利。其中第(5)项涉及"二十一条"约及山本奉张秘密协议,我国自难承认,日寇遂以为拒不撤兵之借口。加以日寇见国联与美国所采之步骤既有参差,遂暂取观望态度。十一月六日,蒋作宾电告:"最近日本各方面,多顾虑国联态度,本有组织超然内阁,设法转图之议,但因军阀强硬,不敢别论,又极欲保全日本面子,不顾对外示弱,故暂取观望态度,如国联可以缓和,即乘机遂其占领东三省之大欲,倘国联真采积极手段,再行设法。"(见资料20013113)惟日寇鉴于国联处置之畏首畏尾,愈益横行无忌,而有进犯黑龙江之举。十一月六日,蒋作宾电称:"日陆、参两长认为国联干涉不足重视,日本纵与世界为敌,亦不足虑,因英不能战,美不敢战,纵俄肯战,亦所欢迎,故决增派军队赴满,以达确实占领之目的。此次对黑龙江决心消灭马军,如俄来援,即予开战。学生示威,要求币原辞职,首相官邸会议,决定采取更强硬之方针。"(见资料20013119)十一月十六日,日外务省照会我使馆略称:"十月二十四日国联决议案(大意为:1. 十一月十六日前,日军撤至铁路区域以内。2. 重申中国保侨诺言。3. 撤兵后,中日即应谈判)并未成立,中国排日运动,且有背非战公约,对于应负义务未有觉悟前,商议撤兵,不能赞成。"(见资料20013509)

(三)调查事变真相日寇弄巧反拙

国联行政院院会自十一月十七日至十二月十日举行。会中讨论主题:1.

日方坚持中国先行承认五条件。2. 我国提议满蒙问题付诸公断,并请按盟约第十五条处理。3. 日方提议派遣调查团,但不得干涉军事。4. 日更要求中国退出锦州,划锦州为中立区。十二月十日,最后决议:1. 认本案系按特别情形处理。2. 劝告当事国双方,勿再有启衅行动。3. 调查团委员五人,中、日各派襄助员一人。4. 调查团对军事行动不干涉,对中日谈判不参与。5. 日本撤兵,不因调查团而延滞。日方声明日军护侨之军事行动,不受第二点之限制。我国声明保留一切撤兵、赔偿、保持领土主权之权利。在此时期内,日寇首则进犯黑龙江,占领齐齐哈尔,次则侵我锦县,进扰天津,遂激起美国之不满,史汀生数责币原之无信,对日政府频施压力,然以寇军气焰乖张,致无成效,而当时我国内,粤方正丧心病狂,以私人恩怨,罔顾国家利益,力迫领袖下野,而又不能肩负重任,致使国内陷入无政府状态。故美国派往国联之代表道威斯曾有"日本现有两个政府,中国现苦于无政府"之语。是粤方诸公,所贻国家之祸患,影响所及,至为深远!此时日方在我中央遭受粤方无理干扰之际,即在外交上更为活动,十一月十一日,蒋公使报告:"日方对于国际,拟组织大规模之宣传,益欲利用巴黎各新闻以反对中国。"十二日又电云:"日本驻国联代表建议:撤兵事在东省交涉。五条件事在伦敦或巴黎交涉。"十八日又云:"日方消息,美大使,英、法外相与日代表商定妥协办法:1. 中、日两国代表务须迅速直接商议日本之五条件。2. 国联组织调查委员会,赴现地调查排日排货情形,华方是否违约,及在满洲有无维持治安能力,俟据报告后,决定撤兵及国联之态度。日本阁议已表同意,但对调查委员会以单纯调查为限。"(见资料20013362,20013588)由上述各项观之,日寇系借机于我国内部尚须促进团结之际,致态度愈趋蛮横。而国联则多所迁就,使"限期撤兵"及"不扩大事变"之议,渐无声息。其至堪玩味者,厥为调查团之派遣。盖前次我国请派员调查时,日寇力予拒绝,今则自动提出,殊出意外。日寇原意,似欲使中国混乱情形,公诸于世,以证其侵略性行动,实为自卫性行动,讵知弄巧成拙,致日寇罪恶,终于暴露!

(四)沪滨又燃战火国联积极调处

民国二十一年一月二日,日寇侵占我锦县,国联行政院及美、英、法政府虽均表示关切,但日寇则横行如故。美国务卿史汀生遂于一月七日发表"不承认主义"宣言,原欲英、法、义诸国对日施以压力,乃英国意存偏袒,竟声称日本对于门户开放,已有保证,不拟更作申述,法、义遂亦未加臧否。英政府并有"中国自华盛顿条约订立之后,其领土行政,迄未自行加以完整,致吾人所提保证中国领土主权完整之义务,流为空谈"之言论。自是美、英对日政策发生分歧,国联力量,益形屡弱。一月十五日,国联秘书处宣布,调查团组织完成,经由东京、南京,转往东北。一月十八日,上海发生日僧被袭击事件。二十日,日浪人及陆战队焚毁三友实业社工厂,全国民情愤激,而日寇军舰及陆战队却借机轰动。一月二十五日,国联行政院常会开幕,我代表报告锦县失守,日代表强词报告派舰至沪保侨。一月二十八日,上海战事发生,其后院会即偏重于沪案之处理。二月十二日,我代表要求将中日纠纷案移送国联大会处理,经二月二十日院会通过。盖我鉴于院会每受列强之牵制,不若在大会中能争取多数国家之同情,尤以弱小国家以本身安危之所系,易于伸张正义也。

(五)国联仗义执言谴斥武力侵略

国联特别大会于民国二十一年三月三日揭幕,先由该会行政院报告中日纠纷案处理经过,旋选出比利时代表希孟为主席,我代表陈诉东北、上海两地事变,要求大会承认日寇破坏盟约,日代表则谓该案正在调查中,不必讨论,主席遂提议设置全体委员会处理。三月四日,全体委员会开会,挪威、哥伦比亚、墨西哥、丹麦、捷克、希腊、波斯代表相继发言,一致反对武力侵略,希望国联有依据公道制止暴力之勇气。并决议:1. 中日应在上海前线停火。2. 应将停火情形报告本会。3. 上海撤兵由中日代表及各国有关代表或武官商讨。此后复有爱尔兰、萨尔瓦多、葡萄牙、海地、南非等代表发言,指出日军行动,显违国联盟约。三月十一日,大会通过决议案,其重点为:1. 尊重并维持会员国领土完整,行政独立。2. 违反国联盟约、非战公约所造成之局势,概不承认。3. 中日纠纷应依盟约十五条三、四项处理。4. 设置十九国委员会办理本案。并选出瑞士、捷克、哥伦比亚、葡萄牙、匈牙利、瑞典六国,加以大会主席及行政院十二国,组成十九国委员会。四月十三日,我国要求十九国委员会,规定日寇在我上海撤兵日期。此时上海战事,业已停止,惟日方对于撤兵日期故作刁难,未能实现。四月三十日,大会决议:1. 日本撤兵,恢复一·二八事变以前之原状。2. 必须日军完全撤退,始符三月四日及十一日之决议案。3. 组织共同委员会监督撤兵及接收。4. 决议案如未能实行,大会应即召开,延至五月三十日,日军撤退完毕,上海战事,始告完全结束,是为国联大会对中日纠纷唯一之成就。

(六)日竟承认伪满欲与国联抗衡

国联调查团于民国二十一年一月十五日成立,由英、法、德、义、美五国代表所组成,中日各派代表一人襄助,经选出英国李顿爵士为团长。二月二十三日经由美国抵东京,三月四日抵上海,二十六日至南京,二十九日林主席接见,三十日应蒋委员长之欢宴。张学良于三月二十五日报告略称:"调查团决定由京绕道汉口来平,再行赴辽,此系日人欲证实其'中国非完整国家,不能享受现代各种国际条约上之权利',其阴谋狡计,诚无所不用其极……"(见资料21004120)蒋委员长当即电令各方,妥为欢迎并切实维持治安,经各方分别电后遵办及报告部署情形。(见资料21004198,21004378等件)调查团于四月四日八时抵汉,对于武汉防护日侨状况,颇为注意,五日上午,视察灾区(明为视察水灾,实欲调查所谓"混乱"),下午参观武汉大学,晚九时乘轮返京。在汉时,随调查团来汉之日使吉田,曾接见日侨代表及日领,将彼等意见书及报告书转送调查团。(见资料21004535,21005087)返京后,由津浦路乘专车北上,于八日下午抵济南。由鲁省府接待后,游览大明湖,晚七时离济,九日下午六时抵平。(见资料21004985、21005062)调查团在平时,于十日参加张学良之茶会,十一日,参加张学良之欢宴,十二日,上午接见前东北元老,下午与张学良会谈铁路交涉及各项悬案。十三日,上午接见东北各民众团体、北平市文化团体及"沈变"时重要军方人证,午后续与张学良会谈锦县、义勇军、韩人待遇等问题。十四日,上午接见蒙古王公、重要满人,午后又与张会谈东三省军队及中日事件解决办法。十五日,仍续谈各项问题。十六日至十九日,游览平市内外各名胜,并接见各方人士。(见资料21005137,21005226)十九日下午,循北宁路离平,赴秦皇岛。二十日,英、德、法代表及中、日代表乘轮,经大连转车赴沈,美、义代表抵榆关后,略事游憩,再转车赴沈。(见资料21005447,21005598)当顾维钧前赴东北时,曾一度遭受伪满拒绝,但依然成行,日寇遂再有不能接待赴日之议,与我方之以礼接待日使吉田,更足显示日寇心胸之褊狭。(见资料21001857)调查团抵沈后,旋赴各地调查,但不得赴黑龙江晤马,因此时马占山再起义师,对日寇之种种阴谋,揭露无遗,更足显示民意之所归,故特出而阻止。五月十九日,顾维钧电称:"晤马问题,长春方面认为侮辱,日人愤激,并有撤回警卫与保护之语。惟调查团仍决定前往,日、伪指为调查团系依我代表之意而行,与撤销我代表入满之宗旨不符,现除加以逮捕外,别无他法,空气十分紧张。"(见资料21006758)六月四日,调查工作完毕,由山海关回平,九日至青岛,十日拜访青岛市政府,午后接见各团体代表,接受备忘录,至晚离青,转赴泰安,游泰岳后回平。(见资料21000484)六月二十四日,汪兆铭(行政院长)电蒋委员长略称:"调查团提议东北停战问题,经商酌结果认为,马占山等义军不致被消灭,故可赞成,惟提出二条件:(1)伪满不得参加;(2)停战目的在于撤兵。李顿允如议进行,但待征得日方同意。"(见资料21001900)七月四日,调查团于接受我方说帖后,再赴东京,七月十九日,由日到青岛,二十日抵平。(见资料21001907,21009259,21009281)调查团此次赴日时,日政府因受军阀及舆论之压迫,坚持"满洲国"已成事实,不肯磋商变通办法;惟承认伪满,近期不致实现。该团遂拟将报告书赶速完成,在日寇未承认伪满前,提交国联。此时日寇正图窥热河,该团则表示不能干预,惟如事态严重时,当建议国联制止。(见资料21009524,21009564,21011449)八月三十日,顾维钧电称:"调查团报告书即可完成,各委员将分别取道西伯利亚或飞沪乘轮赴欧。"九月四日,吴铁城报告李顿等由沪起程,汪兆铭曾与李顿晤谈后回京。(见资料21014038,21014922)九月八日,致外交部罗部长(文干)电云:"日本既一手创造伪国,则承认问题,早晚必即实现,……倘删日前后,日人不顾一切,悍然承认,则我国发言,应否参考美国宣言(不承认主义)与国联三月十一日决议案,双方兼顾,尽量发挥,即请商承汪院长妥筹对策。"(见资料21031071)故九一八事变以后,我国外交措施,系采取"信赖国联"之态度,对日则采取"不妥协、不宣战、不直接谈判"之政策。九月十五日,日寇承认伪满,颜代表于十七日致牒国联,请求迅取行动。欧洲评论,日寇此举,系在造成无退步余地之事实,作不能退步之借口。国联秘书长认为,日寇继续扩大事态,国联与日寇之冲突,势难避免。法国有倾向美国趋势。英国仍取模棱态度,日则正图延缓报告书之发表。(见资料21016503)顾维钧于九月十八日,报告途中与李顿谈话,其大要:(1)日对报告书之态度:如不允讨论,则国联只能本公平主张,发表宣言,引起世界舆论之评论;如以在某种条件下商谈解决时,则将视条件性质有无违约;惟日方亦可采取诱使中国谈判之办法。(2)报告书讨论时,希维钧亦参加。嗣又报告与美委员谈话,言及报告书叙述事实,措词委婉,所提办法,双方当能赞同,但日本正已承认伪满,殊属可虑;如日方不允讨论成为僵局时,只能试行第二步办法。再询以东案讨论时,希望美国能依先例参加,则答以美国须加谨慎,惟仍当继续努力;但贵国久无公使驻美,致乏接洽之人,倘美、英、法能取一致态度,收效较易。又与义委员谈及此事,渠谓:如日方不允讨论,则九国公约签字国应开诚讨论,当无可推诿。(见资料21017051,21017228)由上所述,可知日寇对国联调查团之所求者,仅欲证实我国之纷乱,对解决问题,则毫无诚意,故先以伪满案业经成立,无变通谈判办法为词,继则于报告书即将公布之际,贸然承认伪满,自立于无退步余地之地位,以与国联相抗衡,盖彼已了然国联无维护正义之决心也。

七、各方对国联调查报告之反应

(一)日使毒计挑拨分化侮蔑诋毁

调查团报告书于十月二日公布后,六日,蒋公使报告日方对报告书之反驳略称:日方以维持东北及世界和平,一须承认"满洲国",二须改造中国。若满洲交还中国,将治丝而益棼,并举最近山东、四川、西康相互攘夺,"匪共"遍地,两广形同另一政府为证。对李顿报告书则谓为越权,不应有所主张,并逐条驳斥,对于九、十两章,认为不合现在事实,完全否认。(见资料21019002)十月二十八日,蒋公使又报告:日方对李顿报告书在国联未审议前,积极进行两种工作:(1)极力分化北方,谣传韩(复榘)将独立,冯(玉祥)阎(锡山)韩(复榘)吴(佩孚)联合,亲张(学良)去汤(玉麟)诸说,肆意挑拨分化。(2)在国际上造成纷乱空气,宣传鲁、川、关、粤、桂内讧不已,"共匪"抢劫,英助西藏独立,蒙人入寇,以为将来发言地步。(见资料21021850)十一月十七日,蒋公使报告日方意见书概要:"绪言谓李顿报告书,仅有两点满意:(1)中国现属无政府状态。(2)排货系受政府奖励。第一章,谓中国在国际法上不成为国家,不适用不可侵犯之原则。第二章,谓满洲向未受中国所支配。第三章,谓日军未逾自卫范围。第四章,谓伪组织系出自东北民意。第五章,谓报告书之第九、十两章无一顾之价值。"(见资料21024100)是日寇对于报告书之反应为态度蛮横,一意以侮蔑我国为依归。

(二)国际舆论建议助我改良政治

十月七日,蒋公使报告:"顷晤此间(东京)各使馆人员,咸云:日方对于李顿报告书,恐不能接受,国联亦无办法,势将拖延,深为叹息。又谓中国值兹国难当前,尚不觉悟团结,一致御侮,仍为个人私利斗争,亦无健全政府,将来列国态度,恐于中国不利。闻之,泪从内落。"(见资料21019088)十月八日,蒋公使晤英、德驻日大使,谈及李顿报告书事,英大使谓:英政府甚尊重报告书,将维持其审议之结果,日本恐亦能接受,或须予以警告。德大使谓:余由西伯利亚回任,见满洲纷乱不堪,余到东京,察日外交部及军部似亦无办法。又谓法国所派调查团代表,为驻日大使,前曾亲日,现因美国关系,态度转变,但美国决不肯开战。(见资料21019296)十月十一日,颜惠庆等报告略称:"十余年来,欧美列强常感我国政治纷乱,政令不行。九一八以来,日方即利用欧美此种观念,极力宣传我国政治紊乱,条约义务不能履行,以期引起各国对我之反感,此次调查团东来,日方对于此点,尤反复申述,该团亦以我国中枢及政治分歧,引为遗憾。日来遍访各国代表,亦均以我政府形势涣散为虑,对报告书中所提'国际合作改造中国'之建议,或将以协助中国改良政治为先决问题。"(见资料21019593)是各国均以我国政治不安为忧,而有赞同报告书中"改造中国"之建议也。

(三)领袖睿智昭告团结杜绝谣言

十月四日,外交部指示颜、施两代表,发表简单宣言。首先略述调查团之任务;次递报告书中有显明两点:一为九一八及九一八以后之一切日军行动,均无认为自卫之理由,一为伪满系由日寇所操纵;最后说明报告书所涉之问题,正在我政府考虑中。(见资料21018090)并报告蒋委员长,略称:"报告书第九、十两章,于中、日均属不利。"并转报蒋公使意见:"调查团欲中国宣布东三省自治,隐然承认伪组织,以期表面上不违背九国公约;而日人商租及经济活动,反扩充至北满;甚至认为中国无统一政府,提交公断,由国际协力改造,以开共管之端。其九、十两章不惟对日权益加以保障,而伪组织亦宛然存在,且欲我束缚民众之爱国运动,似难餍国人之期望。"(见资料21018089)十月七日,领袖获悉"蒋公使六日报告日方反驳李顿报告书"之内容后,致韩复榘、刘珍年:"……(蒋公使原电)溯自胶东问题发生以来,舆论沸腾,以为际此国难严重之时,竟有同室操戈之变,痛心疾首,奔走呼号,冀能共勒悬崖之马,力挽既倒之澜。绝续存亡,间不容发!今寇既以此耸动国际之视听,外报复大肆恶劣之宣传,倘烈燃箕之祸,必遗噬脐之忧!兄等久历戎行,饱经忧患,尚希养蓄部属,以为国家干城之寄,保存元气,以振民族复兴之机。言尽于此,幸各勉旃!"(见资料21031895)十月八日,领袖获悉蒋公使七日报告各国驻日使馆人员之谈访后,致刘文辉、刘湘、杨森、田颂尧、邓锡侯、罗泽洲电云:"……查李顿报告书,方公布于世,其中叙述,虽未尽当,而于我国发展之过程,颇具同情,乃日寇即据我当前现状,持为抹杀一切及应施宰割之口实,以资反驳;凡我军人,受兹侮辱,其何能堪? 宜如何惩忿痛艾,勖力同心,以图共挽国家之危难! 务望各守原防,力避接触,迅求和平解决,勿使川战续发,以破日方之借口,而免误国之责任。"(见资料21031904)同日,复致电陈济棠、李宗仁及两广各同志云:"李顿报告书,迁就事实,已非国人所能忍受,惟其中对于我国发展过程,则颇有相当之赞许;乃据各方报告:'日正援引我国当前种种情况,以为抹杀一切,而应加以宰割之佐证,以淆或[惑]国际视听,遂其吞噬之狡谋。'值此国家存亡呼吸之时,寇仇之毁蔑,旁观之称誉,因皆无关根本之计,唯视吾辈负有国家、地方之责者,能否精诚团结,实心实力,以赴国难而已。遥想兄等与诸同志,于研究报告书、观察国际空气之后,亦必感想万端。卓见所及,尚祈惠锡教言,共资商榷。昨接蒋公使鱼、虞两电,循览之余,五内伧痛,爰并转达,深盼共同考虑商榷,挽兹危难也。"(见资料21031939)十月十一日中国国民党西南执行部及国民政府西南政务委员会通电,十二日丁超、李杜通电,十四日第一集团军特别党部通电,十九日西南各省国民外交协会通电,对该报告书中之"(1)恢复九一八以前原状,并非解决办法,而主张赦免东北叛逆,暂时保留日官。(2)设顾问会议包括日人在内,暂时管理东北。(3)组织特种宪兵,维持治安。(4)双方军队同时撤退,使成为无军备区"等项,认为处置失当,决难甘心。除丁、李外,其他西南执行部等通电中,复指责中央妄图依赖国联,一再因循畏葸。并有"日寇见我依赖国联愈殷,而日寇之蔑视国联愈甚"之语。(见资料21019971,21020743,21018490,21020711)是所谓"西南"诸公,似将全部责任,诿诸中央;须知日寇之来,粤实召之,及沈阳事变发生,复昧于团结之义,置领袖之呼吁于不顾,力迫领袖下野,并成立西南政务委员会,使国家不能步入真正统一之途,故报告书中有协助中国改造之建议,实属咎在西南。十一月十九日,颜惠庆、顾维钧、郭泰祺等探洽各国代表后,建议在报告书讨论之前,我国应积极进行二事:一为团结内部,造成政治重心齐集首都;一为国联协助中国改造,由我自动进行,以避外人干涉内政之嫌。俾于开会时有转圜余地,以塞外人之口。(见资料21019593)

八、国联最后之处理与日寇退盟

(一)李顿报告书讨论之程序与会前斡旋

李顿报告书循日方之请延期讨论后,其处理程序预定为:先由当事双方在行政院中发表声明书,行政院将此声明书连同报告书转报大会,在大会讨论时,行政院将不作评论,仅由代表个人发言,再由大会请求十九国委员会起草最后建议，在起草前将举行讨论。（见资料 21021815）十一月五日，颜代表报告："因美国及国联主要会员国，尚无与日争议之准备，最后解决，又有延期之趋势，并考虑提议由非战公约签字国讨论决定解决办法后，由国联大会予以接受。如此，则大会将通过决议：（1）接受报告书所查各节。（2）对于伪满不予承认。（3）国际间与中国合作，扶助中国国民政府，如日欲加入，则须接受报告书。行政院将于二十一日开会。台维斯（美国列席之代表）谓俄对日频送秋波，美国正加压力于中、美"。（见资料 21022545）十一月二十一日，行政院开会，日代表因有英、法、义之支持，主张由行政院处理。我代表因有小国之同情，主张移特别大会处理，随即展开辩论，连日辩论中，除中、日代表外，并无他国发言，虽经邀请李顿发言，但李顿则声言并无补充意见。十一月二十八日，捷克代表提议将报告书移送特别大会处理。十二月一日，十九国委员会开会，亦无一语之建议，即决定十二月二日召集特别大会。在特别大会中，颜惠庆代表我国发言：（1）大会应认日本为侵略者。（2）日本应将军队撤至南满铁路区域。（3）大会应宣布不承认"满洲国"。（4）大会应根据盟约提出报告。松冈代表日方发言，谓：解决方案须切实可行，且须言及中国之混乱局势。会中，爱尔兰、捷克、瑞典、挪威，均坚称假借自卫实行侵略之恶例，决不可开，且谓此案为国联生死之测验。七日，大会中，西班牙、瑞士、希腊、瓜地马拉、乌拉圭等国，亦有相同之言论。捷、爱、西、瑞典四国并提议：（1）否认日军之行动为自卫。（2）确认"满洲国"为日军之产物，不予承认。（3）邀请美、俄参加十九国委员会。下午，英、法、义等国发言，英国谓恢复九一八以前地位，并非适当解决办法。法国谓此案应用特别眼光处理，不使成为事例。美国谓此乃现实与理论同应考虑之案件。是英、法、义等国，仍欲对日姑息。九日，大会中，我代表愿就三月十一日大会决议案及报告书第九章之原则，解决中日纠纷。松冈则反对接受报告书。主席提议将原报告书，连同四国提案及各代表发言纪录，一并移送十九国委员会，尽速提出建议，报告大会核夺。十二日，十九国委员会秘密会议，拟将报告书前八章先予接受，并推英、法、捷、西、瑞士五国小组起草提案。十五日，十九国委员会通过决议案，其要点为：（1）指出三月十一日之决议案为处理本案的基准。（2）国联盟约、非战公约、九国公约，必须遵守。（3）李顿报告书为解决本案之原则。（4）组织调解委员会进行调处。附理由书一件，谓恢复九一八以前之原状，并非解决良法，维持或承认伪满亦非妥善。十二月二十日，十九国委员会开会，主席报告：日方对十五日之决议案不愿接受,但仍在请示中。中国表示大体同意,遂发表声明,谓决议案正试行调解,宣布延会。是行政院仍图对日姑息,自特别大会开会后,因小国群起维护盟约,渐有生气,然为安抚日寇,故有试行调解之举。

(二)九国友我代表主持正义日老羞退盟

一九三三年一月十六日,十九国委员会开会,十八日,日寇提出修正意见,嗣后讨论中心渐偏重伪满之存废,因伪满问题,中国视为领土主权得失之关键,日寇视为满蒙分离政策成败之核心,弱小国家视为国联真实价值之测验,美国视为不承认主义与太平洋均势之存亡,故各不让步。而此时日寇正进犯热河,关东军形成独立,其国内大权亦操于军部之手,故气焰嚣张,令人侧目,致调解无望。十九国委员会乃推定英、法、德、义、瑞士、瑞典、西、捷、比九国代表,起草报告书,于二月十四日通过,其内容要旨如下:"(1)东三省主权属于中国。(2)日本在东三省所获之权利,足以限制中国主权之行使。(3)解决中日争端之和平手段,并未用尽。(4)日本未使用盟约上先请公断之义务。(5)日本违反盟约,占取中国领土,并使之独立。(6)九一八日军之行动,并非自卫,其以后之行动,亦决非自卫。(7)自卫亦不能解除盟约上公断之义务。(8)'满洲国'系日军所造成,非出于民族自决。(9)中国并不排外。(10)抵制日货,系国际之报复。"二月二十四日,国联特别大会开会,以特别慎重之唱名投票方式,通过十九国委员会所提报告书,计出席者四十四国,赞成者四十二国,反对者一国(日本),弃权者一国(暹罗),主席遂宣布一致通过。松冈见阴谋暴露,遂率其代表团步出会场,从此退出国联。

(三)国联不理日本退盟毅然执行决议案

松冈率其代表团退出会场之举,仅能视为败诉之行动,其退出国联时所负之国际义务,并不因其退出而解除,国联应根据盟约将处理案予以执行。特将十九国委员会加入加拿大、荷兰及美国,组成顾问委员会,并分成两个小组,分别研讨:(1)不承认伪满之实施办法;(2)禁运军火办法。不承认伪满小组议定之实施办法为:将伪满摒出国际团体及公约之外,所有邮政、卫生、通货、汇兑、领事签证、旅行、海关货单等等,一概不予承认。经六月十二日顾问委员通过,由国联秘书处通告各会员国、非战公约国、九国公约国一致实行。自此时起,迄第二次世界大战后,东三省归还我国时止,除意大利外(民国二十六年十一月二十九日,意大利承认伪满),无一国承认伪满洲国者,此为国联唯一之成就。而禁运军火小组,因对象仅有英美,美国受中立法之限制,无法禁运,英国不愿单独禁运,遂无结果。国联之善后工作,亦暂告结束。

（四）国联与我之合作及轴心集团之形成

民国二十二年七月三日,国联行政院组织特别委员会进行与我合作。十八日,国联行政院中国技术合作委员会在巴黎开会,我派财政部长宋子文及驻法公使顾维钧与会;十九日,波兰人赖志曼被任为驻我国技术合作专员。九月八日,国联驻华技术专员拉西曼自英来华。九月二十五日,国联第十四届在大会开幕,我派颜惠庆、顾维钧、郭泰祺为代表,参与大会。九月二十九日,顾维钧在大会中讲演,其概要为:(1)国联技术合作,不涉政治,有裨益于中国,表示谢意,并声明愿继续合作。(2)报告特别大会闭幕后东北状况,声明我国仍认大会报告书为解决九一八事变案之唯一基础。(3)对国联不能执行该报告书,表示遗憾,但我国信仰未尝动摇。(4)远东大局因此不靖,来日可虑。(5)欧洲局势,亦不安宁。(6)世界军缩、经济复兴及最近将来之和战问题,全视各国能否一致拥护国联为准,世界和平,全赖各国协力维持。(见资料22014923)十月三日,顾、郭二代表报称:"……西班牙代表演说:'中日问题演变至此,全由国联于此案之初,未照盟约原则办理;西班牙政府仍希望此案能照原则解决,俾远东和平,得以恢复;希望日本重入国联,因日本之退出,国联及日本,均受损失。'法外长演说,主张尊重盟约,拥护国联,为维持世界和平之要素……"(见资料22015365)十月十一日,大会闭幕。十四日,德国继日寇之后,退出国联。一九三七年十二月十日,意大利又踵日、德之后,申请退会,轴心国之形势既成,第二次世界大战之战祸随至,其致祸之源,实由于美、英政策之误,尤以英国未能于国联中善尽其应尽之义务,更不能辞其咎!

由以上史实观之,九一八事变,固为日寇满蒙政策及军阀黩武主义所造成……至于事变后之事态日益扩大,虽由寇军之专横,不受其政府约束,反而控制政府,终至自食恶果。若就国际影响而言,则初误于美之误信币原政府,再误于英、法之意存姑息,以致寇焰日张,无可遏止,卒至导成第二次世界大战。现时联合国之姑息逆流,与当年之国联,不特极相类似,且又过之,终将贻世界无穷之祸患,酿成人类之浩劫!唯我领袖,愈遭横逆,愈益坚忍,亦愈为全民所爱戴!

索　引

图书在版编目(CIP)数据

"国史馆"藏档. 一 / 陈海懿, 常国栋, 刘齐编
. — 南京 : 南京大学出版社, 2019.12
(李顿调查团档案文献集 / 张生主编)
ISBN 978 - 7 - 305 - 08614 - 4

Ⅰ. ①国… Ⅱ. ①陈… ②常… ③刘… Ⅲ. ①中国历
史—史料—民国 Ⅳ. ①K260.6

中国版本图书馆 CIP 数据核字(2019)第 236988 号

项目统筹	杨金荣
装帧设计	清　早
印制监督	郭　欣

出版发行　南京大学出版社
社　　址　南京市汉口路 22 号　　　　邮　编　210093
出 版 人　金鑫荣

丛 书 名　李顿调查团档案文献集
丛书主编　张　生
书　　名　"国史馆"藏档(一)
编　　者　陈海懿　常国栋　刘　齐
责任编辑　官欣欣
助理编辑　张倩倩

照　　排　南京南琳图文制作有限公司
印　　刷　南京爱德印刷有限公司
开　　本　718×1000　1/16　印张 31.5　字数 516 千
版　　次　2019 年 12 月第 1 版　2019 年 12 月第 1 次印刷
ISBN 978 - 7 - 305 - 08614 - 4
定　　价　150.00 元

网址 : http://www.njupco.com
官方微博 : http://weibo.com/njupco
官方微信号 : njupress
销售咨询热线 : 025 - 83594756

ISBN 978-7-305-08614-4

9 787305 086144 >

定价:150.00元